21世纪高等学校计算机基础实用规划教材

网络应用与综合信息检索

（第3版）

郭爱章 张洁 主编

孙涛 高峰 武继芬 赵培英 副主编

清华大学出版社

北京

内 容 简 介

　　"网络应用与综合信息检索"是一门面向多学科专业的公共课程,目的在于培养大学生掌握现代信息检索技术,快速、准确、有效地获取所需信息资源,培养良好的信息素质。为高校学生开展自主学习、探究式学习和终生学习奠定基础。

　　本书共分9章,分别从计算机网络基础知识及应用、搜索引擎与互联网信息利用、文献信息检索基础知识、中外文数据库及特殊文献等数字化资源库、信息资源的综合利用等方面进行描述。在内容设计方面,每章前使用一个引子,引出要解决的问题及学习的内容,最后是综合利用学习内容解决具体问题的应用案例。全书把计算机网络知识、搜索引擎和信息检索的相关知识有机地结合在一起,大量的案例示范使学生的学习变得更加容易理解和便于掌握。同时每章设计了较多的习题,便于学生课后复习和实践操作。

　　本书可作为高等学校各学科专业本科生信息检索课程的教材,也可作为广大科研工作者掌握信息检索方法和技巧的实用参考书。

图书在版编目(CIP)数据

　　网络应用与综合信息检索/郭爱章,张洁主编. --3版. --北京:清华大学出版社,2016(2021.12重印)
　　21世纪高等学校计算机基础实用规划教材
　　ISBN 978-7-302-42979-1

　　Ⅰ. ①网… Ⅱ. ①郭… ②张… Ⅲ. ①网络检索－高等学校－教材 Ⅳ. ①G354.4

　　中国版本图书馆 CIP 数据核字(2016)第 030489 号

责任编辑:付弘宇　薛　阳
封面设计:何凤霞
责任校对:李建庄
责任印制:沈　露

出版发行:清华大学出版社
　　　　　网　　　址:http://www.tup.com.cn,http://www.wqbook.com
　　　　　地　　　址:北京清华大学学研大厦 A 座　　　　　邮　　编:100084
　　　　　社 总 机:010-62770175　　　　　　　　　　　　　邮　　购:010-83470235
　　　　　投稿与读者服务:010-62776969,c-service@tup.tsinghua.edu.cn
　　　　　质量反馈:010-62772015,zhiliang@tup.tsinghua.edu.cn
　　　　　课件下载:http://www.tup.com.cn,010-83470236
印　刷　者:北京富博印刷有限公司
装　订　者:北京市密云县京文制本装订厂
经　　　销:全国新华书店
开　　　本:185mm×260mm　　　印　　张:20.75　　　　字　　数:519 千字
版　　　次:2012 年 1 月第 1 版　　2016 年 3 月第 3 版　　印　　次:2021 年 12 月第 7 次印刷
印　　　数:65401~71900
定　　　价:39.50 元

产品编号:067986-01

出 版 说 明

随着我国改革开放的进一步深化,高等教育也得到了快速发展,各地高校紧密结合地方经济建设发展需要,科学运用市场调节机制,加大了使用信息科学等现代科学技术提升、改造传统学科专业的投入力度,通过教育改革合理调整和配置了教育资源,优化了传统学科专业,积极为地方经济建设输送人才,为我国经济社会的快速、健康和可持续发展以及高等教育自身的改革发展做出了巨大贡献。但是,高等教育质量还需要进一步提高以适应经济社会发展的需要,不少高校的专业设置和结构不尽合理,教师队伍整体素质亟待提高,人才培养模式、教学内容和方法需要进一步转变,学生的实践能力和创新精神亟待加强。

教育部一直十分重视高等教育质量工作。2007 年 1 月,教育部下发了《关于实施高等学校本科教学质量与教学改革工程的意见》,计划实施"高等学校本科教学质量与教学改革工程(简称'质量工程')",通过专业结构调整、课程教材建设、实践教学改革、教学团队建设等多项内容,进一步深化高等学校教学改革,提高人才培养的能力和水平,更好地满足经济社会发展对高素质人才的需要。在贯彻和落实教育部"质量工程"的过程中,各地高校发挥师资力量强、办学经验丰富、教学资源充裕等优势,对其特色专业及特色课程(群)加以规划、整理和总结,更新教学内容、改革课程体系,建设了一大批内容新、体系新、方法新、手段新的特色课程。在此基础上,经教育部相关教学指导委员会专家的指导和建议,清华大学出版社在多个领域精选各高校的特色课程,分别规划出版系列教材,以配合"质量工程"的实施,满足各高校教学质量和教学改革的需要。

本系列教材立足于计算机公共课程领域,以公共基础课为主、专业基础课为辅,横向满足高校多层次教学的需要。在规划过程中体现了如下一些基本原则和特点。

(1) 面向多层次、多学科专业,强调计算机在各专业中的应用。教材内容坚持基本理论适度,反映各层次对基本理论和原理的需求,同时加强实践和应用环节。

(2) 反映教学需要,促进教学发展。教材要适应多样化的教学需要,正确把握教学内容和课程体系的改革方向,在选择教材内容和编写体系时注意体现素质教育、创新能力与实践能力的培养,为学生的知识、能力、素质协调发展创造条件。

(3) 实施精品战略,突出重点,保证质量。规划教材把重点放在公共基础课和专业基础课的教材建设上;特别注意选择并安排一部分原来基础比较好的优秀教材或讲义修订再版,逐步形成精品教材;提倡并鼓励编写体现教学质量和教学改革成果的教材。

(4) 主张一纲多本,合理配套。基础课和专业基础课教材配套,同一门课程可以有针对不同层次、面向不同专业的多本具有各自内容特点的教材。处理好教材统一性与多样化,基本教材与辅助教材、教学参考书,文字教材与软件教材的关系,实现教材系列资源配套。

(5) 依靠专家,择优选用。在制定教材规划时依靠各课程专家在调查研究本课程教材建设现状的基础上提出规划选题。在落实主编人选时,要引入竞争机制,通过申报、评审确定主题。书稿完成后要认真实行审稿程序,确保出书质量。

繁荣教材出版事业,提高教材质量的关键是教师。建立一支高水平教材编写梯队才能保证教材的编写质量和建设力度,希望有志于教材建设的教师能够加入到我们的编写队伍中来。

21 世纪高等学校计算机基础实用规划教材

联系人:魏江江 weijj@tup.tsinghua.edu.cn

第 3 版前言

由于计算机和网络技术的飞速发展，当今社会已经进入信息时代。信息的采集、传播和利用的重要性越来越高，其变化和更新也越来越快，网络信息资源也成为人类社会生活中不可缺少的重要资源。随着互联网的迅速发展和广泛应用，使世界范围的信息交流、资源共享进入越来越多的领域，从而极大地拓展了人类的信息空间。面对人类社会不断发展而积累起来的海量知识和互联网提供的巨大信息，如何高效、快速、准确地查找所需要的资源，是每一个人在学习、工作和生活中都要面对的问题。

信息检索最早起源于图书馆的参考咨询和书目工作，后来，随着信息的急剧增加，人们对信息的利用也日趋广泛，文献检索作为一门必修课几乎在所有高校的本科生中开设，最初开设这本门课的主要目的是为学生毕业论文（毕业设计）和日后研究服务。近几年，由于信息资源的极大丰富及优质学习资源的不断拓展，一方面，信息已经成为人类赖以生存和发展的重要资源，信息检索的应用已渗透到大学生学习、生活的各个方面。信息检索作为本科生最基本的信息素养课也较之前的文献检索课在学习内容和利用空间上有了较大的延伸；另一方面，随着高校教学改革的进一步深化，国际化程度越来越高，世界先进的教学理念和优质的教学资源得到越来越多的关注和应用。因此，信息检索课程在本科阶段的学习显得尤为重要，课程学习的前移更符合目前高校学生的需求。本教材就是在这样的理念下编写的。

本教材的第 1 版、第 2 版都将全书内容分成三大部分：网络技术基础、互联网信息利用、文献信息检索与综合利用。在内容的安排上是一个递进的过程，首先了解网络技术基础的概念和应用基础，进而学习搜索引擎的概念及检索实践，然后进入中外文数据资源及特殊资源的检索学习和使用，最后信息资源的综合利用是对全书内容的一个总结和应用。经过几年多所高校的教学实践，效果良好，也得到了广大读者的好评和认可。本次再版在保持原知识框架结构不变的基础上，去掉了三个部分的划分，在内容上进行了精炼和更新，在设计上每章前增加一个引子，引出本章要解决的问题及学习的内容，每章的最后一节是综合利用本章学习内容解决具体问题的应用案例，与前面的引子形成了一个呼应。全书系统全面地把计算机网络知识、搜索引擎和信息检索的相关知识有机地结合在一起，大量的案例示范使学生的学习变得更加容易理解和便于掌握。

本书共分 9 章。第 1 章主要介绍计算机网络、网络体系结构与协议及 Internet 的基本概念，同时对子网和子网掩码的应用进行重点讲解。第 2 章主要介绍 Internet 应用于家庭、应用于电子商务及 Internet 应用所带来的社会问题，同时对移动 IP 与下一代 Internet 进行了描述。第 3 章主要介绍搜索引擎的概念、核心技术、发展趋势、检索方法和策略及常用搜索引擎检索的使用。第 4 章主要介绍 Web 2.0 的概念及典型应用，同时对国内外学科信息门户、OA 资源、开放课程计划、MOOC、云计算与云应用等资源的使用做了较详细的描述。

IV

第 5 章主要介绍文献的基本概念、文献的著录特征及其识别、信息检索基本原理、文献信息检索的方法、工具、技术及步骤。第 6 章、第 7 章、第 8 章主要介绍面向学术服务的数字化资源的各种专业数据库,以及检索工具及检索方法。第 6 章主要介绍中文常用数字资源,包括 CNKI 中国知识资源总库、维普期刊资源整合服务平台、超星系列、万方数据知识服务平台、国内 OPAC 系统及国研网等;第 7 章主要介绍外文常用数据库,包括 EBSCO 数据库系统、SpringerLink 全文数据库、工程索引(EI)、化学文摘(CA)以及 ISI 多学科文献资料数据库等;第 8 章主要介绍特种文献数据库,包括专利文献检索、会议文献检索、学位论文检索、标准文献检索以及科技报告的检索等。第 9 章主要介绍信息资源的综合利用过程,选用了有代表性的范例,对科研选题及课题资料收集、综述写作、学位论文及科技查新等项目进行了较详细的描述,通过对第 9 章的学习使学生面对具体问题能够有一个比较清晰的解决问题的思路。

本书由齐鲁工业大学多年从事计算机教学的一线教师编写,郭爱章老师提出总体框架及编写思路,第 1 章、第 2 章主要由张洁老师编写,第 3 章、第 4 章主要由孙涛老师编写,第 5 章、第 9 章主要由赵培英老师编写,第 6 章、第 8 章主要由高峰老师编写,第 7 章主要由武继芬老师编写,郭爱章老师参与第 4 章、第 9 章的编写。全书由郭爱章老师、张洁老师负责内容统稿及校对工作。

本书的编写和修订过程中,参考、借鉴了国内外相关文献及研究成果,在此,谨一并向相关单位、作者致以最诚挚的感谢!本书的出版得到了作者单位齐鲁工业大学、清华大学出版社魏江江主任和付弘宇编辑的大力支持,在此一并表示衷心感谢。

"信息检索"课程是一门发展中的课程,信息检索技术和检索工具日新月异,加上编者的水平和视野有限,书中难免存在疏漏和不足之处,敬请专家学者批评指正,也恳请各位读者反馈宝贵意见。

本书的配套 PPT 课件等教学资源可以从清华大学出版社网站 www.tup.com.cn 下载,关于本书与资源使用中的问题,请联系 fuhy@tup.tsinghua.edu.cn。

编者

2016 年 1 月

第 2 版前言

由于计算机和网络技术的飞速发展,当今社会已经进入信息时代。信息采集、传播和利用的重要性越来越高,其变化和更新也越来越快,网络信息资源也成为人类社会生活中不可缺少的重要资源。随着互联网的迅速发展和广泛应用,世界范围的信息交流、资源共享成为可能,从而大大拓展了人类的信息空间。面对人类社会不断发展而积累起来的海量知识和互联网提供的巨大信息,如何高效、快速、准确地查找所需要的资源,是每一个人在学习、研究和生活中都无法回避的问题。

信息检索最早起源于图书馆的参考咨询工作和书目工作,后来,随着信息的急剧增加,人们对信息的利用也日趋广泛。文献检索作为一门必修课几乎在所有高校的本科生中开设,最初开设这门课的主要目的是为学生毕业设计(论文)和以后的科研工作服务。近几年来,一方面,信息已经成为人类赖以生存和发展的重要资源,信息检索的应用已渗透到大学生学习、生活的各个方面,信息检索作为本科生最基本的信息素养课,较之以前的文献检索课在学习内容和利用空间上也有了较大的延伸;另一方面,随着高校教学改革的进一步深化,国际化程度越来越高,世界先进的教学理念和优质的教学资源得到越来越多的关注和应用。因此,信息检索课程在本科阶段的学习显得尤为重要,课程学习的前移更符合目前高校学生的需求。本书的第 1 版就是在这样的背景思路下编写的。全书分成三大部分:网络技术基础,互联网信息利用和文献信息检索与综合利用。在内容的安排上是一个递进的过程,首先了解网络技术基础的概念和应用,进而学习搜索引擎的概念及检索实践,最后全面进入中外文数据资源及特殊资源的检索学习和使用。该书经过两年的教学实践,使用效果良好,也得到了广大读者的好评和认可。本次再版,在保持原知识结构的基础上,在内容上又做了较多的更新和补充。例如,全书对重要的知识点增加了示例说明和实例操作描述;另外,在第 1 部分中增加大数据、无线接入(4G)、微信、易信等新内容;第 2 部分增加较多国外学科信息门户的介绍、MOOC 等资源的检索使用;第 3 部分增加信息资源的综合利用等较多的新实例。

本书分三个部分,共 11 章。第 1 部分"网络技术基础",包括第 1 章~第 3 章的内容,主要介绍了计算机网络基础知识、Internet 基础知识及新技术应用,结合实例重点介绍实用性强、新兴的且学生感兴趣的知识。第 2 部分"互联网信息利用",包括第 4 章和第 5 章内容,主要介绍网络信息资源的概念、搜索引擎的概念、发展历程、工作原理及国内外著名的搜索引擎,同时在重点介绍常用搜索引擎使用的基础上,对多个国内外免费学术引擎的使用做了简单的介绍;在第 5 章中,主要介绍 Web 2.0 的概念及典型应用,同时对国内外学科信息门户、OA 资源、开放性课程计划、MOOC 等资源的使用做了较详细的描述。第 3 部分"文献信息检索与综合利用",包括第 6 章~第 11 章内容,主要介绍文献信息的概念、类型及文献著录特征及其识别；信息检索及检索工具、检索语言、检索途径、检索方法与技术、检索效果与评价等。在第8～10章中，重点介绍了国内外常用数据库、检索工具及检索方法；第11章"信息资源的综合利用"是对全书内容的一个总结和应用，夯实了本课程的学习目标，同时为学生今后的学习和科研打下了一个良好的基础。全书系统、全面地把计算机网络知识、搜索引擎和信息检索的相关知识有机地结合在一起，大量的实例操作使学生的学习变得更加容易理解和便于掌握，帮助学生高效、快捷、准确地获取所需的信息资源。

本书由郭爱章老师负责全书章节结构的设计、内容统稿及校对工作，第1章～第3章主要由张洁老师编写，第4章、第5章主要由孙涛老师编写，第6章、第7章和第11章主要由赵培英老师编写，第8章和第10章主要由高峰老师编写，第9章主要由武继芬老师编写。在本书的编写过程中，得到了作者单位齐鲁工业大学、清华大学出版社魏江江主任和付弘宇编辑的大力支持，在此一并表示衷心感谢。

虽然本书的编者从事计算机网络技术及应用、信息检索等课程教学多年，但是由于编写时间有限，而且网络环境下信息资源快速变化、网络信息资源检索平台不断更新，以及本书编者的水平和视野所限，书中难免存在疏漏和不足之处，衷心欢迎业界同行批评指正，也恳请各位读者反馈宝贵意见。

本书的课件等配套资源可以从清华大学出版社网站 www.tup.tsinghua.edu.cn 下载，课件下载与使用中的相关问题请联系 fuhy@tup.tsinghua.edu.cn。

编者

2014 年 1 月

第1版前言

由于计算机和网络技术的飞速发展，当今社会已经进入信息时代。人类社会逐渐进入以"全球经济化"、"社会知识化"、"信息网络化"、"教育终身化"、"学习社会化"等一系列以信息时代为特征的知识经济时代。信息已与材料、能源并列成为社会的三大支柱，成为人类学习、生活以及从事科学研究的基础。随着 Internet 的迅速发展和广泛应用，使世界范围的信息交流、资源共享成为可能，从而大大拓展了人类的信息空间，网络信息资源成了人类社会生活中不可缺少的重要资源。

面对人类社会不断发展而积累起来的海量知识，如何高效、准确地查找所需要的信息，是每一个人在学习、研究和生活中都无法回避的问题。信息检索最早起源于图书馆的参考咨询工作和书目工作，后来，随着信息的急剧增加，人们对信息的利用也日趋广泛，信息检索也逐渐普及开来。计算机技术、网络技术、通信技术和大容量存储技术的发展和流行使得信息检索领域也发生了巨大的变化，现代信息检索与计算机科学的联系越来越密切，信息检索进入了全新的发展阶段。

本书以培养信息素养能力为目的，从网络基础及应用入手，突出信息检索的实用性和通用性，将重点放在数字信息资源和文献信息的检索方法和技巧应用上。本书分·3 个部分共10 章。第 1 部分：网络技术基础，主要介绍计算机网络基础知识及新技术应用；Internet 基础知识及实用性较强的实训练习；Internet 应用，重点介绍实用性强、新兴的且学生感兴趣的部分。第 2 部分：互联网信息利用，主要介绍网络搜索引擎的概念、工作原理、组成及使用，同时给出了免费学术引擎的使用和目前国内外最关注的 OA 资源建设情况；互联网特殊资源的使用，主要介绍了 Web 2.0 的概念及应用、P2P 资源及应用、国内外各学科信息门户及网站资源。第 3 部分：文献信息检索与利用，主要介绍文献信息的概念、特征及重要的信息服务系统；信息检索的概念、检索语言、检索工具、检索系统、检索策略及评价等基本知识；在中外文常用数字资源、特种文献的检索章节中，重点介绍国内外常用数据库、检索工具及检索方法。全书系统全面地把计算机网络知识、搜索引擎和信息检索的相关知识有机地结合在一起，方便学生掌握现代信息检索技术，高效、快捷地获取所需的信息资源。

本书共 3 个部分 10 章内容，郭爱章老师负责全书内容结构的设计及统稿工作，第 1 部分由张洁老师、高茜老师编写，第 2 部分由杨清波老师编写，第 3 部分由高峰老师、武继芬老师编写，张洁老师负责每章内容的引言及全书的校对。在本书的编写过程中，得到了作者单位领导、出版社魏江江主任和责任编辑付弘宇的大力支持，在此一并表示衷心的感谢。

虽然本书的编者从事计算机网络技术及应用、信息检索等课程教学多年，但是由于编写时间有限,而且网络环境下信息资源的快速变化、网络信息资源检索平台的不断更新,以及本书编者的水平和视野有限,书中难免存在疏漏和不足之处,衷心欢迎业界同行的批评指正,也恳请各位读者反馈宝贵意见。

编者

2011 年 11 月

目　录

X

第1章　计算机网络的基础知识

引　子

21世纪是信息化、网络化的时代，作为计算机技术和通信技术相结合的产物，计算机网络已成为十分重要的基础设施。它已经不仅仅是一个时髦的名词，而是人们生活中不可或缺的一部分，就像空气和水一样。

人们可以通过 QQ 和朋友们时刻保持联系，还可以认识更多有共同爱好的新朋友；通过微博随时随地分享自己身边的新鲜事儿，最快地了解到社会上的新闻；通过百度等搜索引擎解决自己的疑惑，寻找自己感兴趣的书籍或视频……当然我们也会遇到很多问题。例如：某同学在用 QQ 聊天程序进行聊天时发现，发送的即时消息通常都能可靠、准确地传送到对方，即使是因为某些原因即时消息发送不成功，也会给出信息提示。但是当他和同一个目标进行语音或者视频聊天时，则时常出现图像和声音不连续的情况。这是为什么？怎样才能保证数据在网络中准确、可靠、迅速地传输？

1.1　计算机网络的基本概念

1.1.1　计算机网络的定义

计算机网络是将分散在不同地点且具有独立功能的多个计算机系统，利用通信设备和线路相互连接起来，在网络协议和软件的支持下进行数据通信，实现资源共享的计算机系统的集合。图 1-1 显示了一个简单的计算机网络。

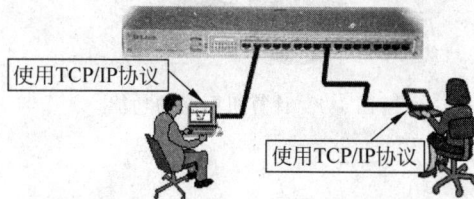

图 1-1　简单的计算机网络

在这个网络中，有两台分别装有网络操作系统的可以独立工作的计算机，它们通过连接在集线器上的两条电缆线连接在一起，两台计算机之间可以互相通信，互相使用对方的软驱、光驱和各自磁盘上的软件资源，可以安装一个网络游戏两人共同娱乐。一台计算机如果要拷贝另一台计算机上的容量约 10MB 的数据,只需要仅仅几秒钟的时间。

从技术角度讲,组建计算机网络需要三要素:可独立自主工作的计算机、连接计算机的介质、通信协议(Protocol)。可独立自主工作的计算机是指装有操作系统的完整的计算机系统。如果一台计算机脱离了网络或其他计算机就不能工作,则不认为它是独立自主的。介质可以是同轴电缆、双绞线、光纤等有线介质,或是微波、红外、卫星等无线介质。通信协议可以理解为一种通信双方预先约定的共同遵守的格式和规范,同一网络中的两台设备之间要通信必须使用互相支持的共同协议。如果任何一台设备不支持用于网络互联的协议,它就不能与其他设备通信。可以将人的语言理解为人们互相通信的一种协议。图 1-2 中的两个不懂外语的外国人谈话相互都听不懂。图 1-3 中两台计算机使用不同的协议相互不能通信。

图 1-2　人们相互通信的协议——语言　　图 1-3　计算机相互通信的协议——计算机网络协议

1.1.2　计算机网络的功能

随着计算机网络技术的发展及应用需求层次的日益提高,计算机网络功能的外延也在不断扩大,如图 1-4 所示。

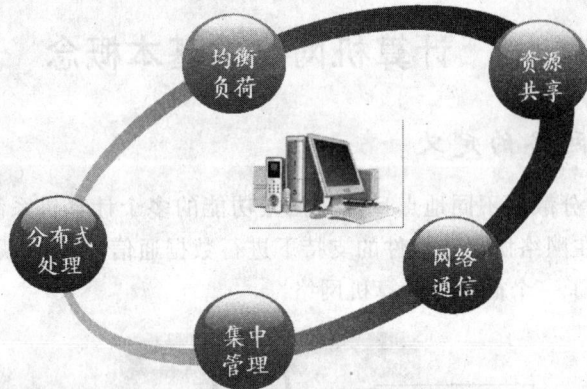

图 1-4　计算机网络的功能

1. 数据通信

数据通信包括两方面的含义,第一个方面的含义是:在计算机都处于工作状态的前提下脱离软盘、优盘、光盘等外存储器通过网络快速传送文件。在没有计算机网络的环境中,任意两台计算机之间若想实现数据的传递就必须通过软盘、光盘、移动硬盘、优盘等移动存储介质来完成。这种数据的传递方法很显然有很多的缺陷。一是工作效率低,二是不能保证数据的一致性。

数据通信的第二个方面的含义是：在需要接收文件的计算机暂时无法处于工作状态的情况下，传送文件的人可以将网络中的某台计算机作为邮局，并将需要传送的文件暂存到这个邮局中，而收件人只需凭借密码即可到那台存放文件的计算机中取信。

2. 资源共享

包含三个方面的含义：一是硬件的共享，二是软件的共享，三是数据的共享。

（1）硬件共享

在计算机出现的初期，硬盘的价格是非常昂贵的，网络中每个工作站都装有硬盘是不现实的，因此为了节省经费和便于管理，就令网络中的多个工作站共享一个服务器硬盘，所有的数据和文件都存入这一个服务器中。

而随着计算机硬盘价格的逐渐降低，每台计算机都配备一个硬盘显然是小菜一碟了。这时，共享硬盘的情况减少了，但是其他的诸如打印机、扫描仪、绘图仪等硬件设备，如果一台计算机配备一个，显然不太现实，而通过网络则可让多台计算机共享一台打印机或扫描仪等外部设备，从而实现了一台外部设备交替着为多个人服务。

（2）软件共享

共享软件资源比较典型的应用就是网络版软件的安装和使用。一是可以节省大量的资金；二是可以更好地进行版本控制；三是可以解决由于软件对硬件的环境要求高而不能在某些计算机上安装的问题。

（3）数据共享

数据共享可以保证数据的准确性，促进人们相互交流，达到充分利用信息资源的目的。

3. 提高计算机系统的可靠性和可用性

计算机系统可靠性的提高主要表现在计算机网络中每台计算机都可以依赖计算机网络相互为后备机，一旦某台计算机出现故障，其他的计算机可以马上承担起原先由该故障机所担负的任务，避免了系统的瘫痪，从而使得计算机的可靠性得到了大大的提高。当一台计算机出现故障时，其他计算机可以马上承担起由该故障机所担负的任务。计算机网络能够进行智能的判断，均衡网络中每台计算机的负载。

4. 易于进行分布处理

用户可根据情况选择计算机网内的资源，以就近的原则快速处理；对于较大型的综合问题，通过一定的算法将任务交给不同的计算机，从而达到均衡网络资源、实现分布处理的目的；将多台计算机连成具有高性能的计算机系统，以并行的方式共同来处理一个复杂的问题。

1.1.3 计算机网络的分类

由于计算机网络自身的特点，其分类方法有多种，如按拓扑结构、应用协议、传输介质、数据交换方式等。根据不同的分类原则，可以得到不同类型的计算机网络，但最能反映网络技术本质特征的分类标准是按网络的覆盖范围。

根据计算机网络覆盖的地理范围，将计算机网络划分为局域网（LAN）、城域网（MAN）、广域网（WAN）和接入网（AN）。

（1）局域网是将较小地理区域内的计算机或数据终端设备连接在一起的通信网络，如图 1-5 所示。局域网覆盖的地理范围比较小，一般在几十米到几千米之间。它常用于组建一个办公室、一栋楼、一个楼群、一个校园或一个企业的计算机网络。局域网主要用于实现短距离的资源共享。局域网的特点是分布距离近、传输速率高、数据传输可靠等。

（2）城域网是一种大型的 LAN，它的覆盖范围介于局域网和广域网之间，一般为几千米至几万米，城域网的覆盖范围在一个城市内，它将位于一个城市之内不同地点的多个计算机用局域网连接起来实现资源共享，如图 1-6 所示。城域网所使用的通信设备和网络设备的功能要求比局域网高，以便有效地覆盖整个城市的地理范围。一般在一个大型城市中，城域网可以将多个学校、企事业单位、公司和医院的局域网连接起来共享资源。

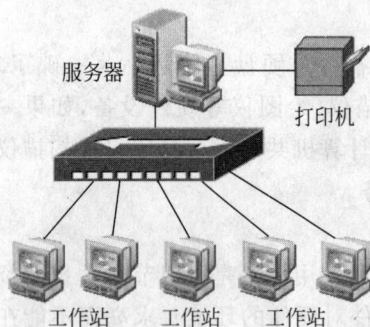

图 1-5　局域网连接示意图　　　　图 1-6　城域网连接示意图

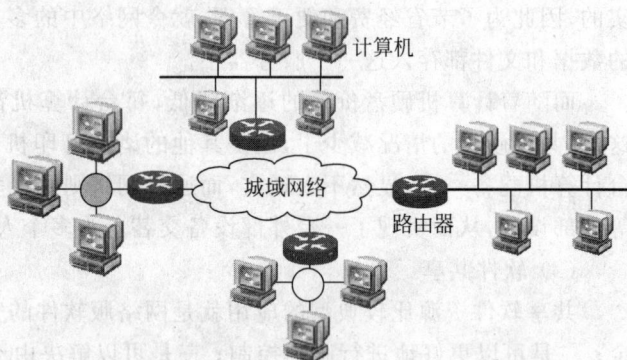

（3）广域网是在一个广阔的地理区域内进行数据、语音、图像信息传输的计算机网络，如图 1-7 所示。由于远距离数据传输的带宽有限，因此广域网的数据传输速率比局域网要慢得多。广域网可以覆盖一个城市、一个国家甚至于全球。因特网（Internet）是广域网的一种，但它不是一种具体独立性的网络，它将同类型或不同类型的物理网络（局域网、广域网与城域网）互联，并通过高层协议实现不同类型网络间的通信。

图 1-7　广域网连接示意图

（4）接入网又称为本地接入网或居民接入网，它也是近年来由于用户对高速上网需求的增加而出现的一种网络技术。如电信和网通提供给人们接入因特网的 ADSL 接入技术，还有 FTTX（例如 FTTH 光纤到家、FTTZ 光纤到社区、FTTC 光纤到路边）技术。

广域网、城域网以及局域网的关系如图 1-8 所示。

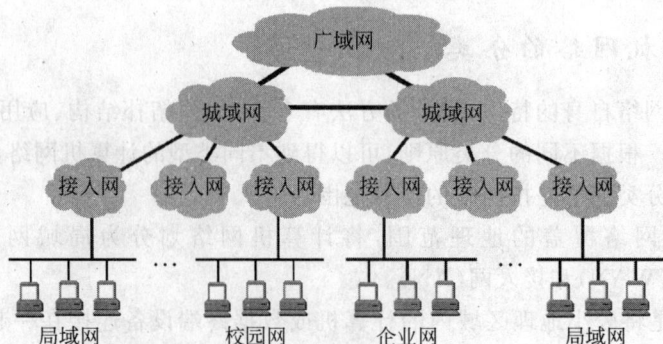

图 1-8　广域网、城域网以及局域网的关系

1.1.4 计算机网络的拓扑结构

拓扑(Topology)是数学图论中的一个概念,是一种研究与大小形状无关的点、线、面几何排列的方法。

网络的拓扑结构中抛开网络中具体设备的类型,把工作站、服务器、通信设备抽象为"点",把网络中的通信介质抽象为"线",这样计算机网络的结构就抽象为点和线组成的几何图形,从而抽象出网络系统的具体结构——网络的拓扑结构。网络拓扑结构对整个网络的设计、功能、可靠性、费用等方面都有着重要的影响。

常见的计算机网络的拓扑结构有星型、环型、总线型、树型和混合型。

1. 星型拓扑结构

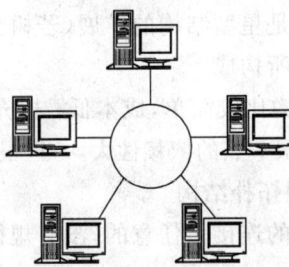

各节点通过点对点的链路与中央节点连接,如图 1-9 所示。

每个节点都由一个单独的通信线路连接到中心节点上。中心节点控制全网的通信,任何两台计算机之间的通信都要通过中心节点来转接。

优点:结构简单、便于维护和管理。当某台计算机或某条线路出现问题时,不会影响其他计算机的正常通信,维护比较容易。

缺点:通信线路专用,电缆成本高;中心节点是全网络的可靠瓶颈,中心节点出现故障会导致网络的瘫痪。

2. 环型拓扑结构

节点通过点到点通信线路连接成闭合环路,如图 1-10 所示,环中数据将沿一个方向单向传送。

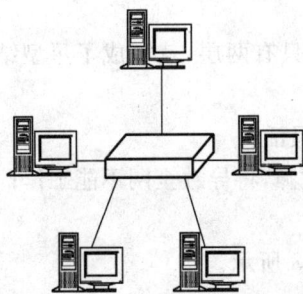

图 1-9　星型拓扑结构　　　　图 1-10　环型拓扑结构

环型拓扑结构是以一个共享的环型信道连接所有设备,称为令牌环。在环型拓扑中,信号会沿着环型信道按一个方向传播,并通过每台计算机。而且每台计算机会对信号进行放大后,传给下一台计算机。

环型结构的显著特点:每个节点用户都与两个相邻节点用户相连。

优点:电缆长度短。

缺点:

(1)节点过多时,影响传输效率。环某处断开会导致整个系统的失效,节点的加入和撤出过程复杂。

(2)检测故障困难,因为不是集中控制,故障检测需在各个节点进行,故障的检测就很不容易。

3. 总线型拓扑结构

所有节点共享一条数据通道,如图 1-11 所示,一个节点发出的信息可以被网络上的每个节点接收。

由于多个节点连接到一条公用信道上,所以必须采取某种方法分配信道,以决定哪个节点可以优先发送数据。在总线上,任何一台计算机在发送信息时,其他计算机必须等待。而且计算机发送的信息会沿着总线向两端扩散,从而使网络中所有计算机都会收到这个信息,但是否接收,还取决于信息的目标地址是否与网络主机地址相一致,若一致,则接收;若不一致,则不接收。

图 1-11 总线型拓扑结构

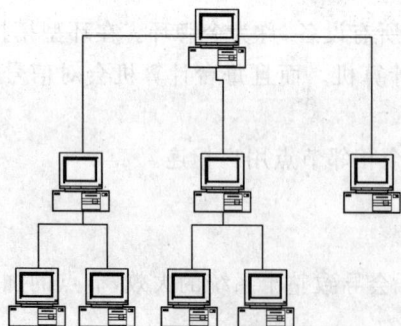

特点:其中不需要插入任何其他的连接设备。网络中任何一台计算机发送的信号都沿一条共同的总线传播,而且能被其他所有计算机接收。有时又称这种网络结构为点对点拓扑结构。

优点:连接简单、易于安装、成本费用低。

缺点:

(1) 传送数据的速度缓慢。共享一条电缆,只能有其中一台计算机发送信息,其他接收。

(2) 维护困难。因为网络一旦出现断点,整个网络将瘫痪,而且故障点很难查找。

4. 树型拓扑结构

在树型拓扑结构中,网络中的各节点形成了一个层次化的结构,如图 1-12 所示,树中的各个节点通常都为主机。

树型结构是星型结构的扩展(若树型拓扑结构只有两层,就变成了星型结构),它由根节点和分支节点所构成。

优点:结构比较简单,成本低;扩充节点方便灵活。

缺点:对根节点的依赖性大,一旦根节点出现故障,将导致全网不能工作;电缆成本高。

5. 混合型拓扑结构

节点之间的连接是任意的,没有规律,如图 1-13 所示。

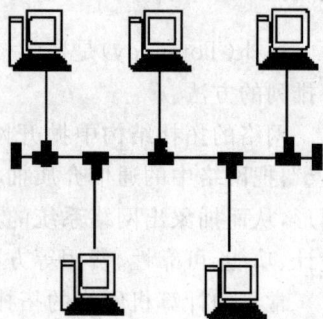

图 1-12 树型拓扑结构

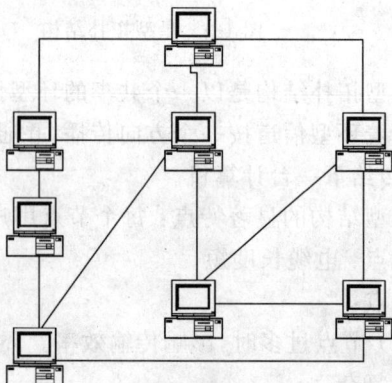

图 1-13 混合型拓扑结构

这种拓扑结构中的每台设备之间均有点到点的链路连接,这种连接不经济,只有每个站点都要频繁发送信息时才使用这种方法。它的结构复杂,安装也复杂,但系统可靠性高,容错能力强,必须采用路由选择算法和流量控制方法。广域网基本上都是采用混合型拓扑结构。

优点:可靠性高、易扩充、组网方式灵活。

缺点:费用高、结构复杂、管理维护困难。

1.2 网络体系结构与协议的基本概念

1.2.1 网络体系结构的概念

网络体系结构是指整个网络系统的逻辑组成和功能分配,定义和描述了一组用于计算机及其通信设施之间互连的标准和规范的集合。

研究网络体系结构的目的是定义计算机网络各个组成部分的功能,以便在统一的原则指导下进行网络的设计、建造、使用和发展。

体系结构是一种高度结构化的设计方式。所谓结构化是指将一个复杂的系统设计问题分解成一个个容易处理的子问题,然后逐个加以解决。这些子问题相对独立,相互联系。

层次结构是将一个复杂的系统设计问题划分成若干个层次分明的层组的子问题,各层执行自己所承担的任务。层与层之间通过接口提供层间通道。

各种网络体系结构如图 1-14 所示。

ISO/OSI	ARPA	SNA		DNA	TCP/IP
应用层	用户层	端用户		端用户	
表示层	文件传输协议	功能管理服务		网络应用	应用
会话层	远程通信协议	数据流控制		会话控制	
传输层	HOST-HOST	通路控制	路由控制	网络服务	TCP/UDP
网络层	源 IMP-目的 IMP		传输组	传输控制	IP
数据链路层	IMP-IMP	数据链路控制		数据链路控制	数据链路
物理层	物理层	物理层		物理层	物理层

图 1-14 各种网络体系结构

1.2.2 网络协议的概念

1. 什么是网络协议

网络协议就是为进行网络中的数据通信或数据交换而建立的规则、标准或约定。

2. 网络协议的三要素

(1) 语法:语法规定了通信双方"如何讲",即确定用户数据与控制信息的结构与格式。

(2) 语义:语义规定了通信的双方准备"讲什么",即需要发出何种控制信息,完成何种动作以及做出何种应答。

(3) 时序:时序又可称为"同步",规定了双方"何时进行通信",即事件实现顺序的详细说明。

1.2.3 网络协议的分层

计算机网络是一个非常复杂的系统,不仅涉及网络硬件设备,还涉及各种各样的软件,所以通信协议必然十分复杂。实践证明,结构化设计方法是解决复杂问题的一种有效手段,其核心思想是:将系统模块化,并按层次组织各模块。

计算机网络体系结构将网络的所有部件可完成的功能精确定义后,进行独立划分,按照信息交换层次的高低分层,每层都能完整地完成多个功能,层与层之间互相支持又相互独立。

"分层"可将庞大而复杂的问题,转化为若干较小的局部问题,而这些较小的局部问题就比较易于研究和处理。

大多数网络在设计时,是将网络划分为若干个相互联系而又各自独立的层次模型,然后针对每个层次及每个层次间的关系制定相应的协议,这样可以减少协议设计的复杂性。

1. 分层的好处

(1) 层与层之间相互独立;

(2) 灵活性好;

(3) 结构上可分割开;

(4) 易于实现和维护;

(5) 能促进标准化工作。

2. 划分层次的原则

(1) 每层的功能明确且相互独立。层内功能内聚。

(2) 层间接口清晰。跨越接口的信息量尽可能少,层间耦合松散。

(3) 层数适中。层数太少,就会使每一层的协议太复杂;层数太多又会在描述和综合各层功能的系统工程任务时遇到较多的困难。

3. 各层次间的关系

网络协议都是按层的方式来组织的,如图 1-15 所示,每一层都能完成一组特定的、有明确含义的功能,每一层的目的都是向上一层提供一定的服务,而上一层不需要知道下一层是如何实现服务的。

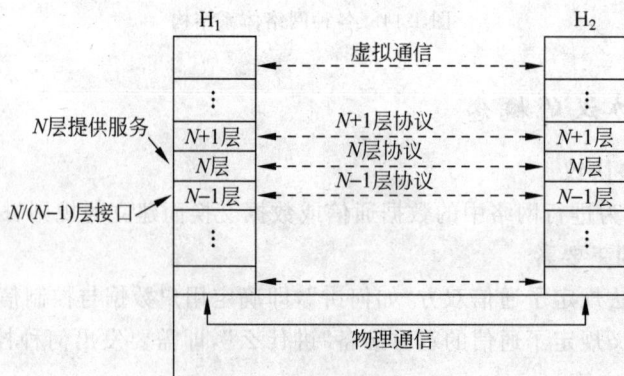

图 1-15 计算机网络的层次模型

每一对相邻层次之间都有一个接口(Interface),接口定义了下层向上层提供的命令和服务,相邻两个层次都是通过接口来交换数据的。

每一层中的活动元素通常称为实体(Entity)。实体既可以是软件实体(如一个进程),也可以是硬件实体(如智能输入输出芯片)。不同通信节点上的同一层实体称为对等实体(Peer Entity)。

1.3　Internet 的基本概念

1.3.1　Internet 概述

Internet 即通常所说的因特网、互联网或网际网,是指全球最大的、开放的、基于 TCP/IP 协议的众多网络相互连接而成的计算机网络。

1. Internet 的起源与发展

Internet 起源于美国国防部高级研究计划局(ARPA)于 1968 年主持研制的用于支持军事研究的计算机实验网 ARPANET(阿帕网)。建网的初衷旨在帮助为美国军方工作的研究人员利用计算机进行信息交换。

1984 年 ARPANET 分解成两部分:民用科研网(ARPANET)和军用计算机网络(MILNET)。

1986 年,面对网上信息流量的迅速增加,NSF 美国国家科学基金会(The U. S. National Science Foundation)开始组建 NSFNET 国家科学基金网(National Science Foundation Network),计划将美国 6 个超级计算中心连接到一起组成主干网来代替阿帕网。

1988 年 9 月,国家科学基金网(NSFNET)正式投入运行。

1990 年,阿帕网退役,国家科学基金网正式成为美国的 Internet 主干网。

1991 年后,Internet 转为商用。

1994 年 4 月 20 日,NCFC 工程通过美国 Sprint 公司连入 Internet 的 64KB 国际专线开通,实现了与 Internet 的全功能连接。

2. Internet 在中国的发展

1987 年 9 月 20 日,钱天白教授发出我国第一封电子邮件"越过长城,通向世界",揭开了中国人使用 Internet 的序幕。

1988 年,实现了与欧洲和北美地区的 E-mail 通信。

1990 年 10 月,注册登记了我国的顶级域名 CN。

1993 年 3 月 2 日,中国科学院高能物理研究所租用 AT&T 公司的国际卫星信道接入美国斯坦福线性加速器中心(SLAC)的 64KB 专线正式开通。这条专线是我国部分连入 Internet 的第一根专线。

自 1994 年起,中国教育和科研网 CERNET、中科院科技网 CSTNET、邮电部中国公用计算机互联网 ChinaNET 和中国金桥信息网 ChinaGBN 相继在我国建立,初步形成了以此四大网络为主干的我国互联网体系。

近几年,Internet 在国内的发展十分迅猛。在基本设施不断完善的同时,上网的用户数也在飞速增长。与此同时,各种新技术不断涌现,各类有线、无线技术均投入使用。这些技术的应用和相互竞争,在为上网用户提供更多选择的同时,让用户从中得到实惠。

我国已建立的骨干互联网有如下几个:

(1) 中国教育和科研计算机网(CERNET);

(2) 中国科技网(CSTNET);

(3) 中国公用计算机互联网(CHINANET);

(4) 中国金桥信息网(CHINAGBN);

(5) 中国国际经济贸易互联网(CIETNET);

(6) 中国联通网(UNINET);

(7) 中国网通网(CNCNET);

(8) 中国移动互联网(CMNET)。

3. Internet 的主要服务

Internet 为人们提供了一个巨大的并且在迅速增长的信息资源库,用户可从中获得各方面的信息,如自然、政治、历史、科技、教育、卫生、娱乐、政府决策、金融、商业、气象等。其中主要的服务资源包括以下几项。

(1) E-mail(Electronic Mail)是 Internet 最主要的服务之一,也是最基本的和用户最常用的服务之一。它是利用计算机网络来发送或接收邮件。

(2) WWW 是 World Wide Web 的缩写,又称为 W3、3W 或 Web,中文译为全球信息网或万维网。WWW 是融合信息检索技术与超文本和超媒体技术而形成的使用简单、功能强大的全球信息系统。它将文本、图像、声音和其他资源以超文本(HTML)的形式提供给访问者,是 Internet 上最方便和最受欢迎的信息浏览方式。

(3) FTP(File Transfer Protocol)是 WWW 出现以前 Internet 中使用最广泛的服务。FTP 用来在计算机之间传输文件。

(4) 远程登录服务 Telnet 用于在网络环境下实现资源的共享。利用远程登录,可以将自己的计算机暂时变成远程计算机的终端,从而直接调用远程计算机的资源和服务。

(5) Netnews 也称为 USENTER(网络论坛或电子新闻),是针对有关的专题讲座而设计的,是共享信息、交换意见和知识的地方。News 新闻在 Internet 上随处可见,USENET 则是主要的新闻传播工具。

(6) 文件检索服务 Archie,Archie 是"工具"的意思,它是 Internet 上用来查找标题满足特定条件的所有文档的自动搜索服务工具。为了从匿名 FTP 服务器上下载一个文件,必须知道这个文件的所在地,即必须知道这个匿名 FTP 服务器的地址及文件所在目录名,Archie 就是帮助用户在遍及全世界的千余个 FTP 服务器中寻找文件的工具。Archie Server 又被称作文档查询服务器。用户只要给出所要查找文件的全名或部分名字,文档查询服务器就会指出在哪些 FTP 服务器上存放着这样的文件。

Archie 系统的目的就是向 Internet 用户提供存放信息的数据库,负责这些数据库的创建和维护。最初,Archie 主要是提供匿名 FTP 站点上的文件目录信息。目前,用户已可以找到上千万个 FTP 站点上的文件目录信息了。

(7) WAIS 广域信息查询服务是一个 Internet 系统,在这个系统中,需要在多个服务器上创建专用主题数据库,该系统可以通过服务器目录对各个服务器进行跟踪,并且允许用户通过 WAIS 客户端程序对信息进行查找。WAIS 用户可以获得一系列的分布式数据库,当用户输入一个对某一个数据库进行查询的信息时,客户端就会访问所有与该数据库相关的服务器。访问的结果提供给用户的是满足要求的所有文本的描述,此时用户就可以根据这些信息得到整个文本文件了。

(8)电子商务服务。在网上进行贸易已经成为现实,而且发展得如火如荼,如网上购物、网上商品销售、网上拍卖、网上货币支付等。它已经在海关、外贸、金融、税收、销售、运输等方面得到广泛应用。电子商务现在正向一个更加纵深的方向发展,随着社会金融基础设施及网络安全设施的进一步健全,电子商务将在世界上掀起一轮新的革命。

1.3.2 Internet 的结构

Internet 的结构一般包括物理结构和协议结构。物理结构通常是指物理连接的拓扑结构;协议结构是指 TCP/IP 协议的构成及层次。

1. Internet 的物理结构

Internet 的物理结构,实际上就是指连入 Internet 的网络之间的物理连接方式,其典型结构如图 1-16 所示。

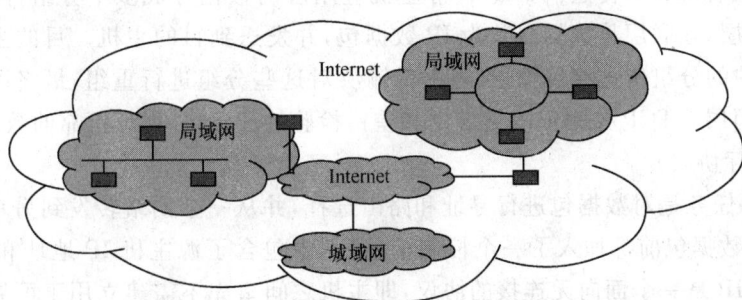

图 1-16 Internet 物理结构示意图

用户并不是将自己的计算机直接连接到 Internet 上的,而是连接到其中的某个网络上(如校园网、企业网等),该网络通过使用路由器等网络设备,并租用数据通信专线与广域网相连,成为 Internet 的一部分。

2. Internet 的协议结构与 TCP/IP

(1)Internet 的协议结构

Internet 采用的是 TCP/IP 网络协议。TCP/IP 协议是一组协议,其中最重要的两个协议是 TCP 协议和 IP 协议,可以联合使用,也可以与其他协议联合使用,保证将要传送的信息准确地输送到目的地。

TCP/IP 分层体系结构如图 1-17 所示。

TCP/IP 协议具有以下几个特点:

- 开放的协议标准,可以免费使用,并且独立于特定的计算机硬件与操作系统;
- 独立于特定的网络硬件,可以运行在局域网、广域网,更可用于互联网;
- 统一的网络地址分配方案,使得整个 TCP/IP 设备在网络中都具有唯一的地址;
- 标准化的高层协议,可以提供多种可靠的用户服务。

计算机网络的基础知识

（2）TCP/IP 簇

TCP/IP 实际上是一个协议簇。所有协议都包含在 TCP/IP 簇的 4 个层次中,形成了 TCP/IP 协议栈,如图 1-18 所示。

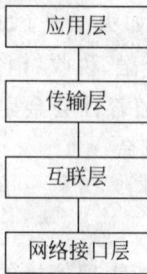

图 1-17　TCP/IP 分层体系结构　　　　　图 1-18　TCP/IP 协议栈

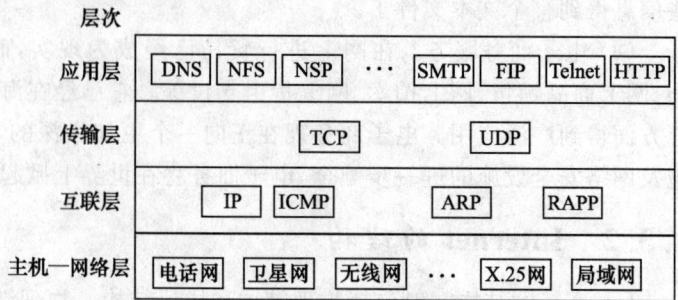

① TCP(传输控制协议)

TCP 是传输层一种面向连接的传输层协议,提供可靠的数据传送。对于大量数据的传输,通常都要求有可靠的传送。TCP 将源主机应用层的数据分成多个分组,然后将每个分组传送到互联层,互联层将数据封装为 IP 数据包,并发送到目的主机。目的主机的互联层将 IP 数据包中的分组传送给传输层,再由传输层对这些分组进行重组,最终还原成原始数据,传送给应用层。TCP 要完成流量控制和差错检验的任务,以保证可靠的数据传输。

② IP(网际协议)

IP 的主要任务是对数据包进行寻址和路由选择,并从一个网络转发到另一个网络。IP 在每个发送的数据包前都加入了一个控制信息,其中包含了源主机 IP 地址和目的主机 IP 地址等信息。IP 是一个面向无连接的协议,即主机之间事先不需建立用于可靠通信的端到端连接,源主机只是简单地将 IP 数据包发送出去。这样数据包在传输途中可能会丢失、重复,或者次序发生混乱。因此,还必须要依靠高层的协议(如 TCP)或应用程序实现数据包的可靠传输。

③ TCP/IP 簇中的其他协议

ARP(地址解析协议)

ARP 主要负责将主机的逻辑地址(IP 地址)转换为相应的物理地址(MAC 地址)。这样用户只需给出目的主机的 IP 地址,就可以找出同一物理网络中任意一台主机的物理地址了。

RARP(反向地址解析协议)

RARP 的功能是将主机的物理地址转换为 IP 地址,它广泛用于获取无盘工作站的 IP 地址。

ICMP(互联网控制报文协议)

ICMP 的主要作用是为 IP 提供差错报告。由于 IP 是面向无连接的,且不进行差错检验,因而当网络上发生错误时它不能检测错误。向发送 IP 数据包的主机汇报错误就是 ICMP 的责任。

UDP(用户数据报协议)

UDP 是对 IP 的扩充,它增加了一种机制,发送方主机可以使用这种机制来区分一台计算机上的多个接收者。UDP 提供的是一种无连接服务,因而它的服务同样是不可靠的。这种服务不用确认、不对报文排序,也不进行流量控制。

FTP(文件传输协议)

FTP 允许用户在本地机上以文件操作的方式(文件的增、删、改、查、传送等)与远程机之间进行相互通信。

TELNET(远程终端访问协议)

该协议允许本地主机作为仿真终端登录到远程的另一台主机上,把用户请求传送给远程主机,同时也能将远程主机的输出结果通过 TCP 连接返回到用户屏幕。

HTTP(超文本传输协议)

主要用于 Internet 中的客户机与 WWW 服务器之间的数据传输。

DNS(域名系统协议)

主要用于实现域名与 IP 地址之间的转换。

(3) 客户机/服务器的工作模式

Internet 采用客户机/服务器工作模式。客户机和服务器都是独立的主机,当一台连入网络的主机向其他主机提供各种网络服务(如数据、文件的共享等)时,它就被叫做服务器(Server)。而那些用于访问服务器资源的主机则被叫做客户机(Client)。Internet 采用的就是客户机/服务器(C/S)模式,如图 1-19 所示。

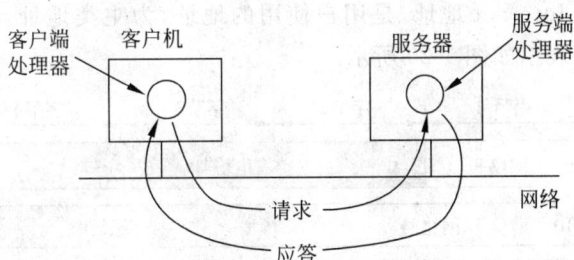

图 1-19　C/S 模式示意图

客户机的主要功能是执行用户一方的应用程序,与服务器建立连接,并接收服务器送来的结果,以可读的形式显示在本地计算机上。

服务器的主要功能是执行共享资源的管理应用程序,完成客户请求,形成结果,并将结果传送给客户。Internet 上的大多数信息访问方式都采用客户机/服务器的工作模式。

1.3.3　Internet 地址

1. IP 地址概述

为了实现计算机之间的通信,除使用相同的通信协议(如 TCP/IP)之外,每台计算机都必须有一个不与其他计算机重复的地址,它相当于通信时每个计算机的名字。在 TCP/IP 协议中,这个地址就是 IP 地址(Internet 地址)。

IP 地址是按照 IP 协议规定的格式,为每一个正式接入 Internet 的主机所分配的、在全世界范围内唯一的 32 位二进制比特串。

现有两个版本:

IPv4(4.0 版,通常称为 IP 地址);

IPv6(6.0 版)。

2. IP 地址的组成与分类

(1) IP 地址的组成

每个 IP 地址由网络号和主机号两部分组成。

网络号在 Internet 中是唯一的。同一物理子网的所有主机和网络设备(如服务器、工作站等)的网络号是相同的。而对于不同物理网络上的主机和网络设备而言,其网络号是不同的。

主机号是用来区别同一物理子网内不同的主机和网络设备的。在同一物理子网中,每一台主机和网络设备的主机号也是唯一的。

(2) IP 地址的表示方法

IP 地址以 32 个二进制数字形式表示,不适合阅读和记忆。为了便于用户阅读和理解 IP 地址,Internet 管理委员会采用了一种"点分十进制"表示方法表示 IP 地址。将 IP 地址分为 4 个字节(每个字节 8 个比特),每个字节用十进制表示,每个十进制数的取值范围是 0~255,且相邻两个十进制数间用"."分隔。

例如 11010010 00101100 10010000 00101100,转换后得到:210.44.144.44。

(3) IP 地址的分类

根据不同的取值范围,IP 地址一共分为 5 类:A 类、B 类、C 类、D 类和 E 类。其中 A、B 和 C 类地址是基本的 Internet 地址,是用户使用的地址,为主类地址。D 类和 E 类为次类地址。5 类 IP 地址的表示如图 1-20 所示。

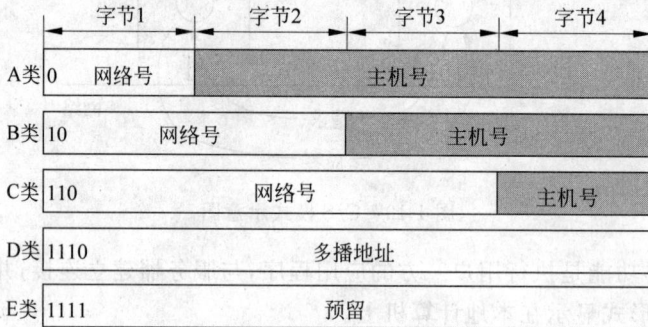

图 1-20　IP 地址的分类

A 类地址的前一个字节表示网络号,且最前端 1 个二进制位固定是 0,表示的地址范围是 1.0.0.0~126.255.255.255。A 类地址允许有 $2^7-2=126$ 个网络(网络号的 0 和 127 保留用于特殊目的),每个网络有 $2^{24}-2=16\,777\,214$ 个主机。A 类 IP 地址结构适用于有大量主机的大型网络。

B 类地址的前两个字节表示网络号,且最前端的 2 个二进制位固定是 10,表示的地址范围是 128.0.0.0~191.255.255.255。B 类地址允许有 $2^{14}=16\,384$ 个网络,每个网络有 $2^{16}-2=65\,534$ 个主机。B 类 IP 地址可以支持的网络规模和主机数都比较适中,适用于一些国际性大公司或规模较大的单位与政府机构。

C 类地址的前三个字节表示网络号,且最前端的 3 个二进制位是 110,表示的地址范围是 192.0.0.0~223.255.255.255。C 类地址允许有 $2^{21}=2\,097\,152$ 个网络,每个网络有

$2^8-2=254$ 个主机。C 类 IP 地址可以支持的网络数比较多,而可以支持的主机数比较少,因此特别适用于一些规模较小的单位,如公司、院校等单位与普通的研究机构。

D 类地址不分网络地址和主机地址,主要是留给 Internet 体系结构委员会 IAB 使用,不标识具体的网络,可用于一些特殊的用途,如多目的地址广播(Multicasting)。它的地址范围是从 224.0.0.0~239.255.255.255。

E 类地址尚未使用,暂时保留将来使用。它的地址范围是从 240.0.0.0~247.255.255.255。

3. 特殊的 IP 地址

第一种特殊地址是:网络标识部分全零,主机标识部分全零,换句话说 32 位全零,这种 IP 地址是指本机,这种 IP 地址在机器启动的时候需要使用。

第二种特殊地址是:网络标识部分全零,主机标识部分为某一个主机地址,这表明这台计算机是主机类型的 IP 地址,是本网的主机。

第三种特殊地址是:标识了网络部分,主机部分是全零,这种 IP 地址用来标识一个网络地址或子网地址。例如 192.168.5.0,就表示一个 C 类网络地址。

第四种特殊地址是:标识了网络部分,但是主机部分是全 1,这种 IP 地址就是网络或子网的广播地址。广播地址有两种形式,一种是标识网络部分,另一种是网络部分全 1。前一种情况是一种直接广播,即报文会在前缀部分指定的网络中直接广播。例如,IP 地址为 192.168.101.255,数据会在网络 ID 为 192.168.101 的这个 C 类网络上广播,即信息会发送到网络 ID 为 192.168.101 的这个 C 类网络上的所有主机中。广播地址的第二种形式是网络部分全为 1,主机部分也全为 1,这是一种有限广播,即报文只会在本地网中广播。

第五种特殊地址:前缀是 127,后缀三个字节任意。这类 IP 地址是一个回环,用于测试使用。当我们安装了 TCP/IP 协议的时候,如果想测试一下协议站安装的是否正确,可以先在本地测,在本地测就可以通过 127 开头的任意的 IP 地址来测,我们通常习惯用 127.0.0.1 来测,它可以将消息传给自己,如果能 ping 通,说明网卡连接正常。实际上只要前面是 127,后面可以是任意的数字。

4. 私有 IP 地址

当某个单位不需要访问互联网,只需实现内部网络中的计算机的互联时,就可以选用一段私有 IP 地址来节约 IP 地址空间。这些 IP 地址不能用于公网上。

私有 IP 地址的范围有:

(1) 10.0.0.0~10.255.255.255;

(2) 172.16.0.0~172.31.255.255;

(3) 192.168.0.0~192.168.255.255。

5. Windows 的常用网络命令

(1) Ping

Ping 是测试网络连接状况以及信息包发送和接收状况非常有用的工具,是网络测试最常用的命令。Ping 向目标主机(地址)发送一个回送请求数据包,要求目标主机收到请求后给予答复,从而判断网络的响应时间和本机是否与目标主机(地址)连通。

如果执行 Ping 不成功,则可以预测故障出现在以下几个方面:网线故障、网络适配器配置不正确、IP 地址不正确。如果执行 Ping 成功而网络仍无法使用,那么问题很可能出现在网络系统的软件配置方面,Ping 成功只能保证本机与目标主机间存在一条连通的物理路径。

命令格式:

ping IP 地址或主机名[－t] [－a] [－n count] [－l size]

参数含义:

-t：不停地向目标主机发送数据;

-a：以 IP 地址格式来显示目标主机的网络地址;

-n count：指定要 Ping 多少次,具体次数由 count 来指定;

-l size：指定发送到目标主机的数据包的大小。

【例】 C:\>ping www. baidu. com

(2) IPConfig

该命令用于显示所有当前的 TCP/IP 网络配置值、刷新动态主机配置协议(DHCP)和域名系统(DNS)设置。

IPConfig 实用程序和它的等价图形用户界面。这些信息一般用来检验人工配置的TCP/IP 设置是否正确。但是,如果你的计算机和所在的局域网使用了动态主机配置协议(Dynamic Host Configuration Protocol,DHCP,Windows NT 下的一种把较少的 IP 地址分配给较多主机使用的协议,类似于拨号上网的动态 IP 分配),这个程序所显示的信息也许更加实用。这时,IPConfig 可以让你了解你的计算机是否成功地租用到一个 IP 地址,如果租用到则可以了解它目前分配到的是什么地址。了解计算机当前的 IP 地址、子网掩码和缺省网关,实际上是进行测试和故障分析的必要项目。

【例】 C:\>ipconfig

```
Ethernet adapter 本地连接:
Connection－specific DNS Suffix  . :
IP Address. . . . . . : 10.111.142.71        //IP 地址
Subnet Mask . . . . . . : 255.255.255.0      //子网掩码
Default Gateway . . . : 10.111.142.1         //缺省网关
```

(3) Tracert

Tracert 命令用来显示数据包到达目标主机所经过的路径,并显示到达每个节点的时间。命令功能同 Ping 类似,但它所获得的信息要比 Ping 命令详细得多,它把数据包所走的全部路径、节点的 IP 以及花费的时间都显示出来。该命令比较适用于大型网络。

命令格式:

tracert IP 地址或主机名[－d][－h maximum_hops][－j host_list] [－w timeout]

参数含义:

-d：不解析目标主机的名字;

-h maximum_hops：指定搜索到目标地址的最大跳跃数;

-j host_list：按照主机列表中的地址释放源路由;

-w timeout：指定超时时间间隔,程序默认的时间单位是毫秒。

【例】 C:\>tracert www. ahut. edu. cn

（4）Netstat

Netstat 命令主要用于检测网络的使用状态，显示网络连接、路由表和网络接口信息，可以让用户得知目前哪些网络连接并在动作。

命令格式：

netstat［-a］［-b］［-e］［-f］［-n］［-o］［-p proto］［-r］［-s］［-t］［interval］

参数含义：

-a：显示所有连接和侦听端口。

-b：显示在创建每个连接或侦听端口时涉及的可执行程序。

-e：显示以太网统计。此选项可以与-s 选项结合使用。

-f：显示外部地址的完全限定域名（FQDN）。

-n：以数字形式显示地址和端口号。

-o：显示拥有的与每个连接关联的进程 ID。

-p proto：显示 proto 指定的协议的连接；proto 可以是下列任何一个：TCP、UDP、TCPv6 或 UDPv6。如果与-s 选项一起用来显示每个协议的统计，proto 可以是下列任何一个：IP、IPv6、ICMP、ICMPv6、TCP、TCPv6、UDP 或 UDPv6。

-r：显示路由表。

-s：显示每个协议的统计。默认情况下，显示 IP、IPv6、ICMP、ICMPv6、TCP、TCPv6、UDP 和 UDPv6 的统计；-p 选项可用于指定默认的子网。

-t：显示当前连接卸载状态。

interval：重新显示选定的统计，各个显示间暂停的间隔秒数。按 CTRL＋C 键停止重新显示统计。如果省略，则 netstat 将打印当前的配置信息一次。

【例】 C：\Users\wangbin. BTPDI＞netstat /?

显示协议统计和当前 TCP/IP 网络连接。

1.3.4　子网和子网掩码

1. 子网的概念

子网是指把单一的网络划分成多个物理网络，并使用路由器将其互连起来，这些物理网络就称为子网。划分子网，有利于充分使用 IP 地址空间、使物理网络易于管理、提高网络的可靠性等。

划分子网的方法是令多个物理网络共享一个 IP 地址的前缀，即多个物理网络共享一个网络地址，通过将原来 IP 地址的主机地址再分为子网地址部分和主机地址部分，将一个网络地址再分出多个网络来。

2. 子网地址

在划分了子网以后，将 IP 地址中的主机号地址部分再一分为二，一部分作为"本地网络内的子网号"，另一部分作为"子网内的主机号"。这样一来，IP 地址则由网络号、子网号、子网内主机号三部分组成，如图 1-21 所示。

3. 子网掩码的表示

和 IP 地址一样，子网掩码也是 32 位，也是用 4 个十进制数表示，中间用"."进行分隔。

网络号	主机号	
网络号	子网号	主机号

图 1-21 划分子网后的 IP 地址结构

将 IP 地址的网络地址全改为 1、主机地址全改为 0,就是子网掩码。

由子网掩码的定义,可以很容易得出 A 类地址、B 类地址和 C 类地址的标准子网掩码,如表 1-1 所示。

表 1-1 A 类地址、B 类地址和 C 类地址的标准子网掩码

地址类型	点分十进制表示	二进制子网掩码表示			
A 类	255.0.0.0	11111111	00000000	00000000	00000000
B 类	255.255.0.0	11111111	11111111	00000000	00000000
C 类	255.255.255.0	11111111	11111111	11111111	00000000

4. 确定子网掩码的方法步骤

确定子网掩码的步骤可归纳如下:

(1) 首先根据网络类型确定每一个子网的网络号。

(2) 然后确定所需要的子网数和每个子网的最大主机数。

(3) 确定需要多少位子网号来标识网络上的每一个子网。

(4) 确定需要多少位主机号来标识每个子网上的每台主机。

(5) 把已确定的网络号+子网号的各个二进制位都置为 1,主机号对应的二进制位都置为 0。

(6) 最后再将该子网掩码的二进制表示形式转化为十进制形式,即为所需的子网掩码。

【例】 某单位因需要申请了一个 C 类网络地址 192.10.31.0。为了便于管理,现需要划分 20 个子网,每个子网中放 5 台主机。

请问:

(1) 该子网应如何划分?

(2) 划分后的子网地址分别是什么?

解:规划方法:

(1) 对于 C 类地址,要从最后 8 位中分出几位作为子网号:

因为 $2^4 < 20 < 2^5$

所以应选择 5 位作为子网号,这样共可提供 30 个子网号。

全 0 和全 1 一般不使用,就可以满足划分 20 个子网的需要了。

(2) 检查剩余的位数能否满足每个子网中主机台数的要求:

因为子网号为 5 位,故还剩 3 位可以作为主机号,而且 $2^3 - 2 > 5$。

所以可以满足每个子网中放置 5 台主机的要求。

(3) 将已申请的 C 类网络地址 192.10.31.0 转化成二进制表示方式如下:

11000000 00001010 00011111 00000000

(4) 5 位子网号的 30 种组合方式分别为：

　　00001　　　　00010　　　　00011　　……　　　11110
第 1 个子网　第 2 个子网　第 3 个子网　……　第 30 个子网
对应的子网号分别为：8、16、24　……　　240
所划分的子网地址分别为：

10000000 00001010 00011111 00001000 即 192.10.31.8
10000000 00001010 00011111 00010000 即 192.10.31.16
10000000 00001010 00011111 00011000 即 192.10.31.24
10000000 00001010 00011111 00100000 即 192.10.31.32
　⋮
10000000 00001010 00011111 11110000 即 192.10.31.240

5. 子网掩码的作用

对外主要用来屏蔽网络内部结构；

对内主要是告诉本网络上的路由器,主机的 IP 地址中哪一部分是子网号,哪一部分是子网内部的主机号。

子网掩码可用来区分 IP 数据报是否发送到外部网络上去。

1.3.5　域名系统

1. 什么是域名

由于 IP 地址是一个具有 32 位比特长度的二进制数,不容易记忆,从 1985 年起,在 IP 地址的基础上开始向用户提供域名系统(DNS)服务,即用一种字符型的主机命名机制来识别网上的计算机。给每一台主机有一个由字符串组成的名字,这种主机名相对于 IP 地址来说是一种更为高级的地址形式,我们将它称为域名。

2. 域名系统的层次结构

域名系统的层次结构,是指按层次结构依次为主机命名。名字空间被分成若干级域名,并授权相应的机构进行管理,该管理机构又有权对其所管辖的这一级域名进一步划分,并再授权其他相应的机构进行管理。

为了将多个级区分开,将域名分为一级名名、二级域名、三级域名、四级域名,并给一级域名起了一个特别的名字,叫做"顶级域名"。

首先由中央管理机构(NIC)将第一级域名划分为若干部分,包括一些国家代码和美国的各种组织机构的域名。第一级域名将其各部分的管理权授予相应的机构,再由它们负责分配第二级域名。第二级域名往往表示主机所属的网络性质,例如是属于教育界(EDU)还是政府部门(GOV)等。第二级域名又将其各部分的管理权授予若干机构,例如 EDU 的域名管理权授予国家教育部,NET 的域名管理权授予国家邮电部等,如此下去,域名空间的组织管理便形成一种树状的层次结构,如图 1-22 所示。

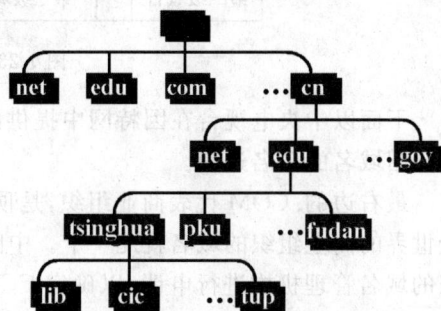

图 1-22　域名层次结构

一些国家或地区一级域名的代码如表 1-2 所示。

表 1-2　一级域名的国家或地区代码

国 家 名 称	国 家 域 名	国 家 名 称	国 家 域 名
中国	CN	日本	JP
巴西	BR	韩国	KR
加拿大	CA	中国澳门	MO
澳大利亚	AU	俄罗斯	RU
法国	FR	新加坡	SG
德国	DE	中国台湾	TW
中国香港	HK	英国	UK

部分一级域名的机构组织代码及意义如表 1-3 所示。

表 1-3　一级域名的组织机构代码

域 名 代 码	意　　义
COM	商业组织
EDU	教育机构
GOV	政府部门
MIL	军事部门
NET	网络支持中心
ORG	其他组织
INT	国际组织
FIRM	商业公司
STORE	商品销售企业
WEB	与 WWW 相关的单位
ARTS	文化和娱乐单位
REC	消遣和娱乐单位
INFO	提供信息服务的单位
NOM	个人

3. 域名的表示

域名结构和 IP 地址一样,都采用典型的层次结构,其通用的格式如图 1-23 所示。

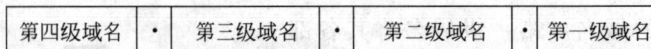

第四级域名	·	第三级域名	·	第二级域名	·	第一级域名

图 1-23　域名地址的格式

下面以中央电视台在因特网中提供的万维网服务的网站域名 WWW.CCTV.COM 为例介绍域名的命名过程。

最右边的.COM 代表商业组织,是顶级域名,由因特网管理机构"网络信息中心"来定,全世界的商业组织的域名就此一个。中间的 CCTV 是二级域名,在使用前需要先到商业组织的域名管理机构进行申请,以确定 CCTV 有没有重复的,从而保证了 CCTV.COM 在全世界是唯一的。既然 CCTV 已经成为二级域名,那么商业组织的域名管理机构就可以把二级域名的管理权授予中央电视台了,即中央电视台就成为 CCTV 这个二级域名的管理机构,它可以对 CCTV 这个二级域名下的多个不同的计算机分配不同的三级域名。在中央电视台的多台计算机当中,有一台计算机是要提供万维网服务的,假设要给这台计算机分配一个三级域名 WWW,那么就需要先在中央电视台的网管中心进行注册,若没有重复,就可以把 WWW 作为 CCTV 下的三级域名分配给用户,即 WWW 是中央电视台提供万维网服务的这台计算机的三级域名。

域名地址是比 IP 地址更高级、更直观的一种地址表示形式,它们是 Internet 地址的两种不同的表示方法。在叫法上应严格区分,不能搞混淆。

4. 域名服务器

为了用户使用和记忆方便,通常使用域名来表示一台主机。但主机域名不能直接用于 TCP/IP 的路由选择之中。当用户使用主机域名进行通信时,必须首先将其映射成 IP 地址,实现这种转换的主机称为域名服务器(DNS Server)。域名服务器是一个基于客户机/服务器的数据库,在这个数据库中,每个主机的域名和 IP 地址是一一对应的。

域名服务器的主要功能是:将域名解析为主机能识别的 IP 地址,回答有关域名、地址、域名到地址或地址到域名的映射的询问以及维护关于询问类型、分类或域名的所有资源记录的列表。

整个域名的解析过程如图 1-24 所示。

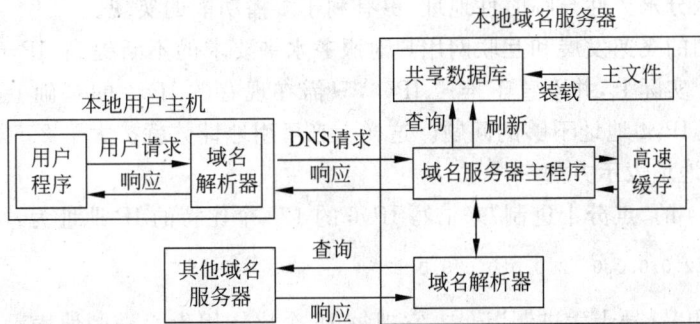

图 1-24　域名解析过程

1.3.6　IPv6

1. IPv4 的局限性

目前 Internet 采用的协议簇是 TCP/IP 协议簇。IP 是 TCP/IP 协议簇中网络层的协议,是 TCP/IP 协议簇的核心协议。IP 协议的版本号是 4(简称为 IPv4),发展至今已经使用了 30 多年。它的地址位数为 32 位,也就是最多有 2^{32} 台计算机可以连接到 Internet 上。

(1) 地址空间局限问题——从理论上讲,可编址 1600 万个网络、40 亿台主机。但采用 A、B、C 三类编址方式后,可用的网络地址和主机地址的数目大打折扣,以至目前的 IP 地址近乎枯竭。其中北美占有 3/4,约 30 亿个,而人口最多的亚洲只有不到 4 亿个,中国只有 3 千多万个,只相当于美国麻省理工学院的 IP 地址的数量。设计者没有预计到微型计算机会普及得如此之快,由于互联网的蓬勃发展,IP 地址的需求量愈来愈大,使得 IP 地址的发放愈趋于严格,各项资料显示,全球 IPv4 地址很可能在最近几年内全部发完。

(2) IP 地址在使用时有很大的浪费。

计算机网络的基础知识

2. IPv6 的优势

与 IPv4 相比,IPv6 主要有以下优势。

(1) 明显地扩大了地址空间。IPv6 采用 128 位地址长度,几乎可以不受限制地提供 IP 地址,从而确保了端到端连接的可能性。

(2) 提高了网络的整体吞吐量。由于 IPv6 的数据包可以远远超过 64kB,应用程序可以利用最大传输单元(MTU),获得更快、更可靠的数据传输,同时在设计上改进了选路结构,采用简化的报头定长结构和更合理的分段方法,使路由器加快数据包处理速度,提高了转发效率,从而提高网络的整体吞吐量。

(3) 使得整个服务质量得到很大改善。报头中的业务级别和流标记通过路由器的配置可以实现优先级控制和 QoS(服务质量)保障,从而极大改善了 IPv6 的服务质量。

(4) 安全性有了更好的保证。采用 IPSec(Internet 协议安全性)可以为上层协议和应用提供有效的端到端的安全保证,能提高在路由器水平上的安全性。

(5) 支持即插即用和移动性。设备接入网络时通过自动配置可自动获取 IP 地址和必要的参数,实现即插即用,简化了网络管理,易于支持移动节点。而且 IPv6 不仅从 IPv4 中借鉴了许多概念和术语,它还定义了许多移动 IPv6 所需的新功能。

(6) 更好地实现了多播功能。在 IPv6 的多播功能中增加了"范围"和"标志",限定了路由范围和可以区分永久性与临时性地址,更有利于多播功能的实现。

随着互联网的飞速发展和互联网用户对服务水平要求的不断提高,IPv6 在全球将会越来越受到重视。实际上,并不急于推广 IPv6,只需在现有的 IPv4 的基础上将 32 位扩展到 40 位,即可解决 IPv4 地址不够的问题。这样一来可用地址数就扩大了 256 倍。

3. IPv6 的地址表示方法

用原来 IPv4 的"点分十进制"来书写 IPv6 的 128 个比特的 IP 地址为:

255.254.0.12.0.0.0.0.12.0.0.0.0.0.0.12

很复杂。IPv6 用"冒号十六进制"记法,它把每 16 个比特用十六进制值表示,各组之间用冒号分隔

FFFE:000C:0000:0000:0C00:0000:0000:000C

4. IPv6 冒号十六进制的地址压缩

(1) 一组中的前导零可以忽略不写。例如上面这个 IPv6 地址中的第二组 000C 可以直接写成 C,则该地址可压缩为 FFFE:C:0:0:C00:0:0:C。

(2) 还允许零压缩,即一串连续的零可以被一对冒号所取代,为了保证零压缩有一个不含混的解释,建议中还规定,在任一地址中,只能使用一次零压缩。该技术对已建议的分配策略特别有用,因为会有许多地址包含连续的零串。例如,上面这个 IPv6 地址可压缩为 FFFE:C::C00:0:0:C。

(3) 冒号十六进制记法结合点分十进制记法的后缀,这种结合在 IPv4 向 IPv6 的转换阶段特别有用,例如 0:0:0:0:0:0:192.168.101.5。

请注意,在这种记法中,虽然被冒号所分隔的每个值是一个 16 比特的量,但每个点分十进制部分的值则指明一个字节的值。再使用零压缩,多个 0 块的单个连续序列由双冒号符号(::)表示则记为::192.168.101.5。

有数据统计,世界上一些网络发达的国家已经开始逐渐用 IPv6 代替 IPv4,这方面走在最前面的是比利时,其 IPv6 的流量比例已经占到 27%,高于德国(11%)和美国(9.5%)。另外一些欧洲国家,如瑞士、卢森堡、罗马尼亚、捷克等国家也都表现良好,占比都在 5%～9%之间。

根据谷歌的统计,全球已经有 5%的网络使用 IPv6,相比去年取得了快速增长。很多高等学校都在普及 IPv6,IPv6 具有更大的地址空间、使用更小的路由表,并且更加安全,允许扩充。

当然 IPv6 也并非是十全十美的方案,与 IPv4 一样,IPv6 一样会造成大量的 IP 地址浪费,而且在抵御 DDoS(分布式拒绝服务)攻击方面也存在缺陷。不过 IPv6 中有足够的地址为地球上每一平方英寸的地方分配一个独一无二的 IP 地址,这个优势无可匹敌,所以 IPv6 替代 IPv4 也是大势所趋。

1.4 应用案例

1. IP 地址的应用

我国破获的首例利用 Internet 犯罪的案件是江西省公安局查获的一起利用网络进行赌博的案件。当地公安通过查询电信部门的 IP 记录找到了用于赌博的计算机的 IP 地址,将犯罪团伙的主要犯罪嫌疑人抓获。

【任务要求】 如何在 Windows 7 下查看本机 IP 地址信息?

【操作步骤】

方法一:

(1) 点击计算机左下角圆形的图标"开始",然后在开始菜单中选择"运行"。

(2) 单击"运行"后,打开"运行"对话框,在"运行"对话框的输入框中输入 cmd,之后单击下面的"确定"按钮,打开 cmd 命令提示符。

(3) 在打开的 cmd 命令提示符中输入 ipconfig /all 命令就可以查看自己机器的 IP 地址了。

方法二:

(1) 点击计算机右下角的表示"网络连接"的图标,之后会打开"连接信息"对话框,选择"打开网络和共享中心"。

(2) 在打开的"打开网络和共享中心"页面中,选择"本地连接"。

(3) 在打开的"本地连接 状态"对话框中单击"详细信息"按钮,打开"网络连接详细信息"对话框,在这里可以看到除了 IP 地址之外的更多信息。

注意:以上的两种方式只适用于 Windows 7 系统。

思考:如果我们知道域名地址,能否直接找到主机?

2. 子网编址技术(即子网划分)

如果你是某学校的网管,学校有 4 个处于不同物理位置的网络教室,每个网络教室 25 台机器,你的任务是给这些机器配置 IP 地址和子网掩码。你可能会觉得这再简单不过了,申请 4 个 C 类地址,每个教室一个,然后再一一配置不就搞定了。这样做理论上没错,但你有没有想到这样做很浪费,你一共浪费了(254－25)×4＝916 个 IP 地址,如果所有的网管都像你这样做,那么 Internet 上的 IP 地址将会在极短的时间内枯竭,显然,不能这样做,应该做子网划分。

子网划分说白了是这样一个事情:因为在划分了子网后,IP 地址的网络号是不变的,因此在局域网外部看来,这里仍然只存在一个网络,即网络号所代表的那个网络;但在网络内部却是另外一个景象,因为我们每个子网的子网号是不同的,当用划分子网后的 IP 地址与子网掩码(注意,这里指的子网掩码已经不是缺省子网掩码了,而是自定义子网掩码,是管理员在经过计算后得出的)做"与"运算时,每个子网将得到不同的子网地址,从而实现了对网络的划分(得到了不同的地址,当然就能区别出各个子网了)。

子网编址技术,即子网划分将会有助于以下问题的解决。

(1) 巨大的网络地址管理耗费:如果你是一个 A 类网络的管理员,你一定会为管理数量庞大的主机而头痛的;

(2) 路由器中的选路表的急剧膨胀:当路由器与其他路由器交换选路表时,互联网的负载是很高的,所需的计算量也很高;

(3) IP 地址空间有限并终将枯竭:这是一个至关重要的问题,高速发展的 Internet,使原来的编址方法不能适应,而一些 IP 地址却不能被充分地利用,造成了浪费。

因此,在配置局域网或其他网络时,根据需要划分子网是很重要的,有时也是必要的。现在,子网编址技术已经被绝大多数局域网所使用。

【任务要求】 假设取得网络地址 200.200.200.0,子网掩码为 255.255.255.0。现在一个子网有 100 台主机,另外 4 个子网有 20 台主机,请问如何划分子网,才能满足要求。请写出 5 个子网的子网掩码、网络地址、第一个主机地址、最后一个主机地址、广播地址。

解: 可以先把该网络划分成两个子网。一个给 100 台主机的子网,一个给另外 20 台主机的四个子网。

C 类地址有 8bit 的主机号,划分子网就是把主机号拿出若干位来做网络 ID。具体要拿出多少位有一个公式:子网内主机数 $= 2^x - 2$(x 是主机号的位数)。

现在主机数是 100,我们取 $2^x - 2$ 略大于 100,即 $x = 7$。

也就是说主机号位数是 7 位,这个子网才能够连 100 台主机。本来有 8 位的,剩下的一位拿去当网络号。

```
NET  ID  200.200.200.00000000
NETMASK 255.255.255.00000000
```

子网 1:

```
NET  ID  200.200.200.00000000
NETMASK 255.255.255.10000000   (掩码就是用 1 标识网络 ID)
```

子网 2:

```
NET  ID  200.200.200.10000000
NETMASK 255.255.255.10000000
```

接下来划分 4 个子网,用上面任何一个子网划分都行。这里用子网 2。

由上面的公式,子网内主机数 $= 2^x - 2$

取 $2^x - 2$ 略大于 20,即 $x = 5$

也就是主机号位数是 5 位,刚才是 7 位,剩下 2 位作网络 ID。

子网 2.1:

```
NET   ID   200.200.200.10000000
NETMASK 255.255.255.11100000
```

子网 2.2:

```
NET   ID   200.200.200.10100000
NETMASK 255.255.255.11100000
```

子网 2.3:

```
NET   ID   200.200.200.11000000
NETMASK 255.255.255.11100000
```

子网 2.4:

```
NET   ID   200.200.200.11100000
NETMASK 255.255.255.11100000
```

这样,子网划分就完成了。

接下来写出 5 个子网的子网掩码、网络地址、第一个主机地址、最后一个主机地址、广播地址。

记住这一条:

主机号全 0 是网络地址,网络地址 + 1 是第 1 个主机地址,主机号全 1 是广播地址,广播地址 - 1 是最后的主机地址。

子网一主机号全是 0 的:NET ID 200.200.200.00000000。后面 8 个 0 是二进制,换成十进制就是它的网络地址了,然后 + 1 是主机地址;广播地址要注意,加下划线的 0 已是网络 ID,主机号是后面 7 个 0,把 7 个 0 全置为 1 就是它的广播地址。

接下来以此类推。结果如表 1-4 所示。

表 1-4 划分结果

子网掩码	网络地址	第一个主机地址	最后的主机地址	广播地址
255.255.255.128	200.200.200.0	200.200.200.1	200.200.200.126	200.200.200.127
255.255.255.224	200.200.200.128	200.200.200.129	200.200.200.158	200.200.200.159
255.255.255.224	200.200.200.160	200.200.200.161	200.200.200.190	200.200.200.191
255.255.255.224	200.200.200.192	200.200.200.193	200.200.200.222	200.200.200.223
255.255.255.224	200.200.200.224	200.200.200.225	200.200.200.254	200.200.200.255

3. 怎样利用 IP 地址和子网掩码计算子网地址

方法:IP 地址 ∧ 子网掩码,结果就是该子网的地址。

两个二进制数相与:

$1 \wedge 0 = 0$ $0 \wedge 1 = 0$ $0 \wedge 0 = 0$ $1 \wedge 1 = 1$

【任务要求】 已知某主机的 IP 地址 202.117.1.207,子网掩码 255.255.255.224,该主机所在的子网地址、网络号、子网号和主机号分别是多少?

解：先将 IP 地址和子网掩码转换成对应的二进制数，再进行与运算。

```
IP 地址      11001010  01110101  00000001  110 01111
∧子网掩码   11111111  11111111  11111111  111 00000
             11001010  01110101  00000001  110 00000
```

所以该子网所在的子网地址为：202.117.1.192

网络号：202.117.1 子网号：192 主机号：15

4. 如何利用 IP 地址和子网掩码直接计算出主机号？

方法：IP 地址∧子网掩码的反码，结果就是主机号。

我们知道二进制数的反码：1 的反码是 0；0 的反码是 1。

【任务要求】 已知某主机的 IP 地址 202.117.1.207、子网掩码 255.255.255.224，该主机的主机号是多少？

解：先将 IP 地址和子网掩码转换成对应的二进制数。

（1）子网掩码的反码为：

```
二进制数  11111111  11111111  11111111  111 00000
反码      00000000  00000000  00000000  000 11111
```

（2）进行与运算

```
IP 地址          11001010  01110101  00000001  110 01111
∧子网掩码的反码  00000000  00000000  00000000  000 11111
主机号           00000000  00000000  00000000  000 01111
```

所以该主机的主机号为：15。

习 题

一、单项选择

1. 目前世界上最大的计算机互联网络是（   ）。

    A. ARPA 网　　　　B. IBM 网　　　　C. Internet　　　　D. Intranet

2. 计算机网络是计算机技术与（   ）结合的产物。

    A. 电话　　　　　B. 通信技术　　　　C. 线路　　　　D. 各种协议

3. 根据计算机网络覆盖的地理范围，将计算机网络划分为局域网、城域网、广域网和（   ）。

    A. 以太网　　　　B. TCP/IP　　　　C. Internet　　　　D. 接入网

4. 常见的计算机网络的拓扑结构有星型、环型、总线型、树型和（   ）。

    A. 混合型　　　　B. 公共数据网型　　　　C. 关系型　　　　D. 层次型

5. 为了避免 IP 地址的浪费，需要对 IP 地址中的主机号部分进行再次划分，再次划分后的 IP 地址的网络号部分和主机号部分使用（   ）来区分。

    A. IP 地址　　　　B. 网络号　　　　C. 子网掩码　　　　D. IP 协议

6. 对下一代 IP 地址的设想，因特网工程任务组提出创建的 IPv6 将 IP 地址空间扩展到（   ）。

A. 32 位   B. 64 位   C. 128 位   D. 256 位

7. IP 地址中的每一段使用十进制描述时，其最大值是（   ）。

     A. 127   B. 128   C. 254   D. 255

8. 域名与地址之间需要进行转换，完成这个任务的是（   ）。

     A. DHCP   B. DNS   C. HTTP   D. SMTP

9. 下列属于 C 类 IP 地址的是（   ）。

     A. 130.34.4.5   B. 200.10.2.1   C. 127.0.0.1   D. 10.10.46.128

10. 下列选项中的顶级域名，能够代表教育机构的是（   ）。

     A. EDU   B. ORG   C. GOV   D. COM

二、判断

1. 从技术角度讲，组建计算机网络需要三要素：可独立自主工作的计算机、连接计算机的介质、通信协议。

2. 资源共享包含三个方面的含义：一是硬件的共享，二是软件的共享，三是数据的共享。

3. 网络协议就是为进行网络中的数据通信或数据交换而建立的规则、标准或约定。

4. 有一种特殊地址是：网络标识部分全零，主机标识部分全零，换句话说 32 位全零，这种 IP 地址是指本机，这种 IP 地址在机器启动的时候需要使用。

5. 子网是网络的一种形式。

三、简答

1. 简述常见的计算机网络的拓扑结构及特点。

2. 简述网络协议的三要素。

3. 简述 Internet 的主要服务有哪些。

四、应用

1. 查看本机的 IP 地址。

2. 申请一个自己的云盘空间。

第2章　计算机网络的基本应用

引　子

随着计算机网络开始全面渗透进人们的学习、工作和生活,渗透进社会各领域,其应用的范围也在不断拓展,信息的发布与获取、社交拓展、社会事务讨论、政府问政网民、商业营销、社会公益……而计算机网络独有的传播特点,也使其迅速成长为网民表达意见的新途径。通过键盘和鼠标参与社会事件、表达自身诉求,成为越来越多中国网民习惯的社会参与和政治生活方式。与此同时,电子商务也得到越来越广泛的应用。京东商城、麦考林、淘宝、凡客诚品等一批电子商务巨头纷纷在微博开设微商城,为商家提供一个在更简便的平台里进行更为现代的电子商务的机会。

随着家用计算机的普及,一些家庭都已经有好几台计算机了,但是家里基本上都只有一根网线,怎样使家里的几台计算机都能上网?

2.1　Internet 应用于家庭

2.1.1　Internet 接入概述

目前,Internet 的接入方式主要有两类:有线接入和无线接入。有线接入包括基于传统公用电话网(PSTN)的拨号接入、局域网接入、ADSL 接入以及基于有线电视网的 Cable Modem 接入等。无线接入包括 IEEE 802.11b、WIFI、Blue Tooth 等众多的无线接入技术。有线接入通过利用已有的传输网络,从而可以提供经济实用的接入方法;而无线接入,用户终端无须通过网线与网络相连,从而使上网变得更加自由和方便。

2.1.2　家庭用户连入 Internet

家庭用户连入 Internet 可以采用电话拨号连接和 ADSL 宽带连接两种方式。

1. 电话拨号接入

电话拨号入网可分为两种:一是个人计算机经过调制解调器(Modem)和普通模拟电话线,与公用电话网连接。二是个人计算机经过专用终端设备和数字电话线,与综合业务数字网(Integrated Service Digital Network,ISDN)连接。通过普通模拟电话拨号入网方式,数据传输能力有限,传输速率较低(最高 56kb/s),传输质量不稳,上网时不能使用电话。通过 ISDN 拨号入网方式,信息传输能力强,传输速率较高(128kb/s),传输质量可靠,上网时还可使用电话,如图 2-1 所示。

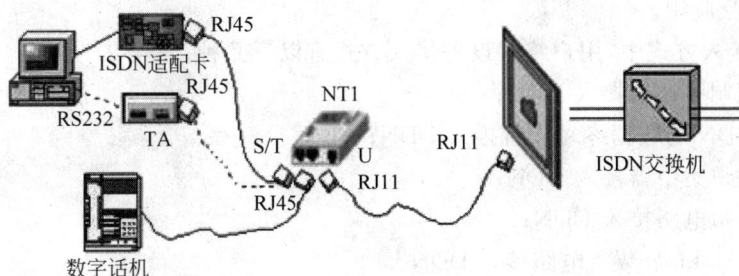

图 2-1 ISDN 接入方式

注意:调制解调器是一种计算机硬件。所谓调制,就是把数字信号转换成电话线上传输的模拟信号;解调,即把模拟信号转换成数字信号。

2. ADSL 接入

非对称数字用户线路(Asymmetrical Digital Subscriber Loop,ADSL)是一种新兴的高速通信技术。上行(指从用户电脑端向网络传送信息)速率最高可达 1Mb/s,下行(指浏览 WWW 网页、下载文件)速率最高可达 8Mb/s。上网同时可以打电话,互不影响,而且上网时不需要另交电话费。安装 ADSL 也极其方便快捷,只需在现有电话线上安装 ADSL MODEM,而用户现有线路不需改动(改动只在交换机房内进行)即可使用,如图 2-2 所示。目前已成为用户上网的首选接入方式。现在比较成熟的 ADSL 标准有两种:G.DMT 和 G.Lite。

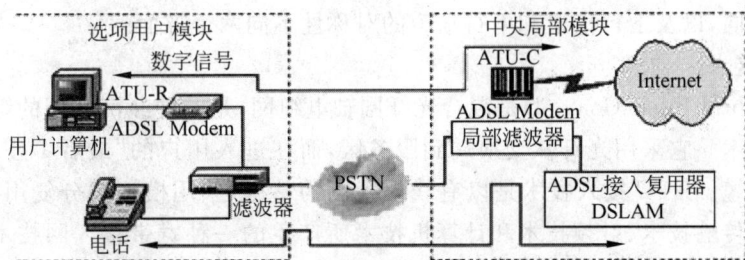

图 2-2 ADSL 接入方式

采用 ADSL 技术接入 Internet 时,用户还需为 ADSL Modem 或 ADSL 路由器选择一种通信连接方式。目前 ADSL 通信连接方式主要有两种:专线接入和虚拟拨号接入(PPPOA(Point to Point Protocol over ATM)、PPPOE(Point to Point Protocol over Ethernet))。一般普通用户多数选择 PPPOA 和 PPPOE 方式,对于企业用户,更多选择静态 IP 地址(由电信部门分配)的专线方式。

2.1.3 其他接入方式

1. DDN 接入

DDN(Digital Data Network)即数字数据传输网,所谓专线接入是指用户和 ISP 之间通过专用线路连接。DDN 专线接入采用交叉连接装置,可根据用户需要,在约定的时间内接通所需带宽的线路,信道容量的分配和接续均在计算机控制下进行,具有极大的灵活性和可

计算机网络的基本应用

靠性,使用户可以开通各种信息业务,传输任何合适的信息,因此,DDN 专线接入在多种接入方式中被广泛应用。

在 DDN 接入方式中,用户终端设备接入方式有以下几种。

- 通过调制解调器接入 DDN;
- 通过 DDN 的数据终端设备接入 DDN;
- 通过用户集中器接入 DDN;
- 通过模拟电路接入 DDN;
- 通过 2048kb/s 数字电路接入 DDN。

2. xDSL 接入

xDSL 是数字用户线路(Digital Subscriber Line,DSL)的统称,是美国贝尔通信研究所于 1989 年为推动视频点播(VOD)业务开发出的用户高速传输技术。它是以电话铜线(普通电话线)为传输介质,点对点传输的宽带接入技术。它可以在一根铜线上分别传送数据和语音信号,其中数据信号并不通过电话交换设备,并且不需要拨号,不影响通话。其最大的优势在于利用现有的电话网络架构,不需要对现有接入系统进行改造,就可方便地开通宽带业务。

采用 xDSL 技术调制的数据信号实际上是在原有话音线路上叠加传输,在电信局和用户端分别进行合成和分解,为此,需要配置相应的局端设备,而普通 Modem 的应用则几乎与电信网络无关。xDSL 中 x 表示任意字符或字符串,根据调制方式的不同,获得的信号传输速率和距离不同以及上行信道和下行信道的对称性不同,xDSL 可以分为 ADSL、RADSL、VDSL、SDSL、IDSL 和 HDSL 等。各种 DSL 技术最大的区别体现在信号传输速率和距离的不同,以及上行信道和下行信道的对称性不同两个方面。

3. HFC 接入

HFC(Hybrid Fiber Coaxial)是混合光纤同轴电缆网,是一种经济实用的综合数字服务宽带网接入技术。它采用光纤从交换局到服务区,而在进入用户的"最后 1 公里"采用有线电视网同轴电缆。HFC 接入技术是以有线电视网为基础,采用模拟频分复用技术,综合应用模拟和数字传输技术、射频技术和计算机技术所产生的一种宽带接入网技术。以这种方式接入 Internet 可以实现 10Mbps～40Mbps 的带宽,用户可享受的平均速度是 200kbps～500kbps,最快可达 1500kbps,用它可以非常舒心地享受宽带多媒体业务,并且可以绑定独立 IP。

HFC 网络中传输的信号是射频信号(Radio Frequency,FR),即一种高频交流变化电磁波信号,类似于电视信号,在有线电视网上传送。一个双向的 HFC 接入系统与 CATV 网类似,也由三部分组成,即前端系统、HFC 接入网和用户终端系统。从有线电视台出来的节目信号先变成光信号在干线上传输,到用户区域后把光信号转换成电信号,经分配器分配后通过同轴电缆送到用户。其在干线上用光纤传输光信号,在前端需完成电-光转换,进入用户区后要完成光-电转换。

4. 光纤接入

(1) 光纤接入网的概念

光纤接入网(Optical Access Network,OAN)是指接入网中传输媒介为光纤的接入网。在电信网中引入 OAN,首先是为了减少铜缆网的维护运行费用和故障率;其次是为了支持开发新业务,特别是多媒体和带宽新业务。采用光接入网已经成为解决电信发展瓶颈的主要途径,其应用场合不仅包括那些新建的用户区,也包括需要更新的现有铜缆网的旧用户区。OAN 是一个点对多点的光纤传输系统。

光纤接入网的基本结构包括用户、交换局、光纤、电/光交换模块(E/O)和光/电交换模块(O/E)。

光纤接入网系统主要由光线路终端(OLT)、光配线网(ODN)和光网络单元(ONU)三大部分组成。其中,OLT 实现核心网与用户间不同业务的传递功能,通常安装在服务器提供端的机房中;ODN 为 OLT 和 ONU 提供光传输手段,完成光信号的传输和功率分配任务;ONU 实现用户接入,主要的功能是处理光信号,为用户提供业务接口。

(2) 光纤接入网的分类

从光纤接入网的网络结构看,按接入网室外传输设施中是否含有源设备,OAN 可以划分为有源光网络(Active Optical Network,AON)和无源光网络(Passive Optical Network,PON)。AON 指从局端设备到用户分配单元之间均用有源光纤传输设备,如光电转换设备、有源光电器件、光纤等连接成的光网络。PON 指从局端设备到用户分配单元之间不含有任何电子器件及电子电源,全部由光分路器等无源器件连接而成的光网络。

(3) 光纤接入方式

根据光纤深入用户群的程度,光纤接入网分为光纤到路边(Fiber To The Curb,FTTC)、光纤到大楼(Fiber To The Building,FTTB)、光纤到办公室(Fiber To The Office,FTTO)、光纤到楼层(Fiber To The Floor,FTTF)、光纤到小区(Fiber To The Zone,FTTZ)、光纤到户(Fiber To The Home,FTTH)等几种类型,它们统称为 FTTx。FTTx 不是具体的接入技术,而是光纤在接入网中的推进程度,主要应用的是 FTTC、FTTB 和 FTTH 三种类型,FTTH 将是宽带接入网发展的最终形式。

(4) FTTx+LAN 接入

FTTx+LAN 是光纤接入和以太网技术结合而成的高速以太网接入方式,可实现"千兆到在楼,百兆到层面,十兆到桌面",为最终光纤到户提供了一种过渡。FTTx+LAN 接入比较简单,在用户端通过一般的网络设备,如交换机、集线器等将同一幢楼内的用户连成一个局域网,用户室内只需添加以太网 RJ45 信息插座和配置以太网接口卡(即网卡),在另一端通过交换机与外界光纤干线相连即可。

5. 电力线接入

电力线通信(Power Line Communication,PLC)是利用电力线作为通信载体,加上一些 PLC 局端和终端调制解调器,将原有电力网变成信息插座的一种通信技术。使用电力线通信技术,只要在通电的地方就可以实现连网,上网就像使用家用电器一样轻松,把 PLC 终端电力调制解调器的一端插到电源的插座上,一端接到电脑,不用拨号即可立即享受高速网络接入,移动灵活,维护方便。

6. 无线接入

无线接入网是由部分或全部采用无线电波传输介质连接业务接入节点和用户终端构成的,是目前可用于社区宽带接入的一种无线接入技术,典型的无线接入系统主要由控制器、操作维护中心、基站、固定用户单元和移动终端等几个部分组成。

无线接入的方式有很多,如微波传输技术(包括一点多址微波)、卫星通信技术、蜂窝移动通信技术(包括 FDMA、TDMA、CDMA 和 S-CDMA)、CTZ、DECT、PHS 集群通信技术、无线局域网(WLAN)和无线异步转移模式(WATM)等。

7. 手机接入

目前手机实现上网的方式大概有如下几种。

(1) 移动 CMWAP(联通 UNIWAP)

CMWAP,也称为移动梦网。目前,移动的 WAP 网关对外只提供 HTTP 代理协议(80 和 8080 端口)和 WAP 网关协议(9201 端口),支持中国移动 http 代理协议 10.0.0.172,可以包月使用,费用较为便宜。但是只能访问 WAP 网站,不能直接访问 WWW。

(2) 移动 CMNET(联通 UNINET)

CMNET 拥有完全的 Internet 访问权,对于端口没有任何限制,速度也比较快而稳定,只是目前资费较高,一般不建议低端客户使用。

(3) 梦网代理

CMWAP 的另外一种叫法,通过有限制的联网方式访问互联网,比直接联网方式稍慢。

(4) WiFi 无线网络

随着手机硬件的升级,目前国内的高端智能手机已经能够通过 WiFi 连接互联网,而 WiFi 的费用较之流量计费方式的 GPRS 上网方式较低(除去无线路由设备,基本无其他费用),一般不需要额外缴纳上网的费用。

(5) CDMA

适用于联通 CDMA 网络的手机,环境相对封闭,但上网速度较快。

以上 5 种网络连接方式,其中的 CMWAP(UNIWAP)、CMNET(UNINET)就是通常我们所说的 GPRS 手机入网模式,可以根据具体情况,选用相应的数据连接方式。代理服务器,采用 CMWAP(UNIWAP)方式连接;直连互联网,采用 CMNET(UNINET)方式连接;快速互联网,采用 CMNET(UNINET)方式连接。区别是前两者通过定时刷新方式从服务器读取最新信息,而快速连接方式可收到实时更新的信息。

2.1.4 使用浏览器浏览 Internet

1. 浏览器概述

浏览器是指可以显示网页服务器或者文件系统的 HTML 文件内容,并让用户与这些文件交互的一种软件。它用来显示在万维网或局域网上的文字、图像及其他信息。这些文字或图像,可以是连接其他网址的超链接,用户可迅速容易地浏览各种信息。

当今市场上,浏览器软件品种繁多、竞争激烈,但任何一款好的浏览器都应具有:对文本和图形的显示速度快、支持超文本标识语言的增强功能、集成 Internet 上的所有服务功能、具有广泛的搜索功能、友好易用的操作界面等。

目前计算机上常见的网页浏览器有 QQ 浏览器、Internet Explorer、Firefox、Safari、Opera、Google Chrome、百度浏览器、搜狗浏览器、猎豹浏览器、360 浏览器、UC 浏览器、傲游浏览器、世界之窗浏览器等。

2. 浏览器的基本使用(以 360 安全浏览器为例)

(1) 浏览器界面

浏览器的作用通俗地讲就是上网查看网页。打开浏览器的方法很多,最常用的一种就是直接单击任务栏的图标。360 浏览器的界面如图 2-3 所示。

图 2-3 360 浏览器界面

第一行左边为标题,右边为菜单和窗口的"最小化"、"最大化(还原)"和"关闭"按钮。

第二行为地址栏,即输入网址的地方。可以在地址栏中输入网址直接到达我们需要去的地址。

第三行为收藏栏,显示已经收藏的网页名称,单击相应的按钮可以打开已收藏的网页。

第四行为网页标签:显示已打开网页的标签。

中间的窗口区域就是浏览区,即用户查看网页的地方,也是对用户来说最感兴趣的地方。

最下面一行为状态栏,显示浏览器现在的状态和网页加载过程中的加载进度及一些常用的功能。

(2) 浏览器的使用方法

打开浏览器,在地址栏中输入想要访问网站的地址,例如现在想访问齐鲁工业大学网站。那么就在地址栏中输入"www.qlu.edu.cn",然后按"回车"键就可以进入齐鲁工业大学网站的首页(也可以直接单击第三栏中已收藏的齐鲁工业大学标签),如图 2-4 所示。

① 超链接的使用

在页面上,若把鼠标指针指向某一文字或者某一图片,鼠标指针变成手形,表明此处是一个超级链接。在上面单击,浏览器将显示出该超级链接指向的网页。例如,单击"通知公告"右侧的 MORE>>就跳转到"齐鲁工业大学通知公告"页面,如图 2-5 所示。

单击不同的主题可以浏览相应的内容,例如单击"齐鲁工业大学 2015 届毕业生综合类招聘会邀请函"就会打开"齐鲁工业大学 2015 届毕业生综合类招聘会邀请函"页面,如图 2-6 所示。

② 刷新按钮的使用

如果长时间地在网上浏览,较早浏览的网页可能已经被更新,特别是一些提供实时信息

计算机网络的基本应用

图 2-4　齐鲁工业大学首页

图 2-5　"齐鲁工业大学通知公告"页面

的网页,例如浏览的是一个有关股市行情的网页,这时为了得到最新的网页信息,可通过单击"刷新"按钮 ☑ 来实现网页的更新。

③ 收藏夹的使用

对自己感兴趣的网页可以使用"收藏"菜单,或者 收藏▼ 按钮,选择"添加收藏",将网页添加到"收藏夹",方便以后浏览。

④ 主页的设定

主页是什么? 通俗地讲就是运行浏览器时,首先显示的网站。

主页是可以设置的。如果现在想把百度设为我的主页,方法如下。

图 2-6　"齐鲁工业大学 2015 届毕业生综合类招聘会邀请函"页面

第一种方法：单击菜单栏中的"工具"菜单，在下拉菜单中单击"Internet 选项"，弹出"Internet 属性"对话框，在"主页"项的地址中输入"www.baidu.com"，然后单击"确定"按钮即可。关闭浏览器，重新打开浏览器，会发现窗口就直接显示百度页面。若在主页选项中单击"使用空白页"，然后单击"确定"按钮。那么再运行浏览器时，页面就为空白。

第二种方法：运行浏览器，打开百度网站。此时，按照第一种方法打开"Internet 选项"对话窗，在"主页"项中单击使用当前页，单击"确定"按钮。这样也可以把百度设为主页。

第三种方法：运行浏览器，打开百度网站。在百度网站的首页，就有"把百度设为首页"的提示，这时只需单击这些字就可以将"百度"设为主页，当然有些网站若没有这些提示，这种方法就不行了。

⑤ 存储网页

在浏览网页的过程中，经常需要将一些页面保存下来，以便以后阅读。可以使用"文件"菜单中的"保存网页"或"保存网页为图片"菜单项。

⑥ 打印网页

从浏览器窗口中选择"文件"菜单中的"打印"菜单项，将弹出"打印"对话框，其中可以对"目标"、"页码"、"份数"、"布局"、"边距"等进行设置，最后单击"打印"按钮开始打印。

2.1.5　家庭娱乐

网络中的高科技产品日益渗透到了人类传统的家庭娱乐之中，并且开辟了新的娱乐天地。Internet 实际上就是人类有史以来最大的家庭游乐园。

Internet 中的各项娱乐应有尽有，主要包括网上家庭数字影院、网上游戏、网上聊天等多种娱乐方式。

2.2 Internet 应用于电子商务

2.2.1 电子商务的概念

电子商务是指以信息网络技术为手段、以商品交换为中心的商务活动。也可理解为在互联网(Internet)、企业内部网(Intranet)和增值网(Value Added Network,VAN)上以电子交易方式进行交易活动和相关服务的活动,是传统商业活动各环节的电子化、网络化。

电子商务产生于 20 世纪 60 年代,发展于 20 世纪 90 年代,是一种商务活动的新形式,是以现代信息技术手段进行商品交易的过程,其内容包括电子方式和商贸活动两个方面。电子商务是以商务活动为主体,以计算机网络为基础,以电子化方式为手段,在法律许可范围内所进行的商务活动交易过程。

当今的电子商务主要是指 EDI(电子数据交换),它不仅可以通过传统的电话、传真等方式来完成,更主要的是它建立在 Internet 技术的基础上。

电子商务主要涵盖了三个方面的内容:一是政府贸易管理的电子化,即采用网络技术实现数据和资料的处理、传递和存储;二是企业级电子商务,即企业间利用计算机技术和网络技术实现和供应商、用户之间的商务活动;三是电子购物,即企业通过网络为个人提供的服务及商业行为。

电子商务产生和发展的重要条件体现在:计算机的广泛应用、网络的普及和成熟、信用卡的普及和应用、电子安全交易协议的制定以及政府的支持和推动等多个方面。

2.2.2 电子商务的功能

电子商务可提供网上交易和管理以及网下有形货物的高效配送等服务,因此,它具有广告宣传、咨询洽谈、网上订购、网上支付、电子账户、商品/服务传递、意见征询和交易管理等功能。

(1) 广告宣传。电子商务可凭借企业的 Web 服务器和客户的浏览,在 Internet 上发布各类商业信息。客户可借助网上的检索工具迅速地找到所需商品信息,而商家可利用网上主页和电子邮件在全球范围内做广告宣传。与以往的各类广告相比,网上的广告成本更为低廉,而给顾客的信息量却更为丰富。

(2) 咨询洽谈。电子商务可借助非实时的电子邮件、新闻组和实时的讨论组来了解市场和商品信息,洽谈交易事务,如有进一步的需求,还可用网上的白板会议来交流即时的图形信息。网上的咨询和洽谈能超越人们面对面洽谈的限制,提供多种方便的异地交谈形式。

(3) 网上订购。电子商务可借助 Web 中的交互传送实现网上的订购。网上订购通常在产品介绍的页面上提供订购提示信息和订购交互格式框,当客户填完订购单后,通常系统会回复确认信息单来保证订购信息的收悉。订购信息也可采用加密的方式,使客户和商家的商业信息不会泄露。

(4) 网上支付。电子商务要成为一个完整的过程,网上支付起着重要的作用。客户和商家之间可采用信用卡账号实施支付。在网上直接采用电子支付手段可省略交易中很多人员的开销。网上支付将需要更为可靠的信息传输安全性控制以防止欺骗、窃听和冒用等非法行为。

（5）电子账户。网上支付必须要有电子金融来支持，即银行或信用卡公司及保险公司等金融单位要为金融服务提供网上操作的服务，而电子账户管理是其基本的组成部分。信用卡号或银行账号都是电子账户的一种，而其可信度需配备必要的技术措施来保证。例如数字证书、数字签名、加密等手段的应用都为电子账户操作提供了安全性。

（6）商品/服务传递。对于已付款的客户，应将其订购的货物准确快速地传递到他们手中。对于有形商品的配送，由于电子商务可以把顾客信息、商品信息、支付信息和车辆信息等商流、资金流、信息流和物流进行有效整合，所以能在网络中进行物流的调配，实现准确、迅速、按时、安全的货物配送；对于无形的信息产品，如软件、电子读物、信息服务等，可以利用网络直接进行传递。

（7）意见征询。电子商务能十分方便地利用网页来收集用户对销售服务的反馈意见，这样可以使企业的市场运营形成一个封闭的回路。客户的反馈意见不仅能提高售后服务的水平，更能使企业获得改进产品和发现市场的机会。

（8）交易管理。整个交易的管理涉及人、财、物多个方面，涉及企业和企业、企业和客户及企业内部等各方面的协调和管理，因此，交易管理是涉及商务活动全过程的管理。电子商务的发展将会提供一个良好的交易管理的网络环境及多种多样的应用服务系统，这样也能保障电子商务获得更广泛的应用。

2.2.3 电子商务的优点

电子商务是因特网爆炸式发展的直接产物，是网络技术应用的全新发展方向。因特网本身所具有的开放性、全球性、低成本、高效率的特点，也成为电子商务的内在特征，并使得电子商务大大超越了作为一种新的贸易形式所具有的价值，它不仅会改变企业本身的生产、经营、管理活动，而且会影响到整个社会的经济运行与结构。其优点如下。

（1）电子商务将传统的商务流程电子化、数字化，一方面以电子流代替了实物流，可以大量减少人力、物力，降低了成本；另一方面突破了时间和空间的限制，使得交易活动可以在任何时间、任何地点进行，从而大大提高了效率。互联网使传统的空间概念发生变化，出现了有别于实际地理空间的虚拟空间或者虚拟社会，处于世界任何角落的个人、公司或机构，可以通过互联网紧密地联系在一起，建立虚拟社区、虚拟公司、虚拟政府、虚拟商场、虚拟大学或者虚拟研究所等，以达到信息共享、资源共享、智力共享等。

（2）电子商务所具有的开放性和全球性的特点，为企业创造了更多的贸易机会。互联网跨越国界、穿越时空，无论身处何地，无论白天与黑夜，只要利用浏览器轻点鼠标，就可以随心所欲地登录任何国家地域的网站，与想交流的人面对面地直接沟通。

（3）电子商务使企业可以以相近的成本进入全球电子化市场，使得中小企业有可能拥有和大企业一样的信息资源，提高了中小企业的竞争能力。

（4）电子商务重新定义了传统的流通模式，减少了中间环节，使得生产者和消费者的直接交易成为可能，从而在一定程度上改变了整个社会经济运行的方式。

（5）电子商务一方面破除了时空的壁垒，另一方面又提供了丰富的信息资源，为各种社会经济要素的重新组合提供了更多的可能，这将影响到社会的经济布局和结构。21世纪是信息社会，信息就是财富，而信息传递速度的快慢对于商家而言可说是生死攸关的。互联网以其传递信息速度的快捷而倍受商家青睐，可以说，北半球刚刚发生的事情，南半球的人们便可在十几分钟、几分钟甚至更短的时间内通过网络获知，互联网真正使整个地球变成了一个地球村。

（6）通过互联网，商家之间可以直接交流、谈判、签合同，消费者也可以把自己的反馈建议反映到企业或商家的网站，而企业或者商家则要根据消费者的反馈及时调查产品种类及服务品质，做到良性互动。

综合以上优势，电子商务作为一种新的商业模式和传统的交易方式相比，它突破了地域和时间的限制，使处于不同地区的人们自由地传递信息，互通有无，开展贸易，它的快捷、迅速、自由和交换的低成本为人们所乐道。

2.2.4　电子商务遇到的问题

1. 网络自身有局限性

有一位消费者在网上订购了一新款女式背包，虽然质量不错，但怎么看款式都没有网上那个中意。许多消费者都反应实际得到的商品不是在网上看中的商品。这是怎么回事呢？其实在把一件立体的实物缩小许多变成平面图片的过程中，商品本身的一些基本信息会丢失；输入电脑的只是人为选择商品的部分信息，人们无法从网上得到商品的全部信息，尤其是无法得到对商品的最鲜明的直观印象。

2. 搜索功能不够完善

当在网上购物时，用户面临的一个很大的问题就是如何在众多的网站中找到自己想要的物品，并以最低的价格买到。搜索引擎看起来很简单：用户输入一个查询关键词，搜索引擎就按照关键词到数据库中查找，并返回最合适的 Web 页链接。但 NEC 研究所与 Inktomi 公司最近的研究结果表明，目前在互联网上至少有 10 亿网页需要建立索引，而现有搜索引擎仅仅能对 5 亿网页建立索引。因此当用户在网上购物时，不得不一个网站一个网站地搜寻下去，直到找到满意价格的物品。

3. 用户消费观念跟不上

电子商务与传统商务方式一个很大的不同是交易的当事人不见面，交易的虚拟性强，这就要求整个社会的信用环境要好，信用消费的观念要深入人心。西方国家的电子商务发展势头比较好，一个重要的原因是西方的市场秩序比较好，信用制度比较健全，信用消费观念已被人们普遍接受。然而在我国，一方面人们信用消费的意识非常薄弱，信用卡的使用远没有普及；另一方面，人们到商场还怕买到假冒伪劣产品，更何况是在不知道离自己多远的网上。

4. 交易的安全性得不到保障

电子商务的安全问题仍然是影响电子商务发展的主要因素。由于 Internet 的迅速流行，电子商务引起了广泛的注意，被公认为是未来 IT 业最有潜力的新的增长点。然而，在开放的网络上处理交易，如何保证传输数据的安全成为电子商务能否普及的最重要的因素之一。调查公司曾对电子商务的应用前景进行过在线调查，当问到为什么不愿意在线购物时，绝大多数人的原因是担心遭到黑客的侵袭而导致信用卡信息丢失。因此，有一部分人或企业因担心安全问题而不愿使用电子商务，安全成为电子商务发展中最大的障碍。

5. 电子商务的管理还不够规范

电子商务的多姿多彩给世界带来全新的商务规则和方式，这更加要求在管理上要做到规范，这个管理的概念应该涵盖商务管理、技术管理、服务管理等多方面。另外电子商务平台的前后端相一致也是非常重要的。前台的 Web 平台是直接面向消费者的，是电子商务的门面。而后台的内部经营管理体系则是完成电子商务的必备条件，它关系到前台所承接的业务最终能不能得到很好的实现。一个完善的后台系统更能体现一个电子商务公司的综合实力，因为它将最终决定提供给用户的是什么样的服务、电子商务的管理是不是有效、电子商务公司最终能不能实现赢利。

6. 税务问题

税务是一个国家重要的财政来源。由于电子商务的交易活动是在没有固定场所的国际信息网络环境下进行的，造成国家难以控制和收取电子商务的税金。

7. 标准问题

各国的国情不同，电子商务的交易方式和手段当然也存在某些差异，而且我们要面对无国界、全球性的贸易活动，因此需要在电子商务交易活动中建立相关的、统一的国际性标准，以解决电子商务活动的互操作问题。

8. 支付问题

中国人更喜欢现金交易，很多人没有使用信用卡的习惯。而在美国，现金交易较少，国民购物基本上采用信用卡支付，而且国家出于金融、税收、治安等方面的原因，也鼓励使用信用卡以减少现金的流通。完善的金融制度，方便、可靠、安全的支付手段是电子商务发展的基本条件。

9. 配送问题

配送是让商家和消费者都很伤脑筋的问题。网上消费者经常遇到交货延迟的现象，而且配送的费用很高。业内人士指出，我国国内缺乏系统化、专业化、全国性的货物配送企业，配送销售组织没有形成一套高效、完备的配送管理系统，这毫无疑问地影响了人们的购物热情。

10. 知识产权问题

在由电子商务引起的法律问题中，保护知识产权问题首当其冲。由于计算机网络上承载的是数字化形式的信息，因而在知识产权领域中，版权保护的问题尤为突出。

11. 电子合同的法律问题

在电子商务中，传统商务交易中所采取的书面合同已经不适用了。一方面，电子合同存在容易编造、难以证明其真实性和有效性的问题；另一方面，现有的法律尚未对电子合同的数字化印章和签名的法律效力进行规范。

12. 电子证据的认定

信息网络中的信息具有不稳定性或易变性，这就造成了信息网络发生侵权行为时，锁定侵权证据或者获取侵权证据难度极大，对解决侵权纠纷带来了较大的障碍。如何保证在网络环境下信息的稳定性、真实性和有效性，是有效解决电子商务中侵权纠纷的重要因素。

13. 其他细节问题

还有一些不规范的细节问题，例如目前网上商品价格参差不齐，主要成交类别商品价格最大相差 40%；网上商店服务的地域差异大；在线购物发票问题大；网上商店对定单回应速度参差不齐;电子商务方面的法律,对参与交易的各方面的权利和义务还没有进行明确细致的规定。

2.2.5 电子商务实例

【任务要求】 在淘宝网 www. taobao. com 购物。

在淘宝网购买商品一般包括以下三个步骤。

步骤1:确认购买信息;

步骤2:付款(使用"支付宝"或货到付款方式);

步骤3:收货并对卖家做出评价。

支付宝作为诚信中立的第三方机构,是淘宝网网络安全交易的核心保障。

2.3 Internet 应用所带来的社会问题

随着网络技术和应用的迅速发展,现在网络空间已成为陆、海、空、天以外的第五疆域。网络的发展给我们的生活、学习和工作带来了许多方便和快捷,充实了时代的内容,缩短了世界的距离,日益成为现代人们生活中不可或缺的一个部分。然而网络给我们带来无尽便捷的同时,也给我们的生活带来了众多负面影响。网络就像一把双刃剑,它在带来文明与进步的同时也带来了污垢。主要表现在以下几个方面:黄色污染、意识形态领域渗透、网络犯罪日益严重、信息的可靠性降低。

1. 黄色污染

互联网上淫秽色情内容呈现越来越严重的状况,"黄色污染"愈演愈烈,这很容易使成长中的未成年人迷失方向。

黄色网站泛滥成灾的主要原因是背后有巨大经济利益在驱动,少数电信运营机构、内容服务商(网站)与一些金融部门已结成了利益关系。这类网站的收费渠道主要有两种,其中相当一部分是通过手机注册收费的,也有的通过银行卡或银联卡收费。这些黄色网站大都没有合法注册登记,它们是如何开展经营的?据了解,它们多数只申请一个域名,然后把网站或网页挂在别人的服务器上,有的隐身链接在大的门户网站上。一些商业网站或不法分子昧着良心赚黑钱已经令人发指,更令人心寒的是个别电信运营机构和金融单位为了自己发展业务,不仅对淫秽色情内容装聋作哑、不闻不问,有的反而为其提供结算上的方便,客观上充当了黄色网站的帮凶与靠山。

黄色网站不仅毒害了广大青少年,对成年人也是一种危害,可以说对整个社会都是一种危害。为保护人们特别是青少年健康的肌体,我们大声呼唤:加强网络道德建设,还网络一片净土。

2. 意识形态领域渗透

网络已日益成为人们传播信息的重要媒体。一方面,它以其丰富的信息资源、迅捷的传播方式、广泛的参与性,深刻地改变着人们的工作、学习、生活、思想和思维方式,使传统的意识形态体系受到了冲击;另一方面,由于网络本身所具有的虚拟性、开放性、无序性等特征,也给社会生活中的人们带来了不容忽视的诸多负面影响,这无疑使意识形态领域面临新的机遇和挑战。因此,把握机遇,主动应对挑战,采取有效措施加强和改进网络文化建设和管理,加强网上舆论引导,对维护社会主义意识形态安全具有极其重要的意义。

习近平主席强调:"网络安全和信息化是事关国家安全和国家发展、事关广大人民群众工作生活的重大战略问题,要从国际国内大势出发,总体布局,统筹各方,创新发展,努力把我国建设成为网络强国。"因此,做好新形势下的宣传思想文化工作应坚持正确的舆论导向,增强紧迫感、责任感和使命感,把网上舆论工作作为新形势下的宣传思想文化工作的重中之重,切实筑牢意识形态领域主阵地,牢牢掌控网上舆论传播的主导权、话语权、解释权和引领权,着力构建大网络大舆情全媒体工作格局,为改革开放、网络强国和社会主义现代化建设营造良好的网络环境。

3. 网络犯罪日益严重

计算机犯罪的危害性涉及了整个社会、政治、经济、军事、文化、道德等各个方面,随着计算机网络技术与国民经济生活的日益紧密结合,金融系统、交通控制系统、民航指挥系统、电力电信系统、军事指挥系统等各个部门的关键设施都基本上由计算机网络系统控制。任何一个部门领域的计算机网络系统的任何一个环节出现不安全的漏洞或问题都会导致该部门以及相关领域出现秩序混乱、系统瘫痪的情况,损失将是不可想象的。

由于互联网上的犯罪现象越来越多,网络犯罪已成为发达国家和发展中国家不得不关注的社会公共安全问题。其中最突出的问题是:网络色情泛滥成灾,软件、影视、唱片的著作权受到盗版行为的严重侵犯,商家损失之大无可估计;网络商务备受欺诈的困扰,有的信用卡被盗刷,有的购买的商品石沉大海,有的发出的商品却收不回来货款;更有甚者,已经挑战计算机和网络犯罪几十年之久的黑客仍然是网络的潜在危险。

我国自1986年发现首例网络犯罪以来,利用计算机网络犯罪的案件数量迅猛增加。当前我国计算机犯罪的最新动态表现为:一是计算机网络犯罪在金融行业尤为突出。金融行业计算机网络犯罪案件发案比例占整个计算机犯罪比例的61%;二是"黑客"非法侵入或攻击计算机网络。犯罪分子利用互联网制作、贩卖、传播淫秽物品,利用互联网传播教授犯罪方法,利用互联网散播政治谣言,进行非法宗教宣传,引起民众恐慌,危害国家安定、社会稳定和正常社会秩序。

4. 信息的可靠性降低

可靠性是网络信息系统能够在规定条件下和规定的时间内完成规定的功能的特性。可靠性是系统安全的最基本要求之一,是所有网络信息系统的建设和运行目标。可靠性主要表现在硬件可靠性、软件可靠性、人员可靠性、环境可靠性等方面。

因为网络具有开放性和信息共享的特性,所以承担的风险性更大,对于计算机网络的安全运行具有一定的风险。

2.4 移动 IP 与下一代 Internet

2.4.1 移动 IP 的基本概念

如何让人们能够随时随地地访问 Internet,如何让移动计算机用户与台式计算机用户一样接入 Internet,是当前 Internet 技术研究的一个热点,也是下一代真正的个人通信技术的目标。

简单地说，移动 IP 技术就是让计算机在互联网及局域网中不受任何限制地即时漫游，也称移动计算机技术。即指移动用户可在跨网络随意移动和漫游中，使用基于 TCP/IP 协议的网络时，不用修改计算机原来的 IP 地址，同时，继续享有原网络中的一切权限。

2.4.2　与移动 IP 技术相关的几个重要术语

1. 移动节点

移动节点是指从一个移动子网移到另一个移动子网的通信节点，如主机或路由器。

2. 移动代理（Mobility Agent）

移动代理分为本地代理（Home Agent）和外地代理（Foreign Agent）两类。

本地代理是本地网上的移动代理，实际上是一个移动子网路由器。其主要任务是：当移动节点离开本地网，接入某一外地网时，截收发往该节点的数据包，并使用隧道技术将这些数据包转发到移动节点的转发节点。另外，本地代理还负责维护移动节点的当前位置信息。

外地代理位于移动节点当前连接的外地网上，它向已登记的移动节点提供选路服务。当使用外地代理转交地址时，外地代理负责拆分原始数据包的隧道封装，取出原始数据包，并将其转发到该移动节点。对于那些由移动节点发出的数据包而言，外地代理可作为已注册的移动节点的缺省路由器。

3. 移动 IP 地址

移动 IP 节点拥有两个 IP 地址：本地地址（Home Address）和转交地址（Care of Address）。

本地地址是用来识别端到端连接的静态地址，也是移动节点与本地网连接时使用的地址，不管移动节点移至网络何处，其本地地址保持不变。

转交地址，即是隧道终点地址。它既可能是外地代理转交地址，也可能是驻留本地的转交地址。

外地代理转交地址是外地代理的一个地址，移动节点利用它进行登记。这种地址模式可使很多移动节点共享同一个转交地址，而且不对有限的 IPv4 地址空间提出不必要的要求，所以它常常被优先使用，而一个驻留本地的转交地址仅能被一个移动节点使用。

转交地址是仅供数据包选路使用的动态地址，也是移动节点与外区网连接时使用的临时地址。每当移动节点接入到一个新的网络时，转交地址就会发生变化。

4. 位置登记

移动节点必须将其位置信息向其本地代理进行登记，以便被找到。根据不同的网络连接方式，有通过外地代理登记和直接向本地代理进行登记两种不同的方式。

在外地代理登记中，其具体过程是：移动节点首先向外地代理发送登记请求报文，外地代理接收并处理登记请求报文，然后将报文中继到移动节点的本地代理。本地代理处理完登记请求报文后向外地代理发送登记答复报文（接受或拒绝登记请求），外地代理处理登记答复报文，并将其转发到移动节点。

直接向本地代理进行登记的具体过程是：移动节点向其本地代理发送登记请求报文，本地代理处理后向移动节点发送登记答复报文（接受或拒绝登记请求）。登记请求和登记答复报文使用用户数据报协议（UDP）进行传送。

5. 代理发现

为了随时随地与其他节点进行通信,移动节点必须首先找到一个移动代理。移动 IP 定义了两种发现移动代理的方法:一种是被动发现,另一种是主动发现。

被动发现,即移动节点等待本地代理周期性地广播代理通告报文;主动发现,即移动节点广播一条请求代理的报文。移动 IP 使用扩展的 ICMP Router Discovery 机制作为代理发现的主要机制。

以上方法都可使移动节点识别出移动代理并获得转交地址,从而获悉移动代理可提供的任何服务,并确定其连至本地网还是某一外地网上,而且还可使移动节点检测到它何时从一个 IP 网络(或子网)漫游(或切换)到另一个 IP 网络(或子网)。

所有移动代理都具备代理通告功能,并可对代理请求做出响应。所有移动节点都必须具备代理请求功能,但是移动节点只有在没有收到移动代理的代理通告,并且无法通过链路层协议或其他方法获得转交地址的情况下,方可发送代理请求报文。

6. 隧道技术

当移动节点在外地网上时,本地代理需要将原始数据包转发给已登记的外地代理,这需要使用 IP 隧道技术来实现。

隧道技术的具体过程是:首先将原始 IP 数据包封装在转发的 IP 数据包中,然后使原始 IP 数据包原封不动地转发到处于隧道终点的转交地址处,在转交地址处拆分数据包的隧道封装,从而取出原始数据包,最后将原始数据包发送到移动节点。

2.4.3 移动 IP 中的一些热点问题

1. 路由优化问题

移动 IP 中经常遇到三边路由问题,即通信对端发送数据包到移动节点时,首先要到达家乡代理,而后由家乡代理通过隧道转发给移动节点,而移动节点可以直接向通信对端发送数据包。三边路由问题会增加数据包传输的时延,占用网络资源并且加重家乡代理的处理负担。

2. 外地代理的平滑切换问题

由于移动主机的移动频率可能很高,移动节点有时不能及时将当前的新转交地址注册到家乡代理,此时发往移动节点的数据包将会丢失。这个问题可以通过实现代理之间的平滑切换来解决。

3. 网络性能问题

(1) 当移动节点数目较多时,由于移动节点和家乡代理的认证而引入的开销将会占用过多的网络带宽。另外应该认识到强密码方案是通过牺牲网络性能来提高安全性能的。

(2) 考虑到 TCP 和 IP 的报头总长占 40 字节,有必要实现移动节点的 TCP/IP 报头压缩。

(3) 考虑到代理广播消息和代理注册请求消息也占用网络资源,因此应在不影响移动节点正常工作的同时适当减少代理广播的发送频率和适当增加注册的有效时长。

4. QoS 保障问题

目前的 QoS 体系结构包括集成服务模型和区分服务模型,它们都没有考虑移动环境下的 QoS 保障,必须进行适当修改。一种可行的方法是采用修改过的资源预留协议(RSVP)。

一种解决方法是每当移动节点移动时,重新为从家乡代理到转交地址的路径预留资源。
另一种解决方法是增加一个传输层报头,利用传输层协议的端口号不定期区分不同的数据包。

5. 移动 IP 中 TCP 的性能

TCP 协议认为几乎所有的数据包丢失都是由于拥塞而引起的,当数据包发生错误或丢失时,TCP 就认为网络系统发生了拥塞,从而调整发送窗口来降低数据的发送速率,但这种假设对移动 IP 中的 TCP 协议并不成立,为解决这个问题,可对 TCP 进行如下改进:

(1) 采用运动中的快速重发机制;

(2) 采用连接分段的方法;

(3) 采用传输和超时冻结的机制;

(4) 采用有选择的确认机制和随路 TCP。

6. 移动 IPv6

IPv6 巨大的地址空间使得地址的自动配置变得非常简单,移动节点可容易地得到一个配置转交地址,所以移动 IPv6 不再需要外地代理。移动 IPv6 采用路由器搜索确定它的转交地址。

2.4.4 移动 IP 的应用

1. 移动 IP 在园区网内的应用

在园区网的环境中采用移动 IP 只需将现有的路由器或主机升级为家乡代理和外地代理,再在便携式计算机中安装移动节点软件就可以满足要求。

2. 移动 IP 在 Internet 上的应用

在这种应用中,移动用户可以在整个 Internet 上任意移动,而不对其专用网带来任何额外的安全威胁。该应用中的专用网一般通过防火墙与 Internet 相连,以防止对专用网的未授权的访问。

3. 移动 IP 在多协议环境下的应用

移动办公人员经常要对数据进行远程访问,而这些数据有时只能用 TCP/IP 以外的协议来进行远程访问,这时就要求移动 IP 具有支持多协议的功能。

4. 移动 IP 在移动网络中的应用

移动网络是指主机和路由器之间的相对位置通常是固定的,但作为整体,它相对Internet 的其他部分来说却是移动的。它通过无线方式与外地代理通信,外地代理则由移动节点当前所在的位置决定。当移动路由器连接在家乡链路上时,它和家乡代理为相邻的路由器,从 Internet 固定部分发出的数据包只是简单地在家乡代理和移动路由器间转发。当移动路由器连接在外地链路上时,移动路由器和家乡代理通过一条双向的隧道来交换路由更新信息并转发数据包。这时,送往移动网络上主机的数据包通过隧道送到移动路由器的转交地址,在那里被从隧道中拆封,并转发到移动网络上的主机。

2.4.5 下一代 Internet

下一代因特网(Next Generation Internet)指的是比现行的因特网具有更快的传输速率、更强的功能、更安全和更多的网址,能基本达到信息高速公路计划目标的新一代因特网。

下一代因特网的几个基本计划几乎是并行提出和进行的,它们是白宫下一代因特网NGI倡议、美国国家科学基金会(NSF)超高带宽网络服务(VBNS)、高等院校与企业合作的Internet2。

1. 下一代互联网的目标

(1) 直接目标

① 使连接各大学和国家实验室的高速网络的传输速率比现有因特网快 100～1000 倍,其速率可在 1s 内传输一部大英百科全书。

② 推动下一代因特网技术的实验研究,如研究一些技术使因特网能提供高质量的会议电视等实时服务。

③ 开展新的应用以满足国家重点项目的需要。

(2) 应用目标

① 在医疗保健方面要让人们得到最好的诊断医疗,分享医学的最新成果。

② 在教育方面要通过虚拟图书馆和虚拟实验室提高教学质量。

③ 在环境监测上通过虚拟世界为各方面提供服务。

④ 在工程上通过各种造型系统和模拟系统缩短新产品的开发时间。

⑤ 在科研方面要通过 NGI 进行大范围的协作,以提高科研效率。

2. 超高带宽网络服务

1993 年,美国国家科学基金会认识到科学研究需要发展高速率、高性能的计算机网络。

1995 年春天,美国国家科学基金会与美国第二大通信公司 MCI 签订了 5000 万美元的合作协议,协议的名称是超高带宽网络服务(Very High Bandwidth Network Service)。

VBNS 是一个覆盖美国全国的网络系统,它支持高性能、高带宽的网络应用。它采用先进的交换和光纤传输技术,即 ATM 和 SONET,主干网带宽为 622MB,而且提供 SVC 交换虚拟电路。

现在,VBNS 已连接了 5 个超级计算中心和近百所大学。

3. Internet2

Internet2 是由美国 34 所学校于 1996 年 10 月发起的项目,目前已发展成为由 200 多所大学领导、政府及商业企业共同参与的网络技术研发组织,目的是开发及部署先进网络技术及应用、加速网络技术的发展。Internet2 致力于在学术界、商业应用及政府间建立沟通交流的桥梁,这些机构正是目前 Internet 网络的共同缔造者。

Internet2 研究的应用目的在于在质和量上提高网络对科研及教学的支持。另外,不同于通常的网络应用,它们是建立在先进的网络环境下,需要高带宽、低延迟等先进的网络条件。Internet2 支持从科学到人文艺术等各个领域的应用研究。目前研究人员在 Internet2 上开发的应用有交互式协作、对远程资源的实时访问、协同式虚拟现实、大规模分布式计算和数据挖掘等。

Internet2 为人们提供了实时的交互和协同手段,并正在改变着人文技术的思维。

4. Internet2 体系结构

根据 Internet2 工程工作组的报告,Internet2 的体系结构由 4 部分组成:应用系统、校园网、GigaPOP(千兆级网络结点)和 GigaPOP 间的互联网。此外,还有跨越这些组成部分的各种通信协议、管理方式和计费机制。

5. 中国的 Internet2 现状

中国目前也在进行下一代网络的建设,多数大学校园网的主干网采用 ATM 和吉位以太网,并由光纤构成网络主干,这样可以迅速发展为支持高带宽的 Internet。

中国下一代互联网示范工程(CNGI)启动于 2003 年,由发展改革委、科技部、自然基金委等 8 部委联合组织实施。已经开展了大规模的基于下一代互联网的应用研究,如视频监控、环境监测等,并服务于北京奥运,开通了基于 IPv6 的奥运官方网站。依托 6 大核心网,先后布置了与产业化相关的项目 103 项,参与企业多达数十家。同时,取得了一系列具有自主知识产权的技术成果,共申请国内专利 619 项、国外专利 5 项,形成了国家标准 4 项,提交国标草案 10 多项,中国通信标准化协会等行业标准 10 多项。

目前,中国下一代互联网示范工程核心网已经完成建设任务,该核心网由 6 个主干网、两个国际交换中心及相应的传输链路组成,6 个主干网由在北京和上海的国际交换中心实现互联。目前 CERNET2、中国电信、中国网通/中科院、中国移动、中国联通和中国铁通这 6 个主干网和国际交换中心已全部完成验收。已经向互联网标准组织 IETF 申请互联网标准草案 9 项,已获批准 2 项,这也是我国第一次进入互联网核心标准领域。

2.5 应用案例

【任务要求】 两台 Windows 7 系统的计算机,如何实现网络文件共享?

方法很多,下面简单介绍使用家庭组来共享的方法。打开 Windows 7 的控制面板,找到"网络和共享中心",再单击"选择家庭组和共享选项"。在弹出的窗口中选择"创建家庭组"。这里可以选择共享的内容,如果是自己家里,建议全部勾选,如果存在对外共享,那么这里就需要配置一下共享的内容了。单击"下一步"按钮,系统会自动生成一个密码,该密码是进入家庭组的凭据,可以修改,此时家庭组就组建完毕了。如果在局域网中的计算机要加入该家庭组,可以进入控制面板,选择家庭组,进入后系统会自动搜索,找到之前创建好的家庭组后,单击"立即加入",输入之前的家庭组密码,就能够轻松加入了。要共享文件,可以对共享的分区进行共享设置,具体的做法是右击要共享的分区,如 D 盘,选择共享,确认打开共享,还可以在其中配置高级共享的内容。

【任务要求】 如何查看谁用过我的计算机?

随着现在计算机的普及和发展,很多以前很复杂的操作也越来越傻瓜化,就像 Windows 7 系统,即便设置了登录密码,也很容易搞定,只要装有 PE 的 U 盘就能轻松搞定,还不会被你发现,因为他可以直接绕过你设置的密码登录系统,着实让人头疼。

其实 Windows 7 具有能显示上一次登录时间的功能,自己的计算机有没有被人动过,对照一下时间基本可以一目了然,这样就能很好地发现自己的计算机有没有被人动过,及时采取相关措施。

习 题

一、单项选择

1. HTML 的中文全称是( )。

A. 超文本标记语言   B. 超文本文件

C. 超媒体文件   D. 超文本传输协议

2. 基于现代概念的电子商务,最早产生于 20 世纪(　　)年代,发展于 20 世纪 90 年代。

A. 50   B. 60   C. 70   D. 80

3. Internet 的有线接入包括基于传统公用电话网(PSTN)的拨号接入、局域网接入、ADSL 接入以及(　　)等。

A. IEEE 802.11b   B. WIFI

C. 基于有线电视网的 Cable Modem 接入   D. Blue Tooth

4. whjc@163.com 表示一个(　　)。

A. IP 地址   B. 电子邮箱   C. 域名   D. 网络协议

5. 使用浏览器浏览信息时,应在(　　)输入要浏览信息的主页地址。

A. 状态栏   B. 工具栏   C. 格式栏   D. 地址栏

二、判断

1. 个人计算机可以经过调制解调器(Modem)和普通模拟电话线,与公用电话网连接。

2. 用浏览器访问 FTP 站点,应在主机名前加入 http:// 标志。

3. 用浏览器软件浏览网站时,"收藏夹"的作用是记住某些网站地址,方便下次访问。

4. 无线接入网的方式有很多,如微波传输技术、卫星通信技术、蜂窝移动通信技术等。

5. 电子商务是指以信息网络技术为手段,以商品交换为中心的商务活动。

三、简答

1. 网页信息可以保存为哪几种文件类型?

2. 简述电子商务的功能。

3. 什么是移动 IP?

四、应用

1. 利用浏览器下载关于"信息检索应用"的文档,要求至少有两种不同的文档类型。

2. 给好友发送一封电子邮件,要求在发送邮件时,要附带一些项目,例如:

(1) 插入文件;

(2) 在 HTML 格式邮件中插入图片;

(3) 插入背景图片;

(4) 插入超级链接。

第3章　搜索引擎及其应用

引　子

作为大学生,希望利用暑假去游学,需要提前进行准备,收集包括国内、外开设暑期学校的高校信息、招生要求、所需费用、交通等方面的信息。要完成这些工作,可以使用专门用来查找存储在其他站点上信息的搜索引擎(Search Engine)。通过掌握一定的搜索技巧,结合多种不同搜索引擎的优势,可以帮助大家实现搜集暑期学校的信息、获取旅游攻略等目的。

本章主要介绍搜索引擎的定义、分类、工作原理和主要搜索引擎的使用等。通过本章的学习,使读者对搜索引擎及其应用有进一步了解,以便更好地使用搜索引擎帮助人们在信息海洋中搜寻到自己所需要的信息。

3.1　搜索引擎概述

3.1.1　搜索引擎的定义

搜索引擎(Search Engine)是一种 Web 上应用的软件系统,它根据一定的策略、运用特定的计算机程序从互联网上搜集信息,在对信息进行组织和处理后,为用户提供检索服务。从用户的角度来看,这种软件系统提供一个网页界面,通过浏览器提交若干词语或短语,然后很快返回可能与用户输入内容相关的信息列表[①]。在信息列表中每个条目代表一个网页,包括标题、网址、摘要等元素,有的搜索引擎还提供时间、文件类型、文件大小以及网页快照等信息。

如图 3-1 所示为 2015 年 4 月 6 日用户使用百度搜索引擎(http://www.baidu.com)提交查询词"北京大学暑期学校"的例子。从返回的信息列表来看,在标题、摘要中出现了"北京大学暑期学校"、"北京大学"、"暑期学校"等关键词,还包括其他的丰富内容,例如其他相关高校的信息等,或许这也是用户感兴趣的内容。

从上面的例子可以看出,搜索引擎并不清楚用户关心查询词哪些方面的信息,因此搜索引擎既要争取不漏掉任何相关的信息,还要争取将用户可能最关心的信息排在列表的最前面。

搜索引擎并不是在用户提交查询后立即到 Web 上"搜索"一通,而是在事先已"搜集"到

---

① 李晓明等.搜索引擎——原理、技术与系统[M].北京:科学出版社,2005

图 3-1　利用百度检索"北京大学暑期学校"的结果

的海量网页中搜索与查询词相关的信息。另外,搜索引擎并不保证用户在返回的信息列表中看到的标题和摘要与用户点击网址所看到的内容一致,也不保证原来的那个网页是否还存在,这是搜索引擎和传统信息检索系统的一个重要区别。为了弥补这个差别,现代搜索引擎通过提供"网页快照"或"历史网页"链接等方法,保证用户能看到和摘要信息一致的内容,更详细的内容见 3.4 节常用搜索引擎检索和利用。

3.1.2　搜索引擎的发展历程

早在 Web 出现之前,互联网上就已经出现了许多供人们共享的信息资源,内容以学术技术报告、研究性软件居多,主要以计算机文件的形式存在于各种允许匿名访问的 FTP(File Transfer Protocol)站点上。

1990 年,为了便于人们在分散的 FTP 服务器中找到所需要的资源,加拿大麦吉尔大学(University of McGill)计算机学院的 Alan Emtage、Peter Deutsch、Bill Wheelan 开发出 Archie 软件,Archie 能够定期搜集并分析 FTP 服务器上的文件名信息,提供查找分别在各个 FTP 主机中的文件。虽然 Archie 搜集的信息资源不是网页(HTML 文件),但和搜索引擎的基本工作方式是一样的:自动搜集信息资源、建立索引、提供检索服务。因此,Archie 被公认为现代搜索引擎的鼻祖。

1993 年美国麻省理工学院学生 Matthew Gray 开发了 World Wide Web Wanderer,这是第一个利用 HTML 网页之间的链接关系来检测万维网规模的"机器人(Robot)"程序。一开始,它仅仅用来统计互联网上的服务器数量,后来也能够捕获网址(URL)。

1994 年,美国斯坦福大学的两名博士生,美籍华人杨致远(Jerry Yang)和 David Filo 共同创办了 Yahoo。Yahoo 最初不是真正的搜索引擎,而是采用人工编辑的方式收集有价值的网站到 Yahoo 目录中,既为用户提供了方便,又保证了信息质量,Yahoo 迅速成长为网络巨人。

1995 年,美国华盛顿大学的硕士研究生 Eric Selberg 和 Oren Etzioni 研究并开发了第一个元搜索引擎(Meta Search Engine),用户只需要提交一次搜索请求,由元搜索引擎负责转换处理,提交给多个预先选定的独立搜索引擎,并将从各独立搜索引擎返回的查询结果集中处理后再返回给用户。同年,DEC 公司推出了第一个支持自然语言和实现高级搜索的搜索引擎 Alta Vista。

1996 年,提供问答式搜索服务的 Ask Jeeves 诞生。同年,Inktomi 公司成立,强大的 HotBot 搜索引擎出现在世人面前。

1997 年,Northernlight 搜索引擎正式现身。它是第一个支持对搜索结果进行简单自动分类,曾经拥有最大数据库的搜索引擎。

1998 年,斯坦福大学(Stanford University)的博士生 Larry Page 和 Sergey Brin 创建了 Google。它是目前世界上最具影响力的搜索引擎。2006 年 4 月,Google 宣布其中文名称为"谷歌",这是 Google 第一个在非英语国家起的名字。

1999 年 5 月,Fast(Alltheweb)公司发布了自己的搜索引擎 AllTheWeb,其网页搜索可利用 ODP(Open Directory Project,开放式分类目录搜索系统)自动分类,支持 Flash 和 PDF 搜索,支持多语言搜索,还提供新闻搜索、图像搜索、视频、MP3 和 FTP 搜索,拥有极其强大的高级搜索功能。AlltheWeb 曾经是最流行的搜索引擎之一,后在 2003 年 2 月被 Overture 收购。

在中文搜索引擎领域,1996 年成立的搜狐公司是最早参与网络信息分类导航的网站。

1997 年正式在 CERNET 上提供服务的北大天网是教育网最流行的搜索引擎,利用教育网优势,具有强大的 FTP 搜索功能。

1998 年,台湾中正大学吴升教授所领导的 GAIS 实验室创立了 Openfind 中文搜索引擎,它是最早开发的中文智能搜索引擎。

2000 年,前 Infoseek 资深工程师李彦宏和好友徐勇创建百度,目前百度搜索引擎支持网页信息检索、图片、Flash、音乐等多媒体信息的检索。百度现成为是全球最大的中文搜索引擎。

2003 年,Yahoo 全资收购 3721 公司。2005 年 8 月,阿里巴巴和 Yahoo 达成战略合作,全资收购雅虎中国,并更名为阿里巴巴雅虎,并将其业务重点全面转向搜索领域。

2004,搜狐公司推出中文搜索引擎搜狗。

2006,微软公司正式推出了拥有自主研发技术的 Live Search,宣布进军搜索引擎市场,挑战 Google 在网络搜索领域的霸主地位。同年,网易公司推出中文搜索引擎有道。

2009 年,微软正式上线原名为 Kumo 的搜索引擎 Bing,中文名"必应"。同年,微软学术搜索 Microsoft Academic Search beta 版激活,该搜索引擎目前主要提供计算机学科及相关领域的学术论文、作者、会议和学术期刊。

2010 年,Yahoo 开始使用 Bing 搜索数据,在搜索引擎市场 Yahoo 彻底被 Google 打败,Yahoo 时代结束。

搜索引擎出现至今只有二十多年的历史,但是已经在 Web 上确立了其重要的地位。据 CNNIC 2013 年的统计结果,它依然是继即时通信之后的第二大 Web 应用。虽然它的基本工作原理已经相当稳定,但是在质量、性能和服务方式等方面的提升空间依然很大,研究成果层出不穷。

3.1.3 搜索引擎的分类

搜索引擎按信息收集方式的不同主要分为三类：全文搜索引擎（Full Text Search Engine）、目录索引类搜索引擎（Search Index/Directory）和元搜索引擎（Meta Search Engine）。

（1）全文搜索引擎（Full Text Search Engine）

全文搜索引擎是名副其实的搜索引擎，国外具有代表性的有 Google、AltaVista、Wise Nut 等，国内知名的有百度、有道、360 搜索等。它们从互联网提取各个网站的信息（以网页文字为主），建立起数据库，并能检索与用户查询条件相匹配的记录，按一定的排列顺序返回结果。

根据搜索结果来源的不同，全文搜索引擎可细分为两类：一类是拥有独立的俗称为"蜘蛛"（Spider）、爬虫（Crawler）或"机器人"（Robot）的程序（这三种称法意义相同），拥有检索程序（Indexer），并能够自建网页数据库，搜索结果直接从自身的数据库中调用，上面列举的 Google、百度等搜索引擎就属于此类；另一类则是租用其他搜索引擎的数据库，并按自定的格式排列搜索结果，如 Lycos 搜索引擎。

全文搜索引擎的优点是信息量大、更新及时、不需要人工干预；缺点是返回的信息量过大，存在大量冗余信息，用户必须从结果中进行筛选。

（2）目录索引类搜索引擎（Search Index/Directory）

目录索引虽然有搜索功能，但严格意义上不能称为真正的搜索引擎，只是按目录分类的网站链接列表而已。用户完全可以按照分类目录找到所需要的信息，不依靠关键词（Keywords）进行查询。目录索引中最具代表性的莫过于大名鼎鼎的 Yahoo，其他著名的还有 DMOZ、LookSmart、About 等。国内的搜狐、新浪、网易分类目录也都属于这一类。

目录索引类搜索引擎因为有人的参与，所以查询信息准确率高；但是缺点也很明显，需要人工方式搜索信息，信息维护量很大，搜索到的信息量少，信息更新不及时。

（3）元搜索引擎（Meta Search Engine）

元搜索引擎接受用户查询请求后，同时在多个搜索引擎上搜索，并将结果返回给用户。著名的元搜索引擎有 InfoSpace、Dogpile、Vivisimo 等。在搜索结果排列方面，有的直接按来源排列搜索结果，如 Dogpile；有的则按自定的规则将结果重新排列组合，如 Vivisimo。

除了上述三大类引擎外，还有以下几种形式。

（1）垂直搜索引擎

垂直搜索引擎是 2006 年以后逐步兴起的一类搜索引擎。不同于通用的搜索引擎，垂直搜索引擎是应用于某一个行业、专业的搜索引擎，是搜索引擎的延伸和应用细分化。垂直搜索引擎为用户提供的并不是上百甚至上千万相关网页，而是范围极为缩小、极具针对性的具体信息。因此，特定行业的用户更加青睐垂直搜索引擎，是垂直搜索引擎的长期、稳定的应用群体。垂直搜索也是提供关键字来进行搜索的，但被放到了一个行业知识的上下文中，返回的结果更倾向于信息、消息、条目等。

垂直搜索引擎的应用方向很多，例如企业库搜索、供求信息搜索引擎、购物搜索、房产搜索、人才搜索、地图搜索、MP3 搜索、图片搜索……，几乎各行各业各类信息都可以进一步细化成各类的垂直搜索引擎。例如，化化网（http://www.anychem.com/），是高效全面的能源化工垂直搜索引擎。

(2) 集合式搜索引擎

该搜索引擎类似于元搜索引擎,区别在于它并非同时调用多个搜索引擎进行搜索,而是由用户从提供的若干搜索引擎中选择,如 HotBot 在 2002 年年底推出的搜索引擎,因此称为"集合"式搜索引擎更为合适。

(3) 门户搜索引擎

像 AOL Search、MSN Search 等,虽然提供搜索服务,但自身既没有分类目录也没有网页数据库,其搜索结果完全来自其他搜索引擎。

(4) 免费链接列表

这类网站一般只简单地滚动排列链接条目,少部分有简单的分类目录,不过规模要比 Yahoo 等目录索引小很多。

3.1.4　一些著名的搜索引擎

为了让读者有目的地试一试,我们整理了一些主流的搜索引擎,包括网址、首页图片和介绍。

(1) Bing,http://www.bing.com

如图 3-2 所示为"必应"网站主页。

图 3-2　必应

Bing(中文名称为"必应",台湾译作"缤纷")是一款微软公司于 2009 年 5 月 28 日推出的用以取代 Live Search 的搜索引擎。为了符合中国人的使用习惯,必应使用中国成语"有求必应"作为中文产品品牌。必应不像谷歌那样只有简单的白色背景,取而代之的则是一幅精美照片,并且是会定期更换的,并且搜索结果在网页搜索结果页面的左侧会列出一部分相关搜索。

Bing 集成了搜索首页图片设计,崭新的搜索结果导航模式,创新的分类搜索、相关搜索用户体验模式,视频搜索结果无须点击直接预览播放,图片搜索结果无须翻页等功能。Bing

还推出了专门针对中国用户需求而设计的必应地图搜索和公交换乘查询功能。同时,搜索中还融入了微软亚洲研究院的创新技术,增强了专门针对中国用户的搜索服务和快乐搜索体验。

（2）Ask（又名 askjeeves）,http://www.ask.com/

如图 3-3 所示为 Ask 网站主页。

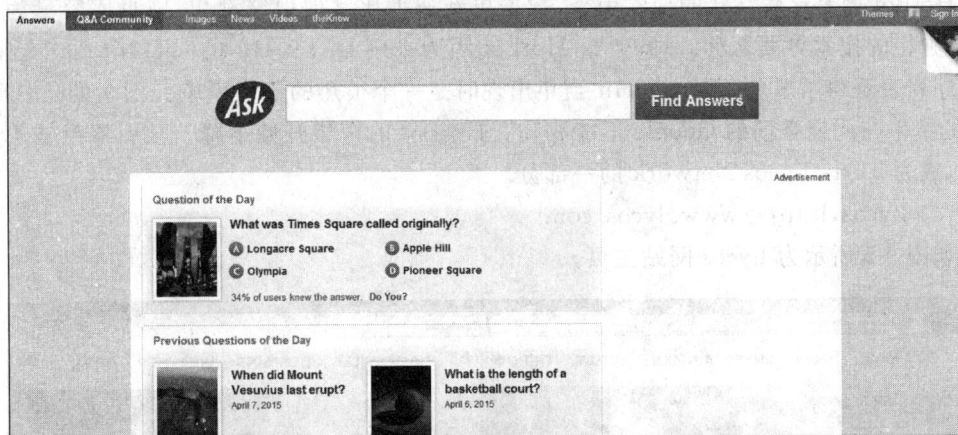

图 3-3　Ask

Ask 是国外比较出名的一款搜索引擎,其规模虽不大,但很有特色。Ask 是 Direct Hit 的母公司,于 2001 年收购 Teoma 搜索引擎,并全部采用 Teoma 搜索结果,Ask 是美国第三、世界第六大公网搜索引擎。

Ask 是一个支持自然提问的搜索引擎,它的数据库里存储了超过 1000 万个问题的答案,只要你用英文直接输入一个问题,它就会给出问题答案,如果你的问题答案不在它的数据库中,那么它会列出一串跟你的问题类似的问题和含有答案的链接供你选择。

（3）HotBot,http://www.hotbot.com/

如图 3-4 所示为 HotBot 网站主页。

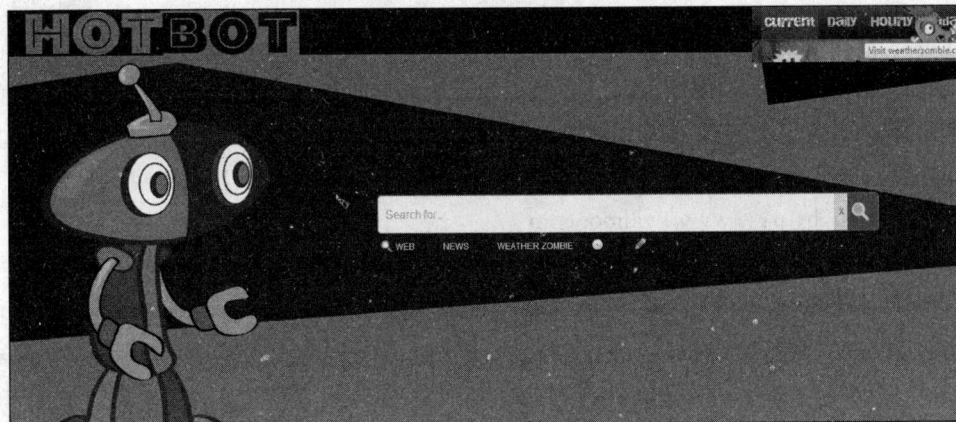

图 3-4　HotBot

搜索引擎及其应用

HotBot 是美国一个非常优秀的搜索引擎,它获得了许多杂志及媒体的奖项。HotBot 最大的特点在于它的界面组织和丰富的检索功能。它除了能够检索 Web 页面之外,还提供域名检索、新闻搜索、新闻讨论组等检索服务。

HotBot 在页面上提供了直观的图形化检索菜单功能,用户可以通过简单的下拉菜单创建复杂的布尔查询,或者按日期、地理区域和媒体类型进行限制性搜索。

HotBot 曾是比较活跃的搜索引擎,数据更新速度比其他引擎都快,网页库容量为 1.1 亿,以独特的搜索界面著称。1999 年,HotBot 因为采用 Direct Hit 的 clickthrough 结果作为排序列表获得了恶名。Direct Hit 当年出现时是一个很热的搜索引擎。不幸的是,Direct Hit 的结果与同期登场的 Google 不能相比。HotBot 的声望开始下降。该引擎已被 Lycos 收购,成为 Terra Lycos Network 的一部分。

(4) Lycos,http://www.lycos.com

如图 3-5 所示为 Lycos 网站主页。

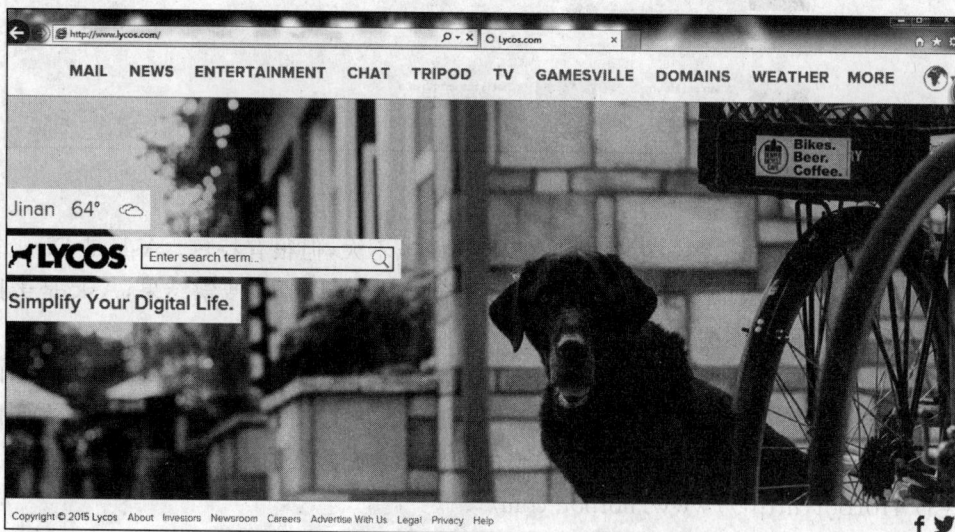

图 3-5　Lycos

Lycos 是搜索引擎中的元老,是最早提供信息搜索服务的网站之一,2000 年被西班牙网络集团 Terra Lycos Network 以 125 亿美元收归旗下,Lycos 是目前最大的西班牙语门户网站,Terra Lycos 公司还有 HotBot 搜索引擎。Lycos 整合了搜索数据库、在线服务和其他互联网工具,提供网站评论、图像及包括 MP3 在内的压缩音频文件下载链接等。

(5) Yahoo,http://www.yahoo.com

如图 3-6 所示为 Yahoo 网站主页。

雅虎搜索是一个由 Yahoo 运营的互联网搜索引擎。在 Yahoo 成立的初期并没有自己的搜索引擎,从 1996 年到 2004 年,Yahoo 先后选用 AltaVista、Inktomi 等第三方的搜索引擎作为自己网页搜索的后台服务提供商。2004 年雅虎先后收购了 Inktomi 和 Overture 等著名的搜索引擎公司,并通过集成自己的搜索技术,推出 Yahoo Search Technology(YST)。2004 年 3 月,雅虎开始推出独立的搜索服务,迅速成长为全球第二大搜索引擎。

2013 年 9 月 1 日中国雅虎将不再提供资讯及社区服务。中国雅虎原有团队将转做阿

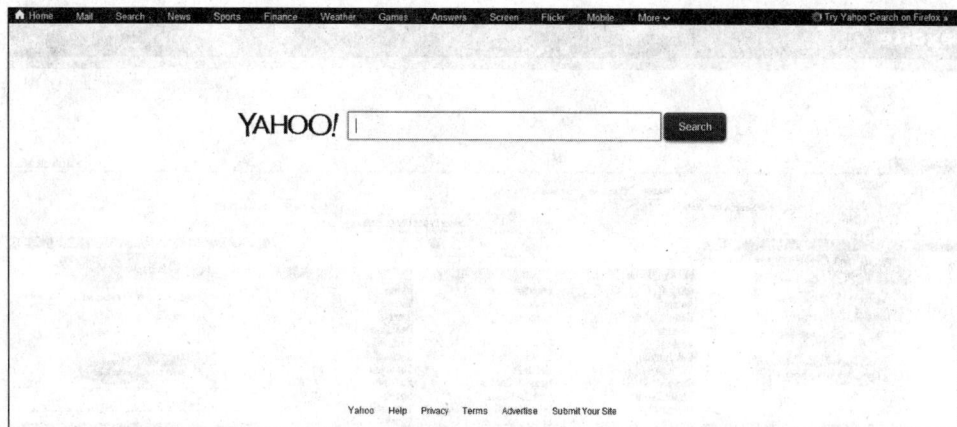

图 3-6　Yahoo

里集团公益项目。这意味着,中国雅虎旗下的主要业务都将停止运作,但中国雅虎的搜索服务依然被保留。

(6) 百度,http://www.baidu.com

如图 3-7 所示为百度网站主页。

图 3-7　百度

百度于 2000 年推出,是目前在中国最成功的一个商业搜索引擎,主要提供中文信息检索,并且为门户站点提供搜索结果服务。搜索范围涵盖了中国内地、中国香港、中国台湾、中国澳门、新加坡等华语地区以及北美、欧洲的部分站点。拥有的中文信息总量达到 1 亿 2 千万页以上,并且还在以每天几十万页的速度快速增长。

(7) Excite,http://www.excite.com/

如图 3-8 所示为 Excite 网站主页。

Excite 是由 6 个斯坦福的学生在 1993 创建的,他们想使用静态统计的方法来分析词之间的关系来使搜索引擎更具效率。

Excite 搜索引擎是 ARCHITEXT 公司的产品,其数据库界面非常友好,用户可以利用

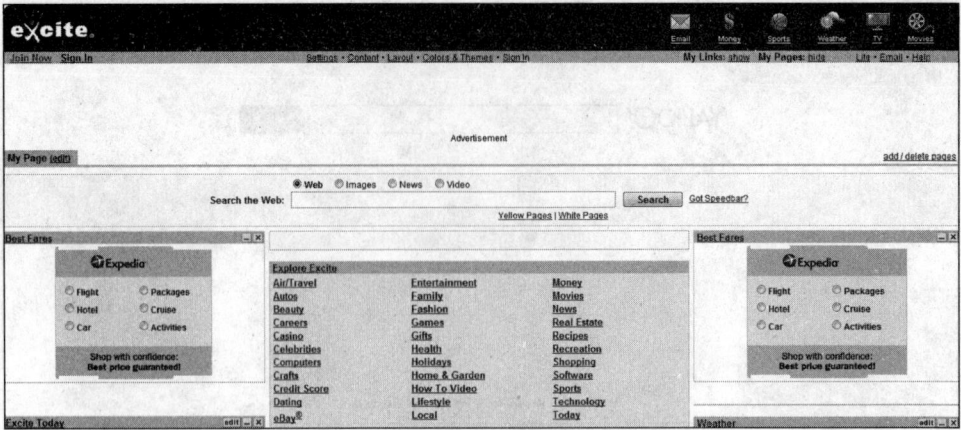

图 3-8 Excite

关键词、词组和自然语言进行检索。由于它已经开发出包括中国的多种全球区域版本,为特定地区提供高效率的服务,因此它也是使用最为广泛的搜索引擎之一。

(8) Looksmart,http://www.looksmart.com

如图 3-9 所示为 Looksmart 网站主页。

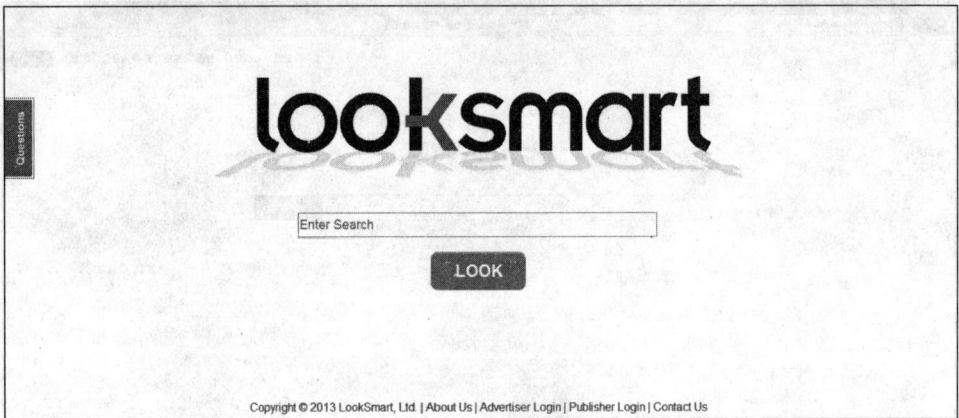

图 3-9 looksmart

Looksmart 成立于 1995 年,现在 Looksmart 已经成为网络产品目录和定位搜索市场的领头人,大部分的美国网民都使用 Looksmart 的目录导航工具,向包括 AltaVista、Excite 等在内的其他搜索引擎提供目录搜索。

Looksmart 在网站结构和内容上与其他目录索引大同小异,其目录中的网站排列也是根据字母顺序,它使用 Inktomi 的数据库提供二级网页搜索。

(9) Google,http://www.google.com.hk

如图 3-10 所示为 Google 网站主页。

Google 被公认为全球最大的搜索引擎,也是互联网上 5 大最受欢迎的网站之一,在全球范围内拥有无数的用户。Google 允许以多种语言进行搜索,在操作界面中提供多达 30 余种语言选择。除此之外,谷歌还多次入围《财富》历年 100 家最佳雇主榜单,并荣获 2013

图 3-10　谷歌

年"最佳雇主"。主要的搜索服务有网页、图片、音乐、视频、地图、新闻、问答等。Google 已将大量先前的测试服务整合为搜索功能的一部分(如 Google 计算器)。

另外,Google 公司还开发了 Google Web API、Book Search、Google glass、Gmail、Picasa、Chrome 浏览器、Google Maps 等众多具有前瞻性并广受欢迎的产品和服务。

除了上面所列的搜索引擎外,国内比较有影响力的搜索引擎还有:

中国搜索(http://www.chinaso.com/);

搜狗(http://www.sogou.com/);

有道(http://www.youdao.com/);

爱问(http://iask.sina.com.cn/);

360 搜索(http://www.haosou.com/)等。

3.2　搜索引擎核心技术

搜索引擎是一个计算机应用软件系统,或者说是一个网络应用软件系统。从网络用户的角度看,它根据用户提交的类自然语言查询词或者短语,返回一系列很可能与该查询相关的网页信息,供用户进一步判断和选取。为了有效地做到这一点,它大致上被分成三个功能模块,或者三个子系统,即网页搜集、预处理和查询服务,其工作流程如图 3-11 所示。

图 3-11　搜索引擎工作流程

真正意义上的搜索引擎,是指收集了 Web 上几千万到几十亿个网页后并对网页中的每个关键词建立索引数据库。当用户查找某个关键词时,所有包含了该关键词的网页都将作为搜索结果搜出来,在经过复杂的算法进行排序后,这些结果按照与关键词的相关度的高低,排序后返回给用户。

57

第
3
章

搜索引擎及其应用

3.2.1 网页搜集

大规模搜索引擎服务的基础是采用直接或间接的方式预先搜集好一批网页,最常见的搜集方式是所谓的"爬取":将 Web 上的网页集合看成是一个有向图,搜集过程从给定起始 URL 集合 S(或者说"种子")开始,沿着网页中的链接,按照先深、先宽或者某种别的策略遍历,不停地从 S 中移除 URL,下载相应的网页,解析出网页中的超链接 URL,看是否已经被访问过,将未访问过的那些 URL 加入集合 S。整个过程可以形象地想象为一个蜘蛛(Spider)在蜘蛛网(Web)上爬行(crawl),真正的系统其实是多个"蜘蛛"同时在爬。搜集到的网页被存储到网页数据库中。

网页数据库维护的基本策略主要有定期搜集、增量搜集以及折中方案等。其中,定期搜集又称为"批量搜集",即每隔一段时间重新进行一次大规模网页收集,通常这种方式的开销、时间间隔比较大,这种策略的优点是实现比较简单,缺点是"时新性"不高;增量搜集往往只收集新出现的网页、改变过的网页以及删除不再存在的网页,这种方式的优点是"时新性"会比较高,缺点是系统实现比较复杂,这种复杂不仅表现在网页的搜集过程,建立索引的过程也会比较复杂;而折中方案是在系统搜集能力一定的情况下,将系统搜集能力集中在更新慢的网页上,以使系统整体的时新性达到比较高的取值。

3.2.2 预处理

得到海量的原始网页集合,还不能为用户提供检索服务。现行的最有效的适合查询系统的数据结构是"倒排文件"(Inverted File),倒排文件是用文档中所含关键词作为索引,文档作为索引目标。从网页集合到形成倒排文件,主要包括关键词提取、重复或转载页面的消除、链接分析和网页重要程度的计算 4 个方面的"预处理"。

1. 关键词提取

为了支持查询服务,需要从网页源文件中提取能够代表其内容特征的关键词,对于中文来讲,就是要根据一个词典,利用分词软件,从网页文字中提取出词典所含的关键词,这样一篇网页就可以由一组词来近似代表了,例如 $p=\{t_1,t_2,\cdots,t_n\}$。

2. 重复或转载页面的消除

重复或转载页面的消除是大规模搜索引擎系统预处理环节的重要组成部分。首先是识别和清除网页内的噪声内容(如广告、版权信息等),然后提取网页的主题以及和主题相关的内容;消重是指去除所搜集网页集合中主题内容重复的网页。建索引一般是在消重后的网页集上进行的,这样就可以保证用户在查询时不会出现大量内容重复的网页。

3. 链接分析

HTML 文档中所含有的指向其他文档的链接信息不仅给出了网页间的关系,还对判断网页的内容具有很重要的作用。因此,很好地利用链接信息,搜索引擎可以获得仅靠内容分析无法返回的页面信息。

4. 网页重要程度的计算

搜索引擎返回给用户的是一个和用户查询相关的结果列表,列表中条目的顺序是很重要的一个问题。如何对查询结果进行排序有很多因素要考虑,其中网页重要程度评估的核心思想就是"被引用多的就是重要的",Google 创立的 PageRank 就是这种思路的体现。

3.2.3　提供查询服务

　　用户向搜索引擎发出查询,搜索引擎接受查询并向用户返回资料。搜索引擎每时每刻都要接到来自大量用户的几乎是同时发出的查询,它按照每个用户的要求检查自己的索引,在极短时间内找到用户需要的资料,并排序后返回给用户。目前,搜索引擎返回主要是以网页链接的形式提供的,这样通过这些链接,用户便能到达含有自己所需资料的网页。通常搜索引擎会在这些链接下提供一小段来自这些网页的摘要信息以帮助用户判断此网页是否含有自己需要的内容。

3.2.4　搜索引擎体系结构

　　搜索引擎一般由搜集器、索引器、检索器和用户接口等部分组成,如图 3-12 所示。

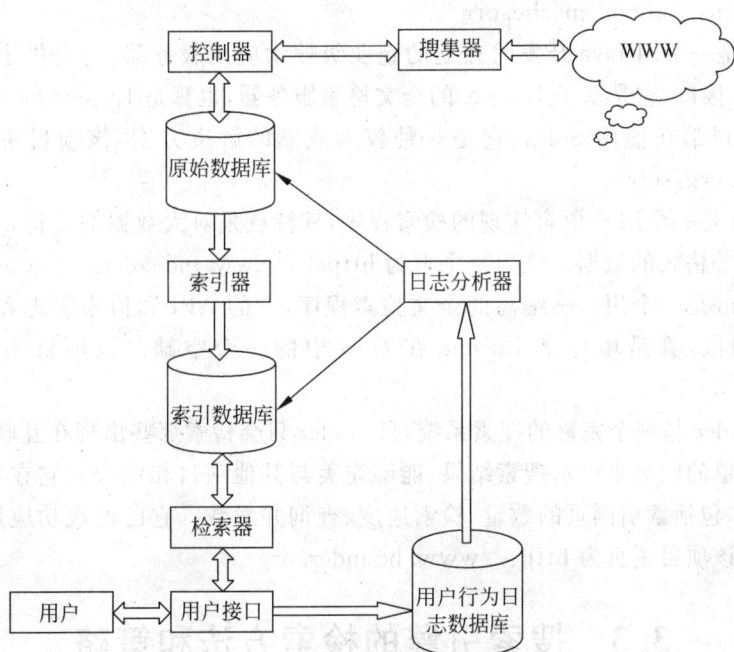

图 3-12　搜索引擎的体系结构

　　(1) 搜集器:其功能是在互联网中漫游,发现和搜集信息;

　　(2) 索引器:其功能是理解搜索器所搜索到的信息,从中抽取出索引项,用于表示文档以及生成文档库的索引表;

　　(3) 检索器:其功能是根据用户的查询在索引库中快速检索文档,进行相关度评价,对将要输出的结果排序,并能按用户的查询需求合理反馈信息;

　　(4) 用户接口:其功能是接纳用户查询、显示查询结果、提供个性化查询项。

3.2.5　开源搜索引擎

　　所谓开源搜索不同于像 Google、Yahoo 这样的核心技术不对外开放的商业搜索引擎,是指源代码公开的搜索引擎。开源搜索引擎是进行科学研究以及数据获取的重要工具,下面对常见的开源搜索引擎进行简单介绍。

(1) Egothor 是一个用 Java 编写的开源而高效的全文本搜索引擎。借助 Java 的跨平台特性,Egothor 能应用于任何环境的应用,既可配置为单独的搜索引擎,又可以作为全文检索之用。该项目主页为 http://www.egothor.org/。

(2) Lucene 是一个基于 Java 的全文搜索引擎,利用它可以轻易地为 Java 软件加入全文搜寻功能。Lucene 的最主要的工作是替文件的每一个字作索引,索引让搜寻的效率比传统的逐字比较大大提高,Lucene 提供一组解读、过滤、分析文件、编排和使用索引的 API,它的强大之处除了高效和简单外,最重要的是使使用者可以随时根据需要自定义其功能。该项目主页为 http://jakarta.apache.org/lucene/docs/index.html。

(3) Nutch 是一个基于 Lucene 的开源 Java 实现的搜索引擎,它提供了搜索引擎所需的全部工具,包括全文搜索和 Web 爬虫,Lucene 为 Nutch 提供了文本索引和搜索的 API。该项目主页为 http://nutch.apache.org/。

(4) Solr 是一个用 Java 开发的独立的企业级搜索应用服务器,它提供了类似于 Web-service 的 API 接口,它是基于 Lucene 的全文检索服务器,也算是 Lucene 的一个变种,很多一线互联网公司都在使用 Solr。它是一种较为成熟的解决方案,该项目主页为 http://lucene.apache.org/solr/。

(5) Zebra 是一个用 C 语言实现的检索程序,其特点是对大数据的支持,支持 EMAIL、XML、MARC 等格式的数据。该项目主页为 https://www.indexdata.com/zebra。

(6) Xapian 是一个用 C++ 编写的全文检索程序,它的 API 和检索原理和 Lucene 在很多方面都很相似,算是填补了 Lucene 在 C++ 中的一个空缺。该项目主页为 http://xapian.org/。

(7) Hounder 是一个完善的搜索系统,Hounder 只会检索那些出现在互联网上的文档,并通过一个简单的网页来展示搜索结果,能够完美与其他项目相结合。它在各方面的设计都是规模级的,包括索引网页的数量、检索速度、查询并发数。它已经成功应用在多个大型搜索系统中。该项目主页为 http://www.hounder.org/。

3.3 搜索引擎的检索方法和策略

执行一个检索任务是有过程、分步骤来完成的,检索步骤的科学安排称为检索策略(Retrieval Strategy)。检索策略是为了实现检索目标而制定的全盘计划或方案。在执行检索任务时,策略问题是明确提出来的,因为它是一个比较复杂、精细的检索任务,而且是在人与机器的对话、交互中实现的。

要掌握信息检索的技巧,有必要了解信息检索的流程,下面介绍每个步骤中要注意的问题。

1. 分析检索课题

对自己检索主题的已知部分和需要检索部分的分析,确定检索问题的关键词及涉及的学科范围、需要的信息类型、查询方式、资源的性质等。检索的最终目的是找到某个问题的精确答案,并且在检索结果中尽可能减少结果的冗余。通过检索课题的分析,有助于准确定位自己的检索起点。

2. 选择合适的检索工具

检索工具的选择正确与否对检索效率起着非常重要的作用。选择合适的检索工具主要是从检索工具的类型、收录范围、检索问题的类型、检索问题的具体要求等方面综合考虑。下面总结常见的信息需求和适合检索工具的选择。

(1) 希望快速找到少量的精确匹配关键词的结果。例如,知道歌词需要查找歌名、检索海明威的著作列表等。适合的工具有 Google、All The Web 和百度等。

(2) 希望检索的是比较宽泛的学术性主题,希望从一些该领域的权威站点获得参考。例如,适合的工具是 Librarians' Index to Internet(http://www.ipl.org),它被称为"思考者的 Yahoo",它比 Yahoo 的资源目录更适合学术性的检索,每周更新。

(3) 大众化的或者商业性的主题。Yahoo 在这方面无疑是最好的工具,只要是 Internet 上有一定知名度的主题,它都有收录。

(4) 要检索的主题词是容易混淆的(如要检索总统 Bush,但是存在灌木 bush 的干扰)或者是被搜索引擎忽略的停用词。

适合的工具:前者可用 Alta Vista 的高级检索功能(http://www.altavista.com/web/adv),全大写字母的单词专指人名;后者可用 Google 的词组检索(使用双引号)。

(5) 不知道某个字或词的读音、拼写或翻译。

适合的工具:网上的在线词典,如词霸在线(http://www.iciba.net)、yourdictionary(http://www.yourdictionary.com/)等。如果有两种写法不知道哪一种是正确的话,也可以分别用它们在 Google 上检索,结果明显较多的那一个就是正确的。

(6) 希望得到的检索结果不是简单的超链接的罗列,而是经过组织加工的,浏览起来更方便也更容易接受的信息。

适合的工具:Alta Vista,支持 Focus Words 技术,每次检索之后会从结果中自动提取出几个最常见的关键词供用户参考,这样可以挑选这些关键词中的一个或几个,再在结果中二次检索,以缩小检索范围;Surf Wax(http://www.surfwax.com),采用 SiteSnap 技术,能猜测实际信息需求,将"最有希望"的检索结果单独提取出来。

(7) 并没有非常明确的检索需求,希望在检索中扩展自己的思路,或者说想得到一些意外收获。

适合的工具:Kartoo(http://www.kartoo.com),可视化检索的先驱,很有趣的元搜索引擎,将检索结果用地图的形式展现,能够直观地发现主题之间的联系;Web Brain(http://www.thebrain.com)是另一个优秀的可视化的检索工具,类似于大不列颠百科全书电子版中的知识导航,以动画的形式展示知识体系的分类层次。

(8) 从事学术研究,希望参考特定领域由专家整理推荐的主题目录。

适合的工具:Virtual LRC(http://www.virtuallrc.com/),提供高质量的学术信息主题目录;WWW Virtual Library(http://vlib.org/),老牌的学术信息主题目录,由全世界范围的志愿者共同维护,从 vlib 出发可以链接到不少免费的学术全文数据库;Abuot.com(http://www.about.com),它的主题目录学术性不那么强,但它可能是世界上最紧跟时代的主题目录,它的主题也是由世界范围的志愿者提交和维护,如果要检索一些新鲜名词,不妨试试它。

3. 正确构造检索式

检索式是检索策略的具体体现,是要求检索系统执行的检索语句。最简单的检索式由一个检索词构成,复杂的检索式由多个检索词通过关系的算符连接而成。构造检索时,要充分利用检索工具支持的检索运算、允许使用的检索标识、各种限定,这是进行有效检索的基础。

需要说明的是,在信息检索时往往对一个检索问题中的一个概念用一个关键词,这样容易造成漏检。为了避免这个问题的发生,应该尽可能全面地列举关键词的同义词、近义词、相关词甚至上位词、下位词,并在它们之间用布尔逻辑运算符 OR 连接,形成一个检索式。许多搜索引擎都提供简单查询和高级查询,建议使用后者,例如组合使用布尔逻辑运算符、双引号、时间等可以将检索结果限定在一定的范围内。

4. 及时调整检索策略

选择好了搜索引擎后,检索的过程中也要进行必要的调整,具体如下。

(1) 当检索出一批结果后,应浏览题目和文摘,判断是否满足要求,并加以筛选,若感觉不满意,应及时修改检索策略,加以调整,再行检索,直到满意为止。

(2) 检索出来的结果太多,可以考虑增加限制条件,如"-"、NOT 等。

(3) 检索出来的结果太少,则要考虑扩大检索范围或增加检索途径。

(4) 在构造检索提问式时,要弄清所使用的搜索引擎的检索功能和所采用的操作算法。

(5) 为提高检索速度,在使用布尔算符时,应把估计出现频率低的词放到 AND 的左边,把使用频率高的词放在 OR 的左边,同时使用 AND 和 OR 时,应把 OR 放在 AND 的左边。

(6) 应考虑哪些词可以利用截词算符,哪些地方要用位置算符,是否需用字段算符加以限制。

(7) 充分利用数据库的限制、二次检索等功能,提高查准率。

3.4 常用搜索引擎检索和利用

3.4.1 百度

百度(http://www.baidu.com)是目前全球最大的中文搜索引擎,由李彦宏、徐勇于 2000 年 1 月创建于北京中关村。百度的界面风格非常简洁,易于操作。主体部分包括一个长长的搜索框,外加一个搜索按钮、Logo 及搜索分类标签等。

1. 基本搜索技巧

(1) 利用布尔逻辑运算检索

① "与"运算。增加搜索范围。运算符可以是"空格",也可以是"+"。

② "非"运算。减除无关资料,运算符为"-"。减号前后必须留一空格,语法是"A-B"。利用"非"运算,可以排除含有某些词语的资料,有利于缩小查询范围。

【例】 搜寻关于"暑期学校",但不含"计算机科学与技术"的资料。

检索式:暑期学校-计算机科学与技术

③ "或"运算。并行搜索,运算符为 OR(|)。使用"A OR B"("A | B")来搜索"或者包含关键词 A,或者包含关键词 B,或者同时包含关键词 A、B"的网页。

【例】 查询"云计算"或"大数据"相关的资料。

检索式：云计算 OR 大数据

百度会提供跟"OR"前后任何关键词相关的网站和资料。

【例】 搜索必须含有"暑期学校"，但是没有"计算机"的网页，可以含有"金融学"或者"管理学"。

检索式为：暑期学校－计算机 金融学 OR 管理学

检索结果如图 3-13 所示。

图 3-13　利用布尔逻辑的检索示例

（2）使用双引号进行精确搜索

搜索引擎大多都会对检索词进行拆词搜索，并会返回大量无关信息。解决方法是将检索词用双引号括起来（使用英文输入状态下的双引号。有些搜索引擎对双引号不进行区分，中文的和英文的都可以，如 sogou 等），这样得到的结果最少、最精确。

例如，如果把关键字确定为"2015 暑期学校"，那么得到的结果可能会让我们不满意，因为搜索引擎会将"2015"和"暑期学校"拆分开来，会检索到更多的信息，如图 3-14（a）所示。如果给关键词加上双引号，则不会拆分"2015 暑期学校"，得到更精准的信息，如图 3-14（b）所示。

（3）使用书名号进行检索

在百度中，加上书名号的查询词有两层特殊功能，一是书名号会出现在搜索结果中；二是被书名号括起来的内容，不会被拆分。

书名号在某些情况下特别有效，例如，查电影"手机"，如果不加书名号，很多情况下查出来的是通信工具——手机，而加上书名号后，其结果就都是关于电影、小说方面的了。

（4）指定站点中的检索

如果想查找某个站点中自己需要的资料，就可以把搜索范围限定在这个站点中，来提高查询效率。检索方法是在查询内容的后面加上"site：站点域名"。其中，"site："后面跟的站点域名，不要带"http://"；另外，"site："和站点名之间，不要带空格。

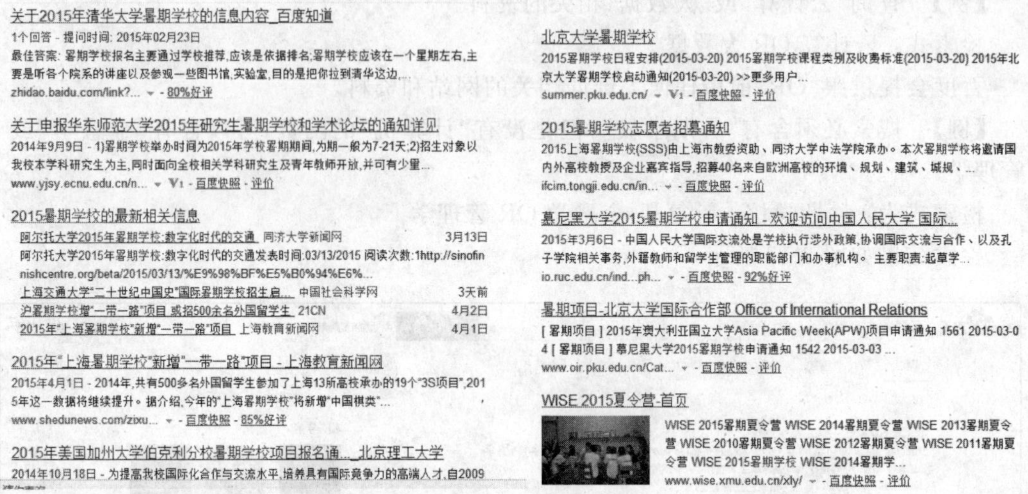

图 3-14 使用双引号进行检索

【例】 在北京大学中检索"暑期学校"的信息。

检索式：暑期学校 site：pku．edu．cn

检索结果如图 3-15 所示。

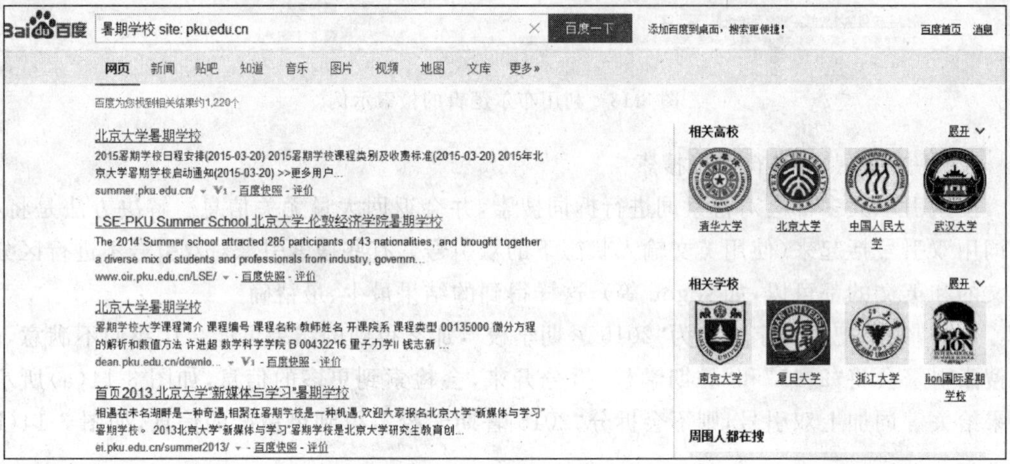

图 3-15 指定站点中的检索

（5）指定文档类型的检索

百度支持特定文档类型的检索，包括对 Office 文档(Word、Excel、PowerPoint)、Adobe PDF 文档、RTF 文档的全文搜索。在搜索的关键词后面加一个"filetype：＋文档类型"限定文档类型，其中文档类型可以是 DOC、XLS、PPT、PDF、RTF、ALL。其中，ALL 包含所有文件类型。

【例】 查找关于"大数据"的所有 DOC 文档。

检索式：大数据 filetype：DOC

检索结果如图 3-16 所示。

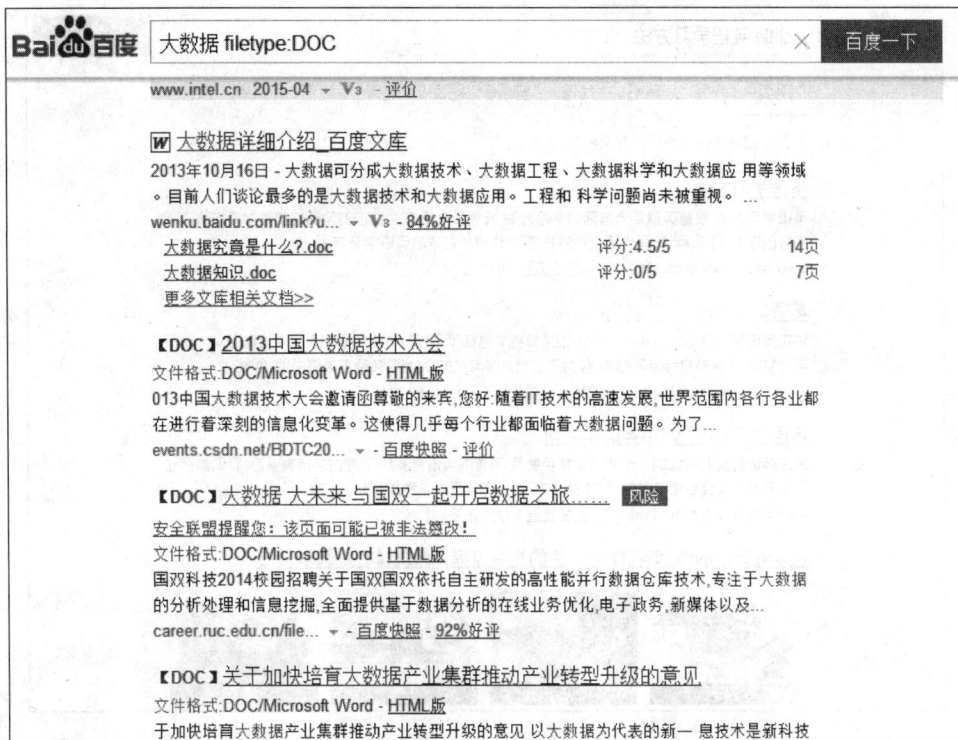

图 3-16　指定文档类型的检索

（6）限定在网页标题中的搜索

网页标题通常是对网页内容的归纳，将查询内容限定在网页标题中，有时能获得良好的效果。将查询内容用"intitle:"限定在网页标题范围内。

【例】　查找标题中包括英语学习方法的信息。

检索式：intitle:英语学习方法

查找结果如图 3-17 所示。

（7）搜索范围限定在 URL 链接中

URL 是统一资源定位符，网页 URL 中的某些信息，常常有某种有价值的含义。如果对搜索结果的 URL 做某种限定，就可以获得良好的效果。实现的方式是用"inurl:＋关键词"。

【例】　找关于 flash 的学习技巧。

检索式：flash inurl:jiqiao

它表示"flash"可以出现在网页的任何位置，而"jiqiao"则必须出现在网页 URL 中，其结果如图 3-18 所示。

（8）百度快照

每个被收录的网页，在百度的服务器上都存有一个纯文本的备份，称为"百度快照"。当检索到的链接网页打开速度较慢，或者是网站服务器暂时中断或堵塞、网站已经更改链接、"该页无法显示"（找不到网页的错误信息）等，可以通过"百度快照"快速浏览页面内容。

例如，检索暑期学校的网页，如图 3-19 所示。

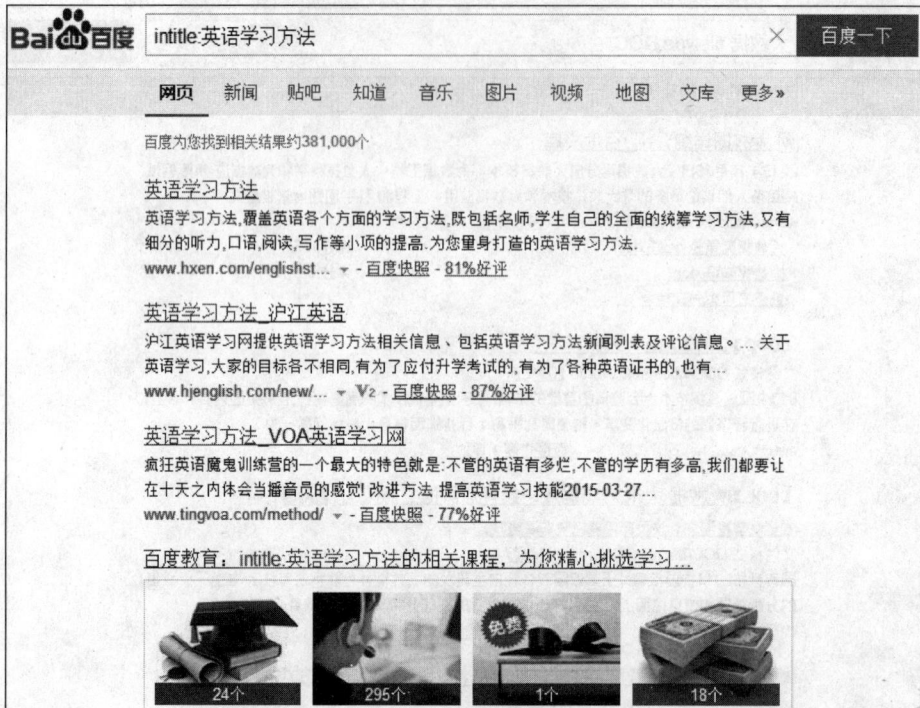

图 3-17　限定在网页标题中的检索

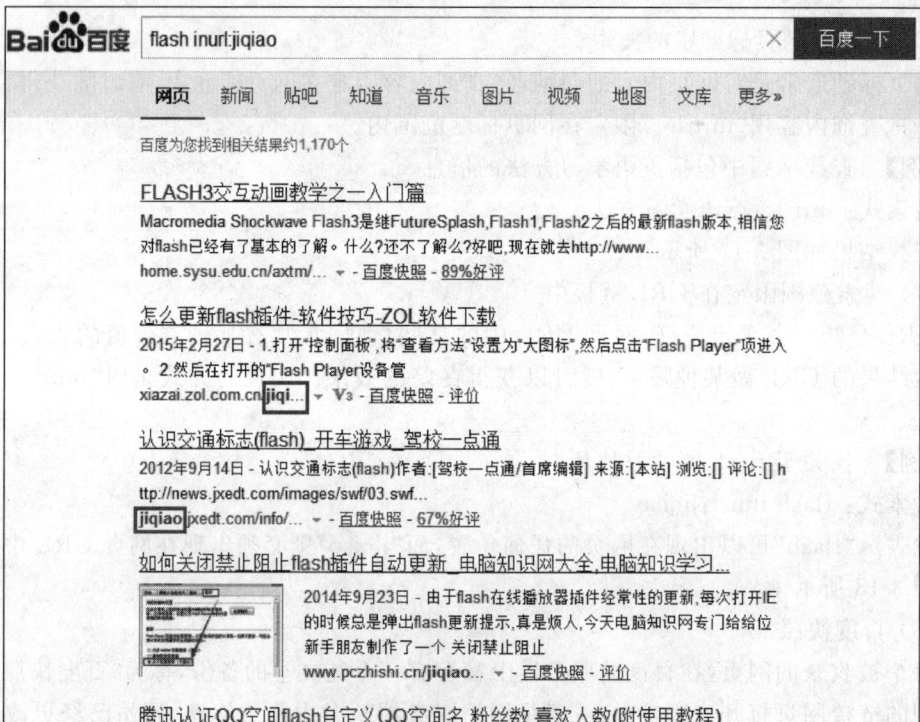

图 3-18　限定在 URL 中的检索

图 3-19　百度快照

2. 百度特色检索功能

百度是中国互联网用户最常用的搜索引擎之一,每天完成上亿次搜索;也是全球最大的中文搜索引擎,可查询数十亿以上的中文网页。

(1) 图片搜索

单击百度首页"更多产品"中的"图片",再输入要查询的关键词即可进行图片内容的搜索,并且百度还提供了多种图片分类供用户来准确搜索。百度图片库是世界最大的中文图片库,百度从数十亿中文网页中提取各类图片,到目前为止,百度图片搜索引擎可检索图片已经近亿张。

例如,图 3-20 为输入关键词"梅花"检索到的图片。

(2) 音乐搜索

音频文件的搜索可以说是百度最有特色的搜索服务,也是它借以成名的法宝,甚至可以毫不夸张地说没有音频文件搜索的成功,就没有百度的辉煌。

单击首页百度首页"更多产品"中的"音乐",再输入要查询的关键字即可进行音频信息的搜索,并且百度还提供了多种音频分类供用户选择搜索。

(3) 视频搜索

单击百度首页上方的"视频"标签,再输入要查询的关键字即可进行视频信息的搜索,并且还提供了多种视频分类供用户来选择搜索。

(4) 地图搜索

百度地图是百度提供的一项网络地图搜索服务,覆盖了国内近 400 个城市、数千个区

图 3-20 图片检索

县。在百度地图里,用户可以查询街道、商场、楼盘的地理位置,也可以找到离您最近的所有餐馆、学校、银行、公园等。2010 年 8 月 26 日,在使用百度地图服务时,除普通的电子地图功能之外,新增加了三维地图按钮。

单击百度首页上方的"地图"标签,输入要查询的信息就可查询地址、搜索地区周边及规划路线等,如图 3-21 所示。

图 3-21 百度地图

【例】 齐韵同学要去中国人民大学。

由于是第一次去北京,不熟悉从北京南站到中国人民大学的地铁线路。这是大家经常遇到的出行问题。

在百度地图中选择"公交"标签,出发地点输入"北京南站",目的地输入"中国人民大学",百度地图就会给出多条推荐线路,选择满意的线路后,可以以短信的形式免费发到自己的手机上,如图 3-22 所示。

(5)百度知道

百度知道是一个基于搜索的互动式知识问答分享平台,于 2005 年 6 月 21 日发布,并于 2005 年 11 月 8 日转为正式版。"百度知道"是用户自己有针对性地提出问题,通过积分奖

图 3-22　出行线路

励机制发动其他用户,来解决该问题的搜索模式。同时,这些问题的答案又会进一步作为搜索结果,提供给其他有类似疑问的用户,达到分享知识的效果。

百度知道的最大特点,就在于和搜索引擎的完美结合,让用户所拥有的隐性知识转化成显性知识,用户既是百度知道内容的使用者,同时又是百度知道的创造者,在这里累积的知识数据可以反映到搜索结果中。通过用户和搜索引擎的相互作用,实现搜索引擎的社区化。

(6) 百度百科

百度百科是一部内容开放、自由的网络百科全书,旨在创造一个涵盖所有领域知识、服务所有互联网用户的中文知识性百科全书。

百度百科提供给大家的是一个互联网所有用户均能平等地浏览、创造、完善内容的平台。在百度百科中,可以浏览自然、文化、地理、历史等各门学科。所有中文互联网用户在百度百科都能找到自己想要的全面、准确、客观的定义性信息。

(7) 百度文库

百度文库是供网友在线分享文档的开放平台,在这里,用户可以在线阅读和下载涉及课件、习题、考试题库、论文报告、专业资料、各类公文模板、法律文件、文学小说等多个领域的资料。平台上所累积的文档,均来自热心用户的积极上传。"百度"自身不编辑或修改用户上传的文档内容,如图 3-23 所示。

图 3-23　百度文库

搜索引擎及其应用

用户通过上传文档,可以获得平台虚拟的积分奖励,用于下载自己需要的文档。下载文档需要登录,免费文档可以登录后下载,对于上传用户已标价了的文档,则下载时需要付出虚拟积分。当前平台支持主流的 doc(.docx)、.ppt(.pptx)、.xls(.xlsx)、pdf、txt 文件格式。

(8)百度传课

百度传课是中国教育领域新兴的在线教育平台,精心打造在线课程发布网站、直播互动教室,提供在线直播互动的一站式全方位的专业教育服务,引入全国知名重点学校的一线教学名师,采取网络互动直播和点播的授课模式,突破地域和时间的限制,为广大的学生群体提供高效便捷的网络学习渠道,推出高质量的线上精品课程。

【例】   齐韵同学非常喜欢计算机专业课程,想利用暑期时间学习 Java 编程方面的内容。

网络上这方面的资料比较多,但是比较零散,自己查找比较费时,而且也不全面,这是利用网络学习者经常遇到的问题。

在百度主页,单击"更多产品"然后选择"百度传课",在"所有课程分类"中选择"编程"、"Java",即可在列表中选择自己感兴趣的课程进行学习,如图 3-24 所示。

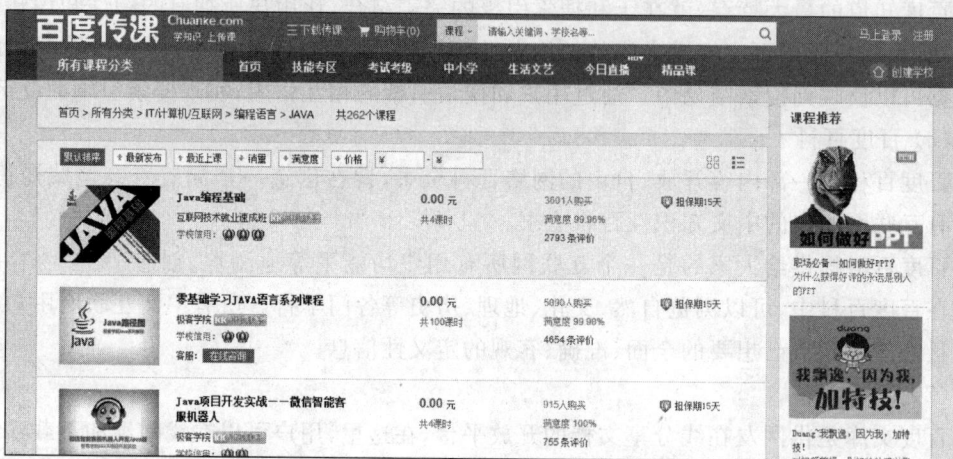

图 3-24   百度传课

百度传课提供了丰富的在线课程,内容丰富而且全面,资源覆盖基础教育、专业技能、职场提升、兴趣爱好等多个领域。

(9)百度空间

百度空间是百度家族成员之一,是中国最大的在线交友社区,于 2006 年 7 月 13 日正式开放注册。在这里,用户可以拥有独具个性的个人主页,迅速聚集网络人气;还可以结识各路帅哥美女,与同龄好友测试默契,分享趣闻。

(10)百度贴吧

贴吧是百度旗下的独立品牌,是全球最大的中文社区。贴吧的创意来自于百度首席执行官李彦宏,结合搜索引擎建立的一个在线交流平台,让那些对同一个话题感兴趣的人们聚集在一起,方便地展开交流和互相帮助。

贴吧是一种基于关键词的主题交流社区,它与搜索紧密结合,准确把握用户需求。截止到 2013 年,百度贴吧历经 10 年沉淀,已拥有 6 亿注册用户、800 万个兴趣贴吧,日均话题总量近亿,浏览量超过 20 亿次。

(11) 百度词典

百度词典是百度公司推出的一套有着强大的英汉互译在线翻译系统,包含中文成语的智能翻译,非常实用。正确输入一个英语单词,或是输入一个汉字词语,留意一下搜索框上方多出来的词典提示。如,搜索"Moon",单击结果页上的"词典"链接,就可以得到高质量的翻译结果。百度词典搜索支持强大的英汉汉英词句互译功能、中文成语的智能翻译,还可以进行译后朗读功能。

(12) 百度学术

百度学术搜索是百度旗下提供海量中英文文献检索的学术资源搜索平台,2014 年 6 月初上线,涵盖了各类学术期刊、会议论文,旨在为国内外学者提供最好的科研体验。百度学术搜索可检索到收费和免费的学术论文,并通过时间、标题、关键字、摘要、作者、出版物、文献类型、被引用次数等细化指标提高检索的精准性。

总的来说,百度搜索引擎其简洁的界面、简单的操作、快速的查询速度、准确的搜索结果,强大的细分搜索功能让你不得不叹服,百度更多的服务产品如图 3-25 所示。

3.4.2 Bing

必应是一款由微软公司推出的网络搜索引擎,前身为 Live Search。微软首席执行官史蒂夫·鲍尔默于 2009 年 5 月 28 日在《华尔街日报》于圣迭戈举办的"All Things D"公布,同年 6 月 3 日正式在世界范围内发布这款搜索引擎。微软方面声称,此款搜索引擎将以全新姿态面世,将会带来新革命。内测代号为 Kumo,其后才被命名为必应。有调查发现,必应的搜索成功率已比开始时大幅提升,甚至与 Google 不相伯仲。

必应提供的检索算符如表 3-1 所示。

表 3-1   Bing(必应)检索算符

算　符	含　义	应用举例
空格/AND/&	关键词之间是"与"的关系	云计算 & 大数据
OR/|	关键词之间是"或"的关系	暑期学校 OR 培训学校
NOT/-	关键词之间是"非"的关系	暑期学校 NOT 计算机
""	""中的内容作为一个整体	"亚洲经济危机"
+	强制搜索一般会被自动忽略的关键词	+B
filetype:	限定搜索的文件类型	filetype:PPT
site:	限定在特定的站点中搜索	site:sdu.edu.c
intitle:	限定在网页标题中搜索	intitle:暑期学校
inbody:	限定在网页正文中搜索	inbody:暑期学校
inanchor:	限定在定位标记中搜索	inanchor:msn
language:	限定搜索特定语言的网页	language:en
loc:/location:	限定搜索特定国家或地区的网页	loc:US
prefer:	着重强调某个搜索条件更重要	云计算 prefer:amazon
contains:	搜索范围限定在包含特定文档类型的网站中	contains:PPT

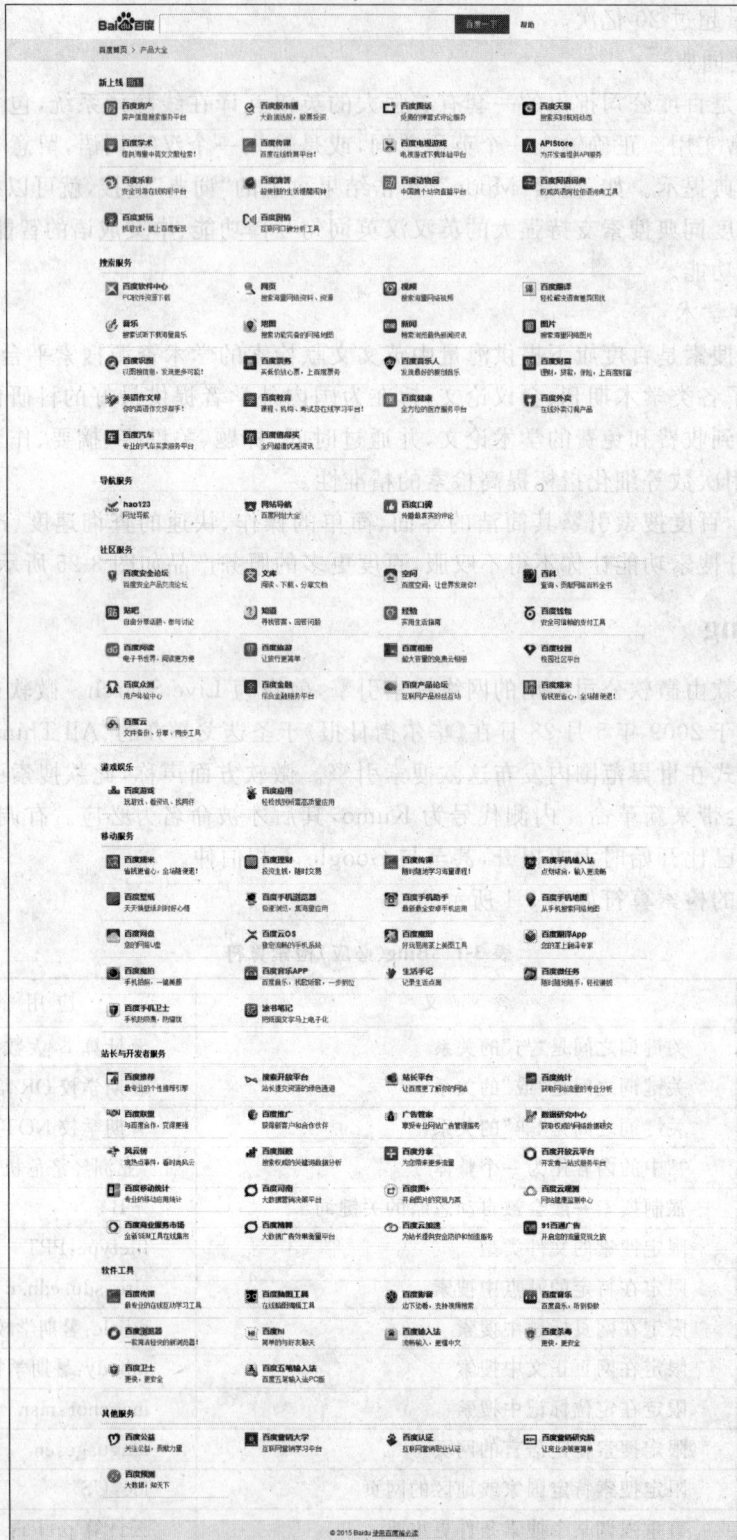

图 3-25　百度产品大全

必应的搜索特色在于，传统搜索引擎只是单独列出一个搜索列表，必应会对传回的结果加以分类。

例如，用户搜索某位歌星的名字（如 Justin Bieber），搜索结果主要将显示传统列表，而同时左侧的导航则会显示图片、歌曲、歌词、专辑和视频等相关类别，如图 3-26 所示；又如用户输入某一产品名称时，侧边栏则会显示评价、使用手册、价格和维修等；又如用户输入城市名称，则会显示地图、当地商业指南、旅游路线以及交通信息等。此外，侧边栏将会显示搜索关键词。

图 3-26　利用 bing 检索"Justin Bieber"

3.4.3　Goolge

Google(http://www.google.com.hk)是目前公认的全球规模最大的搜索引擎，是易用性最强的搜索网站，它提供了简单易用的免费服务。"Google"一词来源于"googol"（10 的 100 次方），表示一个非常巨大的数字的概念，隐喻该公司立志覆盖所有 WWW 资源的宏大目标。Google 与其他搜索引擎最大的不同在于，使用复杂的自动搜索方法可以避免任何人为感情因素，Google 的结构设计确保了它绝对诚实公正，任何人都无法用钱换取较高的排名。Google 可以诚实、客观并且方便地帮助用户在网上找到有价值的信息。

1. 基本搜索功能

(1) Google 具有自己独特的语法结构。首先不支持 AND，Google 会在关键词之间自动添加 AND，如果想缩小搜索范围，只需要输入更多的关键词。

其次，不支持 OR。Google 无法接受"或者包含词语 A，或者包含词语 B"的网页。例如，要查询 milk 或 bread，就必须分两次查询。一次查 milk，一次查 bread。

为提供最准确的资料，Google 不使用"词干法"，Google 也不支持"通配符 *"搜索。例如，查询 googl 或"googl *"，不会得到类似 Googler 或 googlin 的结果。

（2）忽略部分词语。通常 Google 忽略 http 和 com 等字符，以及数字和单字，此类字词过于频繁地出现于大部分网页，不仅无助于查询，而且会大大降低搜索速度。用＋可将这些字词强加于搜索项，但＋之前必须留有空格。

有时候，排除一些关键词比增加关键词更有利于缩小查询范围，Google 支持"－"功能，用以有目的地删除某些无关的网页，但在"－"之前必须留一个空格。

（3）专用语查询。只要在专用词语上加上双引号，就可以准确地进行查询。这一方法在查找专有名词时显得格外有用。此外一些标点符号如－、＋、＝、、、'也可作为短语连接符。

例如，尽管没有加引号，father-in-law 仍作为专用语处理。

（4）Google 搜索不区分英文字母大小写，所有的字母均当作小写处理。

例如，搜索 google、GOOGLE 或 GoOgLe，得到的结果都一样。

（5）Google 对英文单词的拼写有纠错功能。

例如，当对单词 psychiatrical 的拼写不是很确定时，就可以根据拼读规则在 Google 搜索框中输入大致的单词拼写，例如输入 spychiatrical，Google 就会提示"您是不是要找 psychiatrical?"，这样就可以判断出目标单词正确的拼写形式。

（6）Google 还可以检验某种表达法或搭配是否正确。

2. Google 特色检索

对于 Google 而言，还开发了很多极具特色的搜索功能，可以说是只要敢搜，就能实现。

（1）Maps 搜索

单击首页上方的 Maps 标签，再输入要查询的关键字就可查询地址、搜索地区周边及规划路线等。

（2）Blog 搜索

单击首页左上方的 more 中的 Blog search 标签，再输入要查询的关键字就可从最新的博客文章中查找感兴趣的主题。

（3）Books 搜索

选择首页左上方的 more 标签，再单击 Books，输入要查询的关键字即可搜索图书全文，并发现新书。

（4）Scholar 搜索

Google Scholar 搜索的每一个搜索结果都代表一组学术研究成果，其中可能包含一篇或多篇相关文章甚至是同一篇文章的多个版本。

例如，某项搜索结果可以包含与一项研究成果相关的一组文章，其中有文章的预印版本、学术会议上宣读的版本、期刊上发表的版本以及编入选集的版本等。将这些文章组合在一起，可以更为准确地衡量研究工作的影响力，并且更好地展现某一领域内的各项研究成果。

同时 Google 还为每一搜索结果都提供了文章标题、作者以及出版信息等编目信息。一组编目数据，都与整组文章相关联，但 Google 会推举最具代表性的一篇。这些编目数据来自于该组文章中的信息以及其他学术著作对这些文章的引用情况。

选择首页左上方的 more 标签，再单击 Scholar，输入要查询的关键字即可搜索所需要的专业学术文章，如图 3-27 所示。

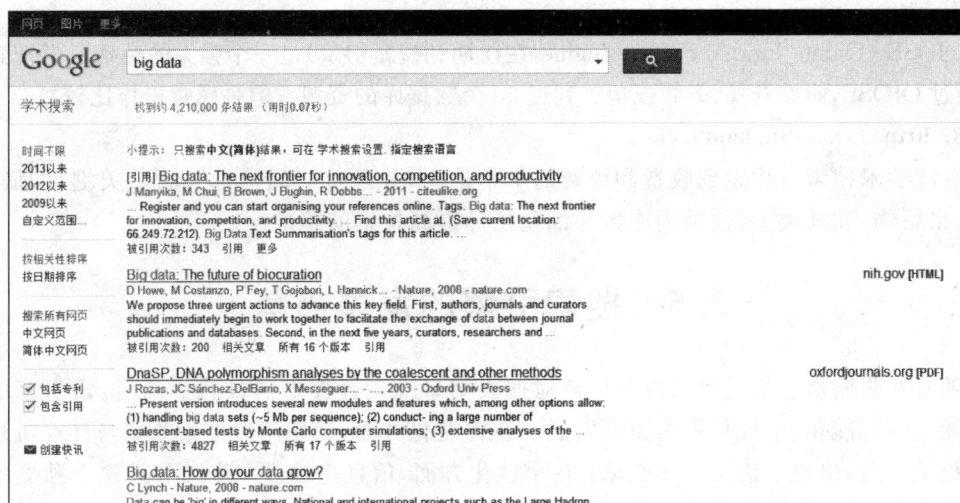

图 3-27 学术搜索

3.4.4 免费学术搜索引擎的使用

1. http://www.base-search.net/

比勒费尔德学术搜索引擎(BASE):BASE 是德国比勒费尔德(Bielefeld)大学图书馆开发的一个多学科的学术搜索引擎,提供对全球异构学术资源的集成检索服务。它整合了德国比勒费尔德大学图书馆的图书馆目录和大约 160 个开放资源(超过 200 万个文档)的数据。

2. http://www.vascoda.de/

德国免费学术信息检索入口:Vascoda 是一个交叉学科门户网站的原型,它注重特定主题的聚合,集成了图书馆的收藏、文献数据库和附加的学术内容。

3. http://www.goole.com/

与 Google 一样是一个搜索网站,能搜索到一些 google 搜索不到的东西。它界面简洁,功能强大,速度快,Yahoo、网易都采用了它的搜索技术。

4. http://www.a9.com

与 Google 在同一水平的搜索引擎,是 Amazon.com 推出的,Web result 部分是基于 Google 的,所以保证和 Google 在同一水平,另外增加了 Amazon 在书本内搜索的功能和个性化功能,主要是可以记录用户的搜索历史。

5. http://www.search.com/search

一个检索免费 paper 的好工具。进入网页以后,可以看到有三个功能:driectory、web、article。其中 article 对我们很有帮助,可以尝试输入要找的文章,会有很多发现的!

6. http://www.chmoogle.com

在此搜索引擎里可以搜索到超过千万种化学品信息或相应的供应商,与 Chemblink 有点相似,但提供的化学品理化信息没有 Chemblink 详细,与其不同的是该搜索引擎可提供化学品结构式搜索(主页上有在线绘制化学结构式的搜索框)。

7. http://www.ojose.com/

OJOSE (Online Journal Search Engine,在线期刊搜索引擎)是一个强大的免费科学搜索引擎,通过 OJOSE,能够查找、下载或购买到近 60 个数据库的资源。但是感觉操作比较复杂。

8. http://xueshu.baidu.com/

百度学术搜索可检索到收费和免费的学术论文,并通过时间筛选、标题、关键字、摘要、作者、出版物、文献类型、被引用次数等细化指标提高检索的精准性。

3.5　搜索引擎的发展趋势

随着互联网信息量的增长以及用户对搜索结果准确性要求的日益提高,搜索引擎的发展也随之朝智能化、个性化等多方向发展。在智能化方面,为使用户搜索意图与计算机理解之间趋于一致,出现了语义搜索引擎;在个性化方面,信息将被进一步细分并建立独立的搜索引擎,例如针对图像的搜索引擎、学术的搜索引擎、专利的搜索引擎等。

搜索引擎的智能化将着眼于增强计算机的理解技术,加强计算机与用户之间的双向沟通,使计算机更好地理解用户的搜索意图,并在搜索过程中以知识进行检索,而不再单纯以关键词的索引匹配方式进行检索。这种智能化搜索技术将高度依赖自然语言的处理技术和人工智能技术,其中需要运用关键词的分词、同义词、反义词、短语识别、多语言翻译等技术来实现对用户检索意图的真正理解,另一方面,更重要的是需要进一步赋予搜索的内容(例如 Web 网页)更多的语义信息。

目前搜索引擎的个性化研究主要集中于主题爬虫的个性化和查询改进等方面。基于查询改进的用户反馈技术是研究的重点。例如建立"学习型反馈技术"使搜索引擎更好地理解特定用户的搜索喜好和意图,将搜索结果按照学习理解后的相似度高低重新排序,优先返回高相似度的网页内容,以提高检索效率。

搜索引擎对多种语言数据进行跨语言的交叉搜索,不仅能够返回用户搜索的所有语言的结果,而且随着机器翻译的进一步成熟。还能够进一步将返回的所有语言结果以母语的形式显示。虽然该技术目前还处于初步研究阶段.但其不仅符合搜索技术的发展方向,而且基于搜索引擎在未来语义智能化等领域的突破,跨语言交叉搜索必将成为现实。

3.6　应 用 案 例

【任务要求】　齐韵同学希望了解国内暑期学校的情况。

思路:经过对招生政策、所需费用等比较后再进行选择,确定好学校后再进行交通信息、旅游攻略的查找。

【检索过程】

(1) 确定检索工具:由于对暑期学校的情况不太了解,并不知道暑期学校的信息主要由哪些途径发布,因此选择通用搜索引擎"百度"作为暑期学校信息检索的检索工具。

(2) 确定检索策略:采用根据检索内容不断调整检索工具和检索词的策略。

(3) 确定检索词:由于对暑期学校的情况不了解,因此首选的关键是"暑期学校",当然如果要进行有针对性的检索,可以采用类似"北京大学暑期学校"、"山东大学暑期学校"的检索词,如图 3-28 所示为检索到的北京大学暑期学校的官方网站。

图 3-28　北京大学暑期学校

（4）检索工具和检索词的调整。通过用百度的初步检索,发现有的学校会像北京大学一样提供暑期学校的统一发布网站,而有些学校则没有,相关信息会发布在高校的二级学院网站上,以及在一些博客中也会提供往年参加暑期学校的感受的博文,也非常有价值。因此,需要调整检索词,例如"环境科学　暑期学校"、"国际暑期学校"等。另外,相同的关键词可以采用 Bing、Yahoo 等不同的检索工具进行检索。

（5）由于有的学校的暑期学校发布的信息采用上传文档的方式,尤其是国际暑期学校,并不会出现关键词"暑期学校"。针对这种情况,可以去相关学校的二级学院、研究生院、教务处网站进行浏览和检索。如图 3-29 所示是清华大学环境学院提供的 2015 年国际暑期学校招生的信息。

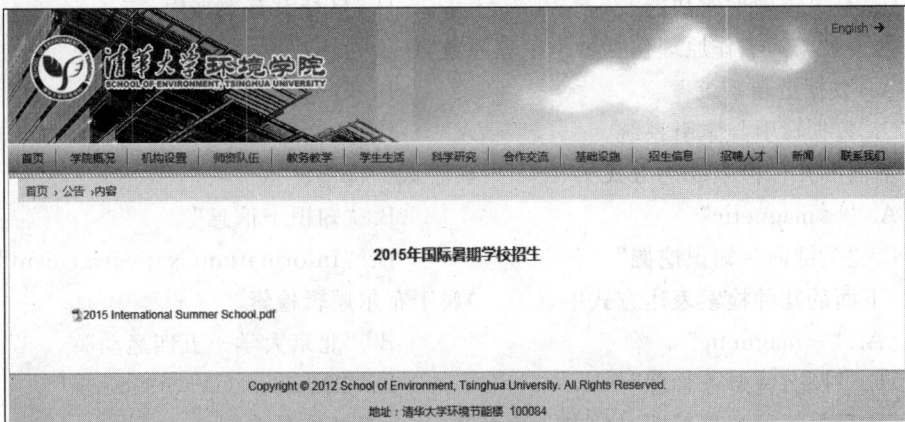

图 3-29　清华大学环境学院暑期学校信息

(6) 确定好要去的暑期学校后,根据招生要求,提交申请表。

(7) 收到录取通知后,利用百度地图、腾讯地图等工具检索交通信息。

习　题

一、选择题

1. 使用 Google 搜索有关信息检索的 PDF 文档,最佳的检索式为(　　)。
   A. 信息检索 pdf 　　　　　　　　　　B. 信息检索@pdf
   C. 信息检索 file:pdf 　　　　　　　　D. 信息检索 filetype:pdf

2. 具有相近含义的同义词或同族词在构成检索策略时应该使用(　　)算符予以组配。
   A. 逻辑"与" 　　　B. 逻辑"或" 　　　C. 逻辑"非" 　　　D. 位置

3. 若想排除概念,以缩小检索范围,可使用(　　)算符。
   A. 逻辑"与" 　　　B. 逻辑"或" 　　　C. 逻辑"非" 　　　D. 位置

4. 某同学希望在网上查找一种需要的资料,那么较为好的信息搜索流程是(　　)。
   A. 选择查找方式——确定搜索目标——确定搜索引擎——查找、筛选
   B. 确定搜索目标——选择查找方式——确定搜索引擎——查找、筛选
   C. 确定搜索引擎——确定搜索目标——选择查找方式——查找、筛选
   D. 确定搜索目标——确定搜索引擎——选择查找方式——查找、筛选

5. 如果想在网上下载孙楠的"美丽的神话"的 mp3,用全文搜索方式查找,你认为使用关键词(　　)最容易得到结果。
   A. 孙楠 　　　　　　　　　　　　　　B. 美丽的神话
   C. 神话 　　　　　　　　　　　　　　D. 孙楠 美丽的神话

6. 对 Google 的描述,以下(　　)是错误的。
   A. 是通用检索工具 　　　　　　　　　B. 最先采用 PageRank 技术
   C. 独立制作了人工编辑维护的网页目录 　D. 提供中文网页搜索

7. 对元搜索引擎,以下(　　)描述是错误的。
   A. 是独立的搜索引擎 　　　　　　　　B. 可同时搜索多个网络检索工具
   C. 有关键词检索功能 　　　　　　　　D. 自身没有数据库

8. 搜索引擎的工作原理包括数据采集系统,(　　)用户界面和数据检索系统。
   A. 数据更新系统 　　　　　　　　　　B. 数据维护系统
   C. 数据标引与索引系统 　　　　　　　D. 数据分析系统

9. 下面的几种检索表达方式中,(　　)属于截词检索。
   A. "＊magnetic" 　　　　　　　　　　B. "知识＋信息"
   C. "关键词＝知识挖掘" 　　　　　　　D. "Information(N)management"

10. 下面的几种检索表达方式中,(　　)属于布尔逻辑检索。
    A. "＊magnetic" 　　　　　　　　　　B. "北京大学＋五四运动"
    C. "题名＝财务管理" 　　　　　　　　D. "Database(W)Structure"

11. 如果打算了解最新即时的专业学术动态,一般可参考(　　)。
    A. 专业学会网站 　　　　　　　　　　B. 教育机构网站

C. 综合性门户网站　　　　　　　　D. 综合性虚拟图书馆

二、判断题

1. 搜索引擎既是用于检索的软件又是提供查询、检索的网站。　　　（　　）

2. 搜索引擎的工作原理包括数据采集系统，用户界面和数据检索系统。（　　）

3. Google 和百度是常用的目录搜索引擎。　　　　　　　　　　　（　　）

4. bing 是元搜索引擎。　　　　　　　　　　　　　　　　　　　（　　）

5. Yahoo 和搜狐提供了比较典型的目录型搜索工具。　　　　　　　（　　）

三、简答题

1. 什么是搜索引擎？搜索引擎有哪些类型？简述搜索引擎的基本工作原理。

2. 用 Bing 检索关于"汽车"和"品牌"方面的资料，但不要包括"丰田"的内容，资料类型为 Word 文档、PDF 文档、PPT 文档，请写出检索式。

3. 列举关于和自己学科相关的免费学术搜索引擎。

4. 假如你想向《计算机科学》杂志投稿，却不知道通信地址和 E-mail，请查找并给出它的通信地址和 E-mail，并说明你得到信息的具体方法。

四、检索练习

1. 利用搜索引擎检索有关"大数据"的 DOC、PDF、PPT 格式的文件，写出检索式。

2. 对互联网上本学科的门户网站进行搜集，列出你认为最有价值的两个门户网站的网址，并说明选择它的理由。

3. 找到宾夕法尼亚大学癌症治疗中心的关于乳腺癌的治疗网站。

4. 某人想利用假期去桂林旅游，他从济南出发，请帮他设计一条性价比高的线路，并为他在象鼻山附近订一家旅馆。

5. 请用搜索引擎把国外经济学家"曼昆"所写的《经济学原理》这本教材的英文原版幻灯片（课件）和繁体版的幻灯片（课件）全部找齐。

要求：写出使用的检索工具，准确的检索表达式，检索结果的主要条款。

第4章　互联网特殊资源的利用

引　子

大学期间同学们希望获得更多的专业课程、计算机、英语等方面的学习资料,培养自己自学的能力,并且通过网络工具交到一些志同道合的朋友。在 Web 2.0 环境下,互联网不仅是获取学习资料的重要来源,还提供了很多交流沟通、休闲娱乐的工具。因此,了解互联网中特殊资源的利用显得尤其重要。

本章主要介绍 Web 2.0 的概念和主要应用,学科信息门户,开放课程计划,MOOC 以及云计算和云应用。通过本章的学习,使读者了解互联网资源的最新应用,为充分利用互联网资源进行研究和学习提供帮助。

4.1　Web 2.0 和主要应用

4.1.1　Web 2.0

Web 2.0 是相对于 Web 1.0 的新时代,指的是一个利用 Web 平台、由用户主导而生成的内容互联网产品模式,为了区别传统由网站雇员主导生成的内容而定义为第二代互联网,即 Web 2.0[①]。

目前,对于 Web 2.0 概念的介绍通常采用 Web 2.0 典型应用案例的方式进行介绍,再加上对部分 Web 2.0 相关技术的解释。这些 Web 2.0 技术主要包括博客(BLOG)、RSS、百科全书(Wiki)、威客、网摘、社会网络(SNS)、P2P、即时信息(IM)等。

Web 2.0 通过网络应用(Web Applications)促进人与人之间的信息交换和合作,其模式以用户为中心。Web 1.0 的主要特点在于用户通过浏览器获取信息,Web 2.0 更注重用户的交互作用,用户既是网站内容的消费者(浏览者),也是网站内容的制造者。Web 1.0 到 Web 2.0 的转变,是从单纯的"读"向"写"、"共同建设"模式方向发展。Web 2.0 具有如下的特点。

1. 用户参与网站内容的制造

与 Web 1.0 网站信息发布的模式不同,Web 2.0 网站的内容通常是由用户发布的,使得用户既是网站内容的浏览者也是网站内容的制造者,这也就意味着 Web 2.0 网站为用户

---

① 林东清.资讯管理:e 化企业的核心竞争能力.台北:智胜文化,2010.

提供了更多参与的机会。例如,博客网站和 Wiki 就是典型的用户创造内容的应用,而 Tag 技术(用户设置标签)将传统网站中的信息分类工作直接交给用户来完成。

2. 更加注重交互性

不仅用户在发布内容过程中实现与网络服务器之间的交互,而且,也实现了同一网站不同用户之间的交互,以及不同网站之间信息的交互。

3. Web 2.0 与 Web 1.0 没有绝对的界限

Web 2.0 技术可以成为 Web 1.0 网站的工具,一些在 Web 2.0 概念之前诞生的网站本身也具有 Web 2.0 特性,例如 B2B 电子商务网站的免费信息发布和网络社区类网站的内容也来源于用户。

4. Web 2.0 与未来的 Web 3.0

Web 2.0 有一些典型的技术,但技术是为了达到某种目的所采取的手段。Web 2.0 技术本身不是 Web 2.0 网站的核心,重要的在于典型的 Web 2.0 技术体现了具有 Web 2.0 特征的应用模式。因此,与其说 Web 2.0 是互联网技术的创新,不如说是互联网应用指导思想的革命。

目前,随着移动互联网的蓬勃发展,有越来越多的人不再简单地满足于与互联网普通的交互,他们需要一种与移动互联网的"亲密"融合。例如,微信推出了"附近的人"招揽了大量的用户,网易新闻、人人网等积极推广自媒体,团购网站客户端推出基于 LBS(Location Based Services,基于位置的服务)的商品查找和推荐功能,微博利用地理信息增强用户间的互动等。

基于这样的变化,我们认为,一个互联网的新时代即将到来——Web 3.0。什么是 Web 3.0 呢?它不仅仅是 Web 1.0 的简单内容获取与查询,也不单纯是 Web 2.0 的大众参与和内容制造,而是互联网与人们日常生活的大融合。

Web 3.0 一词包含多层含义,用来概括互联网发展过程中某一阶段可能出现的各种不同的方向和特征。但是,它到底应该什么样、具体的标志点又是什么,到目前尚无定论。近几年很火的大数据、云计算、高速高可靠移动网络、物联网、智能硬件等新的技术和概念无一不和 Web 3.0 密切相关。正是因为 Web 3.0 全民随时随地在社会生活各个方面和 Web 的融合,才有了大数据爆发式的需求增长;云计算不仅可以用来处理 Web 3.0 时代的大数据,而且简化了 Web 3.0 时代服务制造者开发服务的难度,并为服务的高效和高质量提供保障;高速高可靠性移动网络保证用户可以随时随地访问 Web,提供了人与 Web 融合的媒介;智能硬件和物联网让更多的设备接入互联网,融入用户的社会生活,是 Web 3.0 时代的基础。可以想象,如果没有智能硬件和物联网,那么 Web 3.0 根本无从实施;如果没有大数据、云计算和高速高可靠性移动网络,Web 3.0 的进一步发展和壮大将受到限制。

在 Web 2.0 日益健全完善的今天,什么才是 Web 3.0 的标志犹未可知,也许时间才能给我们答案。但是毫无疑问的是,谁能够引领 Web 3.0,并且向前发展走向 Web 4.0 时代,谁就是网络的下一任主角。

4.1.2 Web 2.0 的主要应用

1. 博客(Blog)

博客是继 E-mail、BBS、IM 之后出现的第 4 种网络交流方式,是网络时代的个人"读者文摘"，是以超级链接为武器的网络日记，代表着新的生活、工作、学习方式。简言之，Blog 就是以网络作为载体，简易、迅速、便捷地发布自己的心得，及时、有效、轻松地与他人进行交流，集丰富多彩的个性化展示于一体的综合性平台。

不同的博客可能使用不同的编码，所以相互之间也不一定兼容。而且，目前很多博客都提供丰富多彩的模板等功能，这使得不同的博客各具特色。

博客的分类有以下几种方式。

（1）按功能分

① 基本博客：是 Blog 中最简单的形式。单个的作者对于特定的话题提供相关的资源，发表简短的评论，这些话题几乎可以涉及人类的所有领域，如图 4-1 所示是杨澜的新浪博客。

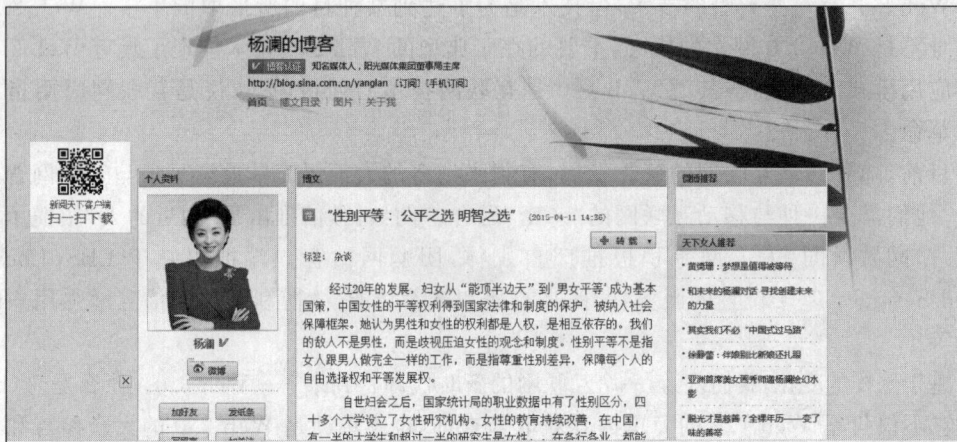

图 4-1　杨澜的博客

② 微博：即微型博客，是全球最受欢迎的博客形式。博客作者不需要撰写很复杂的文章，而只需要抒写 140 字内的心情文字即可，像新浪微博、Follow5、网易微博、腾讯微博、叽歪、Twitter、饭否等。如图 4-2 所示是北京大学的新浪微博。

图 4-2　北京大学新浪微博

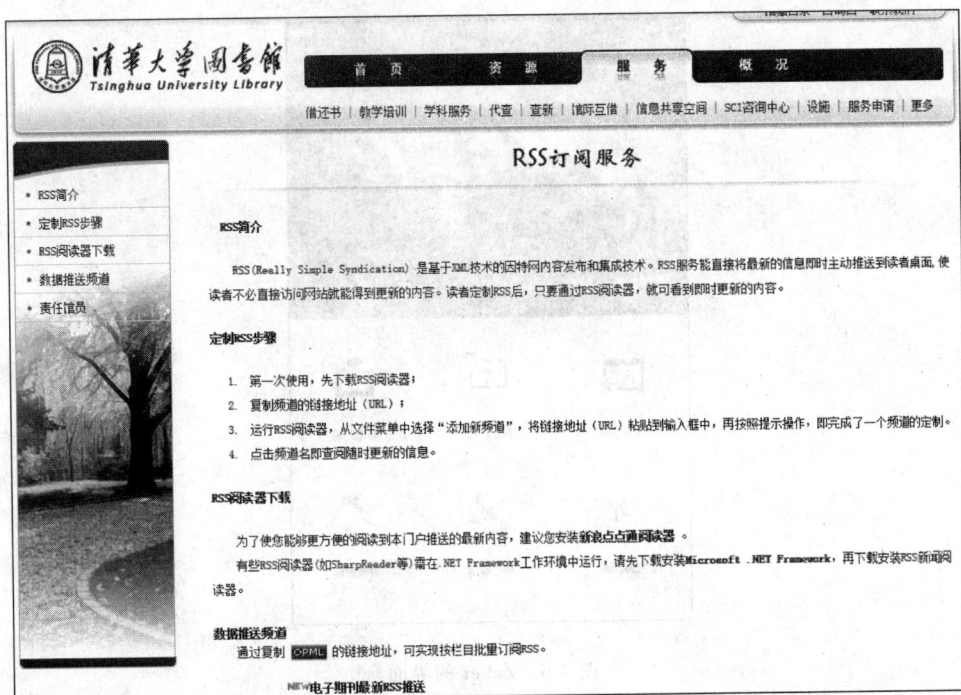

图 4-5 清华大学图书馆提供的 RSS 订阅服务

① 首次使用前,先下载和安装一个 RSS 阅读器;

② 从网站提供的 RSS 服务中选择感兴趣的频道,复制频道的链接地址(URL);

③ 运行 RSS 阅读器,从文件菜单中选择"添加新频道",将链接地址(URL)粘贴到输入框中,再按照提示操作,即完成了一个频道的定制;

④ 单击频道名即查阅随时更新的信息。

常用的 RSS 阅读器有抓虾、周伯通、看天下、新浪点点通、ZAKER 等。其中,ZAKER 是国内最受欢迎的互动分享和个性化定制的阅读软件,Zaker 的界面如图 4-6 所示。目前覆盖了 IOS、Android、Windows Phone、Windows 8 四大主流移动平台系统,已经上线 iPad、iPhone、Android、AndriodTablet、Windows Phone 以及 Windows 8 六个版本,是目前覆盖渠道最多的阅读终端应用。它将资讯、微博、博客、报纸、杂志、图片、RSS、Google Reader 等众多内容,按照用户个人意愿聚合到一起,实现深度个性化定制,拥有微博、邮件等社群化互动分享功能,具备精美杂志版式的阅读形态、逼真与立体的翻页效果、丰富贴心的设置项。

【例】 请利用 QQ 邮箱 RSS 订阅功能,订阅美国的 science 杂志。

首先,找到 science 的主页(http://www.sciencemag.org/),然后打开 QQ 邮箱,单击"阅读空间",在"添加订阅"中输入 science 的 URL,然后对 science 的订阅进行分类,即可阅读订阅内容,如图 4-7 所示。

3. Wiki 百科全书

Wiki 一词来源于夏威夷语的"wee kee wee kee",发音 wiki,原本是"快点快点"的意思,被译为"维基"或"维客",是一种多人协作的写作工具。Wiki 站点可以由多人(甚至任何访问者)维护,每个人都可以发表自己的意见,或者对共同的主题进行扩展或者探讨。Wiki 也

互联网特殊资源的利用

图 4-6　Zaker 的界面

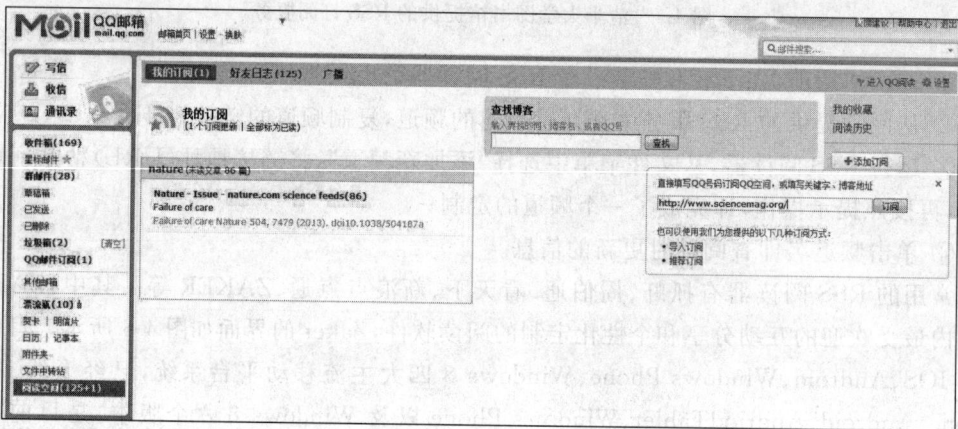

图 4-7　利用 QQ 邮箱订阅 Science 杂志

指一种超文本系统,这种超文本系统支持面向社群的协作式写作,同时也包括一组支持这种写作的辅助工具。Wiki 的发明者是一位 Smalltalk 程序员沃德·坎宁安(Ward Cunningham)。

　　有人认为,Wiki 系统属于一种人类知识网格系统,我们可以在 Web 的基础上对 Wiki 文本进行浏览、创建、更改,而且创建、更改、发布的代价远比 HTML 文本小;同时 Wiki 系统还支持面向社群的协作式写作,为协作式写作提供必要帮助;最后,Wiki 的写作者自然构成了一个社群,Wiki 系统为这个社群提供简单的交流工具。与其他超文本系统相比,Wiki 有使用方便及开放的特点,所以 Wiki 系统可以帮助我们在一个社群内共享某领域的知识。由于 Wiki 可以调动最广大的网民的群体智慧参与网络创造和互动,它是 Web 2.0 的一种典型应用,是知识社会条件下创新 2.0 的一种典型形式。

（1）Wiki 的编辑

Wiki 是任何人都可以编辑的网页。在每个正常显示的页面下面都有一个"编辑"按钮，点击这个按钮就可以编辑页面了。有些人要问：任何人都可以编辑？那不是乱套了么？其实不然，Wiki 体现了一种哲学思想："人之初，性本善"。Wiki 认为不会有人故意破坏 Wiki 网站，大家来编辑网页是为了共同参与。虽然如此，还是不免有很多好奇者无意中更改了 Wiki 网站的内容，那么为了维持网站的正确性，Wiki 在技术上和运行规则上做了一些规范，做到既坚持面向大众公开参与的原则又尽量降低众多参与者带来的风险。这些技术和规范包括以下几点。

① 保留网页每一次更动的版本：即使参与者将整个页面删掉，管理者也会很方便地从记录中恢复最正确的页面版本。

② 页面锁定：一些主要页面可以用锁定技术将内容锁定，外人就不可再编辑了。

③ 版本对比：Wiki 站点的每个页面都有更新记录，任意两个版本之间都可以进行对比，Wiki 会自动找出它们的差别。

④ 更新描述：在更新一个页面的时候可以在描述栏中写上几句话，例如更新内容的依据或是跟管理员的对话等。这样，管理员就知道更新页面的情况。

⑤ IP 禁止：尽管 Wiki 倡导"人之初，性本善"，人人都可参与，但破坏者、恶作剧者总是存在的，Wiki 有记录和封存 IP 的功能，将破坏者的 IP 记录下来，他就不能再胡作非为了。

⑥ Sand Box（沙箱）测试：一般的 Wiki 都建有一个 Sand Box 的页面，这个页面就是让初次参与的人先到 Sand Box 页面做测试，Sand Box 与普通页面是一样的，在这里你可以任意涂鸦、随意测试。

⑦ 编辑规则：任何一个开放的 Wiki 都有一个编辑规则，上面写明大家建设维护 Wiki 站点的规则。没有规矩不成方圆的道理任何地方都是适用的。

（2）常见的 Wiki 站点

① 维基百科（Wikipedia）是一个基于 Wiki 技术的全球性多语言百科全书协作计划，同时也是一部用不同语言写成的网络百科全书，其目标及宗旨是为全人类提供自由的百科全书——用他们所选择的语言来书写而成的，是一个动态的、可自由访问和编辑的全球知识体，如图 4-8 所示。

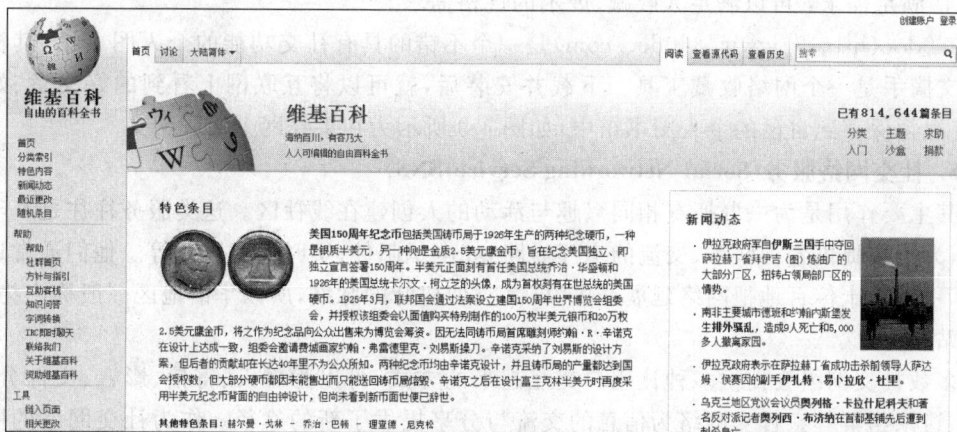

图 4-8　维基百科

② 百度百科：涵盖所有领域知识、服务所有互联网用户；

③ 互动百科：跟百度百科定位一样，涵盖所有领域知识；

④ 搜搜百科：跟百度百科定位一样，涵盖所有领域知识；

⑤ 和讯百科：以财经知识为主，包括股票、基金、期货、外汇等；

⑥ 中华维客：旨在弘扬中华文化，包括诗词、成语、文学、历史；

⑦ MBA智库百科：专注于经管领域，包括管理、经济、金融、法律；

⑧ 软件百科：360推出的关于各类软件的介绍、评分的百科。

4. 网摘(Social Bookmark)

长久以来，互联网用户在上网的时候都习惯使用收藏夹来记录感兴趣的网址。但收藏夹缺乏有效的索引机制，随着用户收录网址的不断增多，想要从中锁定特定收录网址成为了一件越来越困难的事。于是，网摘这个概念就应运而生了。

第一个网摘站点 del. icio. us 的创始人 Joshua 发明了网摘，其英文原名是 Social Bookmark，直译是"社会化书签"。通俗地说，网摘就是一个放在网络上的海量收藏夹。网摘将网络上零散的信息资源有目的地进行汇聚、整理，然后再展现出来。网摘可以提供很多本地收藏夹所不具有的功能，它的核心价值已经从保存浏览的网页，发展成为新的信息共享中心，能够真正做到"共享中收藏，收藏中分享"。如果每日使用网摘的用户数量较大，用户每日提供的链接收藏数量足够，网摘网站就成了汇集各种新闻链接的门户网站。网摘类的网站包括新浪 ViVi 收藏夹、百度搜藏、Digg、共享书签等。

网摘具有如下的意义和应用价值。

① 自由积累：保存用户在互联网上阅读到的有收藏价值的信息，并作必要的描述和注解，积累形成个人知识体系。

② 分享信息：用户间彼此分享收藏信息。每一个人的视野和视角是有限的，再加上空间和时间分割，一个人所能接触到的东西是有限的、片面的、代价较高的。而知识分享则可以大大减低所有参与的用户得到信息的成本，可以使用户更加轻松地得到更多数量、更多角度的信息。

③ 加深沟通：人通过知识分类，可以更快结交到具有相同兴趣和特定技能的人，形成交流群体，通过交流和分享互相增强知识，满足沟通、表达等社会性需要。

④ 满足需求：可以满足人收藏、展示的性格需求。

360doc(http://www.360doc.com)是一个不错的具有社交功能的个人图书馆，其提供的网文摘手是一个网络收藏工具。下载并安装后，就可以将互联网上看到的好文章、好图片、好视频保存到自己的个人图书馆中，如图4-9所示为在果壳网上摘取网文。

5. 社交网络服务(Social Networking Service, SNS)

其主要作用是为一群拥有相同兴趣与活动的人创建在线社区。这类服务往往是基于互联网，为用户提供各种联系、交流的交互通路，如电子邮件、实时消息服务等。他们通常通过朋友，一传十十传百地把网络延展开去，极其类似树叶的脉络，所以华语地区一般称之为"社交网站"。

多数社交网络会提供多种让用户交互起来的方式，可以为聊天、寄信、影音、文件分享、博客、讨论组群等。社交网络为信息的交流与分享提供了新的途径。作为社交网络的网站一般会拥有数以百万的登记用户，使用该服务已成为了用户们每天的生活。社交网络服务

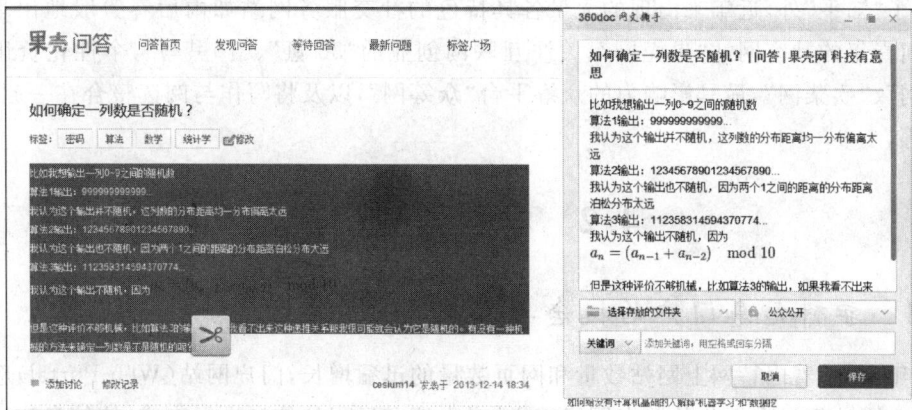

图 4-9 利用"网文摘手"摘取网文

网站当前在世界上有许多,知名的包括 Facebook、Myspace、Orkut、Twitter 等。人人网、开心网等则在中国大陆较有名气。

"知乎"是一个真实的网络问答社区,产品形态类似于 Quora(一个问答 SNS 网站),社区氛围友好与理性,连接各行各业的精英,用户分享着彼此的专业知识、经验和见解,为中文互联网源源不断地提供高质量的信息。"知乎"在古汉语里是"知道吗"的意思。2012 年 2 月底,知乎使用"发现更大的世界"作为其宣传口号。知乎过去采用邀请制注册方式,2013 年 3 月,知乎向公众开放注册。不到一年时间,注册用户迅速由 40 万攀升至 400 万。2013 年 5 月 24 日,知乎依托其每日产生的众多有价值的内容,发布了一款全新的资讯类应用——知乎日报。每天推荐几条到几十条数量不等的高质量的问题解答,内容涉及方方面面。"知乎网"首页如图 4-10 所示。

图 4-10 "知乎网"首页

互联网特殊资源的利用

除了"知乎"外,近年来出现的大量各具特色的社交服务网站如雨后春笋般地出现。例如,面向青年的社交网站"果壳网",关注互联网创业的"36 氪"、"! 黑马",个性化资讯网站"虎嗅网"、"砍柴网",最具影响力的众筹平台"众筹网",以及将写作与阅读整合在一起的"简书网"等。

4.2 学科信息门户

4.2.1 学科信息门户的概念与发展

近年来,随着因特网上网站数量和网页数量的迅猛增长,门户网站(Web Portal)应运而生。门户网站提供个性化的单点网络接入,对本地和远程的信息进行集成,使信息高度组织化,以便用户查找和发现信息。它最大的特点是针对特定的用户,提供与他们相关的内容集成和信息推送,以及业务协作、社区服务等相关应用和服务的访问,为用户提供一种获取相关信息的简洁方式,同时又避免了信息过多的问题。它为当前海量分布式信息资源的采集、存储与管理提供了令人关注的解决方案。越来越多的机构正在将自己的网站转变成具有门户特征的网站。门户网站也已由最初的以内容汇集和搜索引擎为特征的初级门户发展为今天的以智能化、个性化、信息与应用高度集成为特征的高级门户概念。

专业信息资源建设和服务的网络化发展与新兴的门户网站概念相结合促成了学科信息门户的产生,使学科信息门户成为专业信息资源共建共享的新模式。简单说,学科信息门户(Subject Portal,SP)是用户访问某学科资源与服务的一个单一入口或通道,它是一种网络服务,用以完成本学科网络资源内容的高度组织集成和网络应用程序的聚集,并将这些资源与应用集成在一个可定制个性化的界面中来满足每个最终用户的需要。它还提供一个统一协作的学术交流环境。从用户角度来看,它是某学科用户访问该学科网络资源和服务的起始站点或称入口。

学科信息门户的概念可追溯到由 T. Koch 等人提出的学科信息网关(Subject Gateway,SG)概念。由于 IT 界 Portal 概念的兴起,学科信息网关的建设已逐渐转向为学科信息门户的形式。对学科信息门户的研究、试验与推广,在欧洲进行得最为深入和广泛。例如,欧洲范围内开展的 Desire 项目、Renardus 项目和英国的 RDN(Resource Discover Network)项目就是其中的典型。

Desire 项目于 1998 至 2000 年间实施,该项目联合了来自荷兰、挪威、瑞典和英国 4 个欧洲国家的 10 个机构共同协作工作。Renardus 项目于 2000 年启动,联合了欧洲多个国家的国家图书馆、大学研究机构与技术中心,以及各个学科信息门户,提供了包括大部分学科领域 64 000 个重要学术网站的资源检索与浏览服务;RDN 学科信息门户(The RDN Subject Portals Project)由英国的 JISC(The Joint Information Systems Committee)资助,目前共建立了社会科学类(SOSIG)、工程、数学与计算科学类(EEVL)、健康与生命科学类(BIOME)、物理科学类(PSIGate)、人文科学类(Humbul)、工艺美术类(ARTIFACT)、休闲娱乐体育旅游类(ALTIS)和地理环境类(GEsource)等八大学科信息门户;澳大利亚建立了国家级的多机构联合的学科信息门户;美国威斯康星-麦迪逊大学还开发了 SPT(Subject Portal Toolkit)学科信息门户免费软件包,已被广泛用于学科信息门户的开发。但项目规模较大,且对学科信息门户进行了全面系统研究的地区还是在欧洲,尤其是英国。

我国国内一些专业图书馆也做了初步尝试。如中国科学院的国家科学数字图书馆门户及其子门户物理数学学科信息门户、化学学科信息门户、生物学科信息门户等,以及武汉理工大学图书馆的材料复合新技术信息门户。综合来看,当前国内外学科信息门户多处在功能不完善的中低级阶段,个性化、智能化和高度集成的高级信息门户还处在实验阶段。

4.2.2 学科信息门户的特征

从技术上说,学科信息门户就是指采用多种信息技术,诸如跨系统检索、元数据采集技术等,对分散的分布式的学科网络信息资源进行收集、分析、整理和合并,将整合后的内容集成到一个可定制的个性化的界面中呈现给用户。这个界面可以是 Web 浏览器,也可以是其他可能的方式。

学科信息门户有以下几个核心特征。

① 信息和应用的集成整合:信息内容经过深层次组织加工,形成高质量的信息内容,这些信息与各种信息服务有机地集成在一个统一的界面中。

② 跨系统一站式检索:用户在一个搜索界面,将搜索请求一次性输入,就可实现对多种资源和数据库信息的查询。它将各个系统的检索结果汇集起来,以统一的界面展示给用户,使用户的搜索方便而高效。而普通网站通常并未提供这种跨系统检索功能,用户不得不分别进入各个本地的或远程的检索系统来进行检索。

③ 简单统一界面:通过共同的表达和一致的用户界面,使用户更易于使用。由于界面统一并遵循用户习惯,用户无须进行培训就能方便地发现和搜索到所需信息。

④ 单点登录,一次性认证:用户只需要一次登录,就能使用他已得到授权的各种资源和服务,而无须记住和输入众多不同资源与服务的账号和口令。

⑤ 可定制:门户根据不同的角色预设了不同界面内容,可基于用户所属的角色来提供给用户相应的内容。

⑥ 个性化:根据用户需求与偏好的描述信息,或通过用户信息访问行为的动态分析来推测用户意图,进行信息过滤和信息推荐,对不同用户提供不同的内容和用户界面。

⑦ 协作性:一系列门户的协作服务,如即时消息传递和团队式的访问。帮助团队共享门户网站页面、应用程序、文档、消息传递和其他协作工具。

⑧ 安全性:门户采用安全性策略管理以确保用户安全地进行各种活动。

⑨ 工作流:实现学科信息业务流程的集成,如学术信息的网上发布、编辑、评注和信息分析研究等。

4.2.3 学科信息门户的类型

不同类型的学科信息门户有着不同的服务目标,类型的划分有助于理解现有的学科信息门户服务的宽度和多样性,从而对其有进一步的了解。分析国内外的学科信息门户的特征,可以从其涵盖的学科领域、国家、语种以及资源类型等几方面来划分。最简单的一种类型是只包含一个主题、一个地区、一种语言和一种资源类型的学科信息门户,最复杂的类型包含全部或多种主题、全球范围、多语种、所有资源类型的学科信息门户。但这两种情况比较极端,并不常见,比较普遍的学科信息门户的类型有以下几种。

① 一个主题、全球范围、单一语种的学科信息门户,例如 Biz/ed、EELS、EEVL、SOSIG 等。

② 几个或多个主题、全球范围、单一语种的学科信息门户,例如 ADAM、BUBL LINK 等。

③ 全部主题、全球范围、多语种的学科信息门户,例如 CORC、Signpost 等。

④ 一个主题、一个国家、单一语种的学科信息门户,例如 AVEL、Agrigate 等。

⑤ 多主题、一个国家、单一语种的学科信息门户,例如 Dutchess、Svesoek 等。

如图 4-11 所示为 Dutchess 的主页。

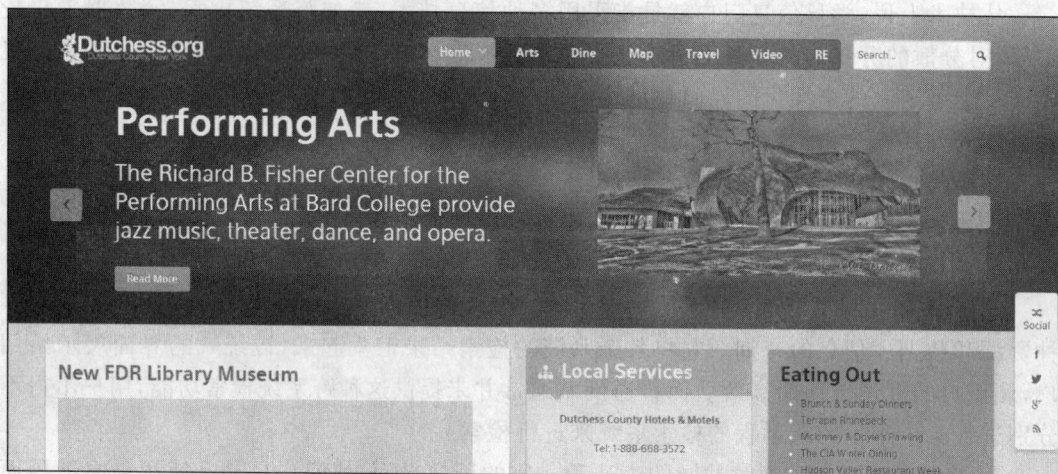

图 4-11　Dutchess 主页

4.2.4　国内外学科信息门户简介

学科信息门户的研究和发展在国外一直很活跃,目前著名的学科信息门户达到上百个,涉及各个学科领域,而且几乎都是由图书馆、高等院校或与教育机构有密切联系的部门建设的。具体来说,90%左右的学科信息门户分布在欧洲、北美、大洋洲等发达国家和地区,语种以英语为主,双语种或多语种的学科信息门户比较少。学科信息门户搜集和标引的信息资源大多数是文本文件的全文、组织机构的主页、信息连接的列表及公共领域的信息服务,有些还包括商业用的软件、多媒体资料、电子期刊和电子图书等。BIOME(http://www.intute.ac.uk)、SciCentral(http://www.scicentral.com)、IPL2(http://www.ipl.org)等都是比较成功的典型学科门户。

我国最早出现的学科信息门户是上海图书馆于 1999 年开始建设的"数字图书馆资源总汇表",现在已发展成为"数字图书馆研究"资源门户。2002 年 3 月至今,在中国科学院知识创新工程科技基础设施建设专项"国家科学数字图书馆"(CSDL)项目的子项目资助下,我国已建成 10 多个学科信息门户和特色门户。

下面分别介绍几个有代表性的中外学科信息门户。

1. SciCentral

SciCentral(http://www.scicentral.com)是由 SciLink 开发的提供各类资源目录的信息与链接的宏资源目录,覆盖八大学科与专题领域,包括生物科学、健康科学、工程技术、物理与化学、地球与空间科学、与科学有关的政府机构、科学领域的女妇女与少数民族、机构指南与定位,其主页如图 4-12 所示。

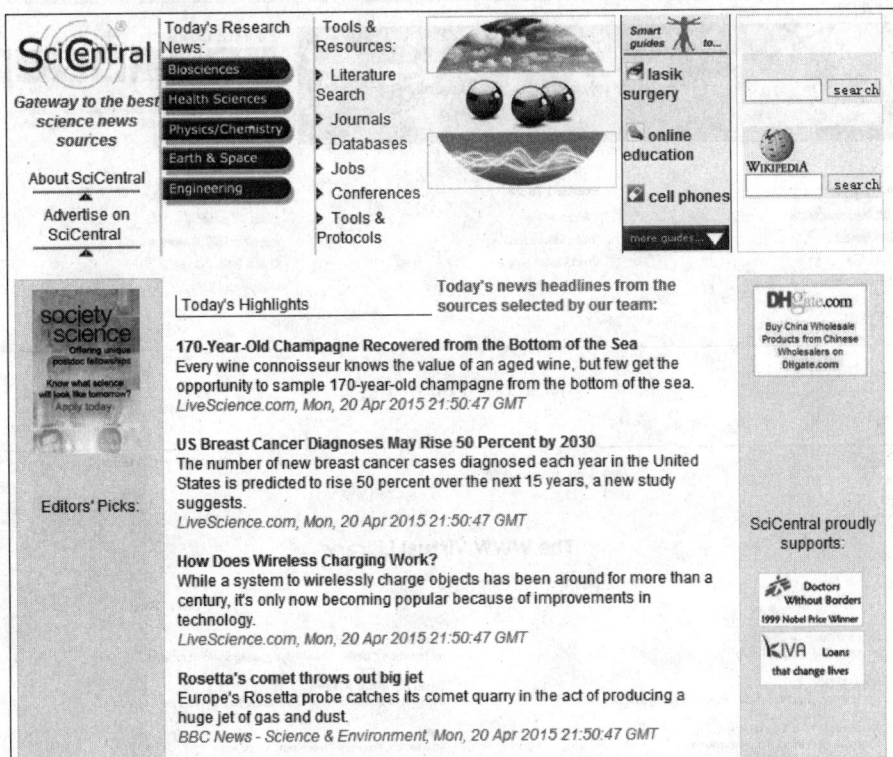

图 4-12　SciCentral 信息门户主页

　　SciCentral 资源主要包括资源指南、专业数据库、标准与规范、专门报告、教育资源、特殊资源。SciCentral 提供科学新闻热点及其检索、医学文摘数据库检索、专题报告、专业教育资源、其他搜索引擎等站点的链接。

2. PubMed

　　PubMed(http://www.ncbi.nlm.nih.gov/pubmed)是美国国立医学图书馆(NLM)下属的国家生物技术信息中心(NCBI)开发建立的、分子生物领域中最著名的信息门户。提供对 MEDLINE(美国国立医学图书馆的文献数据库)1500 多万全文和相关资源的检索,还可以浏览国家生物技术信息中心(NCBI)的数字化生命科学期刊文献馆(PMC)中 190 多种专业期刊全文和《书架》(Bookshelf)数据库中的生物医学工程图书的全文,它还提供目前世界最大的生物分子数据库 NCBI 的 Entrez 数据库检索系统,如图 4-13 所示为 PubMed 的主页。

3. 万维网虚拟图书馆

　　万维网虚拟图书馆(http://www.vlib.org.uk/),如图 4-14 所示,是一个专业性比较高、历史悠久的目录网站,1991 年由日内瓦的欧洲核研究组织创建。其网站管理和维护者由来自大学或专业研究机构的各个学科领域的专家组成,通常学科专家也会发表评论来介绍本学科专业领域中优秀的站点。

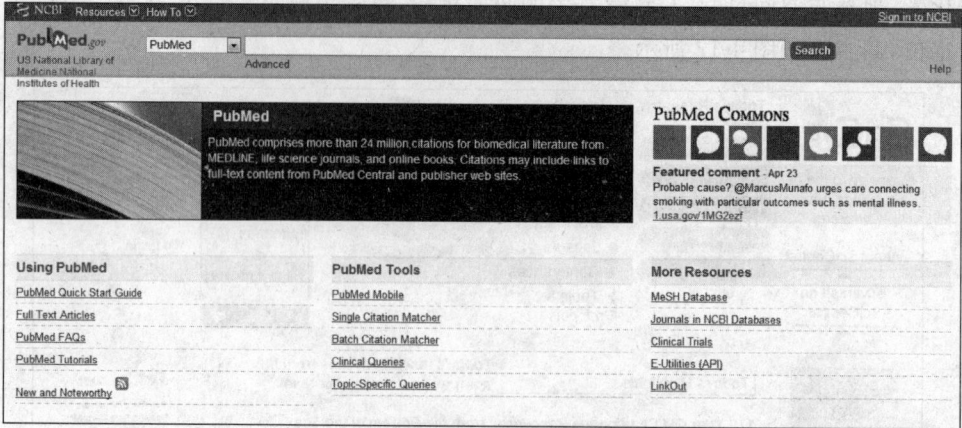

图 4-13　PubMed 主页

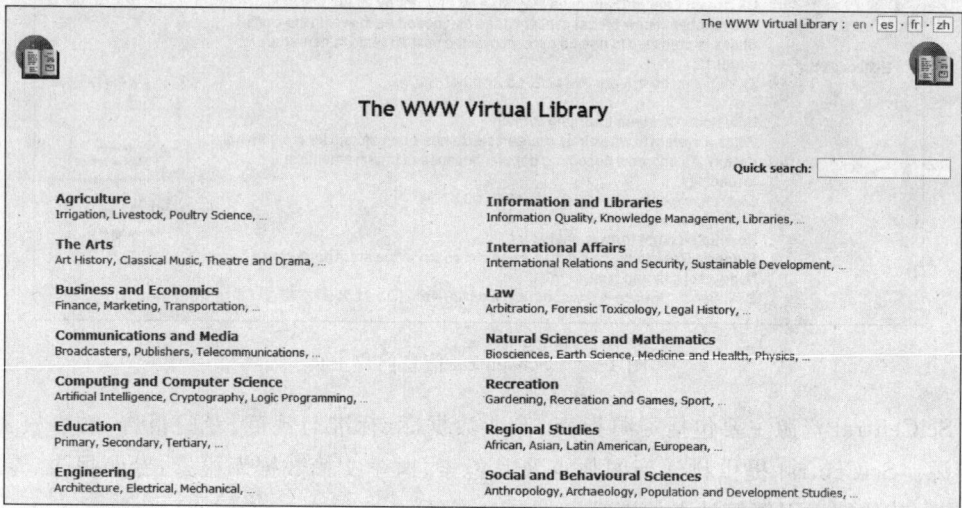

图 4-14　万维网虚拟图书馆

4. 中国科学院文献情报中心信息门户

2002 年 1 月,在中国科学院知识创新工程科技基础设施建设专项资助下,"国家科学数字图书馆"项目建成,并随之开始系统建设我国的学科门户网站,目录已建成物理和数学、化学、生命科学、资源和环境科学、图书情报 5 个学科信息门户;微生物、青藏高原、长江流域生态和环境、天然产物和天然药物、科技政策、中国种子植物、新生传染性疾病专题、专利信息、海洋科学 9 个特色专业信息门户。"中国科学院文献情报中心"主页(http://www.las.ac.cn)如图 4-15 所示。在网站的左侧的"科研知识环境"导航中,可以选择不同的学科信息门户信息,选择"研究所数字图书馆",如图 4-16 所示。

5. 国家科技图书文献中心(NSTL)

国家科技图书文献中心(NSTL,http://www.nstl.gov.cn/)于 2005 年建设了一个网络信息资源门户——重点领域信息门户,其目标是针对当前国内外普遍关注的科技热点问题,搜集、选择、整理、描述和揭示 Internet 上与之相关的文献资源、机构信息、动态与新闻,

图 4-15 "中国科学院文献情报中心"主页

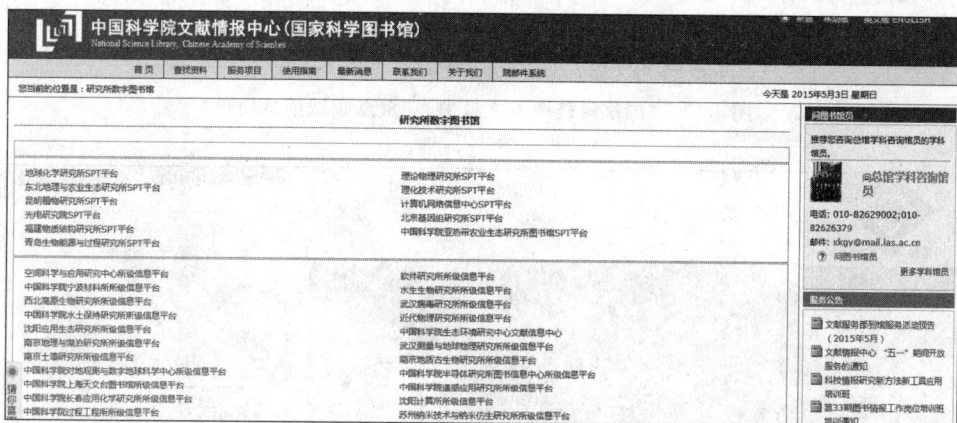

图 4-16 研究所数字图书馆

以及专业搜索引擎等,面向广大用户提供国内外主要科技机构和科技信息机构的网站介绍与导航服务,帮助用户从总体上把握各科技热点领域的发展现状、资源特色与信息获取途径。在"国家科技图书文献中心"主页的右下角单击"重点领域信息门户"即可进入,如图 4-17 所示。

6. 方略学科导航系统

方略学科导航系统(http://www.firstlight.cn)是雷速公司于 2005 年 3 月推出的一个包括哲学、经济学、法学、教育学、文学、历史学、理学、工学、农学、医学、军事学、管理学、旅游学、文化学 14 大门类、108 个一级学科、600 多个二级学科、3000 多个三级学科在内的新型、综合性的学科网站集群,每个学科网站以收录各个学科灰色文献为主,如图 4-18 所示。

方略知识管理系统收录的文献包括知识要闻、国际动态、人物、开放资源、学术站点、研招资料、会议资料、学术成果、必读书目、基本典籍等。从 2008 年起每年收录的文献量为 200 000 多条,其中网络灰色文献的比例在 50%~70%,国内外的资源所占比例为 1∶4,在此基础上逐步提高国外资源的比例,降低国内资源的比例。

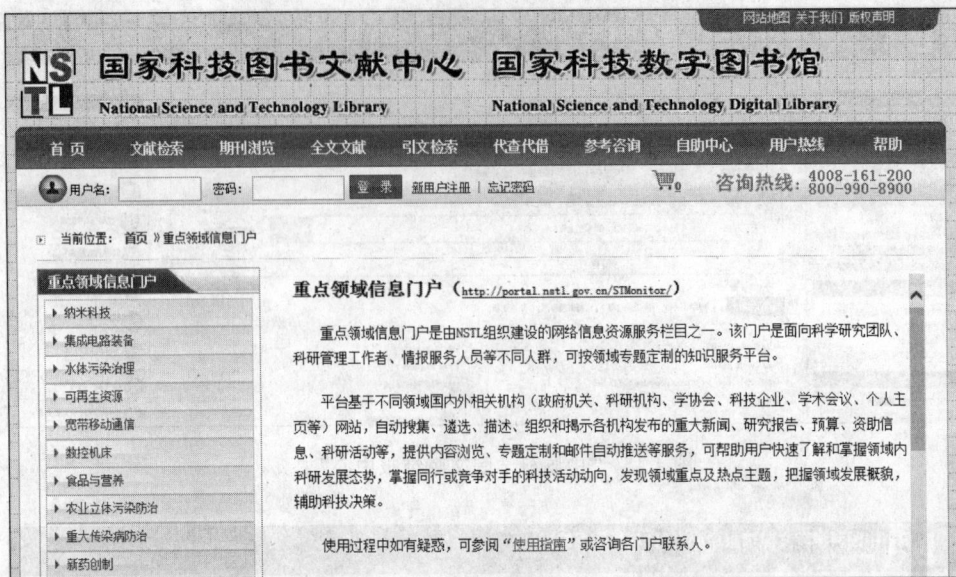

图 4-17 "国家科技图书文献中心"重点领域信息门户

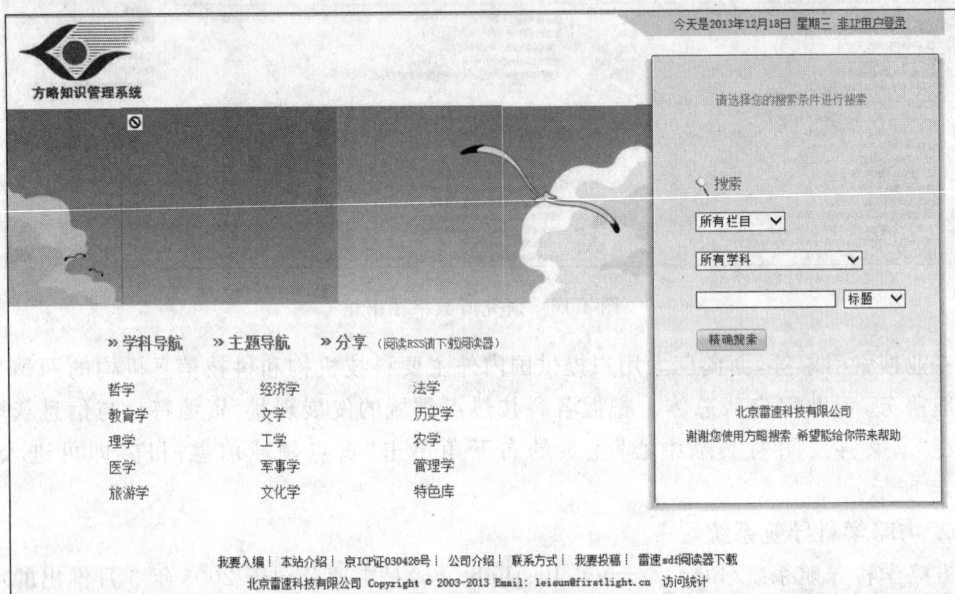

图 4-18 方略知识管理系统主页

4.3 OA 资源

4.3.1 Open Access(开放获取)资源简介

　　Open Access(开放获取,以下简称 OA),是指可以在公共因特网上免费地获取文献,允许任何用户阅读、下载、复制、发布、打印和查找,或者提供对这些论文文本的链接、对它们进行索引、将它们作为素材纳入软件,以及其他任何法律许可的应用。以上这些使用没有任何财务、法律或者技术方面的障碍,除非是因特网自身造成数据获取的障碍。"有关复制和分发方面的唯一约束以及版权所起的唯一作用,就是应该确保作者本人拥有保护其作品完整性的权利,如果他人引用此作品应该表达适当的致谢并注明出处"(摘自 2002 年《布达佩斯开放存取计划》)。

OA 起源于 1963 年,自从 20 世纪 90 年代以来,商业出版者日益垄断期刊市场,大幅度地提高期刊价格,从而导致了所谓的"学术交流危机"。同时,版权产业集团为了自身利益在版权法的修订过程中使数字版权日益扩张,学术交流受到越来越多的限制,科研成果交流受到严重阻碍。国际科技界、学术界、出版界、图书馆界为打破商业出版者对科学研究信息的垄断和暴力经营而采用了推动科研成果通过 Internet 免费、自由地利用的运动。开放存取去除了价格与使用的限制,以促使科学成果无障碍地传播,使全球科研人员不受地域和经济状况的影响平等地获取科技信息,开放存取运动大大促进了学术成果的交流。

随着开放存取运动的兴起,美英等一些发达国家的政府和科研机构积极倡导由公共资金支持的科研项目的成果应该为全社会共享和免费利用,并且制订了一些相应的政策来加以保障。如美国国立卫生研究院(NIH)发布的公共存取政策、英国研究委员会公布的"开放存取"的新规定等。开放存取运动的发展,也需要相应政策的支持和引导。这些政策对开放存取运动起到了很好的推动作用。

随着网络技术的发展,OA 资源得到了空前的发展。OA 期刊和 OA 仓储为研究人员获取学术资源提供了一条崭新的途径。但是,许多 OA 资源是分散存放在世界各地不同的服务器和网站上的,因此用户很难直接全面地检索到这些资源。目前在 OA 资源揭示方面,主要有 DOAJ 和 OpenDOAR 两个项目,分别在进行 OA 期刊和 OA 仓储的整理工作。除此之外,国际国内一些高等院校、机构和个人也对 OA 期刊和 OA 仓储在不同层面上做了类似的整理和揭示工作。

能够开放获取的文献应该是学者提供给世界的文献,他们不指望取得任何报酬。一般来说,开放获取文献大多是经过同行评审的期刊论文,但也包括没有经过同行评价的预印本。这些文献的作者希望通过因特网广泛征求意见,或者提醒同行注意自己的研究成果。

"开放获取"必备的几个要素如下:

- 文章以电子方式保存、通过互联网传播;
- 作者不以获取稿费为目的;
- 使用者可以免费获取;
- 使用者在保护其作品完整性、表达适当的致谢并注明出处后,可不受限制地自由使用。

4.3.2　OA 资源简介

1. Socolar

Socolar(http://www.socolar.com)是一站式学术资源服务平台。CEPIEC(中国教育图书进出口公司)基于国内学术界、中小型高等院校的对国际上学术文献的强烈需求和 OA 资源的发展现状,从 2003 年开始对全球的 OA 资源进行整合,于 2007 年 4 月推出 Socolar 的测试版。Socolar 主页如图 4-19 所示。

图 4-19　Socolar 主页

目前，Socolar 已经拥有很高的点击率和较大的用户群。到目前为止，国内协议使用的机构注册用户 117 家，实际访问的国内机构用户超过 500 家，1/3 的访问来自境外。至 2008 年 5 月，Socolar 拥有超过 2000 种 DOAJ 和 Open J-Gate 均未揭示的期刊，期刊数量 6680种；仓储（知识库）数量 939 种；全文文献数量 13 969 442 篇。具有简单检索、高级检索、用户互动等功能。

2. 中国科技论文在线

"中国科技论文在线"（http://www.paper.edu.cn）具有快速发表、版权保护、形式灵活、投稿快捷、查阅方便、名家精品、优秀期刊、学术监督等特点，给科研人员提供了一个快速发表论文、方便交流创新思想的平台。中国科技论文在线可为在其网站发表论文的作者提供该论文发表时间的证明，并允许作者同时向其他专业学术刊物投稿，以使科研人员新颖的学术观点、创新思想和技术成果能够尽快对外发布，并保护原创作者的知识产权。"中国科技论文在线"主页如图 4-20 所示。

图 4-20　"中国科技论文在线"主页

3. 中国学术会议在线

"中国学术会议在线"(http://www.meeting.edu.cn/)是经教育部批准,由教育部科技发展中心主办,面向广大科技人员的科学研究与学术交流信息服务平台。本着优化科研创新环境、优化创新人才培养环境的宗旨,针对当前我国学术会议资源分散、信息封闭、交流面窄的现状,通过实现学术会议资源的网络共享,为高校广大师生创造良好的学术交流环境,以利于开阔视野,拓宽学术交流渠道,促进跨学科融合,为国家培养创新型、高层次专业学术人才,创建世界一流大学做出积极贡献。利用现代信息技术手段,将分阶段实施学术会议网上预报及在线服务、学术会议交互式直播/多路广播和会议资料点播三大功能。为用户提供学术会议信息预报、会议分类搜索、会议在线报名、会议论文征集、会议资料发布、会议视频点播、会议同步直播等服务。还将组织高校定期开办"名家大师学术系列讲座",并利用网络及视频等条件,组织高校师生与知名学者进行在线交流。"中国学术会议在线"主页如图4-21所示。

图 4-21 "中国学术会议在线"主页

4. 香港科技大学科研成果全文仓储

"香港科技大学科研成果全文仓储"(HKUST Institutional Repository, http://repository.ust.hk/dspace)如图4-22所示,是由香港科技大学图书馆用Dspace软件开发的一个数字化学术成果存储与交流知识库,收有由该校教学科研人员和博士生提交的论文(包括已发表和待发表)、会议论文、预印本、博士学位论文、研究与技术报告、工作论文和演示稿全文共1754条。浏览方式有按院、系、机构(Communities& Collections),按题名(Titles),按作者(Authors)和提交时间(By Date)。检索途径有任意字段、作者、题名、关键词、文摘、标识符等。

5. HighWire

HighWire(http://highwire.stanford.edu/cgi/search? quick=true)是世界最大的提供免费全文的学术文献的期刊库,于1995年由美国斯坦福大学图书馆创立,提供高质量、经同行评议的网络期刊。它提供《科学》(SCIENCE MAGAZINE)、《新英格兰医学杂志》

互联网特殊资源的利用

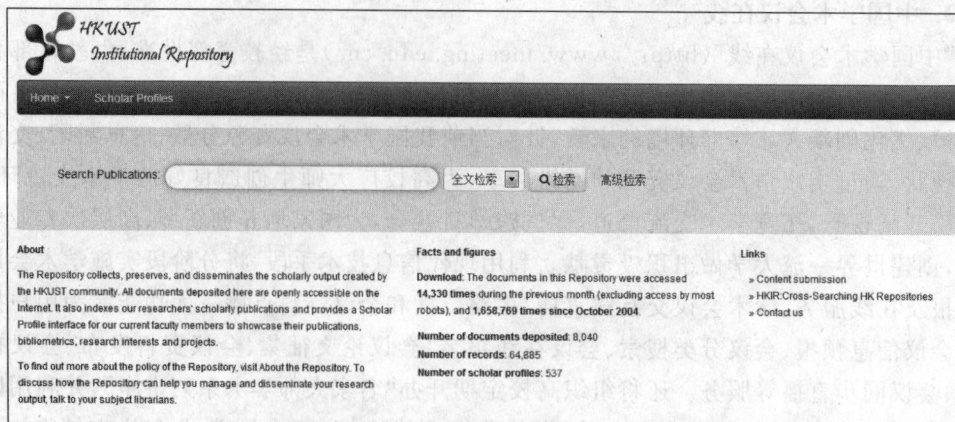

图 4-22　香港科技大学科研成果全文仓储

(THE NEW ENGLAND JOURNAL OF MEDICINE)、《美国国家科学院院刊》(PNAS)等占据世界高被引用率前 200 名中的 71 种刊物,部分文献可以回溯到 1753 年。截至 2010 年 1 月共收录 1307 种电子期刊及 140 多种学术出版物的 6 223 677 篇文章全文,其中 1 970 928 篇文章可免费获得全文。

　　HighWire 收录的期刊覆盖的学科领域包括生命科学、人文、医学、物理学、社会科学等。HighWire 提供基本检索方式和高级检索两种方式。其中,基本检索包括快速检索和浏览检索,浏览检索可以通过标题(title)、出版社(publisher)、主题(topic)浏览期刊;高级检索可以完成复杂课题的检索,可以通过全文、篇名、摘要、作者、引文等进行检索,每项检索设立了 OR、AND 和短语检索方式,并提供年、卷、起始页、作者、起始年月、结果显示形式、匹配形式、数据库等检索限制。HighWire 主页如图 4-23 所示。

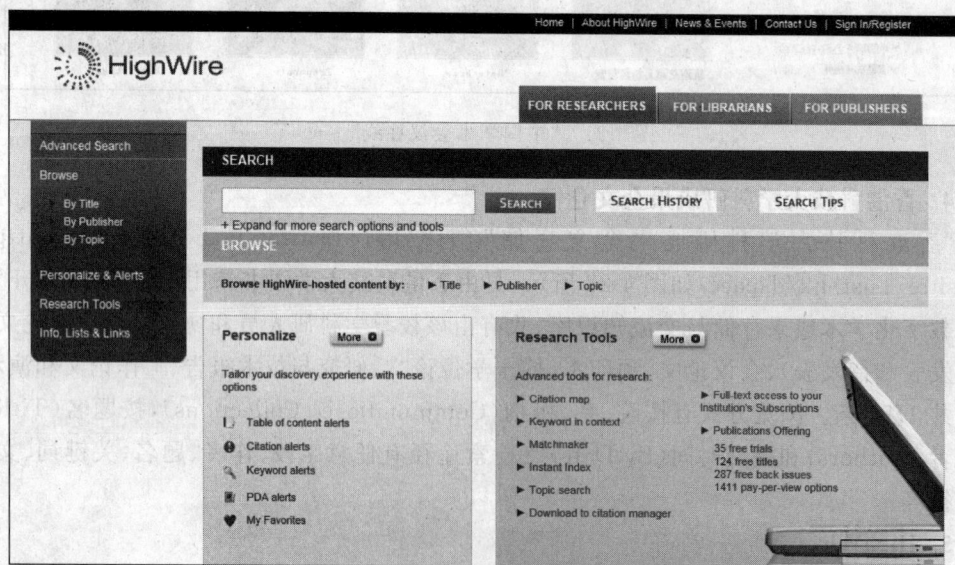

图 4-23　HighWire 主页

在使用 HighWire 期刊库时还要注意以下几点。

（1）在网站主页免费注册，可以享受个性化订制服务，如期刊目录速报。

（2）进入浏览检索界面时，可以根据需要将其设定为自己最喜爱的期刊。同时，系统还为读者提供其他著名的免费数字信息资源入口，具有网上导航作用。

（3）出现检索结果后，单击目标文献右边的 PDF 或 FULL Text 选项，就可以浏览、保存、打印全文。

（4）检索结果中刊名后标注为 Free Back Issues 者，可以免费获得过刊的全文，期刊滞后情况各不相同；标注为 Free Trial Period 者，可以在试用期内免费获得全文；标注为 Free Site 者，可以免费获得该刊的所有全文。

6. DOAJ

DOAJ（Directory of Open Access Journals，https：//doaj.org/），如图 4-24 所示，是由瑞典隆德大学图书馆（Lund University Library）主办、学术出版与学术资源联盟（The Scholarly Publishing and Academic Resources Coalition，SPARC）和开放社会协会（Open Society Institute，OSI）协办创建的一份开放期刊目录，不包括预印本资源。其目的是提供有质量控制的可免费获取的网上电子期刊资源，建成一个无学科、无语言限制的综合性的科学期刊系统，方便科研人员使用，扩大学术成果的影响力。

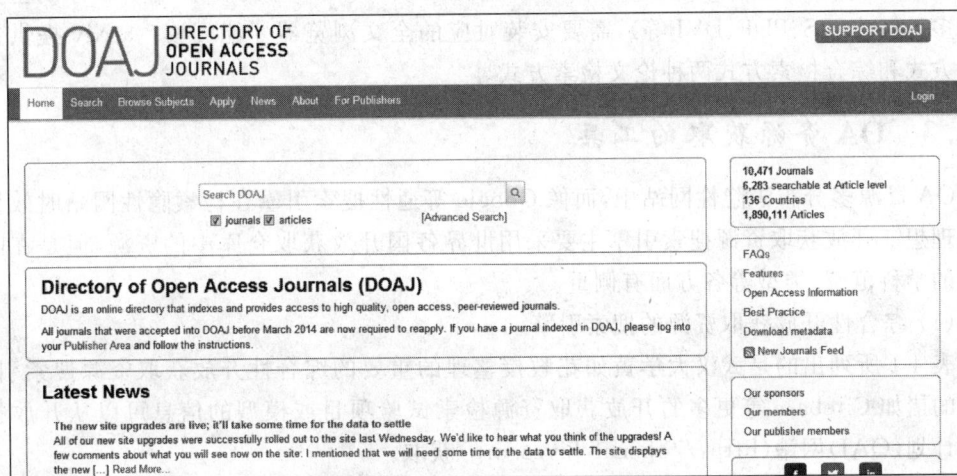

图 4-24　DOAJ 主页

DOAJ 收录的期刊涵盖农业和食品科学、艺术和建筑科学、生物和生命科学、化学、历史和考古学、法律和政治学、语言和文献学、商业和经济学、数学和统计学、物理和天文学、地球和环境科学、技术和工程、哲学和宗教学等 17 个主题大类。一般都是经过同行评审的学术性、研究性期刊，或者有编辑做质量控制的期刊，其中大多数是由传统期刊转变为 OA 期刊的，具有免费全文、自由存取、高质量的特点，与期刊同步发行，对学术研究有很高的参考价值。

7. arXiv

arXiv（http：// arxiv.org），如图 4-25 所示，是由美国国家科学基金会（National Science Foundation，NSF）和美国能源部资助，美国洛斯阿拉莫斯国家实验室（Los Alamos National Laboratory）的物理学家 Paul Ginsparg 于 1991 年 8 月创建的 Internet 上第一个电子预印

本档案库。其主站点设在康奈尔大学(Cornell University),世界各地设有 17 个镜像站,其中国镜像站点设在中国科学院理论物理研究所。

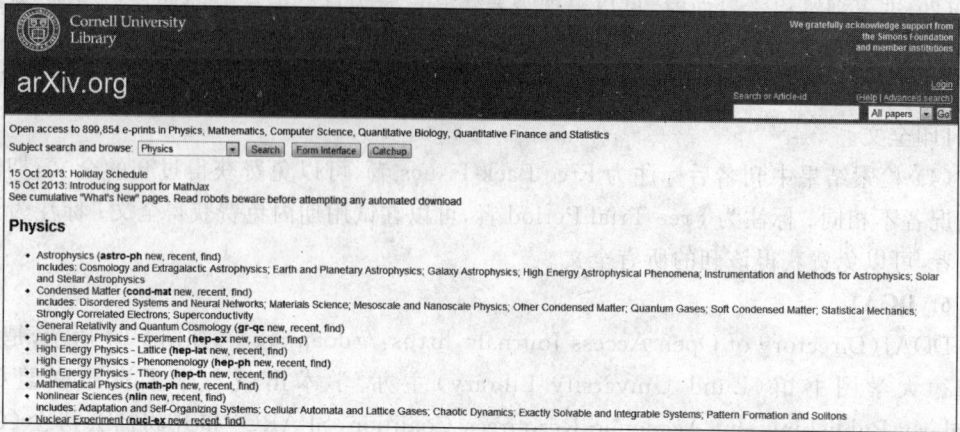

图 4-25   arXiv 主页

arXiv 电子预印本文献库目前包括物理学、数学、非线性科学、计算机科学、数量生物学、数量财政学、统计学 7 个学科共计 584 546 篇文献(2010 年 1 月统计)。arXivr 的全文文献有多种格式(PS、PDF、DVI 等),需要安装对应的全文浏览器才能阅读。arXiv 提供主题分类方式和综合检索方式两种论文检索方式。

4.3.3   OA 资源获取的工具

OA 资源多分布于隐性网站中,而像 Google 等通性搜索引擎在检索隐性网站时效果不是很理想。开放获取资源搜索引擎主要采用世界各国开放获取仓库中的资源,但是在收录资源的学科范围、类型等各方面有侧重。

(1) 综合性开放获取资源的搜索引擎

表 4-1 所列出的是武汉大学黄如花教授整理的重要的综合性开放获取资源搜索引擎,其他的诸如 Citebase 等更多的开放获取资源检索试验项目或模型的信息可以从开放档案创始计划(OAI)网站(http://openarchives.org)获取。

(2) 专门检索某一类开放获取资源的搜索引擎

表 4-2 列举了有影响的检索免费图书与期刊的工具,另有检索免费学位论文的"网络化学位论文数字图书馆"(NDLTD)、检索 7 万多个免费数据库的 Complete Planet 等。

(3) 专门检索某一个或某几个学科开放获取资源的搜索引擎(见表 4-1 和表 4-2)

表 4-1   重要的综合性 OA 资源搜索引擎

名称	网址	开发者	收录资源与特色	检索功能
OAIster	www.oaister.org	密西根大学图书馆	学术数字资源,收录有 1000 多个 OA 仓库,是最大的 OA 资源检索工具之一	可以限定检索字段(题名、著者或创作者、主题和语种)和资源类型;提供检索结果排序方式选择

名称	网　　址	开　发　者	收录资源与特色	检　索　功　能
IndexData	www.indexdata.com	丹麦 Index data	公共领域的电子图书、OA 仓储和维基百科	支持布尔逻辑检索、全文检索
DP9	http://dlib.cs.odu.edu/dp9	洛斯阿拉莫斯国家实验室等	允许用户使用 15 种界面语言	可选择只对开放仓储进行检索。其高级检索功能更多，例如可进行字段限制、日期限定等

表 4-2　重要专门类型 OA 资源检索工具

资源种类	检索工具名称	网　　址	特　　点
免费图书	Google 图书搜索	http://books.google.com	检索不受版权保护，或者出版商作者同意全书浏览的图书
	SearcheBook	http://www.searchebooks.com	
	The Online Books Page	http://digital.library.upenn.edu/books/	由美国宾州大学图书馆制作与维护，收录了 3 万多种免费电子图书
	Digital Book Index	http://www.digitalbookindex.org	收录 10 万多种电子图书、电子文本和电子文献
	Audio Books for Free	http://www.audiobooksforfree.com	可从语言、作者、播放时间等进行检索，需要免费注册才能下载
免费期刊	Genamics Journal Seek	http://journalseek.net	最大的可免费利用的期刊信息分类数据库，收录期刊 94 000 多种
免费期刊论文	Find Articles	http://findarticles.com	搜索免费文献和出版物，最早的文献可至 1998 年
	Online Journal Search Engine	http://www.ojose.com	可以检索和下载 60 多个商业数据库和来自 HighWire Press 开放获取库中的论文、研究报告、图书等
	MagPortal	http://www.magportal.com	查找免费期刊全文

很多学科都有自己的搜索引擎，如检索自然科学资源的 Search4Science 和 SCiSeek、检索化学结构的 eMolecules 等；有的还专门针对某学科免费资源，如计算机与信息科学领域的 CiteSeer、DBLP，图书情报学领域的 DL-Harvest 和 METALIS 等。

4.4　开放课程计划

4.4.1　开放式课程计划

开放式课程计划(Opensource Opencourseware Prototype System，OOPS)，是一个致力

于将开放式课程(OpenCourseWare)中文化以及推广的项目。该计划希望借此打破英语语言障碍、贫富差距造成的知识鸿沟,让华人师生能够更便利、全免费接触到世界一流教育资源。

从 2004 年启动至 2005 年年底,依靠全球 16 个国家超过 1800 名义工的努力,OOPS 同步了包括麻省理工学院、剑桥大学、约翰霍普金斯大学、东京大学、早稻田大学等十所国际一流高校的开放式课程。2005 年,OOPS 将"开放式课程"延展到了"开放式知识"的广度。对 MIT 的课程录像进行英文字幕添加,这为全球听障人士、搜索引擎使用这些录像资源带来极大便利,也方便其他非英语国家使用者翻译成本国语言。引入超过 300 位名人在 MIT 讲演的影像(MITWORLD)添加中文字幕项目。

OOPS 是在奇幻基金会(www.fantasy.org.tw)之下执行的一个计划,希望能够用开放原始码的理想、精神、社群和技术来挑战开放知识分享的这个新理念,让更多的人可以分享到知识。

本计划同时拥有以下三个入口网站。

- 世界各翻译计划的入口网站:www.myoops.org;
- 繁体中文版:www.myoops.org/twocw;
- 简体中文版:www.myoops.org/cocw。

目前采用中英对照方式架设网站。任何网友发现有翻译错误或是疏漏之处,都可以直接来信指正,OOPS 会立即修改,OOPS 希望透过读者的参与和编辑,将网站的正确度更为提升。对于英文阅读没问题的使用者来说,OOPS 提供的是一个中文界面、连线速度较快的平台。对于只能用中文阅读的读者来说,OOPS 提供的是通往新知识的另一扇大门。未来将引进 Wiki 系统,让所有的参与者可以直接在线上进行修正与校稿,经过审定者的通过之后,就可以即时作出更改,更为提高参与性。

4.4.2 中国开放式教育资源共享协会

中国开放教育资源协会(China Open Resources for Education,CORE)成立于 2003 年 10 月,系非盈利机构,是一个以部分中国大学及全国省级广播电视大学为成员的联合体。协会的宗旨是吸收以美国麻省理工学院为代表的国内外大学的优秀开放式课件、先进教学技术、教学手段等资源用于教育,以提高中国的教育质量。同时,将中国高校的优秀课件与文化精品推向世界,促成教育资源交流和共享。该协会的网站是 http://www.core.org.cn。

当前,全世界正在兴起一场知识共享运动。自从美国麻省理工学院 2001 年 4 月 1 日首先将他们的课程材料在网上公开,供全世界求知者免费使用之后,美国其他的大学或机构以及越来越多的其他国家(日本和印度等)的大学或机构也都纷纷加入到这个知识共享运动中来(据不完全统计,MIT OCW 大学联盟大约有 38 个以上的大学或其他机构有 OCW 网站)。中国教育部启动的精品课程可以说是在中国范围内的知识共享运动。为了将中国的精品课程介绍到国外,让世界了解中国,让中国的知识共享运动融入世界知识共享运动的潮流当中去,CORE 将支持并资助 Lead University 将部分精品课程翻译成英文,以供全世界共享。这将不仅有助于宣传中国的大学以及大学的学者,同时,对中国学者和大学的发展也将是一个有益的推动,并将促进中国高等教育的国际化进程。

4.4.3 其他的开放课程网站

国家精品课程资源网：http://www.jingpinke.com/course/open_course；
中国人民大学开放课程：http://opencourse.cmr.com.cn/opencmr/cmrcourse/；
卡耐基梅隆大学开放课程(CMU OLI)：http://www.cmu.edu/oli/；
莱斯大学开放课程(Rice Connexions)：http://cnx.rice.edu/content/；
麻省理工学院开放课程(MIT OCW)：http://ocw.mit.edu；
索菲娅大学开放课程(Sofia OCI)：http://sofia.fhda.edu/gallery/；
塔夫茨大学开放课程(Tufts OCW)：http://ocw.tufts.edu/；
犹他州立大学开放课程(USU OCW)：http://ocw.usu.edu/Index/ECIndex_view；
约翰霍普金斯大学公共卫生学院开放课程(JHSPH OCW)：http://ocw.jhsph.edu/。

4.5 MOOC

大型开放式网络课程，即 MOOC(Massive Open Online Courses)，是 2012 年由美国的顶尖大学陆续设立网络学习平台，在网上提供免费课程，Coursera、Udacity、edX 三大课程提供商的兴起，给更多学生提供了系统学习的可能。这三个大平台的课程全部针对高等教育，并且像真正的大学一样，有一套自己的学习和管理系统。

1. 三大 MOOC 平台

(1) Coursera

Coursera(https://www.coursera.org/)主页如图 4-26 所示，是免费大型公开在线课程项目，由美国斯坦福大学两名计算机科学教授安德鲁·恩格(Andrew Ng)和达芙妮·科勒(Daphne Koller)创办。旨在同世界顶尖大学合作，在线提供免费的网络公开课程。Coursera 的首批合作院校包括斯坦福大学、密歇根大学、普林斯顿大学、宾夕法尼亚大学等美国名校。

图 4-26 Coursera 主页

Coursera 课程报名学生来自全球 190 多个国家和地区,而网站注册学生以每分钟 50 人的速度在增加。Coursera 除了建立初期的合作大学外,新增的大学包括佐治亚理工学院、杜克大学、华盛顿大学、加州理工学院、莱斯大学、爱丁堡大学、多伦多大学、洛桑联邦理工学院-洛桑(瑞士)、约翰·霍普金斯大学公共卫生学院、加州大学旧金山分校、伊利诺伊大学厄巴纳-香槟分校以及弗吉尼亚大学。

Coursera 成立于加州山景城,它的启动稍晚于由斯坦福大学教授 Sebastian Thrun 投资的另一个盈利性在线教育网站 Udacity,但稍早于一个由麻省理工学院、哈佛大学和加州大学柏克莱分校初创的一个非盈利性在线教育网站 edX。

(2) edX

edX(https://www.edx.org/)是麻省理工和哈佛大学于 2012 年 5 月联手发布的一个网络在线教学计划,如图 4-27 所示。

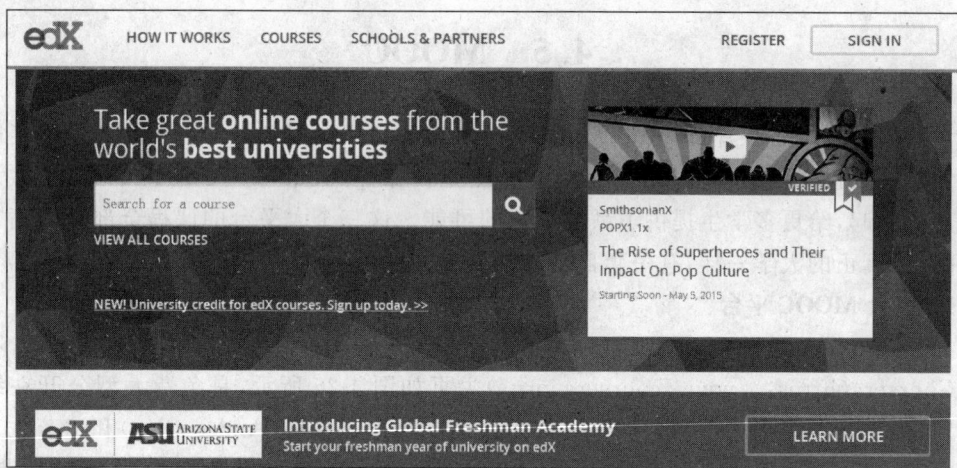

图 4-27　edX 主页

该计划基于麻省理工的 MITx 计划和哈佛大学的网络在线教学计划,主要目的是配合校内教学,提高教学质量和推广网络在线教育。据介绍,该计划将整合两所名校师资,将使 10 亿人受益。

除了在线教授相关课程以外,麻省理工和哈佛大学将使用此共享平台,进行教学法研究,促进现代技术在教学手段方面的应用,同时也加强学生们在线对课程效果的评价。对此,麻省理工校长苏珊·霍克菲尔德博士指出:"edX 是提升校园质量的一项挑战,利用网络实现教育,将为全球数百万希望得到学习机会的人们提供崭新的教育途径"。麻省理工 Anant Agarwal 教授在麻省理工教务长拉斐尔·莱夫的领导下,就任 edX 的第一任主席。

(3) Udacity

Udacity(https://www.udacity.com/)主页如图 4-28 所示,是由 Sebastian Thrun、David Stavens 和 Mike Sokolsky 注资的一个私立教育组织,与其他尝试普及高等教育的课程不同,Udacity 不只是提供课堂录像,Udacity 的课程描述得几乎和游戏一样,教授简单介绍主题后便由学生主动解决问题,这种模式类似"翻转教室"(Flipped Classroom),有些人认为这是教育的未来。

Udacity 平台不仅有视频,还有自己的学习管理系统,内置编程接口、论坛和社交元素。

现在,它提供 15 门课程,但获得新融资后课程数量将增加。此外,一些科技公司最近宣布提供教材、导师和资金,其中包括谷歌、微软、Autodesk、Nvidia、Cadence 和 Wolfram Alpha。该公司现有超过 75.3 万学生注册并开始与业内其他公司合作帮助这些学生就业。目前为止,已有 20 名 Udacity 毕业生以这种方式找到了工作。

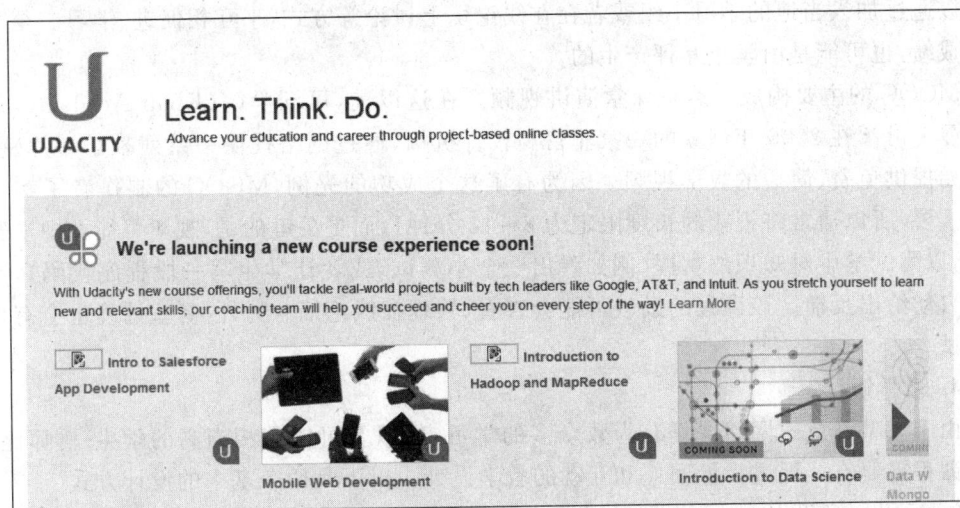

图 4-28　Udacity 主页

2012 年以来,大型开放式网络课程日益受到瞩目,为此人们将 2012 年称为大型开放式网络课程元年。

2. MOOC 的主要特征

(1) 以"短视频(10min 左右)＋交互式练习"为基本教学单元的知识点为组织模式和学习模式。

(2) 重交互式练习的即时反馈(Instant Feedback)。由机器自动评分(auto-grade)的交互式练习,实现了对学习者的即时反馈(Instant Feedback),摆脱了传统在线教育模式中单向提供学习资料和灌输式学习(虽然也支持大规模用户访问)的局限,能够鼓励和引导学生更加积极地学习与思考,从而有效地提高学习效果,即时反馈是保证在线教育在"大规模"(Massive Scale)的条件下仍然得以有效进行的主要技术手段之一。

(3) 基于"学习大数据"的个性化服务。原则上每个学生在整个学习过程中对全部学习对象(Learning Object)的全部学习行为都会被自动记录下来,数以百万计的学生在线学习的相关数据将会集成"学习大数据"。通过系统化的数据挖掘和机器学习,在宏观和微观相结合的分析中发现、把握其中隐藏着的规律,使教师能够随时掌握每个学生的学习状况并能及时进行反馈指导及推荐学习资源,能够持续改进课程教学内容和教学环节设计,以实现"因材施教"式的个性化服务的研究队伍。

(4) 依托社交网络的互动交流。MOOC 更加注重依托网络社区(社交网络)进行互动交流,以提高学生的学习兴趣和动力。特别是对机器难以自动评分的较为复杂、灵活的交互式练习,依靠网络社区群体智慧的评分机制便显得尤为重要。

(5) 课程组织方式像校内课程一样按周上课,在线学生有上课的感觉。

(6) 能自由取得资源,不需要学生的学籍也可以免费使用大型开放式网络课程。

互联网特殊资源的利用

(7) 没有学生人数的限制。

3. 教学模式

只要能上网,所有人都能注册这些课程。这也意味着教师不可能与学生进行单独交流,所以大规模公开网络课程的呈现与互动方式是针对大规模人群设计的。注册同一课程的学生可以通过加入当地的学习小组或者在在线论坛上讨论等方式,来互相促进、学习。至于该课的成绩,也可能是由学生互评产生的。

MOOC 的主要构成仍然是课堂演讲视频。在这以前,可汗学院(Khan Academy,是由萨尔曼·可汗在 2006 年创立的一家非营利教育机构,通过网络提供一系列教学短片)就已经开始提供免费、简短的教学视频。因为有了这个成功的先例,MOOC 的制作者了解了简短的重要,所以通常将视频的长度限定为 8~12 分钟。而更关键的是,视频可能会中途暂停数次,以测试学生对知识的掌握(例如弹出一个小测试,或者让学生写一段程序代码),然后系统自动给出反馈。该课程的助教可能会查看、管理在线论坛。另外,有些课程也会有作业和考试。

4. 教学设计

由于大型开放式网络课程有为数众多的学习者,以及可能有相当高的学生-教师比例,因此课程需要有能促进大量回应和互动的教学设计。以下是两个基本的设计方式。

① 运用大型开放式网络课程网路来处理大众的互动和回应,像是同僚审查(Peer Review)、小组合作等。

② 使用客观、自动化的线上评量系统,像是随堂测验、考试等。

连接主义式的教学设计原则如下。

① 集结:连接主义式的 MOOC 让大量的资料能在线上不同网站传播,然后再将各种资讯集结成通信报导或网页,以方便让参与者读取。这和传统课程相反,因为传统课程的内容是事先准备好的。

② 混编:连接课程内的教材或其他内容。

③ 重新制定目标:重新编排教学内容以配合不同学习者的目标。

④ 回馈:与其他学习者或全世界分享依不同学习目标编排的教学内容和想法。

5. 课程影响

大型开放式网络课程成功实现了一种高端的知识交换。它可适用于专家培训、各学科间的交流学习以及特别教育的学习模式——任何学习类型的信息都可以通过网络传播。而网络课堂可以给你带来很多益处,例如可调整的时间表,节省出额外时间让你外出、阅读或者玩游戏,甚至可以改善社交生活。

香港中文大学已在 2013 年 1 月份加入 Coursera 平台,并承诺从 9 月开始向该平台提供至少 5 门课程。

2013 年 3 月,北京大学启动"北大网络开放课程"建设项目。同年 5 月,北大宣布加入由 MIT 和哈佛大学联合成立的大规模网络开放课程联盟 edX。2013 年 9 月,edX 平台发布了北大首批 MOOCs 课程,分别是《20 世纪西方音乐》、《电子线路》、《民俗学》、《世界文化地理》等。

2013 年 5 月,清华大学与美国在线教育平台 edX 同时宣布,清华大学正式加盟 edX,成为 edX 的首批亚洲高校成员之一。同年 10 月,清华大学主持开发的"学堂在线"MOOC 平台上线发布,《电路原理》、《中国建筑史》、《计算机辅助翻译原理与实践》等课程作为第一批课程开放选课。

2013 年 7 月,复旦大学、上海交通大学签约 MOOC 平台 Coursera。

2014 年 9 月,山东大学公布了第一批 MOOC 课程改革立项名单,其中《神韵诗研究》、《局部解剖学》、《线性代数》、《大学计算机——计算机思维的视角》、《大学物理——力学和热学》等课程陆续在"中国大学 MOOC"平台上线授课。

【例】 齐韵同学是大学一年级的学生,希望通过 MOOC 找到优质的学习计算机的基础课程的资源。

登录 coursera 网站(https://www.coursera.org),单击查看所有课程,在过滤条件中选择"中文"和"计算机科学:软件工程",如图 4-29 所示。选择北京大学的《计算概论 A》免费学习。

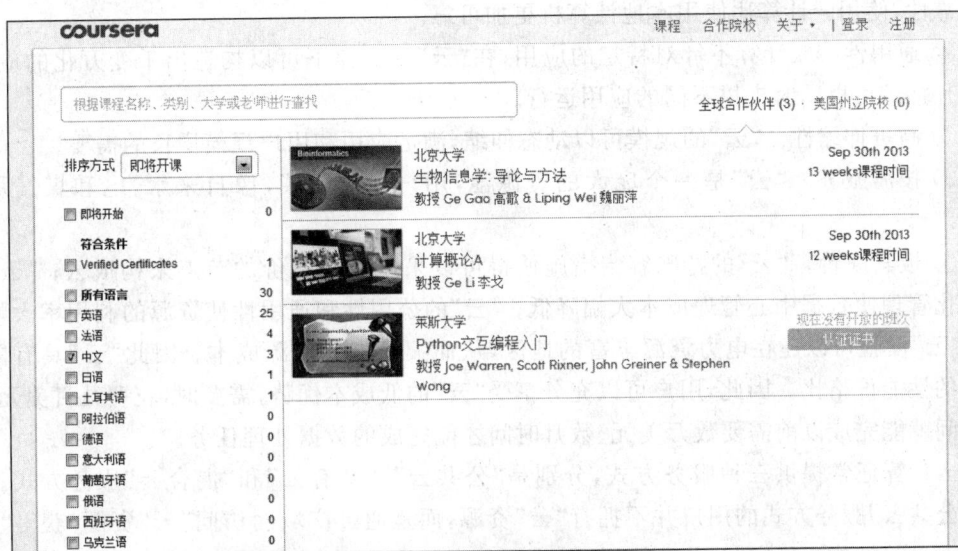

图 4-29 课程检索

4.6 云计算与云应用

4.6.1 云计算

云计算(Cloud Computing)是基于互联网的相关服务的增加、使用和交付模式,通常涉及通过互联网来提供动态易扩展且经常是虚拟化的资源。云是网络、互联网的一种比喻说法。过去在图中往往用云来表示电信网,后来也用来表示互联网和底层基础设施的抽象。云计算可以提供每秒 10 万亿次的运算能力,拥有这么强大的计算能力可以模拟核爆炸、预测气候变化和市场发展趋势。用户通过电脑、笔记本、手机等方式接入数据中心,按自己的需求进行运算。

对云计算的定义有多种说法。现阶段广为接受的是美国国家标准与技术研究院(NIST)定义:云计算是一种按使用量付费的模式,这种模式提供可用的、便捷的、按需的网

互联网特殊资源的利用

络访问，进入可配置的计算资源共享池（资源包括网络、服务器、存储、应用软件、服务），这些资源能够被快速提供，只需投入很少的管理工作，或与服务供应商进行很少的交互。

云计算具有以下特点。

① 超大规模。"云"具有相当的规模，Google 云计算已经拥有 100 多万台服务器，Amazon、IBM、微软和 Yahoo 等公司的"云"均拥有几十万台服务器。"云"能赋予用户前所未有的计算能力。

② 虚拟化。云计算支持用户在任意位置、使用各种终端获取服务。所请求的资源来自"云"，而不是固定的有形的实体。应用在"云"中某处运行，但实际上用户无须了解应用运行的具体位置，只需要一台笔记本或一个 PDA，就可以通过网络服务来获取各种能力超强的服务。

③ 高可靠性。"云"使用了数据多副本容错、计算节点同构可互换等措施来保障服务的高可靠性，使用云计算比使用本地计算机更加可靠。

④ 通用性。云计算不针对特定的应用，在"云"的支撑下可以构造出千变万化的应用，同一片"云"可以同时支撑不同的应用运行。

⑤ 高可伸缩性。"云"的规模可以动态伸缩，满足应用和用户规模增长的需要。

⑥ 按需服务。"云"是一个庞大的资源池，用户按需购买，像自来水、电和煤气那样计费。

⑦ 极其廉价。"云"的特殊容错措施使得可以采用极其廉价的节点来构成云；"云"的自动化管理使数据中心管理成本大幅降低；"云"的公用性和通用性使资源的利用率大幅提升；"云"设施可以建在电力资源丰富的地区，从而大幅降低能源成本。因此"云"具有前所未有的性能价格比。因此，用户可以充分享受"云"的低成本优势，需要时，花费几百美元、一天时间就能完成以前需要数万美元、数月时间才能完成的数据处理任务。

云计算通常提供三种服务方式，分别是"公共云"、"私有云"和"混合云"服务方式。其中，"公共云"服务方式的用户并不拥有"云"资源，而是通过广域网访问"云"资源，获得"云"服务。目前搭建有稳定"公共云"的知名公司有 Google、IBM 和 Amazon，这些公司通过自己的"公共云"直接为用户提供存储、计算服务及数据、软件、应用及宽带资源。"私有云"服务方式同时面向内部用户或外部客户提供"云计算"服务，它要求企业独立搭建基于"云"的数据中心基础硬件架构。"混合云"服务方式则同时具有"公共云"和"私有云"两者的特征及功能，既要构建好自己的"云计算"基础硬件架构，同事也会利用各种外部"公共云"提供的服务。

4.6.2 云应用

"云应用"是"云计算"概念的子集，是云计算技术在应用层的体现。云应用跟云计算最大的不同在于，云计算作为一种宏观技术发展概念而存在，而云应用则是直接面对客户解决实际问题的产品。

"云应用"的工作原理是把传统软件"本地安装、本地运算"的使用方式变为"即取即用"的服务，通过互联网或局域网连接并操控远程服务器集群，完成业务逻辑或运算任务的一种新型应用。"云应用"的主要载体为互联网技术，以瘦客户端（Thin Client）或智能客户端（Smart Client）的展现形式，其界面实质上是 HTML5、Javascript，或 Flash 等技术的集成。

云应用不但可以帮助用户降低 IT 成本,更能大大提高工作效率,因此传统软件向云应用转型地发展革新浪潮已经不可阻挡。

目前,云应用涉及在线办公软件、云存储、电子日历、地图导航、电子商务等众多领域,将不断地改变人们对计算机的使用模式。下面介绍几个典型的云应用案例。

（1）Amazon Web Services

美国的 Amazon 公司在云计算的发展中扮演着不可替代的作用。它早在 2002 年就向用户推出了 Amazon Web Services(AWS,https://aws.amazon.com/cn/),以 Web Services 的形式提供一组可以紧密集成但又相互独立的 IT 基础设施服务,按用量收费。这些服务面向开发人员而非最终用户,意在为创业型用户节约成本。Amazon Web Services 在云中提供高度可靠、可扩展、低成本的基础设施平台,为全球 190 个国家/区域内成百上千家企业提供支持。数据中心位于美国、欧洲、巴西、新加坡、日本和澳大利亚等。

（2）GAE

GAE(Google App Engine)是 Google 管理的数据中心中用于 Web 应用程序的开发和托管的平台。它采用云计算技术,使用多个服务器和数据中心来虚拟化应用程序。因此 GAE 可以看作是托管网络应用程序的平台。GAE 给用户提供了主机、数据库、互联网接入带宽等资源,用户不必自己购买设备,只需使用 GAE 提供的资源就可以开发自己的应用程序或网站,并且可以方便地托管给 GAE。这样的好处是用户不必再担心主机、托管商、互联网接入带宽等一系列运营问题。

（3）Microsoft Office 365

传统企业办公软件龙头 Microsoft（微软）公司推出了其云应用产品 Office 365 (https://login.microsoftonline.com),如图 4-30 所示。Office 365 将微软公司旗下的众多企业服务器软件,如 Exchange server、Sharepoint、Lync、Office 等以云应用的方式提供给客户,企业客户只需按需付费即可。

图 4-30　Office 365 主页

（4）燕麦企业云盘

燕麦企业云盘(OATOS,http://www.oatos.com/)一改云计算技术方案难懂、昂贵、部署复杂等缺点,把云计算方案变成"即取即用"的云应用程序,从而方便了企业的"云"信息化转型之路。燕麦企业云盘云应用程序包括云存储、即时通信、云视频会议、移动云应用(支持 iOS 及 Android)等。

(5) Gleasy 云操作系统

Gleasy 是一款面向个人和企业用户的云服务平台(http://www.gleasy.com/),可通过网页及客户端两种方式登录,乍看和 PC 操作系统十分接近,其中包括即时通信、邮箱、OA、网盘、办公协同等多款云应用,用户也可以通过应用商店安装自己想要的云应用。应用商店及开放平台接近于 PC 上的可安装软件,或智能手机中的 App。第三方应用经过改造后可入驻,目前有美图秀秀、金山词霸、挖财记账、虾米音乐等应用。

4.7 应用案例

1. 学科信息门户实践

【任务要求】 登录计算机学科信息门户网站 CSDN,进行 CSDN 内容订制、技术邮件订阅。并对网站进行评价(包括网站提供的内容、专栏的设置、更新情况等),指出是否对你的专业学习和兴趣有所帮助,以及你以后准备如何利用这个网站。

【操作步骤】

① 通过搜索引擎搜索 CSDN 或者直接登录 www.csdn.net 网站。

② 在网站进行注册。

③ 进行 CSDN 内容订制,如图 4-31 所示。

图 4-31 CSDN 内容订制

④ 登录 http://letter.csdn.net/news/newsletter/index/1,进行移动周刊订阅,如图 4-32 所示。

⑤ 浏览 CSDN 门户网站中的论坛模块,浏览技术帖子,如有问题可以发布求助信息,如图 4-33 所示。

图 4-32　移动周刊订阅

图 4-33　CSDN 论坛

2. MOOC 平台实践

【任务要求】　根据你的专业或者兴趣在 MOOC 三大平台选择一门课程,从课程的主要讲授的内容、课程安排、老师的讲授风格等方面,对这门课程进行总结,重点是第一次课的内容,并谈谈你听这门课程的感受。

【操作步骤】

① 利用搜索引擎搜索 coursera,或者登录 https://www.coursera.org/网站。

② 网站注册。

③ 搜索自己感兴趣的课程,如图 4-34 所示。

④ 参加课程,如图 4-35 所示。

互联网特殊资源的利用

图 4-34 在 coursera 上搜索 R 语言课程

图 4-35 参加课程

习　　题

一、选择题

1. Web 2.0 指的是一个利用 Web 的平台,由用户主导生成内容的互联网产品模式,下面哪一项(　　)不属于 Web 2.0 技术。

　　A. 微博　　　　　　　　B. 相册　　　　　　　　C. 百科全书(Wiki) D. 论坛

2. 下列表述不正确的是(　　)。

　　A. Web 2.0 的用户既是网站内容的浏览者,也是网站内容的制造者

B. 4G 相对于 2G 的优势在于传输声音和数据的速度更快

C. 物联网是在互联网基础上,实现人与物品之间的信息交换

D. 进入纳米时代,新材料研究成为计算机芯片发展的关键

3. 以下不属于 Web 2.0 主要技术的是(　　)。

    A. Tag　　　　　　　B. Trackback　　　　C. RSS　　　　　　　D. C++

4. 下列哪一项不是学科信息门户的核心特征?(　　)

    A. 信息和应用的集成整合　　　　　　　B. 跨系统一站式检索

    C. 可定制　　　　　　　　　　　　　　D. 无监管

5. 下列哪一个不是典型比较成功的学科信息门户?(　　)

    A. BIOME　　　　　　B. SciCentral　　　　C. Coursera　　　　D. IPL2

6. 下列哪一项不是 MOOC 的特征?(　　)

    A. "短视频(10min 左右)＋交互式练习"

    B. 重交互式练习的即时反馈

    C. "自组织＋自交流"

    D. 自由取得资源

7. 云计算是对(　　)技术的发展与运用。

    A. 并行计算　　　　　B. 网格计算　　　　C. 分布式计算　　　D. 三个选项都是

8. 微软于 2008 年 10 月推出的云计算操作系统是(　　)。

    A. Google App Engine　　　　　　　　B. 蓝云

    C. Azure　　　　　　　　　　　　　　D. EC2

9. (　　)是 Google 提出的用于处理海量数据的并行编程模式和大规模数据集的并行运算的软件架构。

    A. GFS　　　　　　　B. MapReduce　　　　C. Chubby　　　　D. BitTable

10. MapReduce 通常把输入文件按照(　　)MB 来划分。

    A. 16　　　　　　　　B. 32　　　　　　　C. 64　　　　　　　D. 128

二、判断题

1. Web 2.0 的核心不是技术而在于指导思想。(　　)

2. 博客(BLOG)、RSS、百科全书(Wiki)、威客、论坛都是 Web 2.0 的典型应用。(　　)

3. 学科信息门户是用户访问某学科资源与服务的一个单一入口或通道,它是一种网络服务。(　　)

4. HighWire 是世界最大的提供免费全文的学术文献的期刊库,于 1995 年由美国哈佛大学图书馆创立。(　　)

5. edX 是斯坦福大学和哈佛大学于 2012 年 5 月联手发布的一个网络在线教学计划。(　　)

6. 将基础设施作为服务的云计算服务类型是 PASS。(　　)

三、简答题

1. 什么是 Web 2.0? 平常接触过哪些 Web 2.0 方面的资源? 网上交流与学习有哪些交流模式?

2. 什么是学科信息门户？你所学学科的信息门户站点有哪些？

3. 什么是开放课程？列举自己感兴趣的开放课程。

4. 什么是 OA 资源？

5. 什么是 MOOC？

6. 什么是云计算？列举常用的云应用。

四、操作练习

1. 利用搜索引擎、RSS 资讯聚合、专业论坛、学科门户、知名博客、知识搜索等方式搜集感兴趣的知识。

2. 利用 MOOC 平台，注册一门你感兴趣的课程并完成整个学习过程。

3. 使用网络书签、网盘、博客、知识管理平台等对收集的资料进行整理和分类，以便于知识的共享和应用。

第5章　文献信息检索基础

引　子

相信在你的求学生涯中,经常会遇到这样的问题:选修课老师布置了课程大作业,要求限期提交具有创新性的综合报告;对某个专业研究方向很感兴趣,可课堂上的知识远远满足不了进一步学习的需要;要撰写学位论文了,可对课题还不太了解……这些问题都涉及文献信息检索。

文献信息检索能力是在信息化时代每个人必须具备的基本技能。随着知识更新速度的加快,面对浩瀚的知识海洋,每个人只有掌握从大量文献中获取有用、准确信息的能力,才能达到更新知识、开拓视野、启迪思维、激发创造力、增强竞争力的目的。

为此,本章以信息检索的步骤为中心,简要介绍了文献、信息检索、检索语言、检索途径等概念,重点讲解了文献的著录特征及其识别、信息检索的基本原理、文献信息检索的方法、工具与技术等内容,并在本章的最后一节,提供了信息检索的相关实例。

本章的培养目标是,读者应能够根据文献的著录特征识别不同类型的文献,并能围绕学习科研过程中具体的文献检索任务,熟练使用各种检索方法,并按照检索的一般步骤、根据课题确定合适的检索词和编制高效的检索式,同时针对具体的检索结果,及时调整检索策略,并最终获得所需文献。

5.1　文献的基本概念

5.1.1　信息

1. 信息的概念

信息(Information)这一科学概念,是在19世纪提出的,香农的《通信的数字理论》和维纳的《控制论》奠定了信息论的基础。香农这样描述信息:"信息是用以消除随机不确定性的东西",从信息具有减少人们认识的不确定性的功能上概括了信息的特征。维纳认为:"信息是人们在适应外部世界并且使这种适应反作用于外部世界的过程中同外部世界进行交换内容的名称。"美国《韦氏大词典》对信息的解释是:信息是通信的事实,是在观察中得到的数据、新闻和认识。

在我国国家标准《情报与文献工作词汇基本术语》中,对信息的概念定义为:信息是物质存在的一种方式、形态或运动状态,是事物的一种普遍属性,一般指数据、消息中所包含的意义,可以使消息中所描述事件的不确定性减少。这一解释基本涵盖了以上三种对信息的属性(客观存在性)、作用(消除不确定性)及形式(数据、消息等事实)的定义。

2. 信息的特点

信息作为一种资源,主要具有时效性、可扩散性、可扩充性、共享性等特点。

(1) 时效性:信息是不断变化的,信息的价值实现取决于及时地把握和运用信息。如果信息传递得很慢,那么有用的信息也会失去应有的价值,如新闻、预告。

(2) 可扩散性:在时间或空间上从一点转移到另一点,如"一传十,十传百"。

(3) 可扩充性:人们对世界认识是无限的,因此信息资源的扩充与累积也是无限的。

(4) 共享性:同一内容的信息可以在同一时间由两个或两个以上的使用者使用。

3. 信息交流

在科学技术长期发展的过程中,已经形成了一个信息交流系统,如图 5-1 所示。

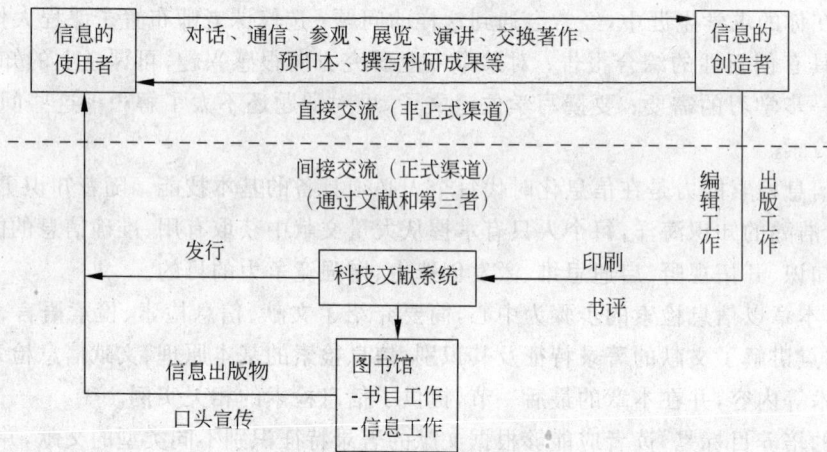

图 5-1　信息交流系统方框图

从图中可以看出,信息交流有两种最基本的方式:直接交流和间接交流。虚线以上为直接交流过程,而虚线以下为间接交流过程。直接交流过程,如交谈、演讲、授课等,常有明显的个性,既不能与科研工作、设计、实验工作分开,也不能由专职信息人员代劳,只能由当事人自己完成。其优点是传播速度快、选择性和针对性较强;缺点是传播范围受限制。间接交流则是通过文献或第三者中介完成的。其优点是高可靠性和广泛性;缺点是速度稍慢。

5.1.2　知识

1. 知识的概念

知识(Knowledge)是人类社会实践的总结,是人类通过信息对自然界、人类社会以及思维方式与运动规律的认识和掌握,是人脑通过思维重新组合的系统化的信息集合。

信息只有经过人脑的接收、选择、整理和提炼等过程,上升为对自然和社会发展客观规律的认识,才能形成各种各样的知识。知识的产生离不开信息和信息传递,它是信息的一个重要组成部分。

与知识密切相关的一个概念是情报(Intelligence)。情报是一个发展的概念,在不同的时期,其概念有所不同。古代战时敌情报告称情报,今天人们认为情报是"作为交流对象的有用知识",是"在特定时间、特定状态下对特定的人提供的有用知识",是"激活了、活化了的知识"。情报的基本属性是知识性、传递性和效用性。情报的本质是知识,但知识并不等于情报,知识只有传递给用户、能满足用户的特定需要才能成为情报。

2. 知识的特点

知识具有意识性、信息性、实践性、规律性、继承性、渗透性的特点。

(1) 意识性:知识是一种观念形态的东西,只有人的大脑才能产生、认识和利用它,知识通常以概念、判断、推理、假设、预见等思维形式和范畴体系表现自身的存在。

(2) 信息性:信息是产生知识的原料,知识是被人们理解和认识并经过大脑重新组织和系统化了的信息。

(3) 实践性:社会实践是一切知识产生的基础和检验知识的标准,科学知识对实践有重大的指导作用。

(4) 规律性:人们对实践的认识是一个无限的过程,人们获得的知识在一定层面上揭示了事物及其运动过程的规律性。

(5) 继承性:每一次新知识的产生,既有原有知识的深化与发展,又是更新的知识产生的基础和前提,知识被记录或被物化为劳动产品后,可以世代相传利用。

(6) 渗透性:随着知识门类的增多,各种知识可以相互渗透,形成了许多新的知识门类,形成科学知识的网状结构体系。

3. 知识的类型

根据国际经合组织的定义,人类现有的知识可分为以下 4 大类。

- Know what(知道是什么)——关于事实方面的知识;
- Know why(知道为什么)——关于自然原理和规律方面的知识;
- Know how(知道怎么做)——关于技能或能力方面的知识;
- Know who(知道谁有知识)——关于到哪里寻求知识的知识。

5.1.3 文献

1. 文献的概念

文献(Document)是人类发展到一定阶段的产物,它以文字、图形、符号、声频、视频或其他技术手段记录着人类的活动信息和知识信息。在我国国家标准《文献著录总则》(GB3792.1—1983)中,对文献的概念所作的定义是:文献是记录知识的一切载体,即用文字、图形、符号、声频、视频等技术手段记录人类知识的一种载体。知识、载体、记录构成文献的三要素,缺一不可。

2. 文献的特征

文献的特征包括文献的外部特征和内容特征。利用文献的外部特征只能检索出很少的文献,有时只用于特定情况(如已知作者名等);而利用文献的内容特征一次能检索出一批文献,这对学习研究极其有用。

(1) 文献的外表特征

文献的外表特征(又称外部特征)通常包括题目、作者、作者工作单位,专利和科技报告还有专利号或报告号等,这些用于表征一篇特定文献的特征可以在文献的封面或扉页找到。

文献的外表特征与文献是一一对应的,即一组外表特征只对应一篇唯一的文献。它有利于提高"查准率",但只能查到很少的文献,降低了"查全率"。

（2）文献的内容特征

文献的内容特征(又称内部特征)主要包括以下两类。

① 主题特征:用词频统计和作者自拟的方法确定主题词、关键词等。

② 分类特征:分类号、模糊对应等。

文献的内容特征与文献是一种模糊的对应关系,即一篇文献有多个主题词(关键词)或分类号,一个主题词(关键词)或分类号也可对应多篇甚至几百篇文献。

信息是产生知识的基础,知识是信息核心,情报是被激活的知识,知识记录在一定形式的载体上即为文献。

3. 文献的类型

文献的类型,可以从加工深度、出版类型、载体形式三个方面进行划分。

（1）文献按加工深度不同可分为零次文献、一次文献、二次文献及三次文献。要在浩瀚的一次文献中查找所需信息,往往离不开二次和三次文献。

零次文献(Zero Document)是最原始或者是不正式的记录,大多数未经公开传播,包括口头交谈、参观展览、参加报告会、听取经验交流演讲、实验的原始记录、工程草图、私人笔记、底稿、手稿、个人通信、新闻稿、工程图纸、考察记录、调查稿、原始统计数字等。零次文献在原始文献的保存、原始数据的核对、原始构思的核定(权利人)等方面有着重要的作用。此类文献与一次文献的主要区别在于其记载的方式、内容的价值以及加工深度有所不同。其主要特点是内容新颖,但不成熟、不公开交流、难以获得。

一次文献(Primary Document)以作者在生产、科研或理论探讨中所获得的第一手资料为基本素材而创作的论文、报告等经公开发表或出版的各种文献,习惯上称作原始文献。它是报道新发明、新创造、新技术、新知识的原始创作,包括大多数专著、期刊论文、学位论文、科技报告、专利文献、标准文献、会议文献、产品样本、技术档案等。其主要特点是内容新颖丰富,叙述具体详尽,参考价值大,但数量庞大、分散。一次文献是科技工作者科研工作中的重点参考文献,是产生二三次文献的基础,是文献检索和利用的主要对象。

二次文献(Secondary Document)也称检索工具,专供检索一次文献而用,是报道和查找一次文献的检索工具书、书刊。它是指将分散的无组织的一次文献进行再加工,经搜集、提炼、浓缩、整理,并按其外部特征(题名、作者、文献物理特征)和内容特征进行组织编排、编辑出版的文献,如书本式目录、题录、简介、文摘、索引及机读型书目数据库等。它以不同的深度揭示一次文献,其主要功能是检索、通报、控制一次文献,帮助人们在较少时间内获得较多的文献信息。它具有工具性、浓缩性和系统性的特点。二次文献不对一次文献的内容作学术性分析与评价,只提供一次文献的线索。科技工作者只要选择最适合其检索需要的检索工具,即可迅速、准确、全面地查获所需要的一次文献的线索,从而得到一次文献。

三次文献(Tertiary Document)又称为参考性文献,指的是利用二次文献的线索,选用大量一次文献的内容,经过筛选、分析、综合、评论和浓缩而再度出版的文献。三次文献有的以图书形式出版,有的以期刊论文的形式出版。它又可进一步分为以下三种。

① 综述研究类:专题述评、总结报告、动态综述、进展报告、预测展望等;

② 参考工具类:年鉴、手册、百科全书、词典、大全等;

③ 文献指南类：专科文献指南、索引与文献服务目录、书目之书目、工具书目录等。

三次文献来源于一次文献，高于一次文献，具有系统性、综合性、知识性和概括性的特点，它从一次文献中汲取重要内容提供给人们，便于高效率地了解某一领域的状况、动态、发展趋势和有关情况。同时，它不仅筛选出大量有用的一次文献信息内容加以分析综合、组织编排，而且赋予新的认识和见解，形成新的文献资料。因此，三次文献内容综合性强、信息量大，它既是检索的对象，也是检索的工具。

在文献信息的层次结构演变中，一次文献是人们掌握信息的直接对象，二次文献是人们检索原始文献信息的主要工具，三次文献是一次文献内容的高度浓缩，是人们掌握情报源的主要资料。从一次文献到二次文献、三次文献，每个环节都不断融入了著者及文献工作者的创造性劳动，是文献信息由博而约、由分散到集中、由无序到有序的过程，其可检性、易检性及可获得性在不断递增，不断满足人们的各种需求。

文献按加工深度不同的分类情况，参见表 5-1。

表 5-1　按加工深度划分的文献分类表

文献类型	定　义	例　子	特点
零次文献	记录在非正规物理载体上未经任何加工处理的源信息	口头交流的信息、肢体语言等	不公开性
一次文献	直接将理论、设计、试验、生产、研究等成果记录在正规物理载体上的文献	期刊论文、研究报告、会议论文、专利说明书、学位论文、技术标准、科技档案等	创新性
二次文献	通过科学的方法，将分散无序的一次信息进行加工、整理，使之成为系统有序的文献	题录、书目、文摘、索引等	浓缩性
三次文献	对一次、二次文献进行综合分析而编写出来的成果	综述、手册、年鉴等	综合性

（2）根据文献的出版类型不同，文献可以分成图书（普通图书、工具书）、连续出版物（期刊、报纸、期刊型书籍）、特种文献（科技报告、专利文献、学位论文、标准文献、会议文献、政府出版物、产品样本、档案资料等）。其中图书、期刊、科技报告、会议文献、专利文献、标准文献、学位论文、政府出版物、产品资料、档案这十类通常称为一次文献的十大信息源。具体内容将在下一节中详细讲述。而普通图书、期刊之外的会议论文、科技报告、专利文献、标准文献、产品样本等文献通常又称为特种文献，这些文献一定是本学科本专业最先进最前沿的，也是代表当前最高水准的文献资源。

上述各种文献类型在出版时间上是有先后的。如果作者完成了一篇论著后希望以最快的形式发表，那么除了学位论文以外，会议、报告和专利是最理想的选择，但这三种形式都要求论著满足一定的特殊要求。由于期刊没有这些要求，而且品种多、容量大、发表周期也很快，从而成为多数论文的发表渠道。而综述、图书和百科全书则需要汲取原始文献的精华，或做评论或汇编成册，所需时间更长。

（3）按载体形式，文献可分为印刷型、缩微型、视听型和电子型 4 种类型。

印刷型（Printed Form）文献以纸张为载体，以印刷为记录手段，包括图书、报刊、杂志等。其优点是用途较广、阅读方便、流传不受时空限制；缺点是存储密度低、占据空间大、保存费用高。

缩微型(Micro Form)文献主要以感光材料为载体,记录文字及其相关信息,常见的有缩微胶卷和缩微胶片。其优点是体积小、价格低、存储密度高,便于收藏;缺点是阅读时需要借助于缩微阅读机,使用不方便。

视听型文献(Audio-visual Form)是以磁性材料或感光材料为载体,以磁记录或光学技术为记录手段而产生的一种文献形式,如录音带、录像带、幻灯片等。其优点是直观、形象、生动,存储密度高;缺点是成本高,不易检索和更新,使用不方便。

电子型文献(Electronic Form)即电子出版物。以磁性或塑性材料为载体,以穿孔或电磁、光学字符为记录手段,通过计算机处理而形成的文献。电子出版物内容丰富,类型多。其优点是存储密度高、信息量大、存取速度快、寿命长、易更新;缺点是设备、费用要求高。

4. 文献的特点

(1) 数量巨大。科学技术的发展,使科技信息、科技知识膨胀,平均每4年翻一番,作为载体的科技文献急剧增长。据估计,科技文献量以4倍于科技成果量地增长。巨大的文献信息资源提供了无穷的知识源泉,需要我们去充分揭示、报导并加以利用。文献数量的激增,尤其是计算机网络和数据库的广泛运用,表明文献信息资源的丰富和易得,同时也衍生了"文献信息污染"的现象,给人们选择、利用文献,获取所需信息造成了障碍。要克服这些障碍,必须具有信息意识和信息检索能力。

(2) 分布分散。现代科学技术的发展及其相互渗透,许多新兴学科、边缘学科、交叉学科不断涌现。如电子学科与机械、仪器、生物等学科的交叉衍生出微机电学、生物电子学等新兴学科。对某一学科专业出版物来说,不仅要收集本学科的,而且还要收集许多相关学科的文献。某篇专业的文献,可能发表在核心期刊上,也可能发表在相关学科的出版物上。语种的扩大,出版类型、媒体的扩展、变换都是使文献离散、重复现象加剧的因素。例如在会议上发表的论文,大约有40%会在期刊上报导。要自如地去对付这样一种文献分布局面,就需要在查询文献、信息时应用适当的方法、技巧去有效地获得比较满意的结果。

(3) 更新加快。信息的时效性,对于发展越快的学科影响越大,现象也越明显。新思想、新概念、新理论、新技术、新工艺、新产品、新成果的层出不穷,新老知识更新的频繁,文献有效利用时间缩短,失效加快则是不可避免的。各类文献的平均时效为:期刊论文3~5年,科技报告10年,技术标准5年,学位论文5~7年,产品样本3~5年。科技发达国家认为,大部分科技文献的使用寿命一般为5~7年,甚至更短。知识老化加快,没有哪个人可以死守着学校学过的那些东西享用一辈子。终身学习,不断去跟踪、获取最新的信息、知识、文献,去创新,这对每个科技人员来说都是至关重要的。

5.1.4 知识创新

没有知识就不能创新是大家的共识。一个人的知识既来源于对客观世界的观察和探索,又来源于对其他个体(包括前人)的吸收与继承。为此,必须阅读科学文献,掌握有关的思想、事实、理论和方法等信息,在此基础上进行进一步分析、综合和研究,才能有所创新。

能否进行知识和技术创新,与有没有能力获取创新所需要的信息有关。这是因为,世界上的文献信息已经汇集成一个巨大的知识宝库,其数量庞大、增长迅速、类型繁多、文种多样、新陈代谢频繁。然而,知识的存储过于庞大和无序,信息存储的无序化以及过多的老化信息和伪劣信息加剧了"信息污染"的程度,堵塞了通向知识之门的道路,耗费了科研人员大量探索自然和社会规律的精力,以至于人们不得不认真学习和研究获取信息的方法,掌握从大量无序知识中搜索有用的、准确的知识的技能。

面对浩瀚的知识海洋,只有具备良好的信息素质,才能全面、系统、及时地获得所需的信息,并切实地掌握并有效地利用各种信息资源,达到更新知识、开拓视野、启迪思维、激发创造力、增强竞争力、提高各种效益的不同目的。

5.1.5　信息素质

信息素质的研究是从 20 世纪 70 年代开始的,对信息素质的认识经历了一个渐进的过程。信息素质是信息社会劳动者必须掌握的终身技能,具有信息素质的人也就具备了终生学习的能力。信息素质可以概括为个体在现实需求的驱动下,能有效地发现、获取、评价和利用信息。它包含 4 个层面的含义:

第一,用户有一定的信息需求,即在某个时候需要了解某方面信息。

第二,掌握了主要的信息源和信息工具的知识及技能。

第三,能够分析评价选择相关信息。

第四,利用信息的目的是为了有效地解决具体问题。

信息素质主要表现为信息理论素养和信息的实践能力,包括信息意识、信息知识、信息能力和信息道德等内容。

1. 信息意识

所谓信息意识,简单地说,是人们利用信息系统获取所需信息的内在动因,具体表现为对信息的敏感性、选择能力和消化吸收能力。有无信息意识决定着人们捕捉、判断和利用信息的自觉程度。而信息意识的强烈与否对能否挖掘出有价值的信息、对文献获取能力的提高起着关键的作用。

同样重要的信息,有的人善于抓住,有的人却漠然视之。这是由于各人的信息意识强弱不同。信息技能的掌握在很大程度上取决于信息意识的提高。

作为大学生,应具有这样一种信息意识:认识到信息和信息活动的功能和作用,认识到信息对他们的学习和课余科研活动的效用,认识各种信息源的价值和信息机构提供的产品和服务,形成对信息的积极体验,进而产生与学习和课余科研相适应的信息需求和信息行为倾向。经常注意并搜集各种载体的信息,积极利用包括图书馆在内的各种信息机构的服务,努力扩充知识面,主动、有意识地去学习信息检索技能。信息意识是可以培养的,经过教育和实践,可以由被动的接受状态转变为自觉活跃的主动状态,而被"激活"的信息意识又可以进一步推动信息技能的学习和训练。

2. 信息知识

信息知识是关于信息的特点、性质、运动规律、信息方法与技术、信息系统的有关知识。其中信息方法是指如何以信息的观点来分析和解决人们在工作和生活中遇到的问题的方法,把无序而良莠不齐的信息转化为有效信息加以利用,创造出新的价值。信息技术是关于信息提取、检测、处理、转换、传递、控制等技术,如计算机技术、数据库技术、通信技术、网络技术等。

3. 信息能力

信息能力是信息素质的核心,包括信息的获取、信息的分析、信息的加工。

大学专业学习期间,信息能力具体表现为以下 6 种能力。

- 明确任务(Task Definition):了解问题的症结,确定所需信息和目的,分清任务的轻重缓急;
- 信息查询策略(Information Seeking Strategies):了解各种信息源,能够作出评价并确定优先查找的次序;
- 查找和检索(Location and Access):确定信息藏址,从信息源中找出信息;
- 信息利用(Use of Information):能够读懂(或听懂、理解)查出的信息,了解信息在满足需求中的特定价值;
- 信息综合(Synthesis):能够组织信息,提供信息产品(论文、报告等);
- 信息评价(Evaluation):评价查找结果和解决问题的过程(效率)。

4. 信息道德

信息道德是指在信息活动中调节和控制信息生产者、信息服务者、信息利用者及其相互关系、伦理道德和行为规范的总和。具体有遵守国家有关信息的法律法规、不制作不传播不利用违反国家政策的信息和不健康信息、不制作不传播虚假信息、不侵犯知识产权、不利用信息技术谋取不正当利益和从事违法活动等。在日趋繁杂的信息环境中,自觉而良好的信息道德,是信息素质中不可忽略的一部分。

在信息素质 4 个方面的内容中,信息意识是前提,信息知识是基础,信息能力是核心,信息道德是准则,它们的有机结合构成信息素质整体。

需要指出,文献信息检索与信息素质教育有着极高的相关性。信息素质是一组能力集合,是从各种信息源中检索、评价和使用信息的能力,是信息社会人们必须掌握的终身技能。任何形式的科学研究,无论是为课题研究寻找答案,还是为学术论文写作积累资料,都需要综合运用各种信息检索的技能,以最少的时间和精力获得最有用的信息资源。大学教育是从事专业研究的开始。大学生必须有意识地加强自身独立学习及研究能力的培养,不断提高自身的信息素养。一个合格的大学生必须能够熟练运用各种检索方法和重要工具进行信息检索,在此基础上对检索结果进行评估和组织,并依照各种规范的格式撰写学位论文、文献综述、开题报告等。相关知识将在第 9 章展开。

5.2 文献的著录特征及其识别

要获取原始文献,就必须知道文献来源。可以用代表文献特点的检索标识(一般是缩写)确定该文献来源于图书、期刊、会议文献或科技报告等。文献的检索标识与文献的著录密切相关。著录(Description)是编制文献目录时,对文献内容和形式特征进行分析、选择和记录的过程,它将有关某一文献的基本信息摘录下来,供人们间接地了解、识别该文献,著录的结果称为款目。有正确的描述(即著录),才能有正确的识别。

各种出版类型的文献条目有其固定的书写格式。著录格式有多种,一般应选择一种认定的标准。这些著录规则尽管在细节上不尽相同,但在总体上都有一致的著录项次序,中文一般为作者、题名、出处,英文一般为题名、作者、出处。出处项是识别出版物的重要标志。

下面,我们分别对不同出版类型文献的定义、著录特征及其识别方法进行讲述。

5.2.1 图书

图书(Book,Monograph)是指对某一领域的知识进行系统阐述或对已有研究成果、技术、经验等进行归纳、概括的出版物。凡篇幅达 48 页以上并构成一个书目单元的文献称为图书。图书阅读量占到文献总量的 15% 左右。图书按学科划分为社会科学和自然科学图书;按文种划分为中文图书和外文图书;按用途来划分为普通图书和工具书。图书所论述的内容一般比较系统、全面、成熟、可靠,参考图书资料有助于人们对范围较广的问题获得一般的知识,或对陌生的问题获得初步的了解。但图书编辑出版的周期较长、传递情报的速度较慢,内容一般只反映一、二年以前的研究成果。

图书的著录项目包括书名、著者、出版项(出版地、出版社、出版年)、总页码(PP or P)、国际标准书号(ISBN,10 位或 13 位),有时有表示主编(Edited by,eds)和版次(Edition)等的信息。

图书的识别主要依据出版项(出版地、出版社、出版年)、ISBN(10 位)、总页码(PP or P)等著录项。

我国文后参考文献中图书的标准著录格式为:

[序号]著者. 书名[文献类型标志 M]. 其他责任者(任选). 版本项(任选). 出版地:出版者(有编号的知名系列报告可不标注出版地和出版者),出版年:起止页码(当整体引用时不注).

【例】 我国文后参考文献中的图书。

[1] 霍斯尼 R K. 谷物科学与工艺学原理[M]. 李庆龙,译. 2 版. 北京:中国食品出版社,1989:15-20.

[2] Peebles P Z,Jr. Probability,random variable, and random signal principles[M]. 4th ed. New York:McGraw Hill,2001.

[3] 蒋有绪,郭泉水,马娟,等. 中国森林群落分类及其群落学特征[M]. 北京:科学出版社,1998.

(注:超过三个著录者时,只著录前三个,其后加",等")

西文中图书的著录格式不同于中文,以下是对应的例子。

【例】 英文目录中的图书。

Journalism,literature and modernity:from Hazlitt to Modernism. (1)Campbell, Kate. (2)Edinburgh:Edinburgh University Press,c2000 (3).

其中:(1)是书名;(2)是著者(编者);(3)是出版项(包括出版地,出版社,出版年)。

【例】 英文题录中的图书。

英文题录比目录包括更多的信息,如表 5-2 所示。

表 5-2　英文图书题录的例子

题 录 组 成	各部分	各部分说明
An annotated bibliography of OSI.	(1)	文章篇名
B. C. Burrows(Future Inf. Assoc. ,Milton Keynes,UK).	(2)	文章著者姓名与工作单位
In book:Open systems　interconnection:state of the art report	(3)	书名

续表

题 录 组 成	各部分	各部分说明
B. C. Burrows, A. J. Mayne[Ed]	(4)	图书编者姓名
p311-26	(5)	该篇文章在此书中页码
Maidenhead, UK; Pergamon Infotech(2001),	(6)	出版项
ix+341pp.	(7)	全书的总页码
[0 08 034115 2]	(8)	国际标准书号

其中国际标准书号即图书 ISBN(International Standard Book Number),是每一种正式出版的图书的唯一标识代码。ISBN 是长度为 13 位(2007 年 1 月 1 日之前为 10 位)的数字,并用连字符分隔为 5 部分(2007 年 1 月 1 日之前为 4 部分):第一部分为一个 GS1 前导数字(通常为 978 或者 979,10 位 ISBN 号无此部分);第二部分表示组号,也叫地域编号,是指国家、地理、语言等地域信息;第三部分是出版社编号;二三两部分合称"出版者前缀";第四部分为书名编号,即该出版社出版的图书种数的流水号;第五部分为校验码。前四部分的数位都是可变的,但其位数之和始终为 12 位(10 位 ISBN 号为 9 位)。

【例】 国际标准书号的例子(见表 5-3)。

表 5-3　国际标准书号 ISBN978-7-307-07671-6 各组成部分

ISBN 组成	编号	各部分说明
ISBN978	①	GS1 前导数字;
7	②	地域号(国家、地区、语言区)。其中 7 代表中国、0 和 1 表示英语区、2 是法语区、3 是德语区、4 是日语区、5 是俄语区、88 是意大利语区、9971 是新加坡语区
307	③	出版社号
07671	④	该出版社出版的图书种数的流水号
6	⑤	计算机检验位

5.2.2　期刊

期刊(Journal, Periodical)是一种有固定名称、定期或按宣布的期限出版、并计划无限期出版的连续出版物。期刊的特点是内容新颖、信息量大、出版周期短、传递信息快、传播面广、时效性强、学科面广,能及时反映国内外各学科领域的发展动态。期刊有月刊(monthly)、双月刊(bimonthly)、季刊(quarterly)和年刊(annuals)。科技期刊是最重要的一类文献来源。据统计,科技人员所获取信息的 65% 以上来源于期刊,它是十分重要和主要的信息源和检索对象。

期刊文献的著录项目一般有刊名(一般用缩写)、出版年月、卷、期、起止页码等。期刊论文的著录特点是:有作者,有篇名;必定有卷号,有的有期号和国际标准连续出版物编号(International Standard Series Number, ISSN);常常有标示期刊的单词,如 journal(学报、杂志)、acta(杂志)、annals(纪事)、bulletin(通报)、transactions(汇刊)、proceedings(会刊)、review(评论)、progress/advances in(进展)、communication(通信)、letters(通信)、news(新闻)等。

识别期刊文献的主要依据是:通常可根据卷号或期号(vol. no or v. n)、刊名缩写(如

PE&RS)、ISSN 号(8 位)、CN 号(6 位)等,最方便用于辨识英文期刊的单词有 Journal(J)、Transaction(Trans.)等。

我国文后参考文献中期刊论文的标准著录格式为:

[序号]作者姓名.篇名[文献类型标志 J].期刊名称,出版时间,卷期数:文章所在页数

【例】 我国文后参考文献中的期刊论文。

[4] Brown C. The Effect of the Minimum Wage on Employment and Unemployment [J]. The Journal of Economic Literature,1982,20(2):489-490

【例】 英文文献中期刊论文的例子。

Document Storage System.(1)P. Bray(2)Which Comput.(UK)Vol. 14,No 5,p. 37-42(Sept. 1989)(3)ISSN O924-2715(4)

其中:(1)是篇名;(2)是作者;(3)是出处(刊名、卷号、期号、起止页码、出版年);(4)是国际标准刊号。

国际标准刊号 ISSN(国际标准连续出版物编号,International Standard Serial Number)是根据国际标准 ISO3297 制定的连续出版物国际标准编码,其目的是使世界上每一种不同题名、不同版本的连续出版物都有一个国际性的唯一代码标识。该编号是以 ISSN 为前缀,由 8 位数字组成的。8 位数字分为前后两段各 4 位,中间用连接号相连,格式为 ISSN XXXX-XXXX,其中前 7 位数字为顺序号,最后一位是校验位。ISSN 通常印在期刊的封面或版权页上。

我国正式出版的期刊都有国内统一刊号(CN),以 GB2659-86 所规定的中国国别代码 CN 为识别标志,由报刊登记号和分类号两部分组成,两部分之间以斜线/分隔。报刊登记号为定长的 6 位数字,由地区号(2 位数字)和序号(4 位数字)两部分组成,其间以连字符-相接,即报刊登记号=地区号+序号。分类号作为国内统一刊号的补充成分用以说明报刊的主要学科范畴,以便于分类统计、订阅、陈列和检索。一种期刊只能给一个分类号,报纸暂不加分类号。它由地区号、报刊登记号和《中图法》分类号组成,如 CN11-2257/G3。

5.2.3 科技报告

科技报告(Scientific and Technical Report)是指政府部门或科研生产单位关于某项研究成果的总结报告,或是研究过程中的阶段进展报告。报告的出版特点是各篇单独成册、统一编号,用以对报告的执行机构及其主管部门等的识别,并提供查询,由主管机构连续出版。在内容方面,报告比期刊论文等专深、详尽、可靠,有技术数据、图表,有研究比较,出版速度快,是一种不可多得的情报源。科技报告可分成技术报告(Technical Reports)、技术备忘录(Technical Memorandums)、札记(Notes)、通报(Bulletins)和其他(如译文、专利等)几种类型。有些报告因涉及尖端技术或国防问题等,所以又分绝密、秘密、内部限制发行和公开发行几个等级。科技报告理论性强,但保密性强,难以获取。它是当代科技人员的一种重要信息资源。

比较著名的科技报告有美国政府四大报告,即 PB、AD、NASA 和 DOE 报告,它们各自侧重点如下:

- PB(Publication Board):民用工程包括土木建筑、城市规划、环境保护;
- AD(ASTIA Document):军事报告;

- NASA(National Aeronautics and Space Administration)：航空报告；
- DOE(Department of Energy)：能源部。

科技报告的主要外部特征有篇名、著者和著者工作单位、报告号、出版年月。科技报告的著录特点是：有著者、篇名、报告号和报告完成单位名称；有表示报告的词，如 report、memorandum 等；有报告号。

科技报告的识别根据是报告号。报告号前通常有与报告相关的词语，一般有 report；有时候有 PR(Progress Report)进展报告、AR(Annual Report)年度报告、FR(Final Report)年终报告、CR(Contract Report)合同报告、TR(Technical Report)技术报告。

我国文后参考文献中科技报告的标准著录格式为：

[序号]作者姓名.篇名[文献类型标志 R].报告类型，报告号.完成报告的机构，所在地，年份.

【例】 我国文后参考文献中科技报告的例子。

[8] World Health Organization. Factor regulating the immune response：report of WHO Scientific Group[R]. Geneva：WHO，1970.

【例】 西文文献中科技报告的例子。

Some approaches to the design of high integrity software.（1）D. J. Marttin，R. B. Smith(Combat Controls Div. GEC Avionics Ltd. Rochester，UK).（2）Report AGARD-TR 2584（3）July 2001（4）.

其中：（1）是篇名；（2）是著者和著者单位；（3）是报告号；（4）是出版年月。

5.2.4　会议文献

会议文献(Conference Literature)是在各种学术会议、专题研讨会上发表的论文和报告，它是最新研究成果公布于世的一种主要方式。会议文献是了解国际及各国的科技水平、动态及发展趋势的重要情报来源。会议文献可分为会议文献(如会议日程预报和会议论文预印本)和会后论文(如各种会议录)，会后文献是主要的会议文献，是正式出版的会议文献，常以会议文集、会议录等形式发行。会议文献具有专业性强、内容新颖、出版发行方式多样等特点，其数量增长快，现已成为排名于期刊文献后的第二大科技文献信息源。

会议文献著录项目包括论文名称、著者和著者工作单位；会议录名称、会议地点、会议时间；会议录出版情况，论文页码。会议文献著录的特点是：有表示会议的专门用词，如 conference、symposium、convention、workshop、meeting、congress、assembly、seminar 等；有时有表示会议录的一些词，如 proceedings of、collection of 等；有时有会议召开的地点、时间以及会议录的出版地、出版社、出版年份等。

会议文献识别依据会议名称会址、会期、主办单位、会议录的出版单位等。常有表示会议的专门用词，如 congress(会议)、convention(大会)、symposium(专题讨论会)、workshop(专题学术讨论会)、seminar(学术研讨会)、conference(学术讨论会)、colloquium(学术讨论会)；有表示会议录的一些词，如 Proceedings of，Collection of。

我国文后参考文献中会议文献的标准著录格式有两种形式。

会议文献的著录格式为：

作者姓名.篇名[文献类型标志 A].会议名称，会议举办地点，举办时间，文章在会议录中的起止页码.

会议录中的会议文献的著录格式为:

作者.篇名[文献类型标志 A].会议录名称[文献类型标志 C].出版地:出版者,出版年:文章的起止页码.

【例】 我国文后参考文献中会议文献的例子.

张佐光,张晓宏,仲伟虹等.多相混杂纤维复合材料拉伸行为分析[A].见:张为民编.第九届全国复合材料学术会议论文集(下册)[C].北京:世界图书出版公司,1996:410～416.

【例】 西文文献中会议论文的例子.

CAD of waveguide low-pass filters for satellite applications. (1)W. Hauth,R. Keller, U. Rosenberg(ANT Nachrichtentech. GmbH,Backnang,West Germany)(2)Conference Proceedings:17th European Microwave Conference-MLCROWAVE 87,Rome,Italy,7-11 Sept. 1987(3)(Tunbridge Wells,UK:Microwave Exhibitions&Publishers 1987),P. 137-41(4).

其中:(1)是论文名称;(2)是著者和著者单位;(3)是会议录名称、会议地点、开会时间;(4)是会议录出版情况及论文起止页码。

5.2.5 专利文献

专利文献(Patent Literature)是一切与专利制度有关的文件的统称,其内容集技术、经济、法律于一体。它的出版量大,实用性强。专利说明书是专利文献的技术内容的主体。专利说明书对于工程技术人员来说,是一种切合实际、启迪思维的重要情报源。相关知识参见特种文献章节。

专利文献的著录项目有:专利题目、著者、受让人或单位以及专利发表时间、专利国别及专利号。

专利文献的识别:有 patent、专利国别及专利号。专利国别代码是由国际标准化组织(ISO)规定的,专利文献由各国专利局出版发行,因此,无出版地、出版社等项目。

我国文后参考文献中专利文献的著录格式为:

[序号]专利权人.专利题名[文献类型标志 P].专利国别:专利号,出版日期.

【例】 我国专利文献的例子。

[13] 姜锡洲.一种温热外敷药制备方案[P].中国专利:881056073,1989-07-06.

[14] T. A. D. Riley,"Frequency synthesizers",U. S. Patent 4965531,Oct. 1990.

【例】 西文专利文献的例子。

SILVER HALIDE PHOTOGRAPHIC MATERIAL(1)Takeshi Habu,Japan(2) assignor to Konishiroku photo industry Co. Ltd. ,May 15,1984,93(3)U. S. Patent 4,581,327(4).

其中:(1)是专利题目;(2)是作者;(3)是受让人或单位以及专利发明时间;(4)是专利国别及专利号。

5.2.6 学位论文

学位论文(Thesis,Dissertation)是指高等院校或研究机构的学生为取得各级学位,在导师指导下完成的科学研究、实验成果的书面报告,学位论文有博士论文、硕士论文、学士论文之分,其研究水平差异较大,博士论文论述详细、系统、专深,研究水平较高,参考价值大。学位论文,尤其是较高层次的学位论文,应能表明求取学位者对某学科的理论知识的掌握程度、概括能力和独立从事科学研究的能力,求取学位者在占有大量资料的基础上提出自己的研究成果、实验创造和论文见解,具有独创性、新颖性、科学性的特色,其质量要经过学位或学术委员会的考核。多数有一定独创性。学位论文是非卖品,除极少数以科技报告、期刊论文的形式发表外,一般不出版,属难得文献。

学位论文的著录项目有:论文名称,著者,学位,授予学位的大学名称,时间、论文页码,导师或答辩委员会顾问的姓名。学位论文著录的特点:有著者、篇名;通常有表示学位级别和学位论文的词,如 thesis、dissertation 等;有时有论文作者所在学校的校名。

学位论文的识别方法:学位名称、导师姓名、学位授予机构等。其文献出处项一般有 Ph. D. thesis,Ph. D. dissertation,Master's thesis,M. S. thesis 等标识。

我国学位论文的标准著录格式为:

学位论文的标准著录格式:[序号]作者姓名.论文题目[文献类型标志 D].申请学位,论文作者所在学校,论文完成年份.

【例】 我国学位论文的例子。

[9] 金宏①.导航系统的精度及容错性能的研究[D] ②.北京:北京航空航天大学自动控制系④,1998 ⑤.

[10] E. Shlomot①,"Hybrid coding of Speech at low bit rate," ② Ph. D. dissertation ③,Univ. California,Santa Barbara④,1998⑤.

[11] N. H. Balkir①,"VISUAL," ②master's thesis③,CES Dept. ,Case Western Reserve Univ. ,Cheveland④,1995⑤.

其中:①是著者;②是论文题名;③是论文类型;④是著者所在单位及地址;⑤是论文发表日期。

【例】 西文学位论文的例子。

Guif of Maine sea Surface Topography from GEOSAT Altimery. (1)Lambert,Steven R. ,(2)Ph. D(3)University of Maine(4) 1989,217pp(5)Adviser:Alfred Leick(6).

其中:(1)是论文名称;(2)是著者名;(3)是学位;(4)是学位授予单位名称;(5)是时间、论文页码;(6)是导师名。

5.2.7 标准文献

标准文献(Standard Documents)是指标准化工作的文件,是经公认的权威机构批准的标准化工作成果,主要是关于工业产品和工程建设的质量、规格和检验方法等的技术规定文件。标准文献具有一定的法律约束力。一个国家的标准文献反映了该国的生产工艺水平和技术经济政策,而国际标准则代表了当前世界水平。国际标准和工业先进国家的标准常是科研生产活动的重要依据和情报来源。国际上最重要的两个标准化组织是国际标准化组织

（ISO）和国际电工委员会（IEC）。按使用范围，标准文献可划分为国际标准、区域标准、国家标准、行业标准、地方标准、企业标准6级标准。

标准文献都有标准号，它通常由国别（组织）代码＋顺序号＋年代组成，如ISO3297—1986。我国的国家标准分为强制性的国标（GB）和推荐性的国标（GB/T），如GB18187—2000、GB/T2662—1999；行业标准代码以主管部门名称的汉语拼音声母表示，如JT表示交通行业标准；企业标准编号为：Q/省、市简称＋企业名代码＋年份。

标准文献的著录项目有标准制定单位、标准题目、表示标准的词（如standard、recommendation等）和标准号。标准号由标准颁布机构代码、顺序号和颁布年份三部分组成，如ANSI TI-601-1988。

标准文献的识别依据：标准号，其出处项一般均有Standard(Std)、Specification以及标准颁发单位及标准代号，如ISO、NBS、ANSI、CCITT、GB等。

我国文后参考文献中标准文献的著录格式为：

[序号]标准编号，标准名称[S]

【例】 我国标准文献的例子。

GB/T 16159—1996 ①，汉语拼音正词法基本规则[S] ②

其中：①是标准编号；②是标准名称。

【例】 西文标准文献的例子。

American National Standards Institute Integrated services digital network（ISDN）basic access interface for use on metallic loops for application on the network side of the NT（Layer 1 specification）. ANSI TI-601-1988，Sept. 1988.

其中ANSI TI-601-1988即为标准号。

5.2.8　政府出版物

政府出版物（Government Publications）是各国政府部门及其所属机构发表的文献，包括行政性文件和科学技术文献两类。我国政府发表的"科学技术白皮书"就是一种科技类政府出版物。政府文件具有指导意义，通过政府文献还可以了解到各国的方针政策、经济状况、社会状况和科技发展状况。

由于政府出版物与其他类型文献有一定重复，如书、报告、会议录等多种形式，因此，可根据具体情况按具体出版形式加以识别。

5.2.9　产品样本

产品样本（Product File）是指厂商为向客户宣传和推销其产品而印发的介绍产品情况的文献，包括产品目录、单项产品样本、产品说明书、企业介绍和广告性厂刊。产品样本文献有三个特征。第一，可靠性较强。与专利文献相比，样本介绍的大多是已经投产或正在行销的产品，工艺已经成熟，而专利文献所介绍的产品多属未定型、未成熟的产品。就直观信息而言，专利文献中的产品附图只是一种技术或产品结构的原理示意图，可靠性不及产品样本的外观造型图和内部结构图。第二，产品样本的产品和技术信息较完整，包括性能、特征、参数、型号，除技术机密以外的有关技术情报和商业贸易信息，如研制背景、产品说明、特性、操作、维修、售后服务，甚至还有与其他同类产品的比较，这也是专利文献所没有的。第三，及时性及相对新颖性。产品样本大多是在投产之际或进入市场前印制的,而且为了最快地送到客户手中往往采用现场散发的形式。出于上述特点,产品样本就成为一种宝贵的科技信息源、商贸信息源和竞争情报源。

5.2.10 档案文献

档案文献(Archival Documents)是指国家机构、社会组织以及个人从事政治、军事、经济、科学、技术、文化、宗教等活动直接形成的具有保存价值的各种文字、图表、声像等不同形式的历史记录,是完成了传达、执行、使用或记录现行使命而备留查考的文件材料。档案文献的最大特点是集记录性和原始性于一体,又因其可靠性和稀有性而具有特殊的使用价值。档案的内容广泛、形式多样、材料来源庞杂,经过整理后它们分别成为文书档案、人事档案、会计档案、科研档案、产品档案、工程档案等;从文献形式上看,包括了信函、日记、账簿、报告、照片、地图、图样、协议书、备忘录、会议记录、契约、布告、通知、履历表等。档案的信息价值首先体现在其凭证作用上。由于档案是实践活动直接留下的记录,保存着真实的原始标志,因而具有无可争辩的客观性和可靠性,是查考和处理事务的真凭实据。档案的价值还在于它可以提供大量情报和知识,例如学术部门利用历史档案研究历史发展中的问题,企业利用技术档案了解技术开发系统在科研、引进新技术、新工艺、新材料的情况;经济学专业人员利用会计档案了解产品生产成本、原料价格的变化,并通过归纳、分析,预测企业活动的发展趋势和市场对企业的影响。

5.3 信息检索基本原理

5.3.1 信息检索概念

信息检索作为一种实践活动由来已久。但信息检索这个术语,最早是由美国信息科学家 Calvin Northrup Mooers 在其 1948 年的硕士毕业论文中提出,于 1950 年在 Zator Technical Bulletin 中公开发表,此后信息检索才逐渐形成为一个比较规范、正式的学术术语。

信息检索有广义的信息检索、狭义的信息检索及信息存取等相关概念。

1. 广义的信息检索

广义的信息检索(Information Retrieval,IR)指将信息依据一定的方式组织和存储,并根据信息用户的需要查出特定的相关信息的过程。其全称为信息存储与检索(Information Storage and Retrieval),包括信息的存储(文献的加工整序)和检索(文献的查询)两个过程。具体存储及检索过程如下。

(1) 存储过程就是按照检索语言(主题词表或分类表)对文献信息进行处理,形成文献特征标识,为检索提供经过整序的文献信息集合。具体说,就是对采集的文献信息的外表特征及内容特征进行著录、标引、编排正文和索引。文献外表特征包括科技信息的著者、来源、卷期、页次、年月、号码、文种、出版地等,文献内容特征包括题名、主题词和文摘等。著录是按照一定的规则对文献信息的外表特征和内容特征简明扼要的表述。标引是就文献信息的内容按一定的分类表或主题词表给出分类号或主题词。

（2）检索过程就是按照同样的检索语言（主题词表或分类表）及组配原则分析课题、形成检索提问标识，根据存储所提供的检索途径，从文献信息集合中查找与检索提问标识相符的信息特征标识的过程。并且把检索提问标识与存储的信息集合中的信息特征标识（文献标识）相比较的过程。

2. 狭义的信息检索

狭义的信息检索仅指该过程的后一步，即从信息集合中找出所需要信息的过程。相当于我们所说的信息查询（Information Search）。

3. 信息存取

当前更普遍使用的术语是信息存取（Information Access）。Access 一词源于计算机学科领域，是指计算机访问文档或数据集的方式。引入信息检索范畴，从本质上拓宽了检索的内涵及其应用。信息存取将所有信息的组织、检索活动及其先进的技术手段融合在一起。如果检索的对象是文献信息，那么就属于文献检索。

5.3.2 信息检索类型

信息检索有多种分类方法。按检索对象不同，主要分为文献检索、数据检索和事实检索。对科研人员而言，文献检索是信息检索的重点。

1. 文献检索

文献检索指以文献为检索对象的信息检索。文献检索根据检索内容的不同又分为文献的线索检索和文献的全文检索。

（1）文献的线索检索：利用书目、文摘和书目型数据库检索工具，检索的结果提供了文献的线索。

（2）文献的全文检索：这种检索以查找到文献全文为目的。

2. 数据检索

数据检索是指以数值、图表、公式或化学分子式等形式表示的数据为检索对象的信息检索，其检索结果为数据信息，如"长江有多长？洪水期最高水位有多高？"等。

3. 事实检索

事实检索是指以事实为检索目的和对象的信息检索。广义的事实检索既包括数值数据的检索、算术运算、比较和数学推导，也包括非数值数据（如事实、概念、思想、知识等）的检索、比较、演绎和逻辑推理。

5.3.3 检索方式与检索系统

检索从技术手段上分为手工检索和计算机检索。手工检索简称"手检"，计算机检索简称"机检"，"机检"方式将逐步取代"手检"方式。

信息检索是通过检索系统来实施的。检索系统与检索工具一起，共同服务于信息检索。检索系统就是为了满足各种各样的信息需求而建立的一整套信息的收集、整理、加工、存储和检索的完整系统。由于信息的存储媒体和技术手段的不断发展，检索系统也在不断发展。与手检与机检相对应的检索系统分别为手工检索系统和计算机检索系统。

1. 手工检索与手工检索系统

（1）手工检索

手工检索（Manual Retrieval）简称"手检"，是指人们通过手工的方式来存储和检索信息。手检工具主要有书本型和卡片型的信息系统，即目录、文摘、索引等各类工具书刊。手检的技术要求不高，以人的劳动为本，由人来翻阅，由人来进行比较、选择，完成匹配。手检工具能提供的检索途径十分有限，查准率较高，查全率较低。

（2）手工检索系统

手工检索系统由手工检索设备（书本式目录、文摘、索引、卡片柜等）、检索语言、文献库等构成，以人工方式查找和提供文献信息。手工检索系统具有操作简单，费用低廉，查准率高等优点，但耗时较多，效率较低。在中国，手工检索系统将与自动化检索系统长期共存，互相补充，在情报交流中发挥其应有的作用。

2. 计算机检索与计算机检索系统

（1）计算机检索

计算机检索（Computer-Based Retrieval）简称"机检"，是指以计算机技术为手段，通过计算机软件技术、网络和数据库及通信系统等现代检索方式进行的信息检索，检索过程是在人、机的协同下完成的。机检不仅需要先进的技术设施，也要求较高的文化素质。计算机检索查全率较高，查准率较低。

两种检索手段中，计算机检索明显优于手工检索，主要表现在检索的信息量大、数据更新快、检索功能强、检索结果输出的多样性等方面。

① 检索的信息量大：且不说大型机器的海量存储，一张普通光盘的信息存储量就达650MB，相当于几十万页的书。若计算机联入互联网，就可轻松获得世界范围的信息。

② 数据更新快：计算机处理与电子传输技术的迅速发展，使得数据得以进行动态和即时、及时的更新，提供了检索的实时性，这是手工检索工具无法比拟的。

③ 检索功能强：机检系统可提供很多检索途径，对一个检索途径还可以同时取若干个检索属性值，从多点交叉切入，有多重限定，有多种组合方式，允许人机交互，能达到高效、高精度的检索效果，并具备多库检索、多媒体和知识检索功能。

④ 检索结果输出的多样性：用户可以选择各种输出形式和输出格式，例如屏幕显示、拷贝、下载、打印等都是常用的方式，输出的内容、格式和形式可选择或自行定义。

（2）计算机检索系统

计算机检索系统又称为现代化检索系统，是利用计算机技术、电子技术、网络技术等，存储和检索在计算机或计算机网络内的信息资源的检索系统，存储时，将大量的信息资源按一定的格式输入到系统中，加工处理成可供检索的数据库。

（3）计算机检索系统的组成

计算机信息检索系统主要由硬件（Hardware）、软件（Software）和数据库（Database）三部分组成。硬件部分决定了系统的检索速度和存储容量；软件部分则充分发挥硬件的功能，确定检索方法；数据库是检索系统的核心部分，是检索系统的信息源，也是用户检索的对象。

（4）数据库

数据库（Database）是以二进制代码形式在计算机存储设备上（如磁带、磁盘和光盘等）合理存放的相关数据的信息集合，通常由存储信息记录及其索引的若干文档组成。不同的数据库,存储不同主题、数量、时间和类型的信息。一个检索系统可以有一个数据库,也可以有多个数据库。数据库可以随时按不同的目的提供各种组合信息,以满足检索者的需求。目前,大多数计算机信息检索系统都存有三种类型的数据库:全文型数据库、书目型数据库、数据事实型数据库,分别对应于按文献加工深度而划分的一次文献、二次文献及三次文献。

① 全文型数据库:又称一次文献数据库。存储内容为各类原始文献的信息,如 Elsevier SD、中国知网。

② 书目型数据库:又称二次文献数据库。存储描述如目录、题录、文摘等书目线索的数据库,为用户指出获取原始信息的线索,如 EI Compendex、SCI、CA 等。

③ 数据、事实型数据库:存储内容来源于百科全书、名典、年鉴、统计资料等参考书录、词典、手册、年鉴和统计资料等参考工具书,如 Encyclopedia Britannica Online (EB Online)。

5.3.4　信息检索基本原理

信息检索的本质就是用户的信息需求与存储在信息集合体(检索系统)的信息进行比较和选择,也就是匹配(Match)的过程。一方面是用户的信息需求,一方面是组织有序的文献信息集合,检索就是从用户特定的信息需求出发,对特定的信息集合采用一定的方法、技术手段,根据一定的线索与准则从中找出(Search,Locate,Hit)相关的信息。匹配有其匹配标准,这里涉及两者一致性、相关度等问题,按一定的标准筛选出符合要求的信息。需要指出的是,信息检索的过程往往需要一个评价反馈途径,多次比较匹配,以获得最终满意的检索结果。文献存储和检索原理如图 5-2 所示。

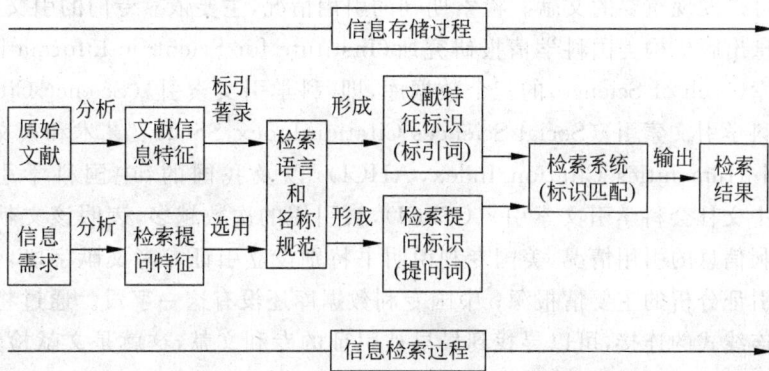

图 5-2　信息存储和检索原理图

可见,只有了解文献信息处理人员如何把文献信息存入检索系统,才能懂得如何从检索系统中检索所需信息。

5.4　文献信息检索的方法

5.4.1　常用的检索方法

检索方法是为实现检索方案中的检索目标所采用的具体操作方法和手段的总称。检索方法很多,在检索过程中应根据检索系统的功能和检索者的实际需求,灵活运用各种检索方法,以达到满意的检索效果。

常用的检索方法有追溯法、工具法和交替法。工具法又分为顺查法、倒查法和抽查法。

1. 追溯法

又称引文法、跟踪法,是指利用文献后面所附的参考文献、相关书目、推荐文章和引文注释查找相关文献的方法。追溯法又分为传统追溯法和引文追溯法。

(1) 传统追溯法。传统追溯法预先查找几篇与课题有关的专著或述评(因为这类文献往往附有大量的参考文献),查找参考文献的原始文献。由近及远地追溯,这样由一变十,由十变百地获取更多相关文献,直到满足要求为止。这种方法适合于历史研究或对背景资料的查询,其缺点是越查材料越旧,追溯得到的文献与现在的研究专题越来越远。因此,最好是选择综述、评论和质量较高的专著作为起点,它们所附的参考文献筛选严格,有时还附有评论。

(2) 引文追溯法。引文追溯法是利用引文索引进行追踪查找文献的方法。先找出一位有关文献的著者姓名,利用引文索引可以查到引用者的姓名和引用文献来源,再以此为起点进行循环追溯。这种方法由远及近地追寻,越查资料越新,研究也就越深入,但这种查法主要依靠专门的引文索引:如《科学引文索引》、《社会科学引文索引》。

追溯法的优点是,获得的文献针对性强,在没有检索工具或检索工具不全的情况下,可以查到一些相关文献,方法简单。缺点是:检索效率不高,漏检率较高。

用追溯法查找文献可以以各种引文索引为工具,也可利用述评、总结性文章后面的参考文献。

引文法可以发现重要的文献。检索期刊的引用情况,主要依靠专门的引文索引,如世界著名学术信息出版机构美国科学情报研究所(Institute for Scientific Information,ISI)编制的引文数据库(Web of Science)的三个数据库,即《科学引文索引》(Science Citation Index,SCI)、《社会科学引文索引》(Social Sciences Citation Index,SSCI)、《艺术和人文科学引文索引》(Art and Humanities Citation Index,AHCI),以及我国的《中国科学引文数据库》(CSCD)和《中文社会科学引文索引》(CSSCI),被引用的次数越多,表明该文献越重要。国外很重视专利信息的引用情况,美国专利说明书特别设立引证参考文献字段,便于统计,因此目前成为引证分析的主要情报源;中国专利数据库还没有这一字段。通过将每篇专利的引证情况作连线式的连接,可以寻找到最早被引证的专利文献,这就是文献检索的追溯法。短时间内专利越重要,被引证的次数就越多;在某领域内被引证次数最多的专利文献,很可能涉及的就是该领域内的核心技术。在自动化、电子、摄影和制药等行业,日本专利被美国专利频繁引用,这说明在上述各领域中日本技术处于领先地位。借助专利与专利间,以及专利与论文间的引用与被引用关系,可以揭示出一项专利的理论和技术起源,迅速追踪到一项技术自诞生以来最新的进展情况,并且可以帮助专利权人主动寻找引用者作为研究合作者。

2. 工具法

这是文献检索中最常用的一种方法,又称为常规法,是指直接利用检索工具检索文献。根据不同课题要求、不同的设备条件,可以选择最适当的方案来实施检索,其内容包含检索课题的分析、检索策略的制定、检索技术的应用等方面。利用工具法检索文献的关键在于根据检索条件、检索要求和学科特点选择检索工具,并注意发挥各种检索工具个体功能和整体功能。工具法又分为顺查法、倒查法和抽查法(按年代的远近来区分)。

（1）顺查法

按从远到近、从旧到新的时间顺序查询文献的方法。利用该法检索文献首先要分析检索课题提出的时间背景及历史概况，其次再确定查询的起始年月，最后再从检索起始的时间点上逐年逐卷查寻，查到符合检索课题要求的文献线索为止。这种方法的查全率和查准率都较高，但检索整个课题较费时。一般用于重大课题、各学科发展史以及新兴学科等方面的研究课题的全面检索。

（2）倒查法

按由近及远、由新到旧的逆时间顺序查寻文献的方法。这种方法把检索的重点放在近期文献，只需查到基本满足需要时为止。目的是获取近期发表的最新文献信息。使用这种方法可以最快地获得新资料，而且近期资料总是既概括、引用了前期的成果，又反映最新的水平和动向，这种方法比较节省时间，较易掌握某一专业领域的最新成果文献。适合于检索者对研究对象有较充分的了解，需要进一步了解新的进展情况时采用，是一般科研人员最常用的方法。在确认某项成果是否有创新时，也适合用倒查法。

（3）抽查法

按检索课题实际情况只查询某个时期文献的方法。一般是针对某学科发展迅速、研究成果发表较多的一段时间进行重点检索。这种方法往往用来解决要求快速检索的课题。它费时较少，获得文献较多，检索效率较高。但使用这种方法的前提是必须熟悉学科发展的特点，否则容易漏检，多用于写专题调查报告。

3. 交替法

又称循环法、分段法或综合法，是将追溯法和工具法结合起来检索文献的方法。该法综合运用追溯法和工具法，既要利用检索工具进行常规检索，又要利用文献后所附的参考文献进行追溯检索，即在查找文献时，先利用检索系统查出一批文献，通过精选将其有用的文献后所附的参考文献进行追溯，分期分段地交替循环使用这两种方法，直到获得对课题比较准确、全面的了解为止。

交替法是一种多向、立体的查找方法，它具有很大的灵活性，能博采众法之长，获取文献信息量较大，检索效率较高，适用于历史悠久、文献信息需求量较大的检索课题。在具体运用时可分为直接交替法和间隔交替法。

（1）直接交替法

直接交替法是在检索一个课题的文献时，同时交互使用不同检索方法进行检索的方式。如先使用检索工具查处一批有用文献，然后利用这些文献内附有的参考或引用文献线索追溯查找、扩大线索，获得更多的有用文献(即先工具法，后追溯法，不断交替使用)；反之亦然(即先追溯法，后工具法，不断交替使用)。

（2）间隔交替法

间隔交替法是在检索一个课题时，根据文献引证规律，每隔 5 年检索一次的方式。由于引用参考文献有一个规律，即最近 5 年之内发表的重要文献一般都会被引用。因此可以先利用检索工具查出一批有用文献，然后利用这些文献所附的参考文献进行追溯，扩大线索；接着跳过 5 年时间再用检索工具查找，查出有用文献后一起再进行追溯。如此循环，直到满足课题检索要求为止。

5.4.2 检索方法的选择原则

- 在检索工具不成套或不齐全的情况下,可采用传统追溯法;
- 如果已知某论文的著者,可采用引文追溯法;
- 在文献检索工具比较齐全的情况下,要尽量采用工具法;
- 当查找文献的目的为撰写某一学科的开展动态、综述、述评等论文时采用工具法中的顺查法;
- 在确定新课题或解决某些关键性的技术问题上往往用工具法中的倒查法;
- 如果检索者熟悉学科的发展特点,熟悉学科文献集中分布登载的时间、范围,就可以采用工具法中的抽查法。

5.4.3 信息检索效果的评价

所谓检索效果(Retrieval Effectiveness)是指检索结果的有效程度,反映了检索系统的检索能力。检索效果包括检索的技术效果和经济效果两个方面。技术效果由检索系统完成其功能的能力确定,主要指性能和质量。经济效果由完成这些功能的价值确定,主要指检索系统服务的成本和时间。

检索效果评价是根据一定评价指标对实施信息检索活动所取得的成果进行客观科学评价,以进一步完善检索工作的过程。

1. 检索效果评价指标

检索时,要根据一定的评价指标对检索结果进行科学的评价,以找出文献检索中存在的问题和影响检索效果的各种因素,以便提高检索的有效性。关于检索结果的评价,主要是评价检索效率。查全率、查准率、漏查率和误查率是评价检索效率的 4 个常用指标。

(1) 查全率 R(Recall Ratio)

指从检索系统中检索出来的有关某课题的文献信息数与系统中相关文献总量的比率,用 R 表示。可形式化地表示为:

$$R = \frac{a}{a+c}(\%) \qquad (5-1)$$

(2) 查准率 P(Precision Ratio)

指从检索系统中检索出来的有关某课题的文献信息量与检索出来的文献信息总量的比率,用 P 表示。可形式化地表示为:

$$P = \frac{a}{a+b}(\%) \qquad (5-2)$$

(3) 漏查率 O(Omission Ratio)

指从检索系统中未检出的相关文献量与文献库中该种相关文献总量之比,用 O 表示。可形式化地表示为:

$$O = \frac{c}{a+c}(\%) \qquad (5-3)$$

(4) 误查率 M(Miss Ratio)

指在文献检索系统的工作中,所检出的无关文献与所检出的全部文献的比率,用 M 表示。可形式化地表示为:

$$M = \frac{b}{a+b}(\%) \qquad (5\text{-}4)$$

以上公式中，a 表示检索出的相关文献数量，b 表示检索出的不相关文献数量，即误检的文献数量，c 表示未检索出的相关文献数量，即漏检的文献。$a+c$ 表示检索系统中存储的相关文献数量，$a+b$ 表示检索出的文献总量。

查全率和查准率是衡量检索效果的两个主要指标。查全率是衡量系统检出与课题相关文献的能力；查准率是衡量系统拒绝无关文献的能力。两者结合起来，即表示检索系统的检索效率。检索者的理想是要求查全率和查准率都是 100%，但这是不可能的。

实验表明：查全率和查准率之间存在相反的相互依赖关系，即提高查全率会降低查准率，反之亦然。但值得引起注意的是当查全率和查准率都很低的时候，两者可以通过检索策略的改善同时得到提高。

用户查找信息的目的不同，对查全率和查准率的要求也不同，有时，寻找特定的事实并不关心一次检索中漏检了多少，或检索某个主题时并不在乎误检了多少。因此可根据用户需要，选择合适的查全率和查准率要求。

2. 影响检索效果的原因

（1）来自检索系统的客观原因

具体的客观原因有：系统内文献不全；收录遗漏严重；索引词汇缺乏控制；词表结构不完善；标引缺乏详尽性，没有网罗应有的内容；文献分类专指度缺乏深度，不能精确地描述文献主题；组配规则不严密等。

（2）来自检索者的主观原因

具体的主观原因有：检索课题要求不明确；检索工具选择不恰当；检索途径和方法过少；检索词缺乏专指性；检索词选择不当；组配错误等。

5.4.4　信息检索效果的改进

1. 改进检索效果的措施

一般地说，提高检索效果的措施有如下两项。

（1）选择检索系统

检索系统的优劣是影响检索效果的主要因素。评论一个检索系统的好与坏主要看它的存储功能，即"全"、"便"、"新"。"全"是指存储的内容丰富，摘录的文献量越多，摘录率越高，则检索系统存储的文献信息量越大，这是检索的前提条件，也是实现检索的物质基础；"便"是指便于利用，它是检索系统的必备条件，一般指编排结构是否准确和实用、辅助索引是否齐全、排列是否科学等；"新"是指内容新、时差短，以保证提供的文献不陈旧失效。以上三者同时具备，才称得上是优良的检索系统。

（2）提高检索者的检索水平

对用户来说，检索前必须慎重选择检索系统，这是提高检索效果的保证条件。然而，多数情况下，检索者选择检索系统的余地并不大，要提高检索效果，更主要的是提高检索者自身的检索水平。检索效果与检索者的知识水平、业务能力、工作经验，特别是检索技能的熟练程度和外语水平密切相关。例如，要能全面准确地表达检索要求，合理选择检索方法、途径和工具，以及检索策略的应变能力，要根据不同检索课题的需要，适当调整对查全率和查准率的要求,这些都取决于检索者的检索水平和能力,因此,提高检索者的检索水平是提高检索效率的决定因素。

2. 改进检索效果的调整技巧

(1) 建议选用主题检索字段

利用主题(Subject/Title/Abstract)相关的检索式进行文献检索,检索结果更全面、准确。主题通常包括文献题名、文摘、关键词等字段。利用题名/关键词作为检索字段,检索重点突出、查准率高。

(2) 检索结果过多时的调整

- 增加检索词,在检索结果的基础上进行二次检索;
- 选择更专指的检索词,排除无关概念;
- 限定检索范围,对检索字段、时间、文献类型、语言进行更严格的限定;
- 使用"词组检索"或用位置算符替代 AND 算符。

(3) 检索结果过少时的调整

- 减少检索词、选择更宽泛的检索词、增加同义词;
- 减少对检索字段、时间、文献类型、语言等检索范围的限定,例如可将检索字段修改为(All fields);
- 用 AND 算符替代位置算符或词组;
- 使用通配符(＊)。

5.5　文献信息检索的工具与技术

5.5.1　检索工具

1. 检索工具的概念

检索工具是指用以报道、存储、查询文献信息及其线索的工具。它是附有检索标识的某一范围文献条目的集合。主要包括二次、三次印刷型手工检索工具、面向计算机和网络的各种数据库检索系统以及搜索引擎等各种网络检索工具。

一般说来,检索工具应具备以下 5 个条件。

(1) 明确的收录范围;

(2) 有完整明了的文献特征标识;

(3) 每条文献条目中必须包含多个有检索意义的文献特征标识,并标明供检索用的标识;

(4) 全部条目科学地、按照一定规则组织成为一个有机整体;

(5) 有索引部分,提供多种必要的检索途径。

2. 检索工具的种类

通常按收录学科范围和著录信息特征对检索工具进行划分。按收录学科范围,可将检索工具分为综合性、专科及专题检索工具。按著录信息特征,可根据文献条目著录的内容和揭示文献的深度不同,将检索工具划分为 4 种:目录、题录、文摘和索引(著录是对文献的外部特征和内容特征进行分析、处理和记录的过程,著录形成文献条目)。

(1) 目录型检索工具

目录是最早的一种检索工具。目录(Catalog)也称书目,是对图书、期刊(单位出版物)等外表特征的揭示和报道。它著录一批相关的文献,并按一定的次序编排而成有序的文献清单(List)。通常以完整的出版单位或收藏单位为著录的基本单位,以"本"、"种"或"件"(item)为报道单位,如一种图书、一件科技报告。

目录对文献的描述较简单,条目的著录项(element)有作者(编者、主要责任者),题名(书名、文献名)和出版项等。电子目录各项著录有序,有标目,馆藏目录还常带有馆藏地点、馆藏状态、索书号等项列表。

目录可从不同的角度进行划分。按文献的类型划分为图书目录、期刊目录、资料目录等。按其作用划分为发行目录、藏书目录。按检索途径可划分为书名目录、著者目录、分类目录、主题目录。按物质形态可划分为卡片式目录、书本式目录、机读型目录。按收录的范围可以划分为国家书目、联合目录、馆藏目录、出版社目录。

通过书目,可以了解本学科的研究历史和研究现状。特别是通过各类新书目,可以掌握本学科最新研究成果,这对考知学术渊流,确定研究课题是非常重要的。同时通过古今各类书目,可查询到与研究课题密切相关的事实和资料。各时期有代表性的综合性书目主要有:《四库全书总目提要》、《民国时期总书目》、《中国国家书目》、《全国总书目》、《全国新书目》。

联合目录主要有 OCLC 联机目录和 CALIS 联合目录。OCLC(Online Computer Library Center,即联机计算机图书馆中心)是世界上最大的提供网络文献信息服务和研究的机构,网址为 www.oclc.org。CALIS(China Academic Library & Information System,即中国高等教育文献保障系统)提供以中国高等教育数字图书馆为核心的中国高校图书馆联合目录,网址为 opac.calis.edu.cn。

【例】 图书馆的馆藏目录实例如表 5-4 所示。

表 5-4　馆藏目录实例

序号	索书号	书名	著者	出版社	出版年
58	TP311.13/418	数据挖掘(实用案例分析)	张良均[等]著	机械工业出版社	2013
59	TP311.138/553	SQL 基础教程	(日)MICK 著/孙 淼,罗勇译	人民邮电出版社	2013
60	TP311.138/554	Oracle 数据库编程经典 300 例	肖俊宇编著	电子工业出版社	2013

【实例】 CALIS 联合目录实例如表 5-5 所示。关于联机目录的详细使用,请参见中外文常见数字资源部分。

表 5-5　CALIS 联合目录实例

序号	题名	责任者	出版信息	资源类型	馆藏
1	21 世纪 10 年代文献信息检索教程/于新国,王金恒,于慈波编著	于新国编著	北京:高等教育出版社,2011	普通图书	Y
2	318 种中西药注射剂配伍变化快捷检索及应用手册/主编丁力[等]	丁力主编	天津:天津科学技术出版社,2005	普通图书	Y
3	2005 中国计算机大会论文集/金海,袁平鹏,章勤主编	金海主编	北京:清华大学出版社,2005	普通图书	Y

(2) 题录型检索工具

题录(Bibliography,Bibliographic Citation)是描述文献外表特征的文献条目,是供人们查找篇目出处的工具。题录一般以内容上独立的文献单元,如一篇文章或书中某一部分、某一章节或整个出版物作为其著录的基本单位。

题录的著录项至少包括篇名、责任者和文献的出处,例如《中文社科报刊篇名数据库》、《中文科技期刊数据库》就是题录型,实例如下。

【例】《中文科技期刊数据库》的期刊论文著录格式如表5-6所示。

表5-6 期刊论文著录格式实例

题名:改进关联规则数据挖掘在网络入侵检测中的应用
作者:张群慧
出处:《网络安全技术与应用》2013年第9期
摘要:随着网络技术的广泛应用,网络系统的安全变得至关重要。入侵检测是保护网络系统安全的关键技术和重要手段,但现行的入侵检测达不到实际应用的需求。关联规则挖掘可以从海量数据中发现正常…

【例】 文献的题录型电子条目如图5-3所示。

Internet telephony: services, technical challenges, and products *Hassan, Mahbub*; *Nayandoro, Alfandika*; *Atiquzzaman, Mohammed* **Author Affiliation:** Monash Univ **Source:** IEEE Communications Magazine 38 4 Apr 2000 IEEE p 96-103 0163-6804 **In English**

图5-3 文献的题录型电子条目

(3) 文摘型检索工具

文摘(Abstract)不仅描述文献的外部特征,而且揭示文献的内容特征,是带有文摘内容的扩展了的题录,它比题录多文摘等项内容。文摘以提供文章内容梗概为目的,不加评论和补充解释。按文摘的目的、用途、长短划分,文摘分6种,分别是报道性文摘、指示性文摘、报道-指示性文摘、评论性文摘、模块式文摘、专用文摘。文摘型检索工具以前三种为主。

【例】 文献的文摘型电子条目如图5-4所示。

Internet telephony: services, technical challenges, and products

Hassan, Mahbub (Monash Univ)
Nayandoro, Alfandika | *Atiquzzaman, Mohammed*

Source: IEEE Communications Magazine 38 4 Apr 2000 IEEE p 96-103 0163-6804

Abstract: The rapid proliferation of the Internet in the last few years has given rise to a strong interest in carrying telephony over the Internet. Because the Internet supports data communications, a range of other services can be bundled together with Internet telephony. The Internet, however, was designed for non-real-time data communications, and hence it poses several technical challenges that must be overcome before the Internet can be successfully used for carrying telephone services. The article discussed new services we can expect from Internet telephony, the technical challenges and solutions, and the emerging products that promise to support Internet telephony. **In English** 8 Refs. EI00065194763

SUBJECTS
Internet telephony
Data communication systems
Internet
Telecommunication services
Real time systems
Systems analysis
Switching theory
Congestion control (communication)
Telecommunication traffic
Voice/data communication systems

图5-4 文献的文摘型电子条目

（4）索引型检索工具

索引是将图书/期刊等文献中的一些重要的、有检索价值的知识单元,如分类号、主题词、著者等根据需要一一分析摘录出来,并注明它们所在文献的页码和文献号,再按一定的顺序编排组织起来,构成检索的种种途径。这种检索工具称为索引。索引一般附在专著或年鉴、百科全书等工具书之后以及收录内容较多的二次文献之后,是查找隐含在文章中所需情报,进行微观检索的有用工具。按其内容可分为主题索引、分类索引、关键词索引、引文索引。最通用的索引是主题索引和著者索引,例如《全国报刊索引》的索引。

国内常见的索引有中文社会科学引文索引、十三经索引、二十四史纪传人名索引、中国哲学史论文索引、诗经索引、史记索引等。国外著名的四大索引包括 SCI(《科学引文索引》)、EI(《工程索引》)、CPCI(《科技会议录索引》,原名 ISTP)、ISR(《科学评论索引》)。

【例】 著者索引的例子如图 5-5 所示。

2013 年第 37 卷第 5 期第一著者索引

一、本表只收录本期文摘原文的第一著者姓名,按汉语拼音顺序排列。

二、第一著者姓名后的号码为本期文摘序号,根据序号可检索到文摘。

A

阿不都热西提·吾不力卡斯
　木 201351946
艾霞 201351985
安明伟 201351759

B

巴元明 201351770
柏树祥 201352021
毕云 201351743

成云水 201351911
程真真 201351827
初展 201351912
崔花顺 201351991

D

邓超 201351723
邓晶晶 201351966
邓艳莉 201352006
邓燕 201351947
丁丽玲 201351969

龚德贵 201352019
顾春蕾 201351973
关东升 201351934
关乔中 201352035
郭春兰 201351730
郭光丽 201351824
郭红阳 201351848
郭会利 201351845

H

哈斯其其格 201351752

图 5-5　著者索引的例子

3. 检索工具的质量评价

检索工具的数量越来越多,质量参差不齐,要选择适当的检索工具,必须对检索工具进行鉴别与评价。评价总体上从以下 5 个方面进行。

（1）信息收录范围与信息质量

信息收录范围是指工具中信息覆盖的学科面、信息类型及数量。信息质量是信息水平、加工层次、真实性和准确性。

（2）著录的详略

文献信息的特征包括外表特征和内容特征。工具对文献信息特征著录或描述的详略程度决定了使用效果。工具对文献信息著录越详细,对用户的帮助就越大。外文数据库一般加工细致,使用方便。期刊、学位论文和专利数据库的著录比图书详细。

（3）著录、标引的质量

著录、标引的质量主要体现在著录项目的完整性、内容的加工(标引)深度、著录和标引的准确性以及标准化等方面。索引(Index)的编制,英文是 indexing 一词,音译为引得法或意译为索引法、标引,是通过对文献的分析,选用确切的检索标识(类号、标题词、叙词、关键词、人名、地名等),用以反映该文献的内容的过程。

(4) 信息报道的时效

信息报道时效主要通过报道时差来反映。报道时差是指从原始信息发布到工具报道的时间间隔。用户对文献信息传递的及时性有很高的要求,所以信息报道的时差越短越好。

(5) 检索功能

检索功能包括检索操作的简易程度、检索途径的多少以及检索效果好坏。好的检索工具应该提供尽可能多的检索途径,同时检索操作简单易学,并且检索效果好。

另外,可读性和权威性可作为选择百科全书和词典等参考型工具的辅助指标,而网络检索必须考虑速度和检索费用。

5.5.2　检索语言

1. 检索语言的概念

信息检索的基本原理是将用户的检索提问词与数据库文献记录中的标引词进行对比,当提问词与标引词匹配一致时,即为命中,检索成功。由此可见,能否准确地检索出用户所需信息,关键在于能否准确地选择检索词。这里所说的"准确",是指用户所选的检索词必须与数据库中标引文献记录所用的标引词一致。然而实际工作中,从事信息存储的人员与从事信息检索的人员绝大多数情况下不可能进行直接的思想交流,因而会造成存储信息与检索信息所依据的规则不一致,导致存入的文献检不出。为了避免这种情况发生,在信息标引人员与信息检索人员之间必须制定一种共同遵守的规则,即一种约定的相同标识和线路,这就是检索语言。

检索语言(Retrieval Language)是文献信息标引和检索提问而约定的人工语言,用来描述信息的内容特征和外部特征以及表达用户的信息需求。检索语言是为沟通文献标引与文献检索而编制的人工语言,也是连接信息存储和检索两个过程中标引人员与检索人员双方思路的渠道。从不同的角度,检索语言有不同的名称:在存储的过程中用于标引信息时称为标引语言,用于编制索引时称为索引语言,而用于信息检索则称为检索语言。

有了检索语言,信息标引人员在进行信息存储的过程中,就会对原始信息进行分析,找出其能代表信息的外部特征(如书名、刊名、篇名、号码、著者等)及内容特征(如分类、主题)与检索语言(检索标识系统)进行对照标引,然后纳入检索系统;而信息检索人员在进行信息检索的过程中,则先对待查课题进行分析,归纳出各种信息特征,使之形成能代表需要的检索提问,然后把这些提问与检索语言(检索标识系统)进行核对,标引成检索提问标识。

检索语言的作用主要表现在以下 4 方面:

- 保证不同标引人员表征文献信息的一致性;
- 使内容相同及相关的文献集中化;
- 保证检索提问与文献信息标引的一致性;
- 保证检索者按不同需求检索文献信息时都能获得较高的查全率和查准率。

2. 检索语言的分类

可根据检索语言不同的特征,将检索语言进行分类:按文献信息的特征,可分为描述信息内容特征的语言和描述信息外部特征的语言；按检索工具编排体系，可分为分类语言和主题词语言；按词汇的类型，可分为关键词语言、单元词语言、标题词语言和叙词语言；按其规范受控的情况，分为人工语言（规范语言）和自然语言（非规范语言）；按检索语言的词汇组配方式，可分为先组式语言和后组式语言。具体分类情况如图 5-6 所示。

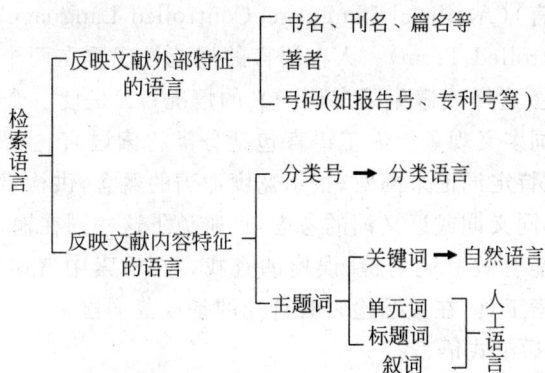

图 5-6　检索语言的分类图

不同的检索语言构成不同的标目及其索引系统，提供各种检索途径。本教材以信息检索实践中的分类语言与主题语言为主线，对其他检索语言，只需要了解相关概念即可。

（1）分类语言和主题语言

分类语言（Classification Language）是用分类号表达各种概念的检索标识，将各种概念按学科性质进行系统排列，反映科学知识分类体系的检索语言。它以分类表作为文献分类标引的工具。由类目号码及名称作为检索语言，构成分类类目表，如图书分类表、专利分类表用的都是分类语言。分类语言具有单维性特点，适用于按学科体系进行族性检索，不适用于多维性的、按专题概念进行的特性检索。

主题语言（Subject Language）是直接以表达文献主题的语词作为检索标识，按字顺编排并通过参照系统等方法提示词间关系的检索语言。主题词语言具有直接性、专指性、灵活性等优点，克服了体系分类法只能从一种概念为中心检索文献的缺点，但缺乏族性检索能力。

分类语言和主题语言之间的比较参见表 5-7。关于二者的详细知识，参见本节 3、4 部分内容。

表 5-7　分类语言和主题语言的比较

	主题词法	分类法
检索功能	侧重于特性检索	侧重于族性检索
检索标识	主题词－文字符号	分类号－数码符号
排列方式	字顺排列	等级排列

（2）自然语言和人工语言

自然语言（非规范语言）（Natural Language）使用非规范词（Uncontrolled Term）或称自由词（Free Term）。存在着一词多义、多词一义及词义交叉的现象。常见的有同义词、近义词、同型异义词等。自由词有较大的灵活性，使用随意，专指性强，查准率高。它能及时地反映最新出现的词汇,反映规范词难于表达的特定概念或新概念。在全文检索中自然语言独领风骚。大容量、高速、高性能的计算机检索系统的自动标引,使得自由词的全文检索,即自由文本检索(Free-Text Search)占的比例越来越高。自然语言的缺点是由于它不规范,缺乏对词汇的控制能力,也无法指示概念之间的关系,影响到检索效率。

人工语言(规范语言)(Artificial Language,Controlled Language)受信息检索的控制,使用控制、规范词(Controlled Term)。人工语言的规范处理重在两个方面:一是使一个概念只用一个词汇来表达,这样就避免了多词一义的情况;二是使一个标引词只能表达一个概念,这样就排除了一词多义现象。人工语言包括分类检索语言、主题检索语言、代码检索语言。规范词语言采用特定词汇来网罗、指示宽度适当的概念,供检索选择。用户在检索时可省略对其概念的全部同义词或近义词的考虑,也避免了这些词在输入时的麻烦和出错,它提供了一种比较高效、能有效避免漏检、误检的查找。在检索中普遍使用规范语言及其词表,凡有规范词表的检索工具,在主题检索时首选的是规范词检索。

(3) 先组式语言与后组式语言

先组式(Pre-Coordination)语言是指在检索实施前已事先组配好的一种检索语言,用户只能用这种已经固定好的检索词组形式去完成检索,它有较好的直接性和专指性,但灵活度差,例如标题词语言。

后组式(Post-Coordination)语言是指在检索实施前未事先组配好的、以单元词等形式出现的一种检索语言,在检索时将它们临时组配起来,表达一定的概念,来完成检索。这种后组方式提供了灵活的组配方式,在计算机检索中得到广泛应用。

关于不同检索语言,需要指出以下几点。

① 检索语言的类型为检索系统提供了多个检索途径,在数据库中检索途径就是检索字段。

② 各种检索语言各有其优缺点,充分认识各种检索语言的长处和局限性,就可以在使用中扬长避短,提高查准率和查全率。

③ 对于较复杂的检索,最好综合运用几种检索语言从不同途径查找。

3. 分类语言

(1) 分类语言的相关概念

分类语言是一种直接体现知识分类的等级制概念标识系统,是通过对概括文献信息内容及某些外表特征的概念进行逻辑分类(划分与概括)和系统排列而构成的。其主要特点是按学科、专业集中文献,并从知识分类角度揭示各类文献在内容上的区别和联系,提供从学科分类检索文献信息的途径。分类语言包括以下相关概念。

① 类:即概念,指具有共同属性的事物的集合。一类事物除了具有共同属性外,还有许多不同的属性,可进行多次划分。

② 属概念:被划分的类,又称为母类或上位类。

③ 种概念:一个概念经过一次划分后形成的一系列知识概念,又称子位或下位类。

④ 同位类:由同一上位类划分出的各个下位类互称为同位类,即并列概念。

⑤ 知识门类体系:一个概念每划分一次,就产生许多类目,逐级划分,就产生许多不同等级的类目。这些类目层层隶属,形成了一个严格有序的知识门类体系。

⑥ 分类表:用规范化的人工符号(如字母、数字和语词)表示这些类目,就构成分类表。

⑦ 分类语言：类号和类名组成分类语言。

（2）利用分类语言进行检索

从分类角度查阅文献，应使用体系分类表。图5-7是体系分类法中的经济类目示意。

例如查阅特色皮鞋市场的文章，至少要进行经济→贸易经济→商品学→轻工业产品这样4次概念划分，才有可能找到有关的类目。

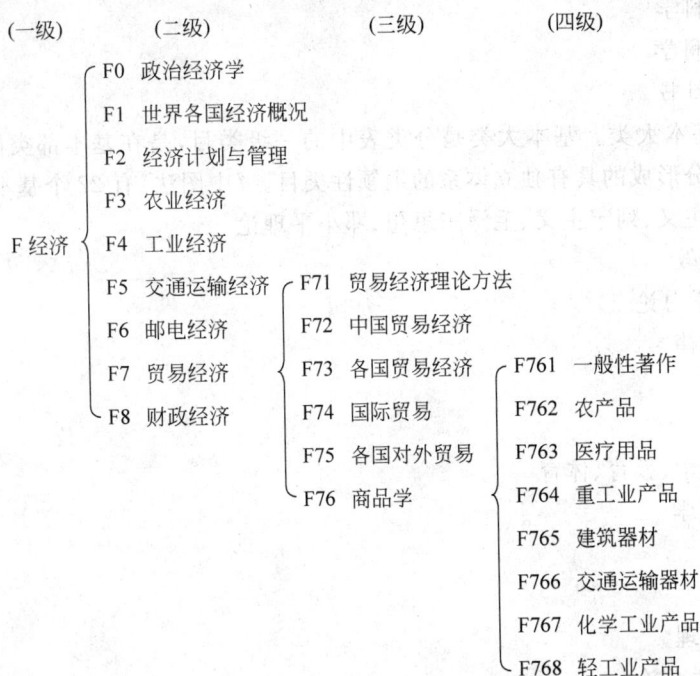

图 5-7　体系分类法中的经济类示意图

按体系分类法检索的长处是能满足从学科或专业角度广泛地进行课题检索的要求，达到较高的查全率。查准率的高低与类目的粗细多少有关，即类目越细，专指度越高，查准率也越高。但类表的篇幅是有限的，类目不可能设计得很细。因此，分类法只是一种"族性检索"，而非"特性检索"。

（3）常见的体系分类表

不同检索工具使用各自规定的分类表。广泛用于图书资料的是图书分类法。图书分类法的作用是指示用户根据学科内容检索图书资料，指导用户从开架书库（Open Shelf）中按类号顺序找到指定的图书及其内容相关的资料。许多出版物上都有"图书在版编目"（Cataloging In Print，CIP）。在我国出版的图书、专著上"图书在版编目"数据中有"中图法分类号"一项。较权威的图书分类法有中国图书馆图书分类法、美国国会图书馆分类法（Library of Congress Classification）、杜威十进分类法（Dewey Decimal Classification System）。

（4）《中国图书馆图书分类法》简介

《中国图书馆图书分类法》简称《中图法》，属大型综合性图书分类法。详见附录。

它以各门学科的特点和规律为基础，按照知识门类的逻辑次序划分类目。采用汉语拼音与阿拉伯数字的混合制号码。用字母标志一个大类，以字母的顺序反映大类的序列。在字母的后面用数字表示大类下类目的划分。

中国图书馆图书分类法由 5 个基本部类、22 个基本大类、简表、详表和复分表 5 个部分组成。

① 5 个基本部类。《中图法》设置了 5 大基本部类,其排列顺序为:

A 马克思主义、列宁主义、毛泽东思想、邓小平理论

B 哲学

C-K 社会科学

N-X 自然科学

Z 综合性图书

② 22 个基本大类。基本大类是分类表中的一级类目,是在基本部类的基础上根据当前学科状况区分形成的具有独立体系的纲领性类目。《中图法》有 22 个基本大类。

A 马克思主义、列宁主义、毛泽东思想、邓小平理论

B 哲学、宗教

C 社会科学总论

D 政治、法律

E 军事

F 经济

G 文化、科学、教育、体育

H 语言、文学

I 文学

J 艺术

K 历史、地理

N 自然科学总论

O 数理科学和化学

P 天文学、地球科学

Q 生物科学

R 医药、卫生

S 农业科学

T 工业技术

U 交通运输

V 航空、航天

X 环境科学、安全科学

Z 综合性图书

③ 简表。简表是图书分类法的基本类目表。它是由基本大类进一步区分的类目组成,担负着承上启下的作用。《中图法》的简表一般区分到三级类目,是《中图法》分类表的骨架。一般可供简略分类使用,另一方面可为查详表提供方便。

【例】 简表中的自动化技术部分。

TP 自动化技术

1 自动化基础理论

2 自动化技术及设备

3 计算技术、计算机技术

6 射流技术（流控技术）

7 遥感技术

8 运动技术

④ 详表。详表是《中图法》的正文，也称主表。它以简表为基础，将各个类目进一步划分，有的类目加以注释说明。

【例】 详表中的信息处理部分。

TP391 信息处理

.1 信息机

.2 翻译机

.3 检索机

.6 教学机

.7 机器辅助技术

.72 机器辅助设计、自动设计（CAD）

.73 机器辅助制造（CAM）

……

⑤ 辅表（复分表）。辅表（复分表）由 8 个通用复分表组成，分别为总论复分表、世界地区表、中国地区表、国际时代表、中国时代表、世界种族与民族表、中国民族表和通用时间、地点表。附在主表之后，是一组组的标准子目录，用来对主表中列举的类目进行细分。

【例】 辅表中的《山东外贸史话》。

《山东外贸史话》F752.9（52）

F 为经济

F7 表示贸易经济

F752 表示中国贸易经济

9 表示对外贸易史

（52）表示山东地区

4. 主题语言

主题词语言以自然语言为基础，直接采用能反映文献内容特征和科学概念的词语作为检索标识来标引文献，并按其外部形式（字顺）组织起来。主题词表达概念本身，在主题词表中通过参照系统来指示词汇之间的关系。主题词语言很多，如关键词语言、单元词语言、标题词语言、叙词语言等，它们有不同的主题词表。其中最常用的有叙词（Descriptor）语言和标题词（Subject Heading）语言。叙词语言和标题词语言的优点包括：一是在表达主题内容方面具有较大的灵活性，抛弃了人为的号码系统，代之以经过规范的自然语言，并在各主题之间建立有机的参照系统，代替了等级制的直线排列。二是使用组配和索引等方式，较好地满足多元检索的要求。用户查找文献时，可以不考虑所需文献内容在体系分类等级中的位置，只要按字顺查找表达概念的主题词或相近的主题词即可。

（1）叙词语言

叙词语言是一种后组式规范语言。以自然语言词汇为基础、以规范化的叙词（主题词）作为检索标识的文献标引与检索的主题语言。所谓叙词（Descriptor）指从自然语言中优选出来并经过规范化处理的名词术语。最主要的特性是组配性——概念组配,主要应用于计算机检索。

(2) 标题词语言

标题词(Heading)语言是最早使用的一种主题语言,它以规范化的自然语义作为检索标识,来表达信息涉及的主题概念,并将全部标识按字母顺序排列,是一种先组式规范语言。词之间的关系早已有词表规范表达,词表按字顺编排,也有参照指向,实现相关概念的连接。标题词除了单级标题外,还采用大量多级标题,有通用的和专用的两种。如《工程索引》1993年前的检索刊,是非常典型的一种主要利用标题词来检索的工具。

【例】 一篇文章用"微型计算机"这个术语来叙述它的研究对象,另一篇文章用"微型电脑"来叙述,第三篇文章用"微机"来叙述,虽然都表示同一概念,这时就不能直接用"微型电脑"或"微机"来作标题词,这三篇文章都必须用"微型计算机"作标题词(实际上是"主标题词",根据主题词表决定)。

(3) 关键词语言

关键词(Keywords、Identifiers)语言是直接选用文献中的自然语言作基本词汇,并将那些能够揭示文献题名或主要意旨的关键性自然语词作为关键词进行标引的一种检索语言。没有词表来对选词进行控制,所以是一种非受控的、不规范的自然语言。关键词语言的缺点包括未经规范化,漏检率和误检率较高,质量较差;其优点包括容易标引、快速、客观。

(4) 单元词语言

单元词(Uniterm)语言是在标题词语言基础上发展起来的一种规范化检索语言。单元词(Uniterm)是一种最基本的、不能再分的词汇单位,亦称元词。它也是从文献内容中抽出,并经过规范化处理的,代表一个独立的概念。元词语言是后组语言,它将一些元词在检索执行时组合起来使用。例如"科技"和"文献"分别表达两个独立的概念,它们组合成"科技文献"则又形成一个复合概念。元词强调单元化词的组配,仅限字面组配。单元词表比较简单,简单的单元词表只有一个字顺表,较完备的单元词表则由一个字顺词表和一个分类词表组成。单元词字顺表包括全部单元词和大量非单元词,非单元词列在单元词条目下,或有参照指向。单元词检索具有灵活、自由的组配方式。

用主题语言查找文献,要注意以下几点。

(1) 注意利用词表

主题词是检索系统使用的专门的规范化语言,用这种语言表述的概念,只有一种解释,不允许一词多义、多词一义,这是规范化检索语言的单义性所规定的。为了提高检索效率,检索者先要了解查询的检索工具是采用哪种词表组织的,然后在该词表中选用恰当的检索词来代替原先拟使用的不规范词语。可供参照的词表有《汉语主题词表》、《中国档案主题词表》、《中国分类主题词表》、《社会科学检索词表》、《国会主题词表》(Library of Congress Subject Headings)等,或系统本身建立的词表。

(2) 选择主题词要把握概念的含义

选词时不要仅从字面上"对号入座",否则,不是找不到主题词就是用错了意义相近的词。如查"多元共渗"方面的英文资料,汉英词典没有字面上对应的词。这时抓住概念分析这一武器,就可以知道这是指多种元素在一定温度、压力、浓度条件下自金属表面扩散的能力有所提高,利用的是"扩散涂层"原理,因此通过 Diffusion Coating 就可以找到有关文献。

（3）要利用概念之间的属种关系和相关关系增加检索线索

属种关系，又称上下位关系，是指一个概念的外延被另一个概念的外延所包括，包括概念是属概念，被包括的概念是种概念。列出大量具有属种关系概念的词语就可以利用属概念扩大检索途径，或利用种概念缩小查找范围，提高获得文献的准确性。相关关系指属种关系以外的且有交叉、并列、对立关系的概念，以及形式与内容、本质与现象、原因与结果等关系。在词表中，用"参见"(See also)、"参见自"(See also from)或其他标识符号来表示这些关系。善于利用这些关系，有利于提高查全率。

5.5.3 检索途径

所谓检索途径，又称检索点(Access Point)，是通过文献的特征标识检索所需要原始文献的过程。也就是用什么作为检索标识通过检索工具查到所需的信息。

检索途径与检索语言有着密切的对应关系。如前所述，检索语言作为标引人员和检索人员公用的语言，在信息的存储过程中用来著录文献的内部特征和外部特征，相应地，在用户的检索过程中，就可以利用文献的外部特征和内部特征，方便地获取到所需要的文献。可见，信息类型的著录格式本身就是检索途径，主要分为按文献外部特征的途径、按文献内部特征的途径，以及各种专门索引的检索途径。

1. 常用的检索途径

常用的检索途径包括分类途径、主题途径、著者途径（包括个人或团体的著者、编者等）和其他途径。检索时应遵循"主题途径为主，多种检索途径综合应用"的总原则。其他途径有标题（书名、刊名、篇名）检索、号码（如登记号）检索、机构名检索、出版物名称检索及各种抽样检索等。其中主题途径和分类途径反映文献信息的内容特征，而著者途径反映文献信息的外表特征。在数据库中检索时，几乎所有的字段都可以作为检索的途径。

（1）分类途径

分类(Classification)途径是从文献内容所属的学科类别出发来检索文献的，它依据的是一个可参照的分类体系(Classification System)。分类体系按文献内容特征的相互关系加以组织，并以一定的标记（类号）作排序工具，它能反映类目之间的内在联系，包括从属、并列、交替、相关等。

按分类查找文献信息的优点是能按照学科的系统性，从事物的派生隶属与平行关系的把握中获取所需资料。其缺点是由于分类法把人类知识按线性层次划分，不适合当今边缘学科、交叉学科发展的需要，横向查找较为吃力。再者，用分类切割知识的"块"较大，不利于查找细小知识单元的"微观"检索。不管是使用何种检索工具书，必须先浏览该检索工具采用的分类法（或分类简表），弄懂类号的等级次序、类目的排列和划分、类名的涵义，以及有关的说明与注释。

不同检索工具使用各自规定的分类表。广泛用于图书资料的是图书分类法。图书分类法的作用是指示用户根据学科内容检索图书资料，指导用户从开架书库中按类号顺序找到指定的图书及其内容相关的资料。较权威的图书分类法有：中国图书馆图书分类法、美国国会图书馆分类法(Library of Congress Classification)、杜威十进分类法(Dewey Decimal Classification System)。许多出版物上都有"图书在版编目"CIP。在我国出版的图书、专著上"图书在版编目"数据中有"中图法分类号"一项。关于中国图书馆图书分类法的详细知识,请参照分类语言中相关内容。

（2）主题途径

主题(Subject)途径是从反映文献内容的有关主题词出发来检索文献,主题是检索途径,它对应文献主题词。主题词是能代表所需文献信息内容的概括性强、专指度高的规范化名词或词组。检索按主题词的字母顺序或笔划、音序进行,其方式如查字典、词典。主题词有多种类型:有规范词和自由词,有单元词和多元词,有先组结构和后组结构等。主题词的合理选择和使用与检索结果的优劣直接相关。

与分类法类似的是,采用这一途径宜先查阅主题词表,从词表中选样最恰当的主题目。所不同的是,用主题法可以不受分类体系中知识的线性排列的约束,又接近于自然语言,避免了那种分门别类地查找答案的弊病,使检索更直接、方便、快捷。由于主题词表达概念准确、专指性强,可用来检索较为专深细小的知识单元。主题法的缺点是缺少学科系统的整体与层次概念,这使得在分类法中紧密相邻、互有关联的知识在主题法中被字顺分割,因此,用主题法可得到较高的查准率,但查全率较低。

（3）关键词途径

关键词途径是通过题名的关键词为检索途径查找文献的方法。有的系统将关键词称为自由词。关键词法具有主题词法的部分功能,在一定程度上能揭示文献的内容特征,如题为《市场信息的检索》的论文,读者可以从"市场"、"信息"、"检索"这三个检索途径去查找。

题名关键词使用的是自然语言,其优点是作为检索标识容易被掌握,缺点是自然语言所产生的同义词、近义词、多义词容易造成歧义和误差,给选用检索途径带来困难。有的工具书往往采用关键词轮排法,这种排列违背了人们的阅读习惯,由于语序被打乱,抠取的词与其他部分没有直接关系而使题义含糊,初次使用会不习惯。

（4）著者途径

著者途径是从文献的著者姓名出发来检索其文献。广义的"著者"包括作者(Author)、汇编者(Compiler)、编者(Editor)、主办者(Sponsoring Body)、译者(Translator)等,此外,还有代表机构、单位的团体作者(Corporate Author),包括作者所在单位(Author's Affiliation)。检索按作者姓名或机构名称字顺进行。如果查个人,对于西方作者通常也是按姓氏(Family Name)查找,表达方式可将姓氏放在前、而名字(Given Name)在后,形成倒叙形式,这时姓名中间往往插入一个逗号,如 Berger,P. R.,首先检索姓氏 Berger。

西文工具书中的著者款目所负载的信息较其他款目完备,但中国工具书中文献的著者途径常常是辅助检索途径(如《全国报刊索引》),许多书目索引甚至没有著者索引。造成这种状况的可能原因有:我国读者不习惯以著者为检索途径的查找方法;西文著者姓名倒置、复姓、前缀的取舍等问题也给中国用户的检索带来困难。

（5）名称途径

名称(Title)途径是从各种事物的名称出发来检索文献信息。这些名称包括书名、刊名、资料名、出版物名、出版社名、会议名、物质名称等,也包括人名和机构名。检索的对象既包括对应的文献,也包括有关的信息、事项等。例如个人电话簿(White Pages)或公司电话簿(Yellow Pages),查找的是号码信息。书名目录、馆藏目录普遍使用书名、刊名等出版物名称作为其检索途径,而论文、文章篇名一般不用作检索途径。检索按名称字顺进行,这时,名称起始用的冠词如 A、An 或 The 等不计入。

按题名排列文献是我国书目索引的传统和主要特色之一。在西文工具书中，文献的题名一般只作为辅助检索途径，例如作为书名索引附于书后。在著者和主题混合排列的书目或目录中，题名款目只是附加款目。西文索引很少提供篇名途径，除非按著录规则篇名不得不作为主要款目(Main Entry)的标目。因此以篇名为检索途径的查全率是较低的。

（6）号码途径

号码途径指按号码顺序如报告号、专利号、标准号、入藏号查找文献的方法。这种途径多见于检索科技报告、专利文献、标准文献、档案文献、政府文献等文献。

号码包括文献的编号(Number)、代码(Code)等，它们是文献信息的一些特有的外部标识，号码检索途径以号码特征来检索文献信息。号码多种多样，通常用数字、字母或用它们结合的形式或以分段的方式来表示其各部分的含义。例如科技报告有报告号，还有其合同号、拨款号等；专利文献有专利号、入藏号、公司代码等；分类号也是号码，等等。它们各自按号码顺序，或以数序，或以字序，或以混合序列检索。分类检索可看作一种特殊的号码检索，分类号是它的检索途径。

在对图书和期刊检索时常用到两个号码：国际标准书号 ISBN(International Standard Book Number)及国际标准刊号 ISSN(International Standard Serial Number)，它们分别是一种图书和一种期刊的唯一标号。

由于文献加工的细化、计算机标引的介入、新型电子文献出现等情况，形成了更多的可检索途径，例如文献类型、文献属性、参考文献、语种、出版年份等检索途径，它们提供了更多的检索途径。

2. 检索途径的选择

（1）在已知文献外部特征，或需要检索特定文献时，利用外部特征途径进行检索。

文献的外部特征与文献是一一对应的，即一组外部特征只对应一篇唯一的文献。文献的外部特征通常包括题目、作者、作者工作单位，专利和科技报告还有专利号或报告号等。这些用于表征一篇特定文献的特征可以在文献的封面或扉页找到。利用外部特征检索，有利于提高"查准率"，但降低了"查全率"。

（2）在已知文献某些内部特征的情况下，可以选择分类途径或主题途径进行检索。

分类途径按照文献资料所属学科（专业）类别进行检索，它所依据的是检索工具中的分类索引。优点：族性检索性能好，能检索出具有同一学科性质、不同研究对象的文献。不足：①分散同一主题的文献；②使用时需进行概念转换。

主题途径通过文献资料的内容主题进行检索，它依据的是各种主题索引或关键词索引，检索者只要确定检索词，便可以实施检索。优点：特性检索功能好，聚集从不同角度研究的同一对象的文献。

（3）利用其他途径进行检索。

包括利用检索工具的各种专用索引来检索的途径，包括各种号码索引（如专利号、报告号等），专用符号代码索引（如元素符号、分子式、结构式等），专用名词术语索引（如地名、机构名、生物属名等）。

5.5.4 常见的计算机检索算符

检索技术解决如何利用各种计算机检索算符构造检索式的问题。检索式又称检索表达式或检索提问式,由检索词和检索算符构成,它是计算机信息检索技术中用来表达检索提问的一种逻辑运算式,是用户和计算机对话的语言,是计算机执行用户检索思维的依据。学习构造检索式就必须学会各种计算机检索算符。

计算机检索算符,即连接组配符号,是将不同检索词连接为检索表达式的各种算符,主要包括布尔逻辑算符、词位算符、截词算符、字段算符等。

1. 布尔逻辑算符(Boolean Logical Operators)

布尔逻辑检索就是采用布尔代数中的逻辑"与"、逻辑"或"、逻辑"非"等逻辑算符,将检索提问转换成逻辑表达式。

(1) 逻辑"与"

用 And、* 或者空格表示。在网络搜索引擎中习惯用空格代替 And。

一种用于交叉概念或限定关系的组配,它可以缩小检索范围,有利于提高查准率。"A And B"表示被检索的文献记录中必须同时含有概念 A 和 B 才算命中。

【例】 检索"中国人民政府"这个网站,可以输入"中国 * 政府"、"中国 And 政府"、"中国 政府"等。

(2) 逻辑"或"

用 Or、"+"或逗号表示。在网络搜索引擎中习惯用逗号代替 OR。

一种用于并列概念的关系组配,它可以扩大检索范围,有利于提高查全率。"A Or B"表示被检索的文献记录中只要含有 A 或 B 中的任一个概念就算命中。

【例】 检索"天线"方面的文献,Antennas+Aerials。

(3) 逻辑"非"

用 Not 或"-"表示。

一种用于排除某种概念的关系组配,它同样可以缩小检索范围。"A Not B"表示被检索的文献记录中只含有概念 A、不含有概念 B。使用逻辑"非"时要慎重,否则会把有用的文献给漏检了。

【例】 检索"非核能的能源",Energy-Nuclear。

关于逻辑算符需要注意的几点如下。

① 在不同的检索系统里,布尔逻辑的运算次序是不同的,因此会导致检索结果的不同。通常的运算顺序是 NOT、AND、OR,但是可以根据需要,用括号规定或改变执行顺序。一般在检索系统的帮助文件中都会有这类说明。

② 布尔算符中的逻辑"与"只要求两个检索词必须同时出现在同一篇文献中,而没有限定算符两侧检索词之间的位置关系,有时难免造成误检。

【例】 查找"细菌对染料破坏"方面的文献。

检索词:细菌、破坏、染料

使用逻辑"与"组配。

检索结果:命中同时用这三个词标引的文献有"细菌对染料的破坏"方面的文献,也会有"染料对细菌的破坏"方面的文献,要排除后一部分的文献,就需用位置算符限定词与词之间的位置关系。

2. 位置算符(Position Operators)

位置算符也叫全文查找算符、相邻度检索算符,用来规定各个检索词在文献记录中的相互位置关系,包括词距和词序两个方面。词距是指两个检索词在所检字段中出现时中间可以相隔几个单词;词序是指两个检索词在所检字段中出现的先后次序,是一种多个单元词之间位置逻辑的比较检索方法。

位置算符在西方数据库中出现得较多,多在全文检索中应用。它比布尔逻辑算符更能表达复杂专深的概念,可以提高检索深度和查准率。位置逻辑算符的作用可参见表5-8。

表5-8 位置逻辑算符

算符表达式	作　用
（W）、（nW）-With、words	（W）算符两侧的词必须按给定的顺序排列,两词中间不得插入其他单词或字母,但允许加入空格及标点符号。(nW)算符则表示两侧的词必须按给定的顺序排列,但是两词的中间允许加入 n 个单词
（N）、(nN)-Near	（N）算符两侧的检索词必须紧密相连,词序可以颠倒,但是所连接的词间不允许插入其他单词或字母。(nN)算符则表示两个检索词中间可以插入 n 个单词
(F)-Field	通常写作 A(F)B,表示 A、B 必须同时出现在记录的同一字段,词序可以变换
(s)-subfield	通常写作 A(S)B,表示 A 与 B 必须同时在一个句子或同一子字段内出现,但词序可随意变化,且各词间可以加任意多个词

（1）（W）算符

多数数据库中用符号 w,SciFinder 化学数据库中直接用单词 with,不用符号 w。

（W）算符的简写形式为(),其中的 W 是 With 的缩写。在两词之间使用(W),表示算符两侧的检索词的词序不可颠倒,且两词必须紧密相连,除空格和标点符号外,中间不可插入其他词或字母。

【例】 Heat(W)plasticization 可以检出含有"Heat plasticization"的文献。

【例】 CD(W)ROM 可以检出 CD ROM 或 CD-ROM。

（2）（nW）算符

"n words"的缩写,(nW)是从(W)算符引申出来,检索词之间允许插入 0~n 个词,词序不许颠倒。注:EBSCO 数据库使用邻近位置检索算符(wn)。

【例】 anticorrosion (1W) paint,可检出 anticorrosion paint 和 anticorrosion of paint。

【例】 检索"材料磨损"(WEAR OF MATERIALS)方面的文献,检索式是 WEAR (1W) MATERIALS。

（3）（N）算符

（N）算符中的 N 是"Near"的缩写,词序可以颠倒,两词之间不许插词,词距表示方法和(W)、(nW)算符相似。

【例】 cross (N) section,可检出 cross section 和 section cross。

（4）（nN）算符

(nN)是从(N)算符引申出来,检索词之间允许插入 0~n 个词,词序可以颠倒。

【例】 information(n)retrieval 可以检出含有"information retrieval"和"retrieval information"的文献。

（5）（s）算符

s 是 Sentence 和 Sub-field 的缩写,算符两侧的检索词必须在同一句子,词序及两词间插入的词数不限。A(s)B 表示 A 和 B 必须同时出现在记录的同一个句子或短语中,但次序可以随意改变,A 与 B 之间可以有若干个其他的词。

【例】 resin ester 和 esteried resin(酯化树脂)可用"resin(n)ester"检索。

(6)(F)算符

Field 的缩写,算符两侧的检索词必须在同一字段内,词序及两词间插入的词数不限。

3. 截词算符

截词检索(Truncation)就是用截断的词的一个局部进行的检索,并认为凡满足这个词局部中的所有字符(串)的文献,都为命中的文献。按截断的位置来分,截词可有后截断、前截断、中截断、前后截断 4 种类型。按照截断数量来分,包括有限截词(即一个截词符只代表一个字符)和无限截词(一个截词符可代表多个字符)。

截词算符的具体用法参见表 5-9。

表 5-9 截词算符

算符表达式	作 用	例子
无限截词	不限制被截断的字符数量,即词干后的字符数不受限制	geolog? 等
有限截词	限制被截断的字符数量,即词干后的字符数不能多于截词符的个数	acid? ?
中截断	把截词符放在词的中间,截词符所在的位置可以是任意字符	organi? ation
前截断(左截断)	把截词符放在被截词的左边	? magnetic
后截断(右截断)	把截词符放在被截词的右边,是前方一致的检索,最常用	geolog?

截词检索是防止漏检的有效手段,尤其在西文信息检索中,更是应用广泛。有的外文单词有 $1 \sim n$ 个字母的变化形式,如单数与复数、动词与动名词、英语单词的英式和美式拼写形式,若同时检索这类词汇的不同形式,需要用布尔逻辑"或"连接。为了简便,可以截断该词,留下不变的局部,用截词符号代替变形部分实施截词检索。截断技术实质上是一种模糊检索,可以作为扩大检索范围的手段,具有方便用户、增强检索效果的特点,但一定要合理使用,否则会造成误检。

常用的截词符号有?、*或$等。有限截词一般使用?(英文半角问号)代表 $0 \sim 1$ 个字符(zero or one character);无限截词的标准符号是 * ,代表 $0 \sim n$ 个字符(a string of characters of any length),也称为通配符。不同的数据库系统所用的截词符也可能不同。无限截词在美国 Dialog 数据库系统和《工程索引》数据库中是?,在中国国家知识产权局数据库中是模糊字符%(半角百分号),在美国专利商标局数据库中是";但同时使用*和?作为截词符号的数据库,总是以*作无限截词符、以?作有限截词符。

4. 字段算符

分为字段揭示符与字段限制符。

字段揭示符:用文字或字母来表述某字段所代表的含义。如字段揭示符 AUTHOR 或"作者"或 AU 表示作者字段。

字段限制符:用来连接字段揭示符和检索词的算符,表明检索词隶属于某字段。

【例】 (computer and network) wn TI,DE

"wn"为字段后缀符,表示将检索式限定在篇名字段(TI)和叙词字段(DE)中。

【例】 AU=Smith,D.

"＝"字段前缀符,表示在著者字段中查找著者 Smith D. 发表的文献。

【例】 （minicomputer/DE,TI OR personal computer/ID,TI）AND PY＝2008 AND LA＝English

这个检索式所表达的检索要求是：查找 2008 年出版的关于微电脑或者个人电脑的英文文献,并要求"微电脑"一词在命中文献的叙词字段、标题字段出现,"个人电脑"一词在命中文献的自由词字段出现。

下面是综合运用检索算符的例子。

【例】 构建课题"基于 Web 的分布式协同工作环境的研究"的检索式。

① 分析出检索概念为：基于、Web、分布式、协同工作、环境,研究。

② 删除没有检索意义的词：环境、研究。

列出 Web 的同义词：3W、万维网、环球网、环球信息网。

选定的检索词：Web、3W、万维网、环球网、环球信息网分布式、协同工作。

用检索算符连接上述检索词后的检索式为：（Web or 3W or 万维网 or 环球网 or 环球信息网）and 分布式 and 协同工作。

【例】 光纤干涉仪的温度特性研究。

The Study on the Temperature characteristics of Fiber Interferometer

① 首先要分析课题,提炼出最能反映主题的核心概念,以便确定检索词。

光纤 干涉仪 的 温度 特性 研究

The Study on the Temperature Characteristics of Fiber Interferometer

② 选用如下检索词,注意列举全近义词和各种词型变化。

光纤：Fiber(美式拼写) Fibre(英式拼写)

干涉仪：Interferometer

干涉仪的：Interferometric

干涉测量法：Interferometry

温度：Temperature

特性：Characteristic Property

③ 用逻辑算符、位置算符、通配符等连接检索词,构造检索式。

Interferomet? and (fiber or fibre) and temperature (characteristic or propert?)

5.6 信息检索步骤

信息检索是根据检索课题要求,选择检索系统,确定检索标识,按照一定的检索途径和方法,查找出特定文献的过程。

信息检索的基本步骤包括以下几步。

① 分析研究课题;

② 制定检索策略;

③ 选择检索工具;

④ 确定检索途径;

⑤ 调整检索策略;

⑥ 获取原始文献。

具体检索过程如图 5-8 所示。

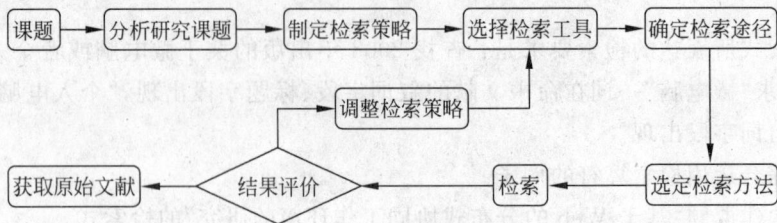

图 5-8 信息检索的步骤

5.6.1 分析研究课题

在查找文献信息之前,必须对检索课题进行分析研究。目的是了解课题的学科和专业范围,弄清检索的真正意图及实质。这是制定检索策略的根本出发点,也是检索效率高低和成败的关键。

通过对检索课题的分析,必须明确待查课题的学科专业、主题内容、信息类型、年限范围、语种要求、著者机构,以及查准、查全的指标要求等内容。分析课题时要注意考虑课题的特殊需求及用户的信息需求。

1. 弄清楚课题学科属性、专业范围及其相关内容

首先明白是单一学科还是涉及多学科或跨学科。当课题涉及多学科时,以主要学科为检索重点、次要学科为补充,以全面系统地查出所需文献。

【例】 "档案管理研究"课题属档案学学科。

【例】 "超声波技术在兽医上的应用"应以兽医学为检索重点,医学科学作为次要学科来查。

2. 弄清检索课题的信息类型和时间要求

弄清检索课题是文献类检索课题还是事实数据类检索课题。文献类检索课题即以图书、期刊、专利、学位论文等信息类型为检索对象,事实数据类检索课题主要以在学习、科研中遇到的具体疑难问题为检索对象。事实检索如查找人名、地名、名词术语、事件发生的时间、地点、过程等,这是一种确定性检索。数据检索直接查询数值型数据,如各种统计数据、参数、市场行情、财政信息、科技常数、公式等。

时间要求上,研究层次低、学科发展快的,检索的时段可以适当缩短。

【例】 查课题"超声波技术在兽医上的应用"和查国内外研究社会保障制度的文章,即是文献类检索。"超声波技术在兽医上的应用"一般要求检索 10 年左右;社会保障制度的文章要求检索 10~20 年。

【例】 检索中国经济领域的统计数据、政策、会议名称、新理论题目,是事实数据类检索。一般要求首先检索当前信息,或者根据具体要求回溯 10~20 年。

【例】 某用户需要现代企业制度建设方面的资料。如何具体分析课题?

学科属性、专业范围属于社会科学,具体涉及新会计制度、财税改革等方面,是文献类检索结合事实数据类检索,一般要求首先检索当前 5 年信息,或者根据具体要求回溯 10~

20年。

【例】 研究课题"教育与经济和社会发展",主题是论证教育对经济和社会发展的影响。如何具体分析课题?

学科属性、专业范围属于社会科学,是文献类检索结合事实数据类检索;具体涉及新中国成立以后及改革开放以后教育和经济社会发展关系是否协调。从投入、规模、比例等方面进行比较,也可以进行纵向比较(古今2000年)和横向比较(例如中国与东南亚国家)。

3. 考虑课题的特殊要求

(1) 文艺课题

要考虑作者国家、文种、写作时代、作品主题、主要经典名著和书评。由于概念的广泛性,主要考虑用分类号,以图书为主要的信息类型;书评等则以期刊论文居多。

(2) 化学课题

信息很专业,要考虑用途、反应、性质、制备过程、分子式、化学物质登记号、化学物质名称、别名。

(3) 工业课题

多考虑产品资料、专利信息、标准信息,要分析产品性能、生产原理、产品结构、原材料、工艺过程。

(4) 农业和生物课题

农业和生物信息的老化速度比工业信息缓慢,要考虑地域性、季节性、品种差异、同名异种情况,检索时间跨度可能较大;若发现新的生物种类要鉴定,需要回溯100年检索信息。

(5) 临床医学类课题

要从患病部位、疾病种类、病因、诊断方法、治疗方法、治疗用的药物等来分析课题。

(6) 社会科学类课题

教育文献包括教育理论、教育思想、教育制度、教育机构、教育人物、学校管理、教学法、各级各类教育。

历史文献包括国家、地区、朝代(历史时代)、民族、人物、机构和团体、事件(如革命、起义、战争)、政治经济军事文教制度、政策、改革举措、会议、法规、著作等。

地方文献包括历史变迁、经济(各业)状况、自然、气候、矿藏、物产、民族、风俗、语言、文化、教育、人物、行政管理、机构和团体、事件、山川、河流、交通、名胜古迹等。

4. 明确用户自身的信息需求

同一篇文献,本科生可以学习新知识,觉得很有用,而研究生可能觉得无用;同一篇关于用焊接技术加工零件的信息,有人偏重于获得零件的制造细节,而有的人侧重于获取焊接技术。

【例】 有一位学生拟定的中文研究课题为"法国文艺复兴时期文学作品浅析",要求查询国内中文检索工具。如何具体分析课题?

【课题分析思路参考】

① 学科属性、专业范围属于社会科学,具体属于外国文学,还涉及外语等多学科。

② 是文献类检索结合事实数据类检索。事实数据类检索包括查询"文艺复兴"这个概念、文艺复兴时期有多长、在该期间法国诞生了哪些重要的有影响的作品,这些可以从百科全书、文学辞典等参考工具书中查到。文献类检索就是查询是否有前人撰写的法国文艺复

兴时期文学作品浅析的期刊论文、学位论文、专著或者网页。

③ 考虑课题的特殊要求,补充检索标识:文学家、F. 拉伯雷、小说、《巨人传》。因为查阅《中国大百科全书》第 5 卷 2757 页有关于 F. 拉伯雷的记载,知道在当时的法国文学家 F. 拉伯雷以长篇小说《巨人传》在欧洲获得崇高声誉。该条目中也介绍了《巨人传》的情况。为进一步了解《巨人传》,查找了《外国文学名著辞典》中的《巨人传》,并去图书馆查阅这本名著。

【例】 检索"保土、治水、移民"课题,如何确定具体的检索要点?

【课题分析思路参考】

① 近代以来我国森林覆盖率、区域覆盖变化情况及其原因;

② 近三百年来我国东西部人口变动情况;

③ 我国历代移民概况;

④ 新中国成立以来中央领导人关于我国移民问题的讲话;

⑤ 黄河、长江水是何时由清变浑的。

5.6.2 制定检索策略

检索策略是指为实现检索目标而制定的检索方案或对策,也就是将课题的提问及其检索词与检索工具的收录内容、编排特点相匹配而确定的检索方案。检索策略分为广义的检索策略和狭义的检索策略。广义的检索策略,是指在分析检索提问的基础上,确定检索工具(或数据库)、选择检索用词、明确检索词之间的逻辑关系、确定检索途径,并对检索步骤进行科学合理的安排。狭义的检索策略,仅指确定检索词及构造检索式(即检索用词与各运算符的组配成的表达式)。

1. 确定检索词

检索词是指表征研究课题主要概念的关键性词语,是构成检索提问式的最基本单元。检索词通常从课题的主要概念(课题名称、采用的具体技术/方法、新颖点)中提取。检索词既是构成检索策略的基本元素,同时也是进行逻辑组配和编写提问检索式的最小单位。检索词的选择是否恰当,将直接影响检索效果。在具体选择检索词时,如果所选用的数据库有主题词表时,一般总是优先选择主题词表中的主题词作为最基本的检索项目。同时要对信息提问进行概念分析,即不仅从字面上分析,更重要的是要从词的含义上进行分析,注意所选词的全面性、专指性、一致性。

(1) 选取检索词的基本准则

① 要从词表规定的专业范围出发,选用各学科具有检索价值的基本名词术语,即意义明确的专用术语、规范用语。

② 选词要适应待检数据库的检索用词规则。

③ 宜多选常用的基本词汇进行组配,而不要使用过长的词组和短语。

④ 为提高查全率,需考虑检索词的同义词、近义词、缩略词。

(2) 在确定检索词的过程中,可利用以下方法收集规范词、同义词。

① 从已有的文献中获得。以课题的主要概念作为检索词,在相关数据库中试检,并从题名、摘要、关键词中收集规范词、同义词。

② 从主题词表中获得。主题词表是许多数据库对文献资料进行主题分类的依据。比

较成熟的研究主题,可以从主题词表中查找。

(3) 信息检索时,为了获取完整的文献,需要同时确定英文检索词。英文检索词主要可通过以下方法获取:

① 使用工具书(各类科技词典)、网络、数据库;

② 收集中文文献中的英文关键词写法;

③ 利用 CNKI 翻译助手(dict.cnki.net);

④ 试查相关英文数据库,扩展、变更检索词。

2. 构造提问检索式

提问检索式是用来表达用户信息需求的具体体现,也是决定检索策略的质量和检索效果的重要因素。编写提问检索式,是在分析检索课题、选择检索系统和数据库、确定检索词及检索途径的基础上,用布尔算符或位置算符对各检索词进行组配,以形成完整的检索概念。

把选择好的检索词用系统规则或允许使用的符号连接组配起来,便成为一条检索式。构造检索式常用到的组配符号主要有以下几类。

(1) 布尔算符:它们的作用是把检索词连接起来,为检索式搭起框架。

(2) 截词符:它的主要作用是对单元词进行加工修饰,使其功能更完善。

(3) 位置算符:它们的作用是对复合检索词进行加工修饰。

(4) 字段限制符:它的作用是限制检索词在数据库记录中出现的字段。

不同的检索者拟定检索式的方法和技巧各有不同,但有几条基本原则应遵守:首先,要符合概念组配的原则;其次,应拟定精炼的检索式,能化简的检索式尽量化简。同时,对于位置算符的选择,应根据文献中常见的词间关系来选择。

5.6.3 选择检索工具

根据检索课题的主题及专业范围选择质量较高、检索手段比较完善的检索工具。这就必须了解和掌握各种检索工具的适用范围、收录特点。

在选择检索工具时,要考虑的主要问题如下。

(1) 在内容和时间方面,要考虑检索工具、数据库内容对课题内容的覆盖面和一致性,如应综合考虑检索工具、数据库收录文献的齐全、编制的质量、使用的方便等因素。

(2) 在手段和技术上,有机检条件的一般就不选手检工具,但必须了解数据库收录文献的年代范围。

(3) 考虑价格和可获得性,应选择就近容易获得的检索工具。

5.6.4 确定检索途径

检索途径是进入检索的入口,分为两类:反映文献内容特征的途径(分类、主题)和反映文献外部特征的途径(著者、题名、代码等)。可以根据检索课题内容上的要求,从数据库的分类或者主题等途径进行检索,也可以根据已知的外部信息,例如作者、文献序号等,从数据库的外表特征途径检索。

5.6.5 调整检索策略

检索中会不可避免地产生一些和检索目标相差甚远的情况。

当检索结果比较少的时候,可以增加一些检索词、调整组配算符、取消或者放宽一些检索限定、增加或修改检索入口点等手段来扩检,以提高查全率;当检索结果很多的时候,可以采取与扩检相反的方法来缩检,提高查准率。

5.6.6 获取原始文献

这是检索过程的终结,也是文献检索的最终目的。

1. 获取原文的步骤

(1)判断文献的出版类型。需要根据图书、期刊、科技报告、会议文献、专利文献、学位论文、标准文献等不同出版物的著录特征,准确识别出文献所属的出版类型。

(2)整理文献出处。即将文献出处中有缩写语、有音译刊名的还原成全称或原刊名。

(3)在上述步骤的基础上查找全文数据库、图书馆馆藏目录或联合目录确定馆藏位置。

2. 获取原文的途径

获取原文时要采用最经济的方法。可以用来直接或间接获取原文的途径有以下几种。

(1)图书馆购买的信息资源。

图书馆的读者应该首先利用本馆购买的期刊、学位论文、电子图书原文,图书馆收藏的纸本图书需要借阅;校外的机构(如国家科技图书馆)的文献可以付费从网上传递原文;专利可以直接通过网站阅读原文。

(2)各种免费网络学术信息检索工具及资源。

主要有联合目录类,如 WorldCat 联合目录(www. oclc. org/worldcat. en. html)、calis 联合目录(opac. calis. edu. cn)、CASHL 文献中心(www. cashl. edu. cn)、全国期刊联合目录(union. csdl. ac. cn)、国图联机目录(opac. nlc. gov. cn)、中科院国家科学图书馆(www. las. ac. cn)、国家科技图书文献中心(www. nstl. gov. cn)、清华大学馆藏目录(lib. tsinghua. edu. cn)等;网络检索工具类,如 Google 学术搜索(scholar. google. com)、Google 图书搜索(books. google. com)、读秀知识库(www. duxiu. com)、CNKI 知识搜索(search. cnki. net)、开放获取期刊指南(www. doaj. org)等;各种可免费查询的外文数据库类,如 Sciencedirect(www. sciencedirect. com)、IEEE(ieexplore. ieee. org)、Springerlink(link. springer. com)等。

(3)目前迅速发展的网上联合咨询系统也是读者获取原文的一种选择途径。

在读者不能或没条件利用图书馆时,可通过这种方式索取所需信息。如中科院国家科学数字图书馆(www. las. ac. cn)的参考咨询系统、广东联合参考咨询网(www. ucdrs. net)、上海网上联合知识导航站(www. libnet. sh. cn/ckfw),这些系统为读者提供免费的文献传递服务。

3. 索取原文主要的方式

(1)网上传递原文

要想从网上获取电子图书、学位论文、科技报告、标准信息等文献全文,则需要购买阅读卡,或汇款到网站开设的账户,网站的工作人员发回电子文本或邮寄复印件,对于需求量不大的用户,这种方式并不经济快捷。如果能在本地情报所、大型图书馆索取原文复印,价格便宜得多。

【例】 某全国政协委员查询 Jeremy Rifkin 的著作 The End of Work。

【课题分析思路参考】

① 查中国国家图书馆馆藏卡片目录、机读目录、西文采选目录，未见收藏。

② 通过 Internet 查询北京大学图书馆、清华大学图书馆、中国科学院图书馆、上海图书馆，均未找到该著作的收藏信息。

③ 通过 Internet 进入美国国会图书馆查询系统，查得国会图书馆收藏有该著作，索书号为 HD6331.R533。

④ 建议通过 OCLC 国际互借解决。

（2）就近借阅

如果当地高校图书馆、公共图书馆、情报所、信息所和一些大型研究部门都收藏有大量文献全文，收费便宜，读者去借阅或者复印比较经济实惠。图书的获取应首先利用馆藏书目数据库查明本地图书馆的收藏状况；有收藏的应利用索取号根据图书的排架规则去寻找；本馆没有印刷型的，可在电子图书中查阅；还没有，可以利用其他方法到其他图书馆去获取。

4. 特种文献的索取方式

还要了解特种文献，例如会议文献、学位论文、标准文献、专利信息的收藏情况。专利和学位论文的获取应首先考虑免费的全文数据库获取，免费全文数据库不能满足时，再寻找其他途径获取。

（1）会议文献发表的形式

① 以单篇的形式发表论文，即论文预印本，它有快和全的优点，但需经鉴定和修改，且不易借阅。

② 以期刊形式发表的会议论文，出版时间较会议录早，图书馆易收藏，便于索取。

③ 以图书形式出版的会议录，相当正规，质量可靠，但出版周期长，可以到图书馆、信息研究所借阅。

【例】 某大学图书馆的书刊查询数据库查询到一篇会议信息如下：

书名 Proceedings of the international citrus symposium, Guangzhou, China, Nov. 5-8, 1990

这是图书形式的会议文献，可以检索馆藏数据库的图书数据，再到流通部书库根据索书号借阅。

（2）学位论文

学位论文不公开发行且报道分散，收集比较困难。对于《万方学位论文数据库》、《清华同方中国优秀博硕士学位论文全文数据库》没有收录的国内硕士、博士学位论文，可以委托中国科学技术信息研究所和国家图书馆提供原文。

【例】 某大学学生已知一些农业大学学位论文题目，如何获得原文？

方法 1：使用大学图书馆的馆藏目录查询到图书形式的学位论文，然后直接借阅。

方法 2：使用大学图书馆购买的学位论文数据库检索，可以直接查看近年来的原文。

方法 3：本地没有的则通过网上检索得到题目后，再从高校图书馆、国家科技图书文献中心（NSTL）通过馆际互借寻找全文，收费较低，时差也短。

方法 4：外文图书、会议论文可以通过 OCLC 获取。

（3）标准文献

可以先在中国标准服务网（http://www.cssn.net.cn）检索标题，若需全文，可购买复印件;或与中国技术监督情报研究所联系获得原文;或者根据标准号码到图书馆、信息研究所借阅印刷本《中国国家标准汇编》,阅读或者复印原文。《中国国家标准汇编》只适于按序号检索国家标准。

（4）科技报告

国内外科技报告全文可以通过 NSTL 获取。

（5）专利文献

原文是说明书,根据专利法要免费公布原文,应该到官方的专利网站检索原文。少数陈旧的专利文献尚未收入这些网站,但是有缩微胶片版本存放在信息研究所和一些大学图书馆,可以到上述单位购买。

5.7 应用案例

文献信息检索的最终目的是获得课题所需的文献,而对高校学生来讲,获取文献的渠道包括互联网文献资源和本校图书馆所购买的各种文献电子资源。根据学习过程中的信息检索需求,不断利用互联网及各种电子资源进行文献信息检索实践,才能不断提高自身的信息检索水平。

鉴于后面有专门的章节介绍各学术数据库的检索过程和方法,故本部分内容侧重于信息检索的步骤及策略方面的实践。

5.7.1 按要求导出符合标准的文后参考文献

无论是哪种文献,都会在文后给出所引用的参考文献,而文后参考文献有不同的格式标准,如何完成这一工作呢？下面给出两种方法完成这一工作。

任务要求:假设我们需要在论文的参考文献处引用图书《Word 排版艺术》,请给出符合我国国家标准的文后参考文献标准著录格式。

方法一:登录图书馆的电子资源,进入"读秀中外文学术搜索",选择"图书",在检索框中输入"Word 排版艺术",检索框下方限定"书名",单击"中文搜索"按钮,如图 5-9 所示。

图 5-9 利用读秀检索图书

在打开的页面中选中第一项,然后单击"导出所选记录"(单项可直接单击"导出"按钮),如图 5-10 所示。

在接下来的页面左侧选择所需的引文格式,拷贝中间部分的文字(或单击右侧的"输出到本地"),加入到文后参考文献的对应位置即可,如图 5-11 所示。

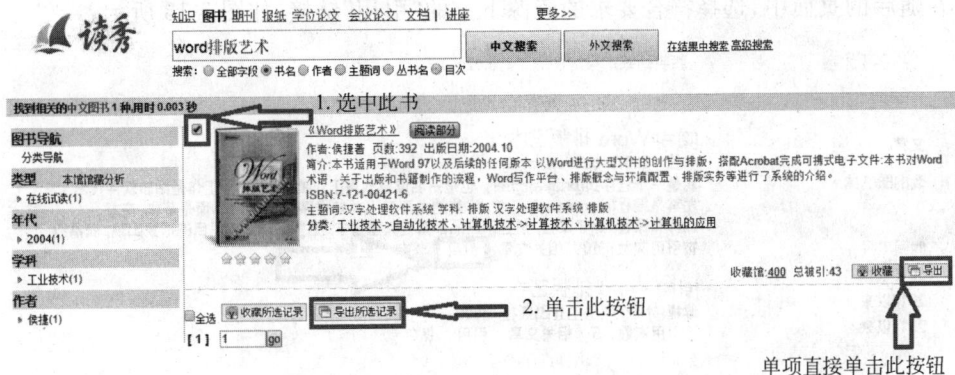

图 5-10 利用读秀检索图书

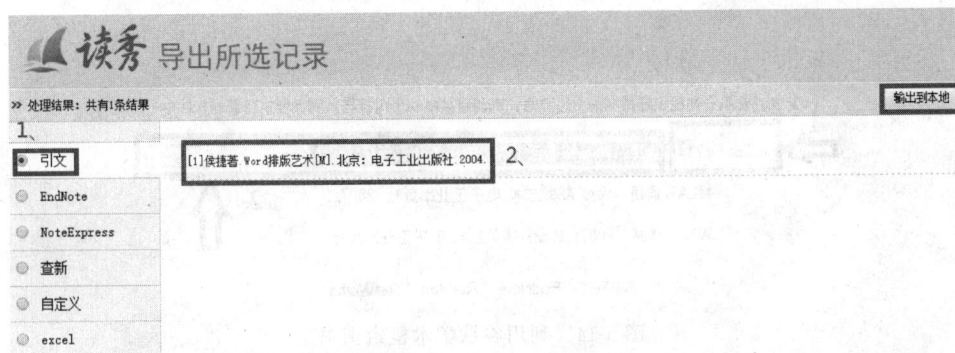

图 5-11 利用读秀检索图书

方法二：利用 Google 学术搜索引擎解决，具体步骤如下。

进入谷歌学术搜索引擎，URL 为 https://scholar.google.com，在搜索框中输入"Word 排版艺术"，单击"搜索"按钮，如图 5-12 所示。

图 5-12 利用谷歌学术检索图书

在随后的页面中,选择符合要求的资源下方的"引用"链接,如图 5-13 所示。

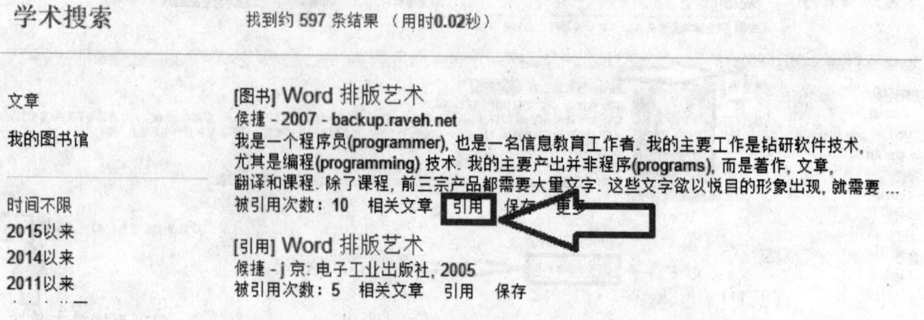

图 5-13　利用谷歌学术检索图书

在弹出窗口的左侧选择所需参考文献格式,右侧拷贝即可,如图 5-14 所示。

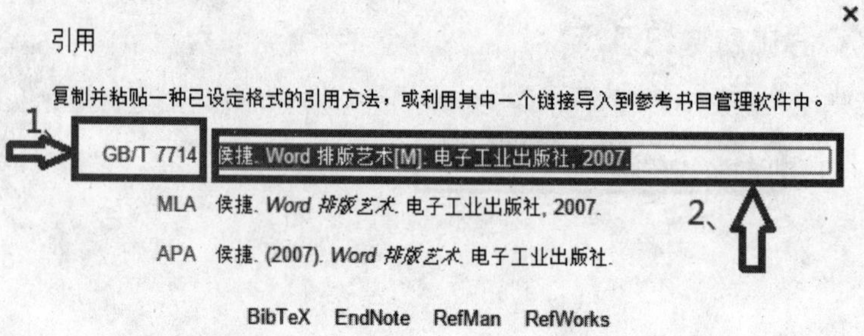

图 5-14　利用谷歌学术检索图书

需要指出:(1)参考文献的导出方式不限于这两种方式,例如 CNKI 等数据库也提供导出功能。(2)实际的参考文献引用往往需要考虑文献的时效性,而时效性与具体课题有关。(3)期刊、专利等其他类型的文献,其文后参考文献格式导出方法也大同小异。

5.7.2　编程语言学习检索策略实践

任务要求:随着信息更新速度的加快及和不同学科的不断融合,每个人都需要培养基本的编程能力,为此需要找到相关的学习及资源网站。

任务分析:要学习编程,首先需要知道应该学习哪种编程语言,然后找到对应语言的学习网站、图书等。本任务可分解为几个子任务,对每个子任务确定所需关键词,并构造检索式,检索工具主要利用 Google 搜索引擎,最终将结果汇总即可。

1. 子任务一:编程语言排行

(1)关键词:编程语言排行、2015;

(2)检索式:编程语言排行 2015;

(3)检索工具:Google 搜索引擎;

(4)检索过程及结果如下。

在 Google 检索框中输入检索式"编程语言排行 2015",同时限制检索时间为"过去 1 个月内",单击"检索"按钮,检索结果如图 5-15 所示。

单击结果页面中的第一项,查看 9 月排行前十名的情况,如图 5-16 所示。

分析结果,可见 Java、C、C++位居前三。接下来对比一下这三种语言。

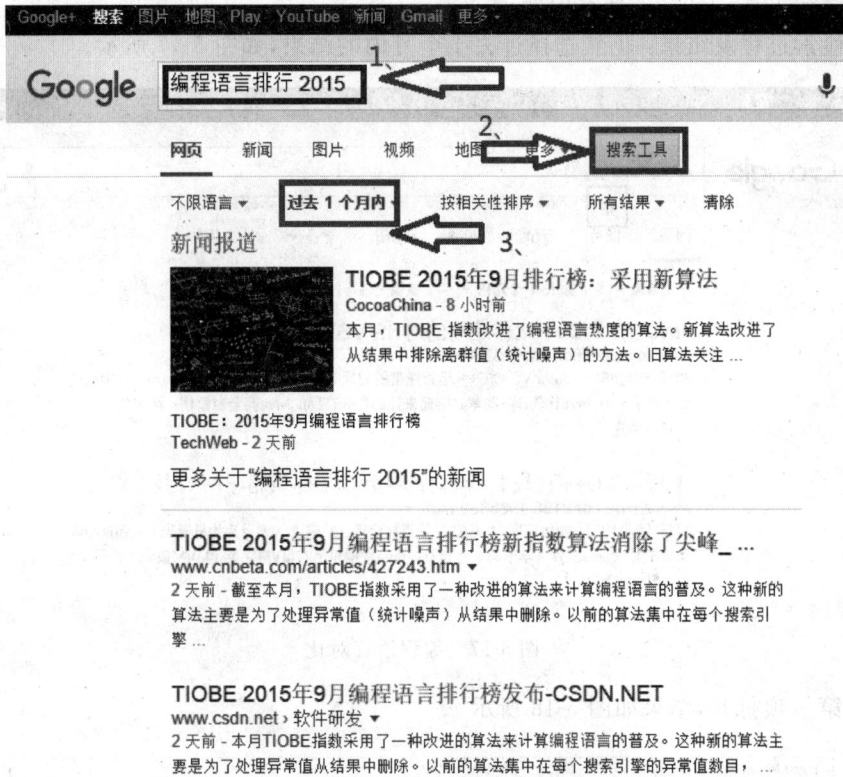

图 5-15　编程语言排行

2015年9月TIOBE编程语言排行榜：Top 20					
Sep 2015	Sep 2014	Change	Programming Language	Ratings	Change
1	2	∧	Java	19.565%	+5.43%
2	1	∨	C	15.621%	-1.10%
3	4	∧	C++	6.782%	+2.11%
4	5	∧	C#	4.909%	+0.56%
5	8	∧	Python	3.664%	+0.88%
6	7	∧	PHP	2.530%	-0.59%
7	9	∧	JavaScript	2.342%	-0.11%
8	11	∧	Visual Basic .NET	2.062%	+0.53%
9	12	∧	Perl	1.899%	+0.53%
10	3	⋁	Objective-C	1.821%	-8.11%

图 5-16　TIOBE 编程语言排行前十名

2．子任务二：编程语言对比

（1）检索词：Java、C、C++对比；

（2）检索式：Java、C、C++对比；

（3）检索工具：Google 搜索引擎；

（4）检索过程及结果：仍然选择过去 1 个月内的结果，如图 5-17 所示。

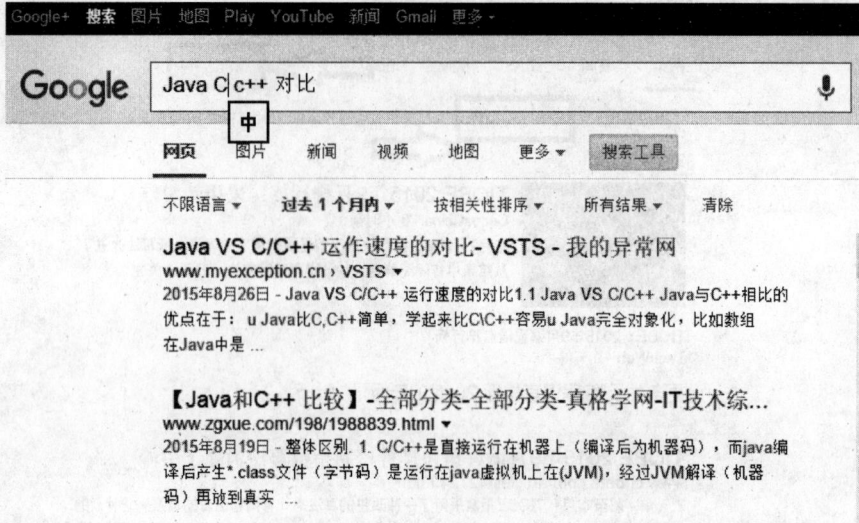

图 5-17　编程语言对比

单击第一项打开，结果如图 5-18 所示。

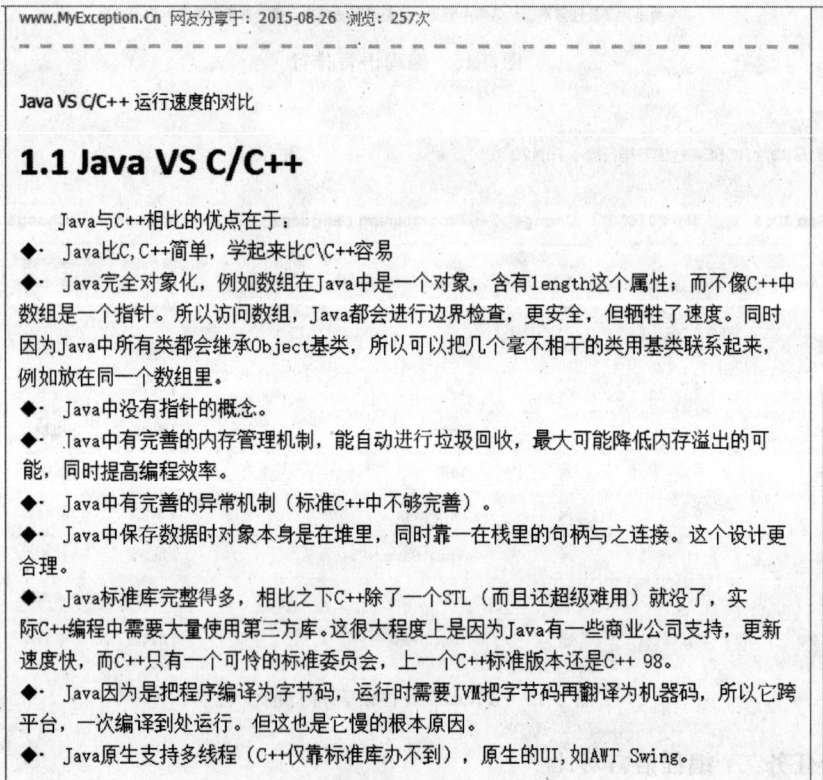

图 5-18　编程语言对比

综合查看了一下,Java 更健壮,接下来查 Java 的相关学习和资源网站。

3. 子任务三:检索国内教育网的 Java 精品课程网站

(1) 关键词:Java 国家精品课程;

(2) 检索式:考虑到精品课程是教育网内的资源,检索式中用 site 限制检索网站。故检索式为 Java 国家精品课程 site:edu.cn;

(3) 检索工具:Google 搜索引擎;

(4) 检索过程及结果:如图 5-19 所示。

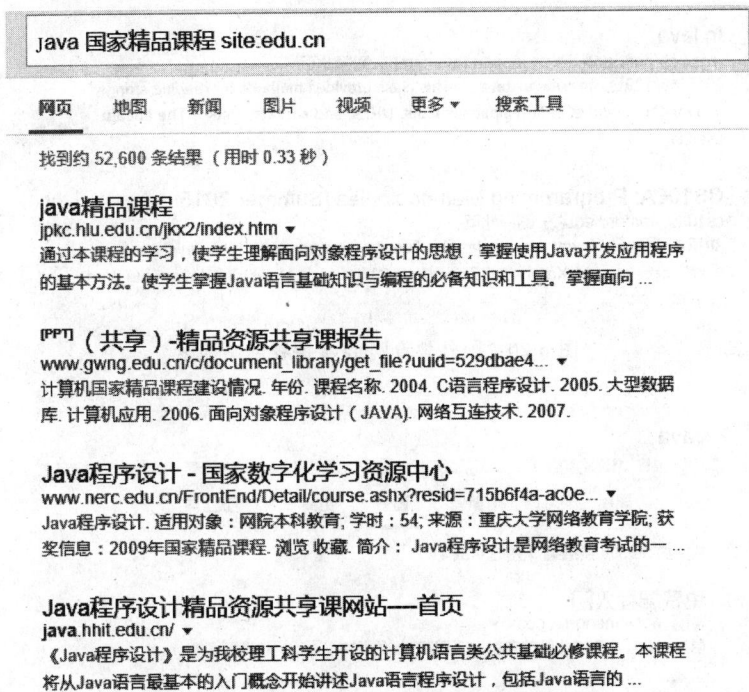

图 5-19　国内教育网 Java 精品课程网站检索

打开对应的课程网站,记录网址。再找一下国外的课程网站。

4. 子任务四:检索国外教育网的 Java 课程资源网站

(1) 关键词:考虑到课程一般有 class 字样,所以选关键词为 Java 和 class;

(2) 检索式:Java class site:edu,其中 site 限定为教育网;

(3) 检索工具:Google 搜索引擎;

(4) 检索过程及结果:限定检索时间为"过去 1 年内",结果如图 5-20 所示。

5. 子任务五:检索 Java 图书

(1) 关键词:Java;

(2) 检索式:Java;

(3) 检索工具:Google 图书搜索引擎;

(4) 检索过程及结果:如图 5-21 所示。

进入 Google 图书搜索引擎,URL 为 https://books.google.com/,在检索框中输入"Java",单击"搜索"按钮,结果如图 5-21 所示。

java class site:edu

网页 　图片 　视频 　地图 　图书 　更多▼ 　搜索工具

不限语言▼ 　过去1年内 　按相关性排序▼ 　所有结果▼ 　清除

Picture.java - Introduction to Programming in Java
introcs.cs.princeton.edu/stdlib/Picture.java.html ▼ 翻译此页
6 天前 - Picture code in Java. ... This class includes methods for displaying the image
in a window on * the screen or saving it to a file. * <p> * Pixel (x, ...

In.java
algs4.cs.princeton.edu/12oop/In.java.html ▼ 翻译此页
2015年8月29日 - In code in Java. ... This class provides methods for reading strings *
and numbers from standard input, file input, URLs, and sockets. * <p> * The Locale
used is: ...

CS106A: Programming Methodologies [Summer 2015 ...
cs106a.stanford.edu/ ▼ 翻译此页
2015年8月10日 - If you missed class on Tuesday, you can collect your midterm from
the file cabinet ... A1 Karel - Due Tues, June 30 [Handout | Files]; A2 Java - Due Wed,
July 08 ...

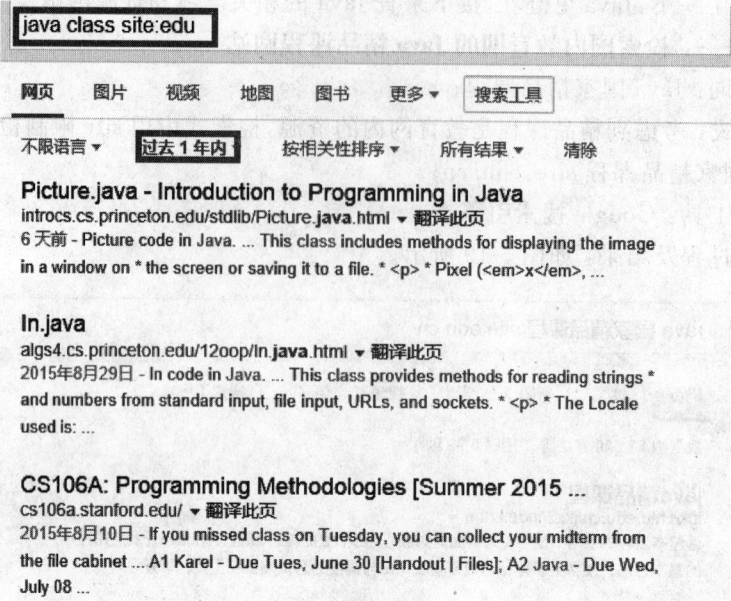

图 5-20　国外教育网 Java 课程网站检索

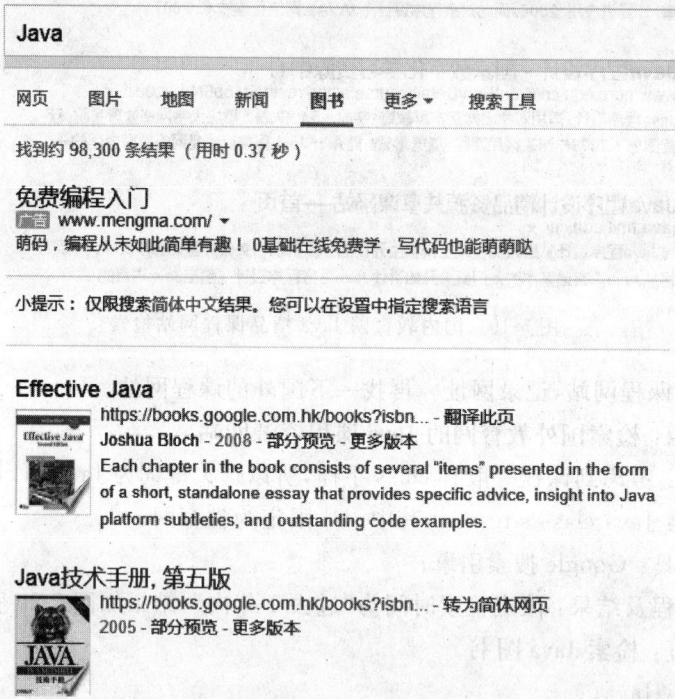

Java

网页 　图片 　地图 　新闻 　图书 　更多▼ 　搜索工具

找到约 98,300 条结果 （用时 0.37 秒）

免费编程入门
广告 www.mengma.com/ ▼
萌码，编程从未如此简单有趣！0基础在线免费学，写代码也能萌萌哒

小提示：仅限搜索简体中文结果。您可以在设置中指定搜索语言

Effective Java
https://books.google.com.hk/books?isbn... - 翻译此页
Joshua Bloch - 2008 - 部分预览 - 更多版本
Each chapter in the book consists of several "items" presented in the form
of a short, standalone essay that provides specific advice, insight into Java
platform subtleties, and outstanding code examples.

Java技术手册, 第五版
https://books.google.com.hk/books?isbn... - 转为简体网页
2005 - 部分预览 - 更多版本

图 5-21　Java 图书检索

　　可见，围绕一个目标不太明确的检索任务，需要在检索的过程中逐步细化，根据检索结果不断调整检索策略，以获得期望的检索结果。

　　关于学术数据库中文献的检索，也要遵循同样的策略和步骤。

习　题

一、不定项选择题

1. 下列不属于文献外表特征的项目是(　　)。
   A. 文献来源　　　　B. 作者　　　　　　C. 篇名　　　　　D. 摘要

2. 下列文献中,属于三次文献的是(　　)。
   A. 手册　　　　　　B. 专利文献　　　　C. 索引　　　　　D. 目录

3. 二次文献又称检索工具,包括(　　)。
   A. 书目　　　　　　B. 百科　　　　　　C. 索引　　　　　D. 文摘

4. 文献是记录有知识的(　　)。
   A. 载体　　　　　　B. 纸张　　　　　　C. 光盘　　　　　D. 磁盘

5. 下列哪种文献属于一次文献?(　　)
   A. 期刊论文　　　　B. 百科全书　　　　C. 综述　　　　　D. 文摘

6. 下列哪种文献属于二次文献?(　　)
   A. 专利文献　　　　B. 学位论文　　　　C. 会议文献　　　D. 目录

7. 下列哪种文献属于三次文献?(　　)
   A. 标准文献　　　　B. 学位论文　　　　C. 综述　　　　　D. 文摘

8. 下列选项中属于连续出版物类型的选项有(　　)。
   A. 图书　　　　　　B. 学位论文　　　　C. 科技期刊　　　D. 会议文献

9. 下列选项中属于特种文献类型的有(　　)。
   A. 报纸　　　　　　B. 图书　　　　　　C. 科技期刊　　　D. 标准文献

10. 纸质信息源的载体是(　　)。
    A. 光盘　　　　　　B. 缩微平片　　　　C. 感光材料　　　D. 纸张

11. 期刊论文记录中的"文献出处"字段是指(　　)。
    A. 论文的作者
    B. 论文作者的工作单位
    C. 刊载论文的期刊名称及年卷期、起止页码
    D. 收录论文的数据库

12. 如果需要检索某位作者的文献被引用的情况,应该使用(　　)检索。
    A. 分类索引　　　　B. 作者索引　　　　C. 引文索引　　　D. 主题索引

13. 《工程索引》(EI)是一种(　　)检索工具。
    A. 全文　　　　　　B. 索引　　　　　　C. 文摘　　　　　D. 目录

14. 如果检索有关多媒体网络传播方面的文献,检索式为(　　)。
    A. 多媒体 and 网络传播　　　　　　　　B. 多媒体＋网络传播
    C. 多媒体 or 网络传播　　　　　　　　 D. 多媒体＊网络传播

15. 如果对某个课题进行主题检索时,可选择的检索字段有(　　)。
    A. 关键词　　　　　B. 作者　　　　　　C. 刊名　　　　　D. 题名

16. 使用分类语言对信息进行描述和标引,主要是可以把(　　)的信息集中在一起。

A. 同一作者　　　　　B. 同一学科　　　　　C. 同一主题　　　　　D. A+B+C

17.《中国图书馆分类法》(简称《中图法》)将图书分成(　　　)。

A. 5大部分22个大类　　　　　　　　　B. 5大部分26个大类

C. 6大部分22个大类　　　　　　　　　D. 6大部分26个大类

18.《中国图书分类法》(简称《中图法》)是我国常用的分类法,要检索农业方面的图书,需要在(　　　)类目下查找。

A. S类目　　　　　B. Q类目　　　　　C. T类目　　　　　D. R类目

19. 利用文献末尾所附参考文献进行检索的方法是(　　　)。

A. 倒查法　　　　　B. 顺查法　　　　　C. 引文追溯法　　　　　D. 抽查法

20. 至少由一种文档组成,并能满足某一特定目的或某一特定数据处理系统需要的一种数据集合,称为(　　　)。

A. 数据库　　　　　B. 记录　　　　　C. 字段　　　　　D. 文档

21. 广义的信息检索包含两个过程(　　　)。

A. 检索与利用　　　B. 存储与检索　　　C. 存储与利用　　　D. 检索与报道

22. 以下检索出文献最少的检索式是(　　　)。

A. a and b　　　　B. a and b or c　　　C. a and b and c　　　D. (a or b) and c

23. 概念(　　　)之间属于上下位关系。

A. 家用电器与电视机　　　　　　　　　B. 局域网与LAN

C. 计算机与电脑　　　　　　　　　　　D. 硅酸盐与陶瓷

24. (　　　)的基本作用是扩大检索范围,增加命中篇数,提高查全率。

A. 逻辑"或"　　　　B. 优先算符　　　　C. 逻辑"与"　　　　D. 截词

25. (　　　)的基本作用是缩小检索范围,减少命中篇数,提高查准率。

A. 逻辑"或"　　　　B. 优先算符　　　　C. 逻辑"与"　　　　D. 逻辑"非"

26. 如果检索结果过少,查全率很低,需要调整检索范围,此时,调整检索策略的方法有(　　　)等。

A. 用逻辑"与"或者逻辑"非"增加限制概念

B. 用逻辑"或"或截词增加同族概念

C. 用字段算符或年份增加辅助限制

D. 用"在结果中检索"增加限制条件

E. 找出词干的上位词

F. 在词干相同的单词后使用截词符?

二、填空题

1. 在特定的时间内为了特定的目的而传递的有使用价值的信息可称为_____。

2. 人类从改造世界的实践中所获得的认识和经验总结可称为_____。

3. 记录有知识的一切载体就是_____。

4. ISSN代表_____。

5. 题录"A Sallam, M. Khafaga. . Fuzzy expert system using load shedding for voltage instability control〔C〕. 2002 Large Engineering Systems Conference on Power

Engineering,LESCOPE02,2002:125-132.”反映的是_____类型的文献。

6. 题录“李玉榕,乔斌.一种集成遗传算法与模糊推理的粗糙集数据分析算法[J].计算机工程与应用,2002,18:199—209.”反映的是_____类型的文献。

7. 题录“陈桐生.中国史官文化与《史记》[D].西安:陕西师范大学文学研究所,1992.”反映的是_____类型的文献。

8. 题录“王启平.机床夹具设计[M].哈尔滨:哈尔滨工业大学出版社,2002.”反映的是_____类型的文献。

9. 表示其前后连接的检索词至少其中之一出现在检索结果中的逻辑运算符是_____。

10. 表示其前连接的检索词必须出现在检索结果中,但其后连接的检索词不能出现在检索结果中的逻辑运算符是_____。

11. 若想让 produce、product、production、productivity 出现在检索结果中,应使用的运算符是_____。

12. 若想让 climate change 和 air pollution 同时出现在检索结果中且相隔不超过 N 个字,应使用的逻辑运算符是_____。

13.《中图法》有 5 个基本部类,分别是马克思主义、列宁主义、毛泽东思想、哲学;社会科学;自然科学和综合性图书,在此基础上又划分为_____个大类。

14. 衡量检索效果的两个主要指标是_____和_____。

三、概念题

1. 分类语言

2. 主题语言

3. 二次文献

4. 检索策略

四、简答题

1. 什么是文献?

2. 试述信息、知识、情报、文献四者之间的关系。

3. 什么是一次文献、二次文献、三次文献?三者之间的关系是什么?

4. 如何根据文献的著录特征识别不同出版类型的文献?

5. 信息素质的具体内容有哪些?

6. 常用的检索途径有哪些?

7. 常用的检索方法有哪些?

8. 衡量检索效果的指标有哪些?

9. 检索结果过多或过少时应如何处理?

10. 信息检索的一般步骤有哪些?

五、应用题

1. 在某一学科中,少数期刊覆盖了该学科的大部分文献,而多数期刊仅包含该学科的少量文献,这少数期刊就是该学科的核心期刊。请结合你的专业,利用 Baidu 或 Google 找出本专业的核心期刊。

2. 在信息检索的过程中,确定检索词和正确编制检索式是检索成功的关键所在。请根据自己的兴趣,自拟一个课题名称,利用本章知识,分析其关键词,并利用各种检索算符,构造检索式。在 Baidu 或 Google 中进行实际检索,根据返回的检索结果调整检索策略。给出相应的检索报告。

第6章　中文常用数字资源

引　子

网络环境下,人们在收集信息时,常常依赖各种搜索引擎,敲击键盘,输入关键词,"百度一下"、"搜搜问问",就可以得到大量的免费信息。但同时也会被海量的冗余信息所包围,难以取舍辨别,造成困惑。如何才能在海量信息资源中,快速准确定位到我们所关注的问题焦点而不受其他无关信息的干扰呢? 此时我们更需要各种类型的专业学术资源。

作为面向学术服务的数字化资源的各种专业数据库,能确保所提供信息的专业性、准确性、可借鉴性和实用性,帮助读者进行知识鉴别和精选,这是专业数据库和目前大量的网络免费资源所提供知识的最大区别。

下面三章将对常用的中外文数字资源和特种文献数据库进行逐一介绍。

6.1　CNKI 中国知识资源总库

6.1.1　CNKI 工程简介

国家知识基础设施(National Knowledge Infrastructure,CNKI)的概念,由世界银行于1998 年提出。CNKI 工程是以实现全社会知识资源传播共享与增值利用为目标的信息化建设项目,由清华大学、清华同方发起,始建于 1999 年 6 月。在党和国家领导以及教育部、中宣部、科技部、新闻出版总署、国家版权局、国家计委的大力支持下,在全国学术界、教育界、出版界、图书情报界等社会各界的密切配合和清华大学的直接领导下,CNKI 工程集团经过多年努力,采用自主开发并具有国际领先水平的数字图书馆技术,建成了世界上全文信息量规模最大的"CNKI 数字图书馆",并正式启动建设《中国知识资源总库》及 CNKI 网格资源共享平台,通过产业化运作,为全社会知识资源高效共享提供最丰富的知识信息资源和最有效的知识传播与数字化学习平台。

资源总库由源数据库、特色资源、国外资源、行业知识库、作品欣赏库、指标索引库等组成。源数据库包括期刊、会议论文、学位论文、报纸等全文数据库;特色资源包括工具书馆、年鉴、统计、科技成果、法律知识、专利、标准、古籍等数据库。

重点资源介绍如下。

1.《中国学术期刊网络出版总库》(CAJD)

是世界上最大的连续动态更新的中国学术期刊全文数据库,是"十一五"国家重大网络出版工程的子项目,是《国家"十一五"时期文化发展规划纲要》中国家"知识资源数据库"出版工程的重要组成部分。

出版内容:以学术、技术、政策指导、高等科普及教育类期刊为主,内容覆盖自然科学、工程技术、农业、哲学、医学、人文社会科学等各个领域。收录国内学术期刊 8053 种,全文文献总量 43 002 657 篇。

专辑专题:产品分为十大专辑,包括基础科学、工程科技Ⅰ、工程科技Ⅱ、农业科技、医药卫生科技、哲学与人文科学、社会科学Ⅰ、社会科学Ⅱ、信息科技、经济与管理科学。十大专辑下分为 168 个专题。

收录年限:自 1915 年至今出版的期刊,部分期刊回溯至创刊。

产品形式:Web 版(网上包库)、镜像站版、光盘版、流量计费。

2.《中国优秀博硕士学位论文全文数据库》

是目前国内相关资源最完备、高质量、连续动态更新的中国优秀博硕士学位论文全文数据库。目前累积博硕士学位论文全文文献 2 551 850 篇。

出版内容:覆盖基础科学、工程技术、农业、医学、哲学、人文、社会科学等各个领域。

文献来源:全国 422 家培养单位的博士学位论文和 659 家硕士培养单位的优秀硕士学位论文。

专辑专题:产品分为十大专辑,包括基础科学、工程科技Ⅰ、工程科技Ⅱ、农业科技、医药卫生科技、哲学与人文科学、社会科学Ⅰ、社会科学Ⅱ、信息科技、经济与管理科学。十大专辑下分为 168 个专题。

收录年限:从 1984 年至今的博硕士学位论文。

3.《中国重要报纸全文数据库》

收录 2000 年以来中国国内重要报纸刊载的学术性、资料性文献的连续动态更新的数据库。至 2012 年 10 月,累积报纸全文文献 1000 多万篇。

文献来源:国内公开发行的 500 多种重要报纸。

专辑专题:产品分为十大专辑,包括基础科学、工程科技Ⅰ、工程科技Ⅱ、农业科技、医药卫生科技、哲学与人文科学、社会科学Ⅰ、社会科学Ⅱ、信息科技、经济与管理科学。十大专辑下分为 168 个专题文献数据库和近 3600 个子栏目。

收录年限:2000 年至今。

4.《中国重要会议论文全文数据库》

收录了国内重要会议主办单位或论文汇编单位书面授权,投稿到"中国知网"进行数字出版的会议论文,是《中国学术期刊(光盘版)》电子杂志社编辑出版的国家级连续电子出版物。

资源特色:重点收录 1999 年以来,中国科协、社科联系统及省级以上的学会、协会,高校、科研机构,政府机关等举办的重要会议上发表的文献。其中,全国性会议文献超过总量的 80%,部分连续召开的重要会议论文回溯至 1953 年。

出版内容:目前已收录出版 15 396 次国内重要会议投稿的论文,累积文献总量达 1 840 591 篇。

专辑专题:产品分为十大专辑,包括基础科学、工程科技Ⅰ、工程科技Ⅱ、农业科技、医药卫生科技、哲学与人文科学、社会科学Ⅰ、社会科学Ⅱ、信息科技、经济与管理科学。十大专辑下分为 168 个专题。

收录年限：自 1953 年至今的会议论文集。

5.《国际会议论文全文数据库》

收录由国内外会议主办单位或论文汇编单位书面授权并推荐出版的重要国际会议论文,是由《中国学术期刊(光盘版)》电子杂志社编辑出版的国家级连续电子出版物专辑。

资源特色：重点收录 1999 年以来,中国科协系统及其他重要会议主办单位举办的在国内召开的国际会议上发表的文献,部分重点会议文献回溯至 1981 年。

出版内容：目前已收录出版国际学术会议论文集 4862 本,累积文献总量 535 786 篇。

专辑专题：产品分为十大专辑,包括基础科学、工程科技Ⅰ、工程科技Ⅱ、农业科技、医药卫生科技、哲学与人文科学、社会科学Ⅰ、社会科学Ⅱ、信息科技、经济与管理科学。十大专辑下分为 168 个专题。

收录年限：自 1981 年至今的国际会议论文集。

6.《中国工具书网络出版总库》

简称《知网工具书库》,或者《CNKI 工具书库》。

《知网工具书库》集成了近 200 家知名出版社的近 7000 册工具书,包括语文词典、双语词典、专科辞典、百科全书、图录、表谱、传记、语录、手册等,约 2000 万个条目、100 万张图片,所有条目均由专业人士撰写,内容涵盖哲学、文学艺术、社会科学、文化教育、自然科学、工程技术、医学等各个领域。

6.1.2 知识发现网络平台(简称 KDN)

平台入口：http://www.cnki.net/。

1. 一框式检索

CNKI 的 KDN 检索平台提供了统一的检索界面,采取一框式检索,用户只需要在文本框中直接输入自然语言(或多个检索短语)即可检索,简单方便。检索项默认为检索“文献”。文献检索属于跨库检索,目前包含文献类数据库产品期刊、博士、硕士、国内重要会议、国际会议、报纸和年鉴 7 个库,如图 6-1 所示。

图 6-1 一框检索

一框式检索提供了多种检索方式。

(1) 输入检索词直接检索

选择数据库(默认为文献,跨库包括期刊、博士、硕士、国内重要会议、国际会议、报纸、年鉴、学术辑刊、哈佛商业评论和麻省理工科技创业等库)以及检索字段,在检索框中直接输入检索词,单击“检索”按钮进行检索,如图 6-2 所示。

(2) 数据库切换直接检索

选择字段以及输入检索词,切换数据库则直接检索,如果检索框为空,则不检索,如图 6-3 所示。

图 6-2　直接检索

图 6-3　切换数据库检索

（3）文献分类检索

文献分类检索，提供以鼠标滑动显示的方式进行展开，包括基础科学、工程科技、农业科技等领域，每个领域又进行了细分，根据需要单击某一个分类，即进行检索，如图 6-4 所示。

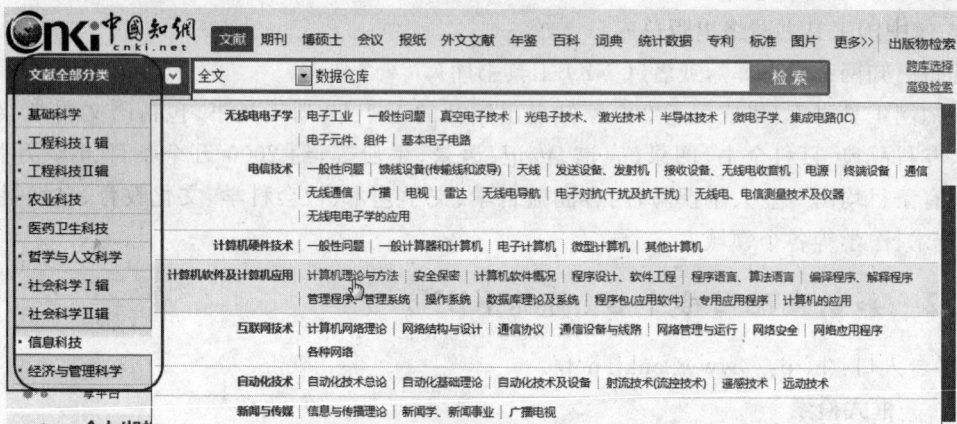

图 6-4　文献分类检索

（4）智能提示检索

当输入检索词"数据仓库"时，只输出了数据两个词，系统会根据输出的词，自动提示相关的词，通过鼠标（键盘）选中提示词，单击"检索"按钮（或者单击提示词，或者直接回车），即可实现相关检索，如图 6-5 所示。

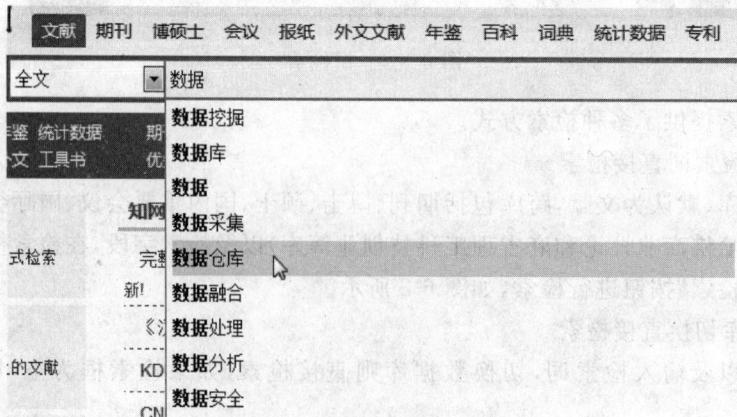

图 6-5　智能提示检索

（5）相关词检索

在检索结果页面的下方，提供了输入检索词的相关词，单击相关词即可进行检索，如图 6-6 所示。

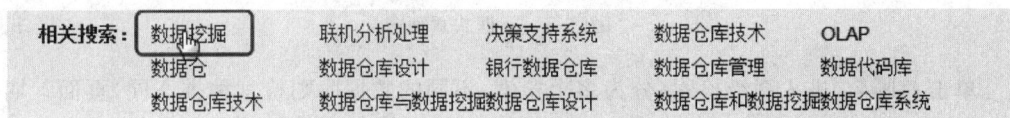

相关搜索:	数据挖掘	联机分析处理	决策支持系统	数据仓库技术	OLAP
数据仓	数据仓库设计	银行数据仓库	数据仓库管理	数据代码库
数据仓库技术	数据仓库与数据挖掘数据仓库设计		数据仓库和数据挖掘数据仓库系统

图 6-6 相关词检索

（6）历史记录检索

在检索结果页面的右下方，有检索历史记录。单击历史检索词，同样可以检索出数据（检索项为页面默认的检索项）。

2. 出版物导航检索

包括期刊导航、博士学位授予单位导航、硕士学位授予单位导航、会议论文集导航、报纸导航、年鉴导航和工具书导航，如图 6-7 所示。系统默认为全部导航检索。不同的导航检索，检索项不同。

图 6-7 来源导航检索

3. 高级检索

在检索的首页中，选择要检索的库，再单击"高级检索"。直接进入高级检索页面，这里以"期刊"高级检索为例，如图 6-8 所示。

图 6-8　一框式页面

单击 高级检索，进入高级检索（分为多个检索，不同的数据库则检索种类不同）页面。期刊高级检索页面。

进入高级检索之后，默认为"检索"（跨库则默认"高级检索"），如图 6-9 所示。

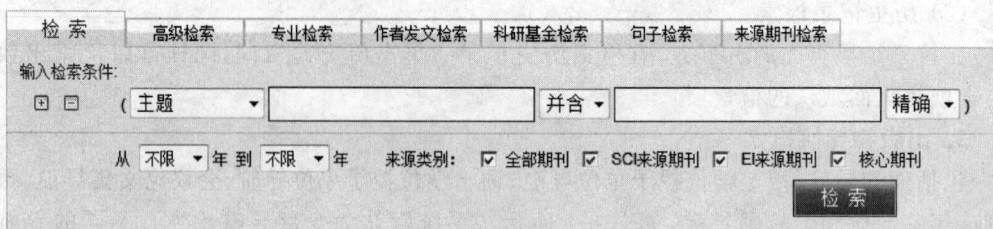

图 6-9　期刊检索

图中的 ⊞ 和 ⊟ 按钮，用来添加或者减少检索条件，可以选择年限和期刊的来源类别进行组合检索，同时也提供了精确和模糊的选项，"词频"表示该检索词在文中出现的频次。在高级检索中，还提供了更多的组合条件，来源、基金、作者以及作者单位等，如图 6-10 所示。

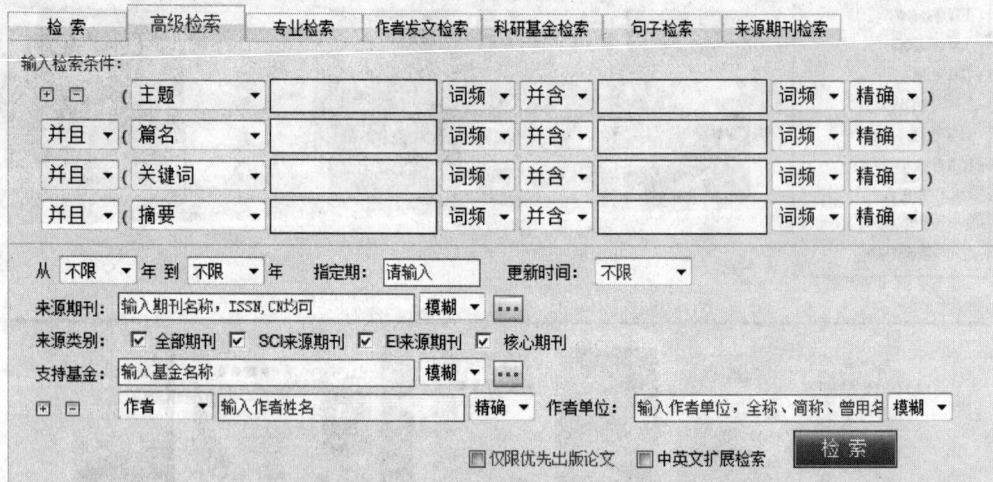

图 6-10　期刊高级检索

4. 专业检索

专业检索是所有检索方式里面比较复杂的一种检索方法。需要用户自己使用逻辑运算符和关键词构造检索式来检索，并且确保所输入的检索式语法正确，这样才能检索到想要的结果，如图 6-11 所示。

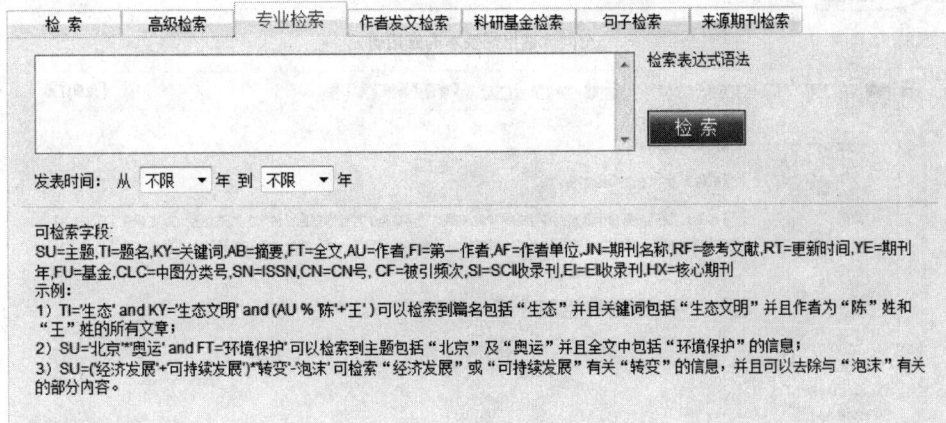

图 6-11　专业检索

6.1.3　知网节、节点文献、知识网络

基于学术文献的需求,平台还提供了"知网节"检索、作者发文检索、科研基金检索、句子检索等面向不同需要的跨库检索方式,构成了功能先进,检索方式齐全的检索平台。

提供单篇文献的详细信息和扩展信息浏览的页面被称为"知网节"。它不仅包含了单篇文献的详细信息,还包括了各种扩展信息的入口汇集点。这些扩展信息通过概念相关、事实相关等方法提示知识之间的关联关系,达到知识扩展的目的,有助于新知识的学习和发现,帮助实现知识获取、知识发现。

在检索结果页面中,单击文献的题目,则进入知网节页面,如图 6-12 所示。

节点文献信息包括篇名(中文/英文)、下载阅读方式、作者、导师、作者基本信息、摘要(中文/英文)、关键词(中文/英文)、文内图片、网络出版投稿人、网络出版年期、分类号、被引频次、下载频次、攻读期成果、节点文献全文快照搜索、知网节下载。不同类型的知网节包含的信息不同。

单击知网节中作者、导师、作者单位、关键词和网络投稿人中的某一字段,可以直接链接到单击字段在中国学术期刊网络出版总库、中国博士学位论文全文数据库、中国优秀硕士学位论文全文数据库、中国重要会议论文全文数据库、国家科技成果数据库等数据库中包含的相关信息。

6.1.4　下载

对于包库用户,正常登录可直接下载,在检索结果页中,单击 ⬇ ,可以下载篇文献,如图 6-13 所示。

在知网节页面,提供 CAJ、PDF 两种下载模式,每个知网节页面还有参考文献、相似文献等相关文献链接。博硕论文的知网节中,提供分页、分章、整本三种下载方式及在线阅读模式。

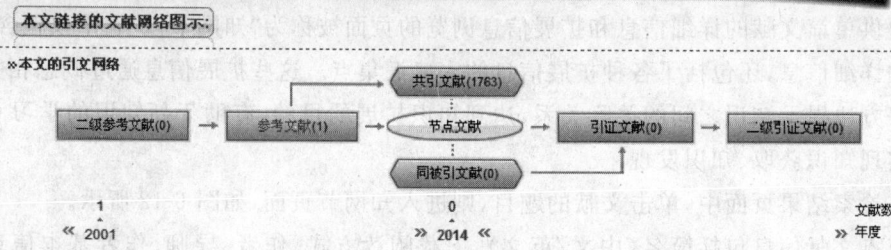

图 6-12 知网节页面

图 6-13 下载页面

6.1.5 CNKI工具书馆

《CNKI工具书馆》是全球最大的工具书在线检索平台,目前收录我国 200 多家出版社的 6000 余部工具书,约 1500 万个条目、80 万张图片,类型包括语言词典、专科词典、百科全书、图谱、年表、手册等,内容涵盖自然科学、社会科学和工程技术各个领域,是我国工具书的集大成之作,是精准、权威、可信任持续更新的百科知识库,2010 年荣获中国出版政府奖。

检索方式:只需在检索框内输入需要查询的内容,单击"检索"按钮,就可以得到结果,非常简单。

【例】 输入检索词"厄尔尼诺现象",如图 6-14 所示。

可以得到多本工具书对厄尔尼诺现象的解释,然后根据自己的需要,去查看工具书对厄尔尼诺现象的释义。

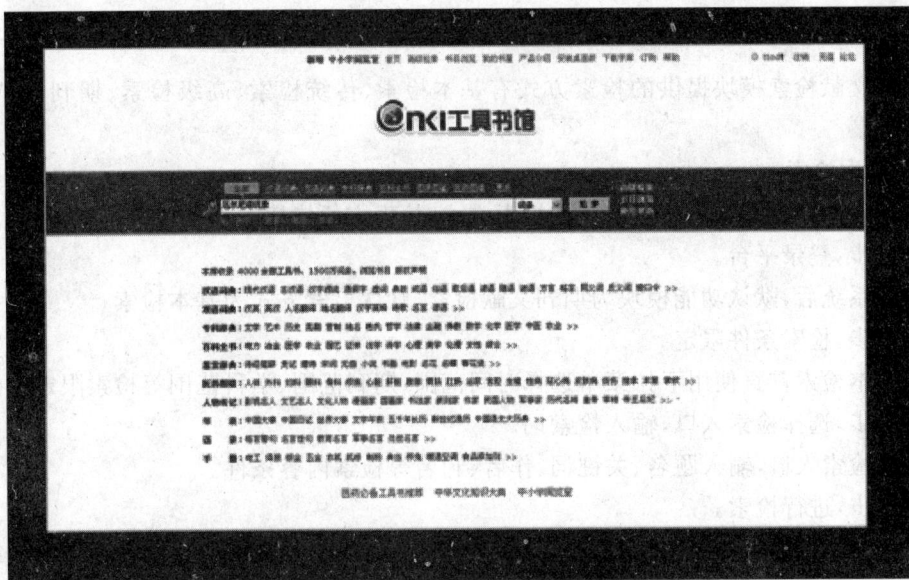

图 6-14　CNKI 工具书馆主页面

6.2　维普期刊资源整合服务平台

6.2.1　维普资讯简介

重庆维普资讯有限公司的前身为中国科技情报研究所重庆分所数据库研究中心。1989年,维普资讯开发建设了我国第一个期刊数据库——《中文科技期刊数据库》。收录期刊12 000 余种,其中核心期刊 1979 种,全文保障文献 3800 余万篇,收录时间从 1989 年至今。维普期刊资源整合服务平台,是对维普资讯《中文科技期刊数据库(全文版)》产品的延伸。由期刊文献检索、文献引证追踪、高被引析出文献、搜索引擎服务四个模块组成,包含了全文库、引文库、科学指标库、析出文献库等期刊资源衍生产品。

本节重点介绍期刊文献检索模块。

平台入口 http://lib.cqvip.com/,维普平台主页面如图 6-15 所示。

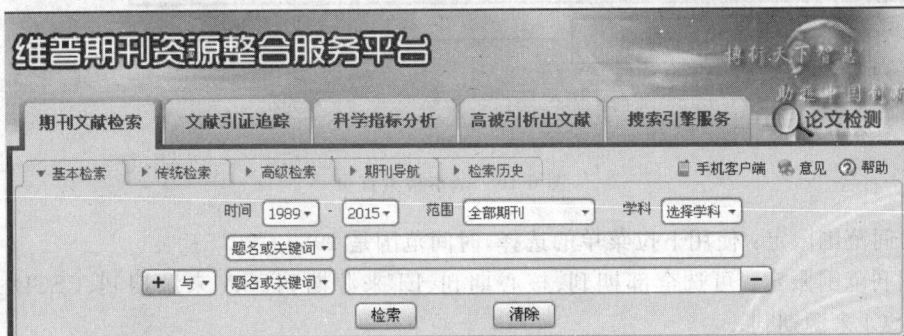

图 6-15　维普平台主页面

183

6.2.2　期刊文献检索

期刊文献检索模块提供的检索方式有基本检索、传统检索、高级检索、期刊导航、检索历史。

1. 基本检索

是期刊文献检索功能模块默认的检索方式,检索方便快捷。基本检索步骤如下。

第一步,登录平台。

登录系统后,默认功能模块为期刊文献检索,默认检索方式为基本检索。

第二步,检索条件限定。

在基本检索首页使用下拉菜单选择时间范围、期刊范围、学科范围等检索限定条件。

第三步,选择检索入口,输入检索词。

选择检索入口,输入题名、关键词、作者、刊名等检索内容条件。

第四步,进行检索。

单击"检索"进入检索结果页,查看检索结果题录列表,反复修正检索策略得到最终检索结果。

第五步,检索结果操作。

根据题录信息判断文献相关性,可筛选导出文献题录,也可单击题名进入文献细览页查看详细信息和知识节点链接。

第六步,获取全文。

在检索结果页或文献细览页都可以通过单击下载全文、文献传递、在线阅读按钮获取全文。

(1) 在基本检索首页,可以进行如下操作,如图 6-16 所示。

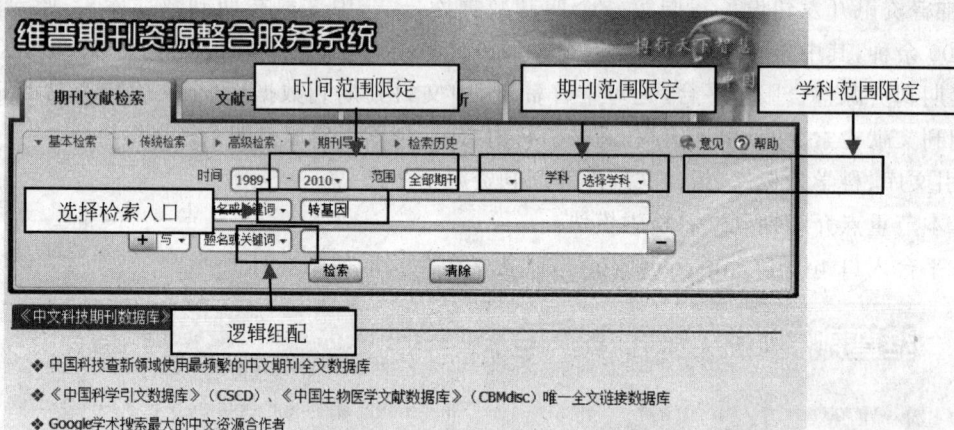

图 6-16　基本检索首页

时间范围限定:使用下拉菜单的选择,时间范围是 1989—2015;

期刊范围限定:可选全部期刊、核心期刊、EI 来源期刊、CA 来源期刊、CSCD 来源期刊、CSSCI 来源期刊;

学科范围限定:包括管理学、经济学、图书情报学等 45 个学科,勾选复选框可进行多个

学科的限定;

选择检索入口:任意字段、题名或关键词、题名、关键词、文摘、作者、第一作者、机构、刊名、分类号、参考文献、作者简介、基金资助、栏目信息 14 个检索入口;

逻辑组配:检索框默认为两行,单击＋、－可增加或减少检索框,进行任意检索入口"与、或、非"的逻辑组配检索;

检索:单击"检索"按钮进行检索或单击"清除"按钮清除输入,进入检索结果页。

(2) 在检索结果页,可以进行如下操作,如图 6-17 所示。

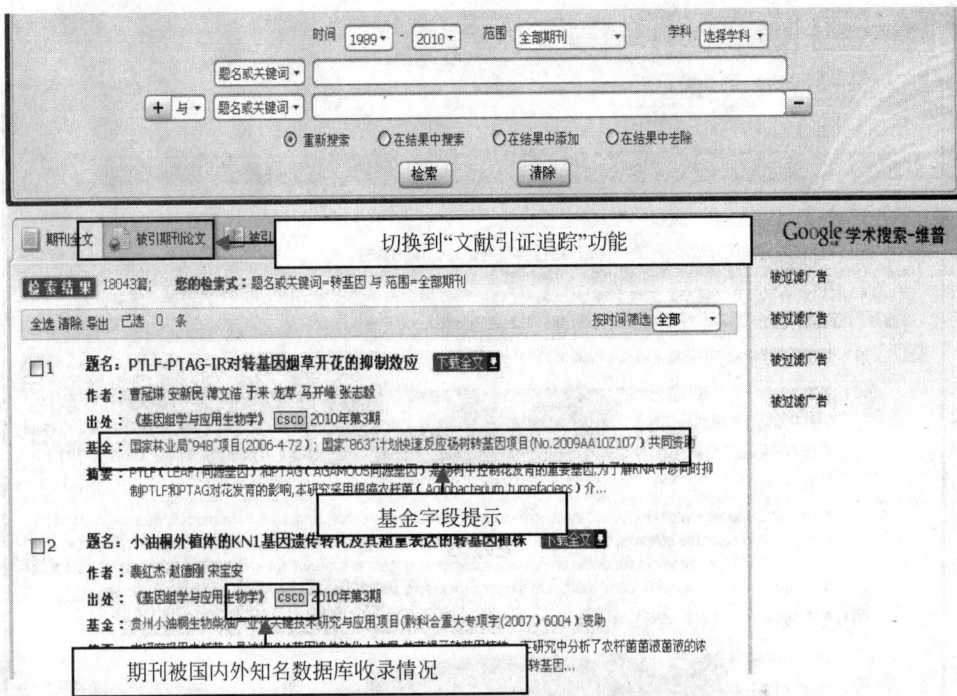

图 6-17　检索结果页面

显示信息:检索式、检索结果记录数、检索结果的题名、作者、出处、基金、摘要,其中出处字段增加期刊被国内外知名数据库收录最新情况的提示标识,与基金字段一起帮助判断文献的重要性;

按时间筛选:限定筛选一个月内、三个月内、半年内、一年内、当年内发表的文献;

导出题录:选中检索结果题录列表前的复选框,单击"导出"按钮,可以将选中的文献题录以文本、参考文献、XML、NoteExpress、Refworks、EndNote 的格式导出;

查看细览:单击文献题名进入文献细览页,查看该文献的详细信息和知识节点链接;

获取全文:单击下载全文、文献传递、在线阅读按钮将感兴趣的文献下载保存到本地磁盘或在线进行全文阅读,其中新增原文传递的全文服务支持,对不能直接下载全文的数据,通过委托第三方社会公益服务机构提供快捷的原文传递服务;

检索:可以进行重新检索,也可以在第一次的检索结果基础上进行二次检索(包括在结果中检索、在结果中添加、在结果中去除三种方式),实现按需缩小或扩大检索范围、精炼检索结果;

页间跳转：检索结果每页显示 20 条，如果想在页间进行跳转，可以单击页间跳转一行的相应链接，如首页、数字页、下 10 页等；

整合服务：切换标签到"被引期刊论文"等，链向"文献引证追踪"功能，快速检索到最有影响力的相关研究论文。

（3）在文献细览页，可以进行如下操作，如图 6-18 所示。

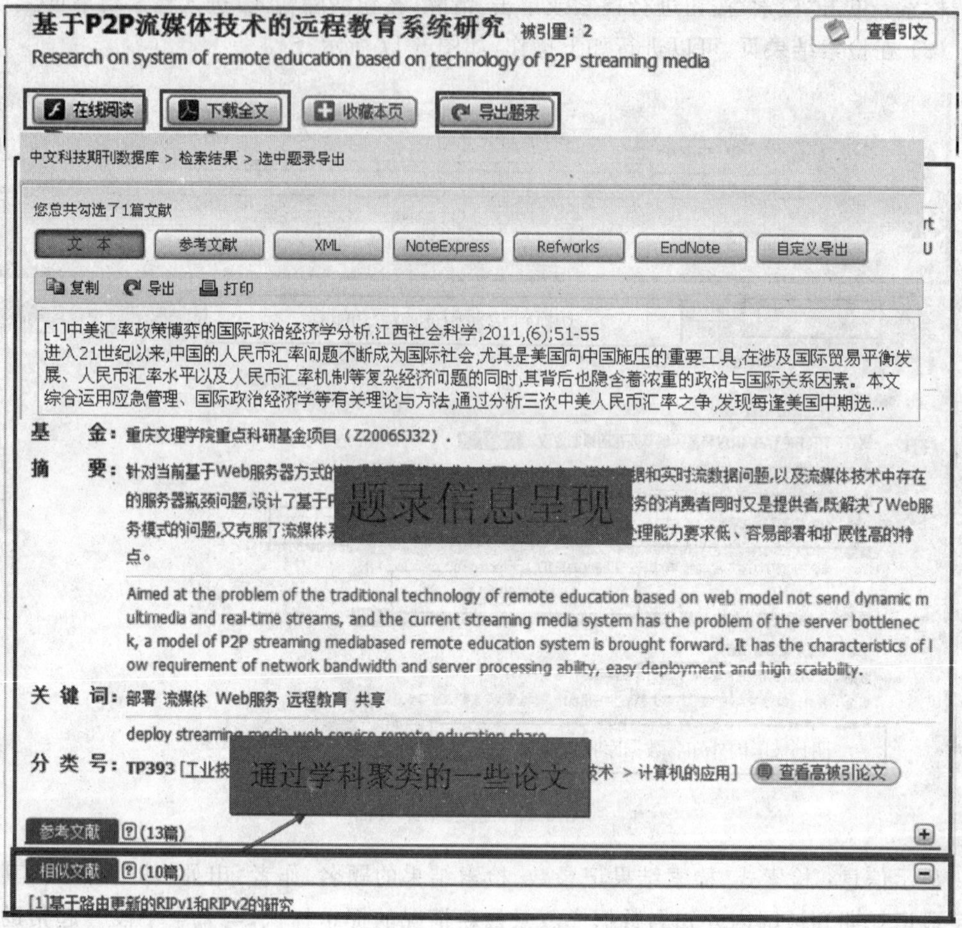

图 6-18 文献细览页

显示信息：题名、作者、机构地区、出处、基金、摘要、关键词、分类号、全文快照、参考文献、相似文献；

路径导航：显示并定位到该文献的刊期；

获取全文：同样在文献细览页也可单击"下载全文"、"文献传递"、"在线阅读"按钮将感兴趣的文献下载保存到本地磁盘或在线进行全文阅读，其中新增原文传递的全文服务支持，对不能直接下载全文的数据，通过委托第三方社会公益服务机构提供快捷的原文传递服务；

节点链接：通过作者、机构地区、出处、关键词、分类号、参考文献、相似文献提供的链接可检索相关知识点的信息；

整合服务："高影响力作者"、"高影响力机构"、"高影响力期刊"、"高被引论文"按钮链向"科学指标分析"模块的相应页面。

2. 高级检索

提供向导式检索和直接输入检索式检索两种方式,如图 6-19 所示。运用逻辑组配关系,查找同时满足几个检索条件的中刊文章。

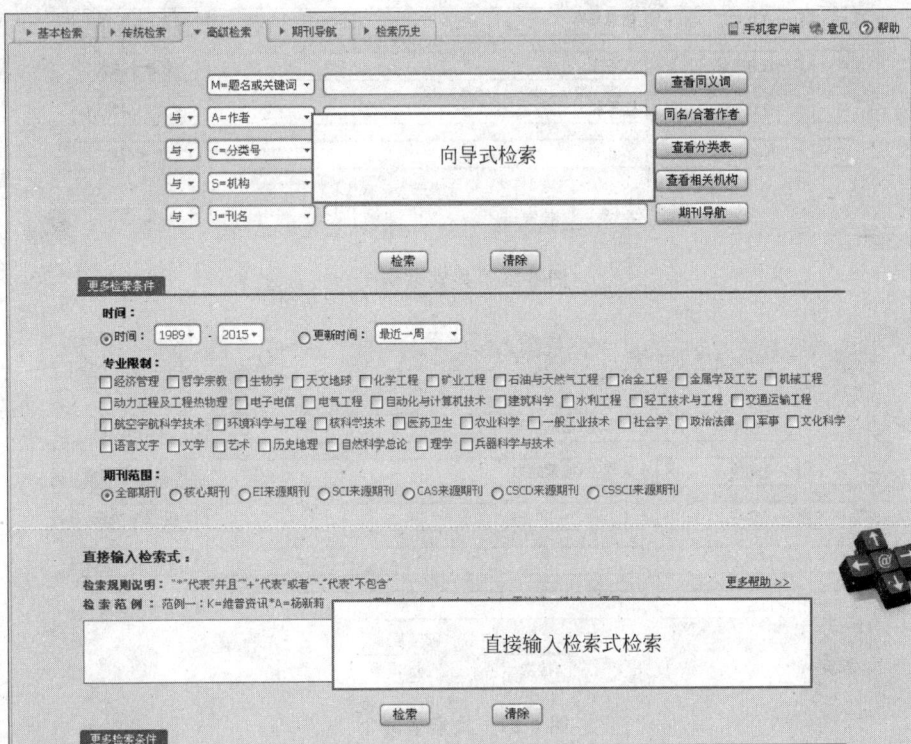

图 6-19　高级检索页面

(1) 向导式检索

检索界面:向导式检索为读者提供分栏式检索词输入方法。除可选择逻辑运算、检索项、匹配度外,还可以进行相应字段扩展信息的限定,最大程度地提高了"检准率"。

检索规则:

检索执行的优先顺序:向导式检索的检索操作严格按照由上到下的顺序进行,用户在检索时可根据检索需求进行检索字段的选择。

【例】

以图 6-20 所示内容为例进行检索规则的说明。图中显示的检索条件得到的检索结果为((U=大学生 * U=信息素养)+U=大学生) * U=检索能力,而不是(U=大学生 * U=信息素养)+(U=大学生 * U=检索能力)。

如果要实现(U=大学生 * U=信息素养)+(U=大学生 * U=检索能力)的检索,可做如图 6-21 所示的输入,输入的检索条件用检索式表达为 U=(大学生 * 信息素养)+U=(大学生 * 检索能力)。

要实现(U=大学生 * U=信息素养)+(U=大学生 * U=检索能力)的检索,也可用如图 6-22 所示的输入方式,输入的检索条件用检索式表达为(U=信息素养+U=检索能力) * U=大学生。

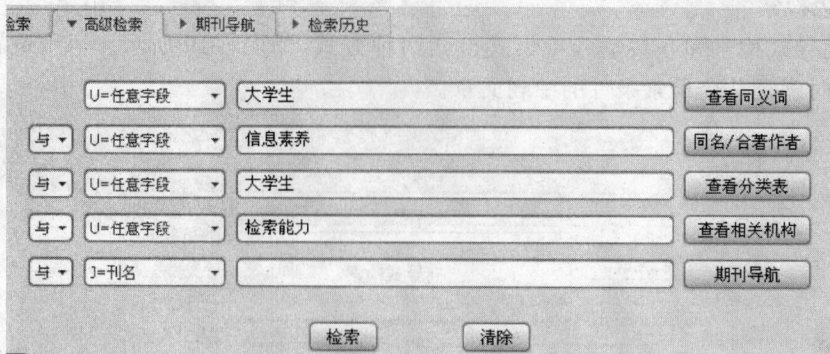

图 6-20　检索举例 1

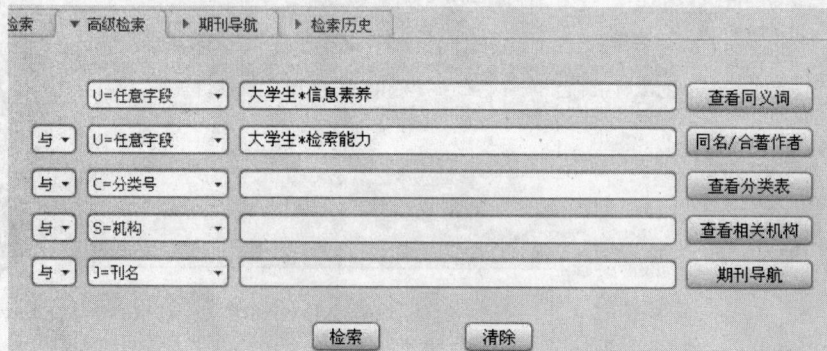

图 6-21　检索举例 2

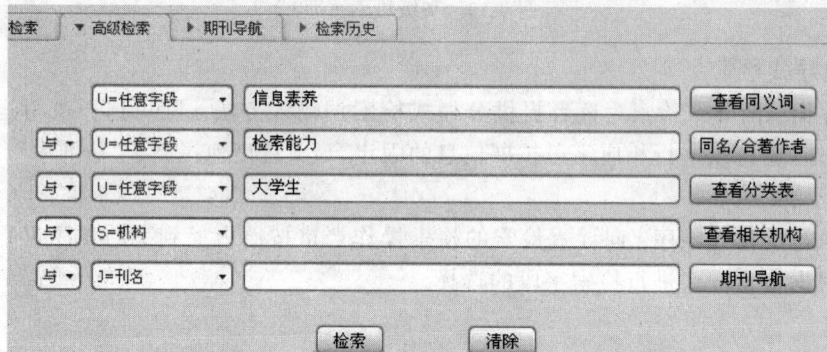

图 6-22　检索举例 3

关于逻辑运算符: 见表 6-1 逻辑运算符对照表。

表 6-1　逻辑运算符对照表

逻辑运算符	逻辑运算符	逻辑运算符
*	＋	−
并且、与、and	或者、or	不包含、非、not

在检索表达式中,以上运算符不能作为检索词进行检索,如果检索需求中包含有以上逻辑运算符,请调整检索表达式,用多字段或多检索词的限制条件来替换掉逻辑运算符号。

【例】 若要检索 C++,可组织检索式(M=程序设计 * K=面向对象)* K=C 来得到相关结果。

关于检索字段的代码:见表 6-2 检索字段代码对照表。

表 6-2 检索字段代码对照表

代　码	字　段	代　码	字　段
U	任意字段	S	机构
M	题名或关键词	J	刊名
K	关键词	F	第一作者
A	作者	T	题名
C	分类号	R	文摘

扩展功能:如图 6-23 所示,图中所有按钮均可以实现相对应的功能。读者只需要在前面的输入框中输入需要查看的信息,再单击相对应的按钮,即可得到系统给出的提示信息。

查看同义词:例如用户输入"土豆",单击查看同义词,即可检索出土豆的同义词,包括春马铃薯、马铃薯、洋芋,用户可以全选,以扩大搜索范围。

同名/合著作者:例如用户输入"张三",单击查看同名作者,既可以列表形式显示不同单位同名作者,用户可以选择作者单位来限制同名作者范围。为了保证检索操作的正常进行,系统对该项进行了一定的限制,即最多勾选数据不超过 5 个。

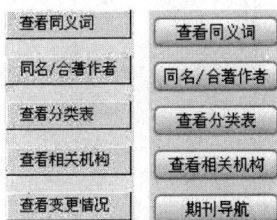

图 6-23 扩展项

查看分类表:读者可以直接单击按钮,会弹出分类表页,操作方法同分类检索。

查看相关机构:例如用户可以输入中华医学会,单击查看相关机构,即可显示以中华医学会为主办(管)机构的所属期刊社列表。为了保证检索操作的正常进行,系统对该项进行了一定的限制,即最多勾选数据不超过 5 个。

期刊导航:输入刊名单击期刊导航按钮,可链接到期刊检索结果页面,查找相关的期刊并查看期刊详细信息。

更多检索条件:使用"更多检索条件",以进一步减小搜索范围,获得更符合需求的检索结果。如图 6-24 所示,读者可以根据需要,以时间条件、专业限制、期刊范围进一步限制范围。

读者在选定限制分类,并输入关键词检索后,页面自动跳转到搜索结果页,后面的检索操作同简单搜索页,读者可以单击查看。

(2)直接输入检索式检索

检索界面:读者可在检索框中直接输入逻辑运算符、字段标识等,使用更多检索条件并对相关检索条件进行限制后单击"检索"按钮即可,如图 6-25 所示。

检索式输入有错时检索后会返回"查询表达式语法错误"的提示,看见此提示后请使用浏览器的【后退】按钮返回检索界面重新输入正确的检索表达式。

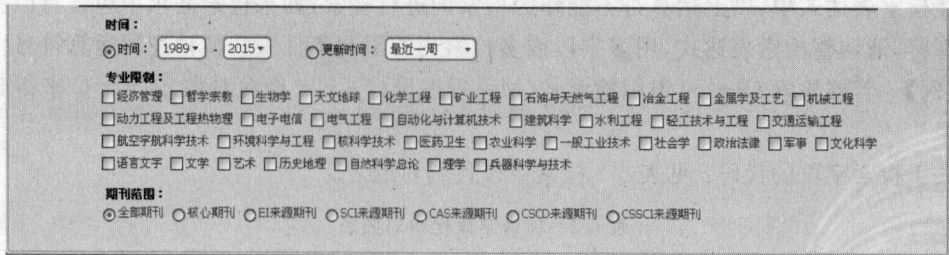

图 6-24　更多检索条件页面

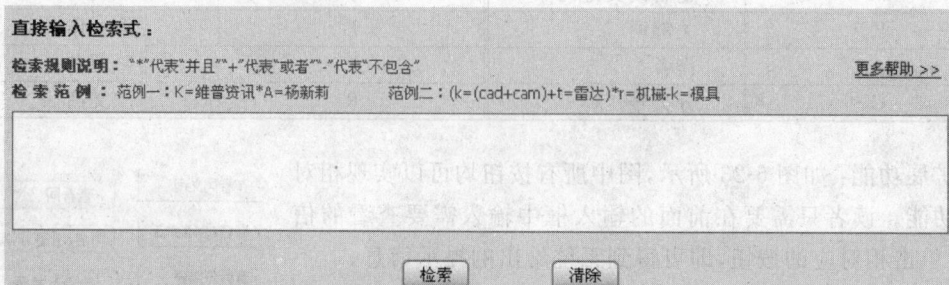

图 6-25　直接输入检索式页面

（3）高级检索的检索技巧

在向导式检索中,提供了"同名作者"、"查看相关机构"的功能,用于精确读者需要查询的同名作者、目标机构,由于相关功能中限制了勾选的最大数目(5 个),如果碰巧需要检索的对象超过 5 个,在实际检索时就需要考虑采用模糊检索的方式来实现检全检准。

用同名作者进行作者字段的精确检索示例如下。

【例】　查询目标为浙江大学高分子科学与工程系作者名为王立的文献,通过同名作者查看到相似的单位有 13 个(如表 6-3 所示),这时就可以采用检索式"A＝王立＊S＝浙江大学高分子科学"来限制作者以得到精确的检索结果。检索式的更改方法是:可在向导式检索的同名作者添加以后修改,也可采用直接输入检索式检索的方式。

表 6-3　查询结果

浙江大学高分子科学与工程学系	浙江大学高分子科学与工程系
浙江大学高分子科学与工程学院	浙江大学高分子科学与工程学系,杭州
浙江大学高分子科学与工程学系,杭州 310027	浙江大学高分子科学与工程系,杭州 310027
浙江大学高分子科学与工程系,浙江杭州 310027	浙江大学高分子科学与工程学系,浙江杭州 310027
硕士研究生,浙江大学高分子科学与工程学系杭州 310027	浙江大学高分子系,浙江杭州 310027
浙江大学高分子科学与工程学系,杭州 310027	浙江大学材料与化学工程学院,聚合反应工程国家重点实验室,杭州 310027
浙江大学高分子科学与工程学系,浙江杭州 310027	

利用"查看相关机构"提高检全检准率的示例如下。

【例】 要查找"重庆大学建筑与城规学院"这一机构,如果以"重庆大学"作为基准查找可以得到相关机构 2074 个,通过筛选,选择出符合检索结果的共有词还有"建筑",此时就可调整检索式为"重庆大学 * 建筑",调整后再次查看相关机构,得到 144 个机构,很明显且筛选出的机构的准确度大大提高了。这样就可以直接在机构字段输入"重庆大学 * 建筑"进行检索了。

3. 期刊导航

期刊导航页面如图 6-26 所示,分检索和浏览两种方式。

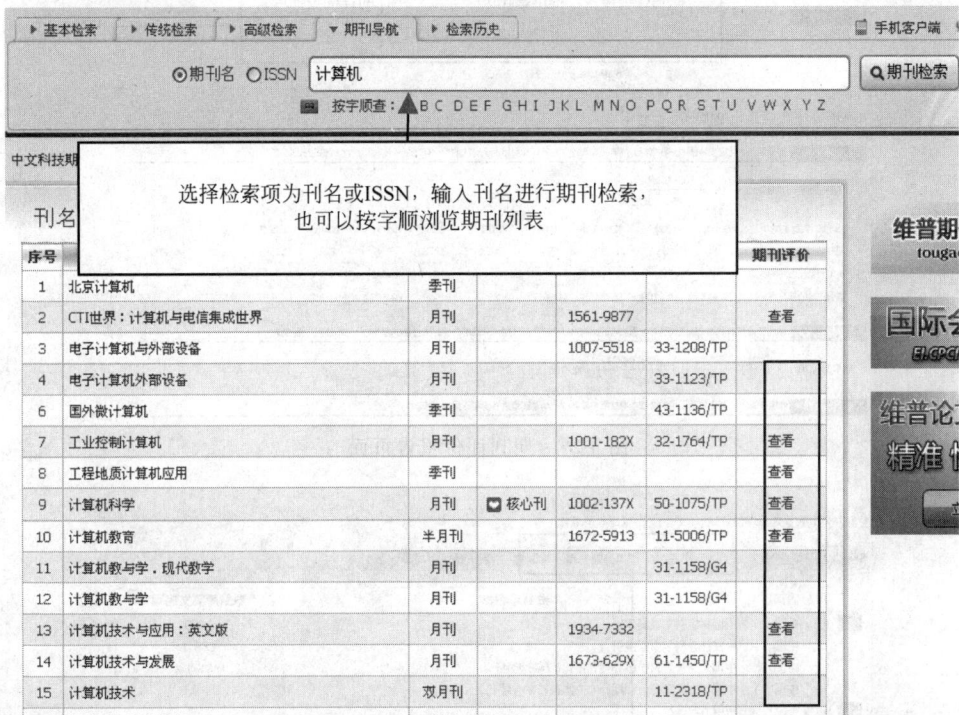

图 6-26 期刊导航页面

（1）检索方式提供刊名检索、ISSN 号检索查找某一特定刊,按期次查看该刊的收录文章,可实现刊内文献检索、题录文摘或全文的下载功能,同时可以查看期刊评价报告;

（2）浏览方式提供按刊名字顺浏览、期刊学科分类导航、核心期刊导航、国内外数据库收录导航、期刊地区分布导航,其中新增核心期刊导航,反映最新核心期刊收录情况,同时更新最新国内外知名数据库收录期刊情况。

期刊评价报告页面,如图 6-27 所示。

期刊收录导航页面如图 6-28 所示。

4. 检索历史

系统对用户检索历史做自动保存,单击保存的检索式进行该检索式的重新检索或者"与、或、非"逻辑组配,如图 6-29 所示。

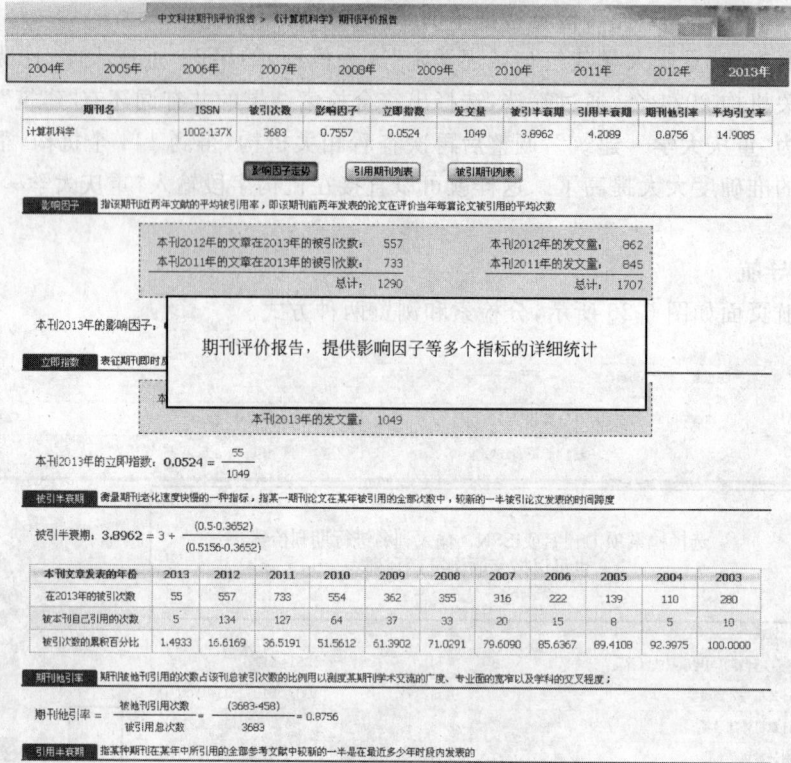

图 6-27　期刊评价报告页面

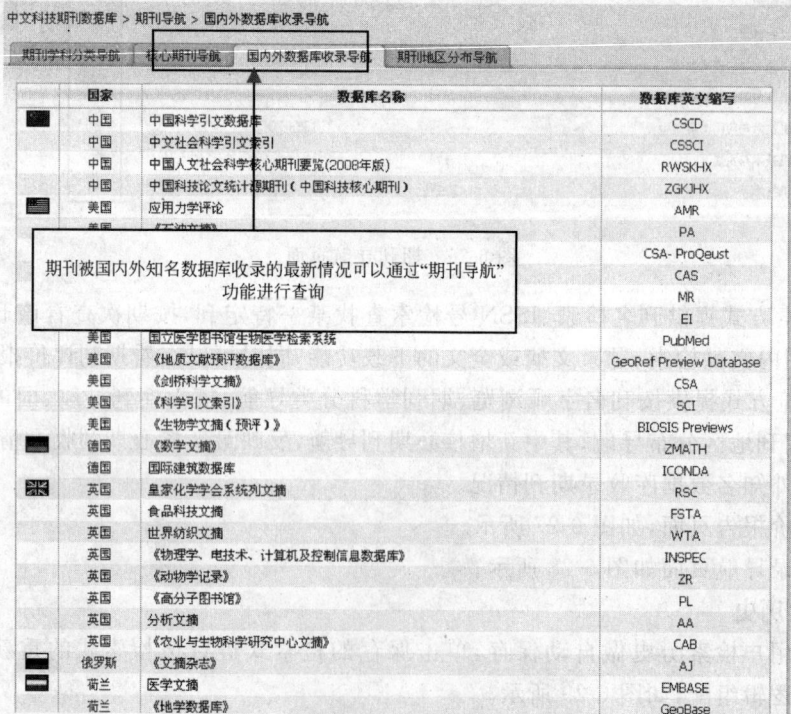

图 6-28　期刊收录导航页面

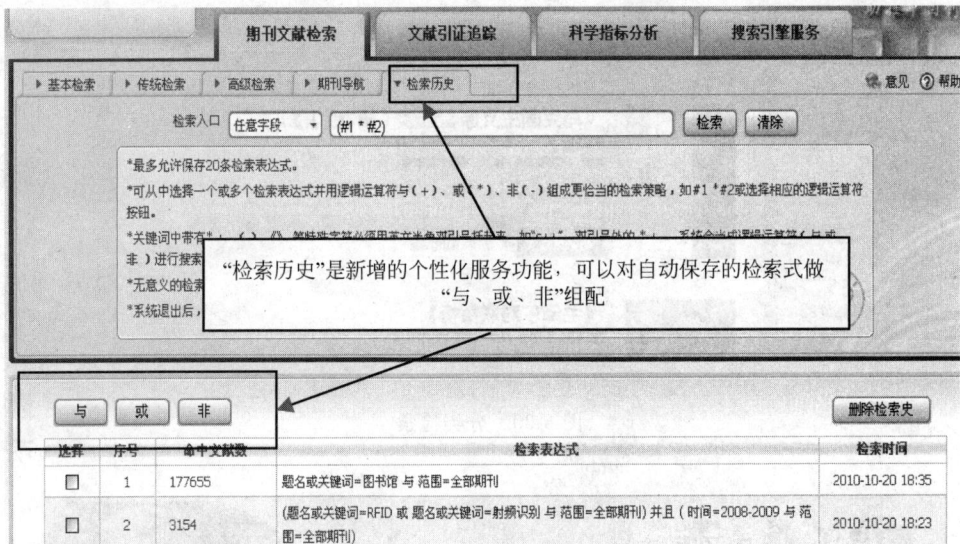

图 6-29 检索历史页面

6.3 超星系列

6.3.1 超星数字图书馆(汇雅电子图书)

超星数字图书馆成立于 1993 年,由北京世纪超星信息技术发展有限责任公司投资兴建,是国内专业的数字图书馆解决方案提供商和数字图书资源供应商,是国家"863"计划中国数字图书馆示范工程项目。2000 年 1 月,在互联网上正式开通,覆盖范围涉及哲学、宗教、社科总论、经典理论、民族学、经济学、自然科学总论、计算机等各个学科门类,为目前世界最大的中文在线数字图书馆,网址为 www.ssreader.com。

1. 汇雅电子图书的检索

汇雅电子图书为用户提供了书名、作者、全文检索、主题词、分类检索等检索方式。

(1)图书资源的普通检索

在搜索框直接输入检索词,检索词可定位到书名、作者、目录或全文中,然后单击"搜索",可在海量的图书数据资源中进行查找。

(2)分类检索

图书分类按《中国图书馆分类法》分类,单击一级分类即进入二级分类,以此类推。末级分类的下一层是图书信息页面,单击书名超链接,阅读图书,如图 6-30 所示。

(3)高级检索

单击"高级检索",在文本框中输入图书的任一信息,可精准定位到需要的图书,如图 6-31 所示。

2. 汇雅电子图书的阅读和下载

阅读汇雅电子图书可以选择超星阅览器阅读和网页阅读两种方式。

对于校园网的用户,可以在线阅读,也可以将书下载到本地计算机上离线阅读。当下载

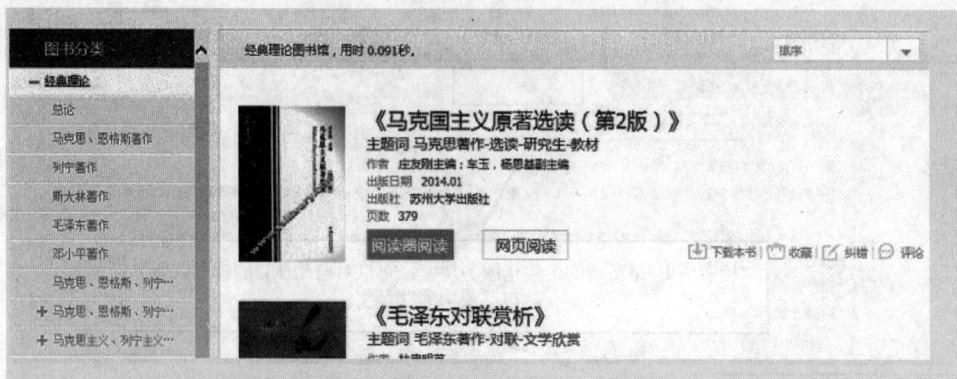

图 6-30　分类检索

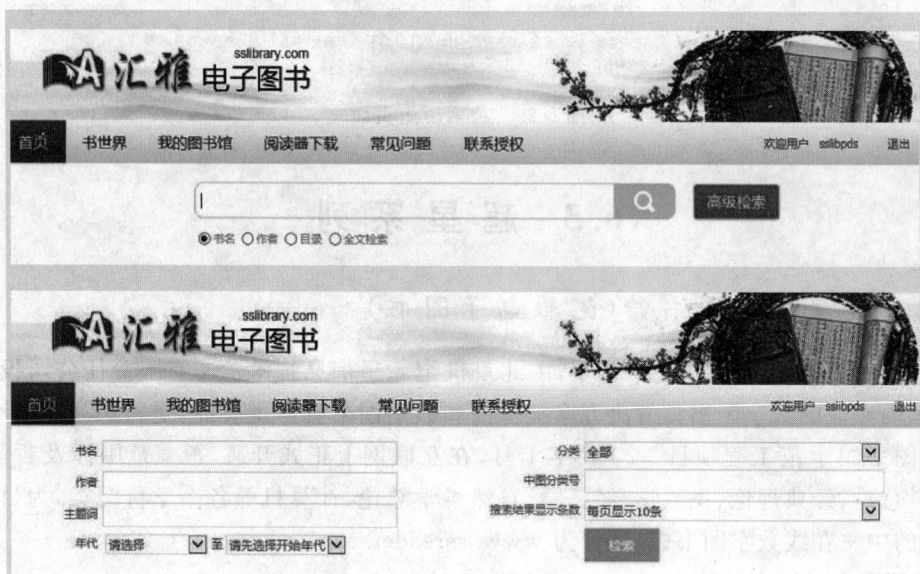

图 6-31　高级检索

图书时，在下载选项里选择好分类和存放路径后，即可将书下载到本地，以后阅读该书时，只需双击任何一页即可重新进入阅读界面。注意，下载后的图书也只能在该部注册过的电脑上阅读，不能放到其他电脑进行阅读。

6.3.2　读秀/百链学术搜索

1. 读秀学术搜索

读秀是由海量全文数据及资料基本信息组成的超大型数据库，为用户提供深入到图书章节和内容的全文检索、部分文献的原文试读，以及高效查找、获取各种类型学术文献资料的一站式检索，周到的参考咨询服务，是一个真正意义上的学术搜索引擎及文献资料服务平台。

通过读秀学术搜索，读者能一站式搜索馆藏纸质图书、电子图书、随书光盘等学术资源，不论是学习、研究、写论文、做课题、拓展阅读，读秀都能为读者提供最全面、准确的学术资料。可以直接获取全文,也可以通过文献传递,将内容传递到读者电子邮箱中。读秀主页面如图 6-32 所示,网址为 www.duxiu.com。

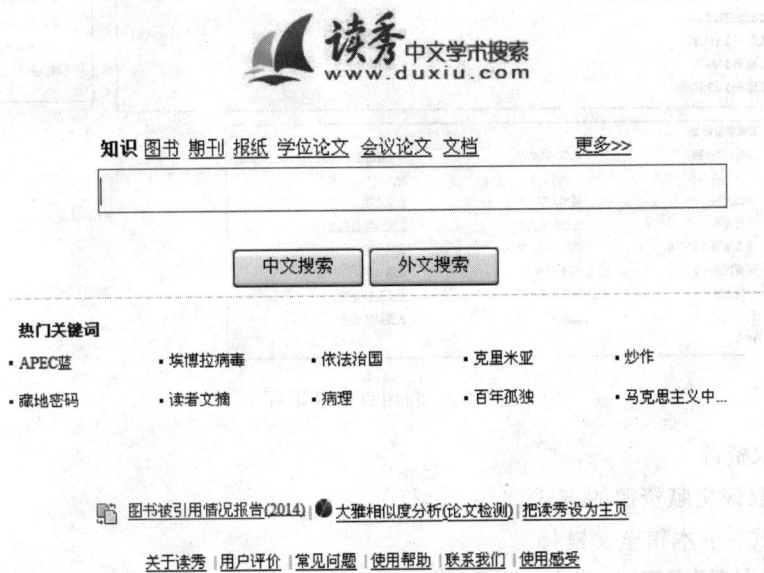

图 6-32　读秀主页面

2. 百链学术搜索

百链是全国图书馆资源的联合搜索,主页面如图 6-33 所示。可以搜索到包括图书、期刊、论文、报纸、专利、标准、视频等各类资源,并且通过超链接方式帮助读者找寻获取途径。网址为 www.blyun.com。

图 6-33　百链主页面

3. 如何利用读秀/百链获取文献资源

在搜索结果页面选择需要的文献,进入详细页面,查看文献详细信息,并从页面右侧"获取资源"栏目获取文献,如图 6-34 所示。

(1) 相关信息

查看文献相关信息,包括作者、出版日期、页码等。

(2) 馆藏单位

查看全国拥有该文献的单位。

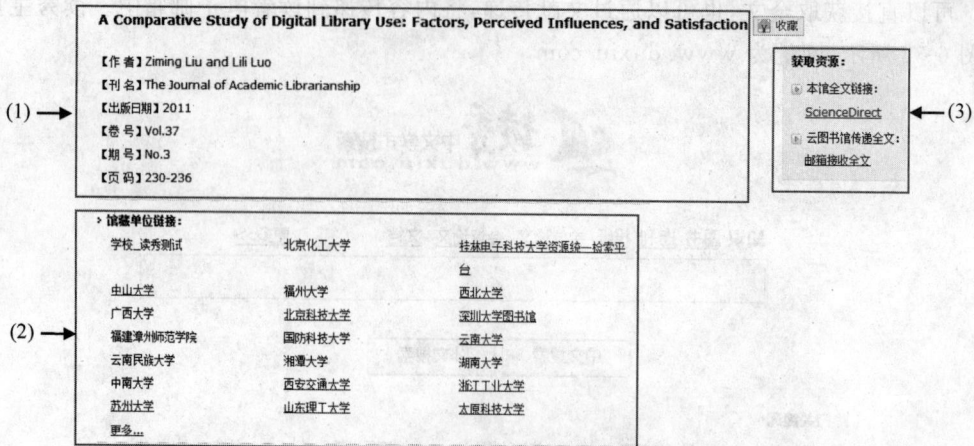

图 6-34　利用百链获取原文

（3）获取资源

查看获取该文献资源的方式。

获取方式一：本馆全文链接。

在"获取资源"下面，如果有"本馆全文链接"，可直接单击进入图书馆数据库的详细页面阅读和下载全文。

获取方式二：邮箱接收全文。

在"获取资源"下面，没有"本馆全文链接"的文献，单击"邮箱接收全文"方式共享获取。

进入"云图书馆文献传递服务"页面，如图 6-35 所示，填写自己常用的邮箱地址和验证码，单击"确认提交"。24 小时内查看填写的邮箱，将会收到您所需文献。

图 6-35　填写邮箱地址

若申请外文图书，除了需要填写常用的邮箱和验证码，还要填写申请的页码范围。

4. 超星发现系统

超星发现以近十亿海量元数据为基础，利用数据仓储、资源整合、知识挖掘、数据分析、文献计量学模型等相关技术，能够解决复杂异构数据库群的集成整合、完成高效、精准、统一的学术资源搜索，进而通过分面聚类、引文分析、知识关联分析等实现高价值学术文献发现、纵横结合的深度知识挖掘、可视化的全方位知识关联。

链接地址为 http://ss.zhizhen.com/。

6.4 万方数据知识服务平台

6.4.1 万方数据知识服务平台简介

万方数据知识服务平台(Wanfang Data Knowledge Service Platform),页面如图 6-36 所示,是在原万方数据资源系统的基础上,经过不断改进、创新而成,集高品质知识资源、先进检索算法技术、多元化增值服务、人性化设计等特色于一身,是国内一流的品质知识资源出版、增值服务平台。

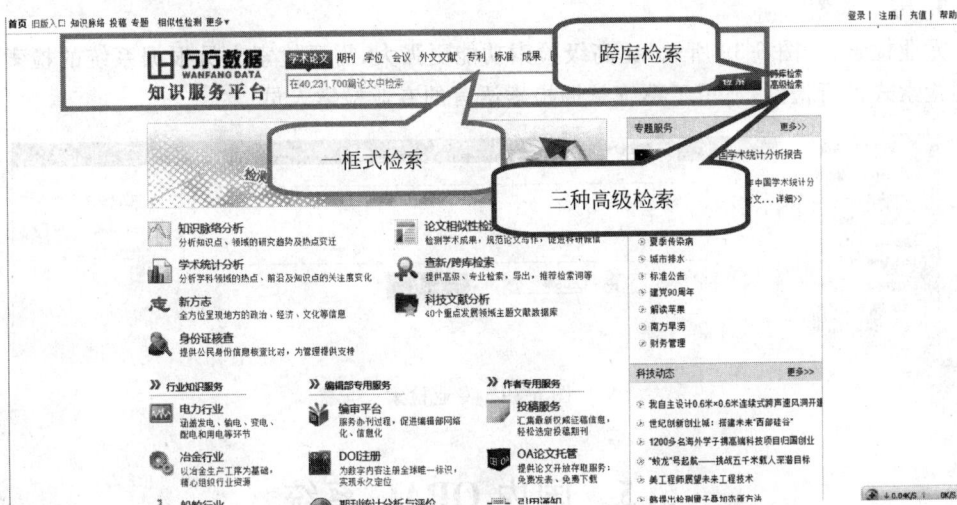

图 6-36　万方数据知识服务平台页面

其文献资源包括期刊论文、学位论文、会议论文、专利、成果、法规、标准、企业信息、西文期刊论文、西文会议论文、科技动态、OA 论文等,网址为 www.wanfangdata.com.cn。

6.4.2 文献检索

知识服务平台提供了多种文献检索方式,以满足用户不同的检索需求。

1. 一框式检索

利用系统提供的"一框式"检索,如图 6-37 所示,可以简单快捷地找到所需的文献。

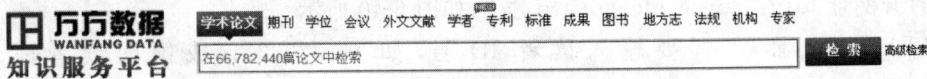

图 6-37　一框式检索

默认的资源类型"学术论文",包含了期刊论文、会议论文、学位论文、外文文献(外文期刊和外文会议)以及 OA 论文。还可以选择某种文献类型在其中进行检索,同时具有智能检索的功能。

2. 高级检索

高级检索功能是在指定的范围内,通过增加检索条件满足用户更加复杂的要求,实现精准检索,如图 6-38 所示。

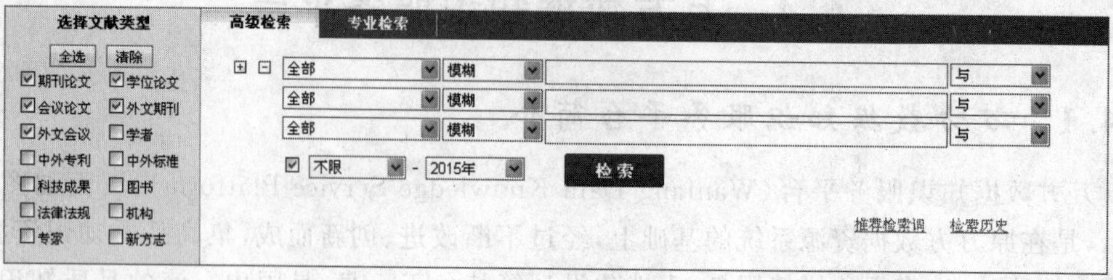

图 6-38　高级检索

3. 专业检索

专业检索,如图 6-39 所示,比高级检索功能更强大,需要检索人员根据系统的检索语法编制检索式进行检索,适用于熟练掌握检索语言的专业检索人员。

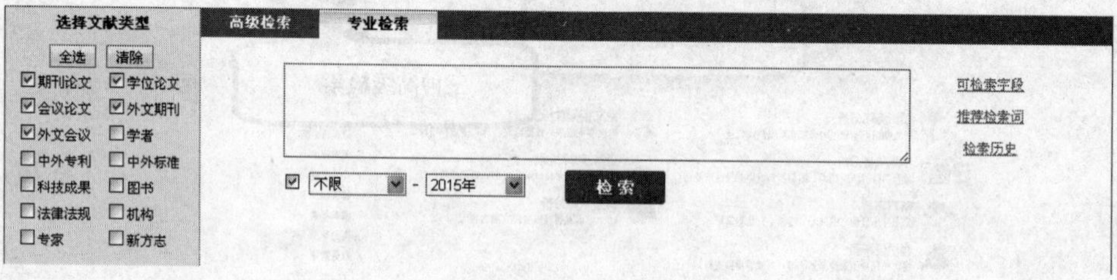

图 6-39　专业检索

6.5　国内 OPAC 系统

6.5.1　国家图书馆 OPAC(Online Public Access Catalogue)

联机公共检索目录(Online Public Access Catalogue,OPAC),是 20 世纪 70 年代末由美国一些大学图书馆和公共图书馆共同开发,供读者查询馆藏数据的联机检索系统。OPAC 可以说是图书馆自动化的基础,是未来电子图书馆的有机组成部分。由于该系统直接面向最终用户,显示了强大的生命力,相信将越来越受到人们的重视,为广大用户所熟识。

国家图书馆联合公共目录查询系统(OPAC)检索说明如下。

1. 进入系统

打开网址 http://opac.nlc.gov.cn,页面如图 6-40 所示。

(1) ID 登录——需要输入读者 ID 号,如 abc770321;或国图读者证卡号,如 0100500000001234。

(2) 匿名登录——默认为匿名登录,可以直接使用,进入检索查询界面,仅限于使用检索功能。

2. 选择数据库

进入检索界面,如图 6-41 所示,默认可以同时检索国家图书馆中文和外文两个物理上独立的数据库,即全部馆藏数据。

图 6-40　书目检索界面

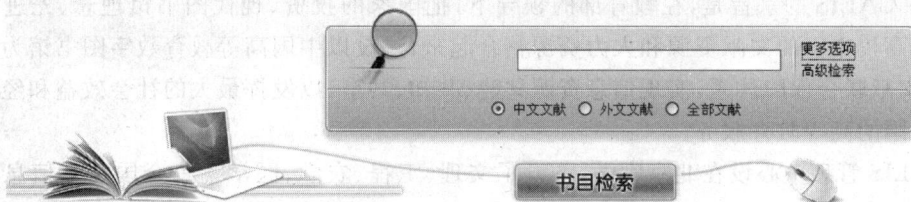

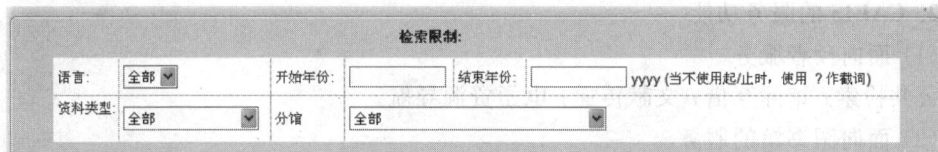

图 6-41　国家图书馆联合公共目录查询系统检索界面

3. 检索数据库

检索可以通过两条渠道：浏览或检索。

浏览——一种类似于前方一致的检索方法。

检索——关键词检索方法，包括简单检索、多库检索、组合检索和通用命令语言（CCL）检索。

读者可以根据个人的爱好、检索策略等选择不同的检索手段。

注意：

（1）通过浏览方式检索到的结果不受命中数目限制，可以单击"款目"查看详细内容；

（2）检索方式下，系统将检索结果按照默认字段排序，但如果命中记录数超过 800 条，系统将不对检索结果进行排序，而直接显示记录结果。

4. 其他功能

（1）查看馆藏在结果列表中，单击"馆藏地"链接，可以显示记录的馆藏信息，包括文献状态、索取号、条码号、馆藏地点等。

(2) 馆藏选项在查看馆藏信息时,有以下可用链接。

① 请求:发送对某记录的预约请求,如外借、闭架阅览等;

② 复制:发送某记录的复制请求;

③ 应还日期:如果馆藏列表中包含一个应还日期链接,表示该文献处于外借状态。单击该链接(如果它有下划线)可以查看借书者的详细信息;

④ 保存:对所有用户有效(无论用户是否登录 Web OPAC 系统),将选中记录保存到指定介质上。

(3) 读者只有登录系统后,才可以查看个人信息和在借信息。进入"读者信息"栏目,可以查看读者卡卡号、读者卡过期日期、过失记载和在借信息等。

6.5.2　CALIS OPAC 系统

1. 中国高等教育文献保障系统(China Academic Library & Information System,CALIS)

是经国务院批准的我国高等教育"211 工程""九五""十五"总体规划中三个公共服务体系之一。CALIS 的宗旨是,在教育部的领导下,把国家的投资、现代图书馆理念、先进的技术手段、高校丰富的文献资源和人力资源整合起来,建设以中国高等教育数字图书馆为核心的教育文献联合保障体系,实现信息资源共建、共知、共享,以发挥最大的社会效益和经济效益,为中国的高等教育服务。

CALIS 管理中心设在北京大学,下设了文理、工程、农学、医学 4 个全国文献信息服务中心,华东北、华东南、华中、华南、西北、西南、东北 7 个地区文献信息服务中心和一个东北地区国防文献信息服务中心。

2. CALIS 的服务功能

(1) 面向读者服务

公共检索;馆际互借;文献传递;电子资源导航。

(2) 面向图书馆的服务

联机合作编目;文献采购协作;其他服务有培训服务、数据库服务及存档服务、技术支持等。

3. CALIS 的主要信息资源

(1) 联合书目数据库

中外文书刊联合目录数据库,是国家"211 工程"院校图书馆为主合作建立的中、西文书刊联合目录,它集中报道了合作共建的各成员馆的中外文书刊收藏情况。它不仅是开展联机共享编目的共享数据库,也是开展馆际互借和文献传递服务的基础数据库。

(2) 高校学位论文(文摘)数据库

高校学位论文(文摘)数据库,是反映高校特点和水平的文献数据库。该库只收录题录和文摘,没有全文。全文通过 CALIS 的馆际互借系统提供,所以目前这个数据库已经成为文献传递的一个重要工具。

(3) 中文现刊目次库

该目次库收录了高校图书馆收藏的国内重要学术期刊的篇目,这些刊物各期内容涉及社会科学和自然科学的所有学科。该库以各成员馆的馆藏为基础,对读者提供网上文献检索、最新文献报道服务和全文传递服务等灵活多样的优质服务。

（4）重点学科专题库

建设重点学科专题库的目的是为了比较集中、更深层次地揭示各高校收藏的富有学科特色的文献。这些专题库要求以各自的馆藏为基础，比较系统全面地围绕某个专题进行综合报道。形式多样，有多媒体、全文和文摘等具有学科知识数据的特点。揭示的内容比普通二次文献库要深，弥补了如联合目录、现刊目次等数据库的不足，丰富了CALIS的资源。

（5）重点学科导航库

重点学科导航库是"211工程"立项高校图书馆共建项目。其目的是建立在Internet网上的导航库，收集整理有关重点学科的网络资源，为这些已立项的高校重点学科服务，让这些重点学科领域的师生以较快的速度了解本领域科技前沿研究动向和国际发展趋势。

（6）引进数据库

国外数据库的成功引进缓解了我国高校外文文献长期短缺、无从获取或迟缓的问题，对高校研究和教学起到了极大的推动作用。

4. CALIS OPAC系统（http://opac.calis.edu.cn/simpleSearch.do）

（1）简单检索

简单检索为用户提供了9个检索项，分别为题名、责任者、主题、全面检索、分类号、所有标准号码、ISBN、ISSN、记录控制号。用户可以根据自己检索的实际情况选择需要的检索项，并在检索项后面的检索条件框中输入检索条件，然后单击后面的"检索"按钮，便可以看到检索结果，如图6-42所示。

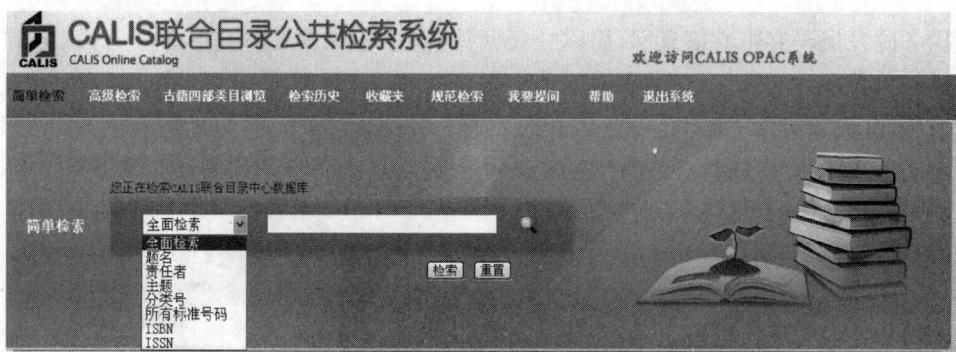

图6-42　CALIS联合目录公共检索系统的简单检索界面

（2）高级检索

高级检索界面如图6-43所示。

① 选择检索点，输入检索词，选择限定信息，单击"检索"按钮或直接回车。

② 默认的检索匹配方式为前方一致，也可以在复选框中选择"精确匹配"或"包含"。

③ 最多可输入三项检索词，默认逻辑运算方式为"与"，也可以在复选框中选择"或"、"非"。

④ 选择分类号检索点，可以单击"中图分类号表"按钮浏览，选中的分类号将自动填写到检索词输入框中。

⑤ 限制性检索的文献类型可选择"普通图书"、"连续出版物"、"中文古籍"，默认为全部类型。

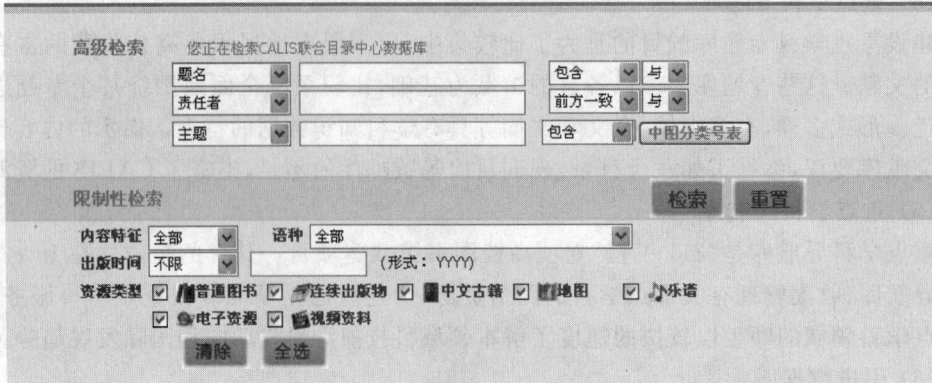

图 6-43　CALIS 联合目录公共检索系统的高级检索界面

⑥ 限制性检索的内容特征可选择"统计资料"、"字典词典"、"百科全书",默认为全部。

⑦ 可通过输入出版时间对检索结果进行限定,例如选择"介于之间"并输入"1998—2000",即检索 1998 年至 2000 年出版的文献。

⑧ 检索词与限制性检索之间为"与"的关系。

6.6　国　研　网

国务院发展研究中心信息网(简称"国研网")由国务院发展研究中心主管、国务院发展研究中心信息中心主办、北京国研网信息有限公司承办,创建于 1998 年 3 月,并于 2002 年 7 月 31 日正式通过 ISO9001：2000 质量管理体系认证,2005 年 8 月顺利通过 ISO9001：2000 质量管理体系换证年检,是中国著名的专业性经济信息服务平台,国研网主页面如图 6-44 所示。

图 6-44　国研网主页面

公共网址：www.drcnet.com.cn。

教育版网址：edu.drcnet.com.cn。

国研网已建成了内容丰富、检索便捷、功能齐全的大型经济信息数据库集群,包括国研视点、宏观经济、金融中国、行业经济、世经评论、国研数据、区域经济、企业胜经、高校参考、基础教育十个数据库,同时针对金融机构、高校用户、企业用户和政府用户的需求特点开发了金融版、教育版、企业版及政府版四个专版产品。上述数据库及信息产品已经赢得了政府、企业、金融机构、高等院校等社会各界的广泛赞誉,成为他们在经济研究、管理决策过程中的重要辅助工具。

此外,国研网组建了一支高效率、专业化的研究咨询团队,在宏观经济、行业分析、战略规划等领域积累了丰富的经验,结合多年积累的丰富而系统的数据库资源,为中国各级政府部门、广大企事业单位和众多海内外机构提供深度的市场研究与决策咨询服务。目前国研网的业务领域已拓展到个性化信息服务、专项课题研究、经济类综合性高层论坛、职业化培训和网络广告等领域,以满足不断增长的用户需求。

检索方法：在网站主页或数据库页面上,会看见"检索中心"按钮或一个长条状的搜索框,只需将想查找的关键词输入其中,设定个性化的搜索条件,单击"搜索"按钮,国研网的搜索引擎就会运行起来,带我们进入搜索结果页面。

【例】 搜索"金融"方面的相关文章,只需在关键词输入框中输入"金融"即可。在关键词搜索中,还可以选择多个关键词查询以获得更加准确的搜索结果。

表示"且"的关系(同时匹配多个关键词的内容)：使用空格、＋或＆。

【例】 查询关于北京市金融的文章,则输入关键词"北京 金融"或"北京＋金融"或"北京＆金融"。

表示"非"的关系(查询某个关键词的匹配内容,但又不包含其中的一部分)：使用字符—。

【例】 查找基础设施方面文章,但不包含北京,输入关键词"基础设施—北京"。

表示"或"的关系：使用字符｜。

【例】 查询关于金融或股票方面的文章,则输入关键词"金融｜股票"。

通配符检索：！表示 0 或 1 个任意字符,？表示 1 个任意字符。

【例】 查找"股票"与"期货"中间包含 1～2 个字的内容,输入关键词"股票！？期货"。

设定好关键词后,可以根据需要设定搜索条件,包括选择栏目、选择时间、检索项目、排序方式和每页显示条目。

6.7 应用案例

【检索内容】 关于电磁污染及其防护措施的探讨。

【检索思路参考】

(1) 分析研究课题：该课题属自然科学领域一般层次的应用型研究,通常情况下需要首先检索时间跨度为 5 年左右的文献,再视具体情况回溯 5～10 年。信息类型涉及图书、期刊论文、学位论文、会议文献,中外文专利、标准等多种文献类型。

(2) 检索工具的选择：根据检索课题的学科范围和研究的方向性质,确定需要查找的中文检索工具有维普中文科技期刊数据库、万方数据知识服务平台、CNKI 中国知网资源总库、汇雅电子图书、超星中文发现系统等。

(3) 检索词的选取:根据课题内容,可提取的关键词有电磁波、电磁污染、电磁辐射、防护对策等。

(4) 利用上述各类数据库实施检索,并对检索结果进行评价反馈调整。

习　　题

一、选择题

1. 期刊论文记录中的"文献出处"字段是指(　　　)。

   A. 论文的作者

   B. 论文作者的工作单位

   C. 刊载论文的期刊名称及年卷期、起止页码

   D. 收录论文的数据库

2. 浏览超星汇雅电子图书,应首先安装(　　　)。

   A. Apabi Reader　　　　　　　　　B. Adobe Reader

   C. CAJ Viewer　　　　　　　　　　D. SSReader

3. 如果需要检索某位作者的文献被引用的情况,应该使用(　　　)检索。

   A. 分类　　　　　　B. 作者　　　　　　C. 引文　　　　　　D. 主题

二、判断题

1. 使用上位词会达到缩小检索范围,提高查准率的作用。 (　　　)

2. 如果检索有关多媒体网络传播方面的文献,检索式为:多媒体＋网络传播。(　　　)

3. 读秀学术搜索和超星中文发现系统都具有原文传递功能。 (　　　)

4. CNKI 中国学术期刊全文数据库可用于检索整本图书的内容。 (　　　)

三、简答题

1. 常用的中文学术资源有哪些?

2. 查询电子图书的途径有哪些?

3. 文献数据库有哪几种常用的检索方式?

四、检索练习

1. 检索 2012—2013 年关于 IPv6 方面的期刊论文。

2. 检索近 5 年关于房地产税改革方面的学术文献。

3. 利用超星数字图书馆查找有关本专业的专业图书。

4. 要求:写出使用的检索工具、检索词或检索表达式、前两篇文献的名称、文献来源名称、作者、日期。

第7章 外文常用数字资源

引　子

本章内容的涉及均为外文文献,如果查询有关"工业废水的生化处理研究"方面的文献资料,需要涉及中文以及外文文献资料,思考如果要求写关于该方面的毕业论文,你会如何查询与该内容相关的外文参考文献,会利用到哪些数据库,应该首选哪种数据库,应该进行怎样的具体查询和操作?

7.1　EBSCO 数据库系统(EBSCOhost)

7.1.1　EBSCO 数据库

EBSCO 数据库是美国 EBSCO 公司出版发行的一系列大型数据库系统,该系统提供多个数据库资源的检索服务,索引、文摘覆盖欧美等国的 3700 余家出版社。EBSCO 公司从 1986 年开始出版电子出版物。EBSCO 系列数据库包括 ASP(Academic Search Premier,学术期刊数据库)、ASE(Academic Search Elite,学术期刊全文数据库)、BSP(Business Source Premier,商业资源数据库)、BSE(Business Source Elite,商业资源全文数据库)等多个数据库。EBSCO 各数据库的资料来源以期刊为主,其中很多都是被 SCI 或 SSCI 收录的核心期刊。

1. ASP(Academic Search Premier):学术期刊集成数据库

总收录期刊 7699 种,其中提供全文的期刊有 3971 种,总收录的期刊中经过同行鉴定的期刊有 6553 种,同行鉴定的期刊中提供全文的有 3123 种,被 SCI & SSCI 收录的核心期刊为 993 种(全文有 350 种)。主要涉及工商、经济、信息技术、人文科学、社会科学、通信传播、教育、艺术、文学、医药、通用科学等多个领域。

2. BSP(Business Source Premier):商业资源电子文献全文数据库

总收录期刊 4432 种,其中提供全文的期刊有 3606 种,总收录的期刊中经过同行鉴定的期刊有 1678 种,同行鉴定的期刊中提供全文的有 1067 种,被 ISCI & SSCI 收录的核心期刊有 398 种(全文有 145 种)。涉及的主题范围有国际商务、经济学、经济管理、金融、会计、劳动人事、银行等。

3. EBSCO 系统中的其他数据库

• EBSCO Animals:自然与常见动物生活习性方面的文献;

- ERIC：教育资源文摘数据库，提供 2200 余种文摘刊物和 980 余种教育相关期刊的文摘以及引用信息；
- MEDLINE：医学文摘数据库，提供 4600 余种生物和医学期刊的文摘；
- Newspaper Source：报纸资源数据库，选择性提供 180 余种报刊全文；
- Professional Development Collection：550 多种教育核心期刊全文数据库；
- Regional Business News：75 种美国区域商业文献全文数据库；
- World Magazine Bank：250 种主要英语国家的出版物全文汇总。

......

EBSCO 公司的数据库与文献资源，是中国高等教育文献保障系统(CALIS)最早的、以及一贯的集团采购对象。

7.1.2　检索方法

1. 注册 My EBSCOhost

EBSCOhost 系统可以注册个人账户，实现实时定制数据库信息，注册页面如图 7-1 和图 7-2 所示。

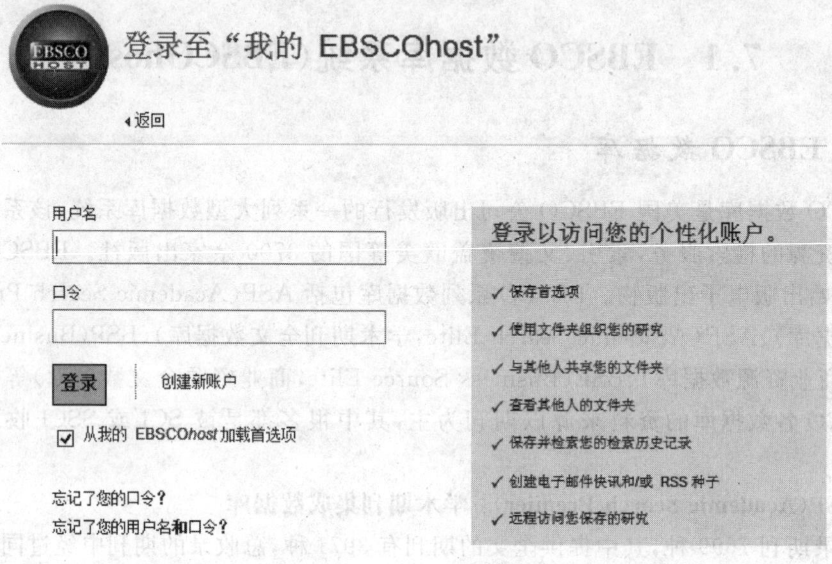

登录至 "我的 EBSCOhost"

◀返回

用户名

口令

登录　创建新账户

☑ 从我的 EBSCOhost 加载首选项

忘记了您的口令？
忘记了您的用户名和口令？

登录以访问您的个性化账户。

✓ 保存首选项
✓ 使用文件夹组织您的研究
✓ 与其他人共享您的文件夹
✓ 查看其他人的文件夹
✓ 保存并检索您的检索历史记录
✓ 创建电子邮件快讯和/或 RSS 种子
✓ 远程访问您保存的研究

图 7-1　注册页面

2. 登录

通过图书馆主页→外文数据库→EBSCO 数据库进入，如图 7-3 和图 7-4 所示。

EBSCO 数据库系统主要包括两大数据库版块，Business Seaching Interface 版块主要是涉及商业领域的文献查询，"利用 EBSCO 数据库提高你的科研水平"版块主要收集科研学术文献。查询时根据需要进行选取，也可以两个版块都进行检索，以提高查全率。"工业废水的生化处理研究"这一课题应首选"利用 EBSCO 数据库提高你的科研水平"版块。

3. 基本检索(Basic Search)

在主页面中，选择数据库(Choose Databases)，单击进入该库基本检索页面，在检索栏

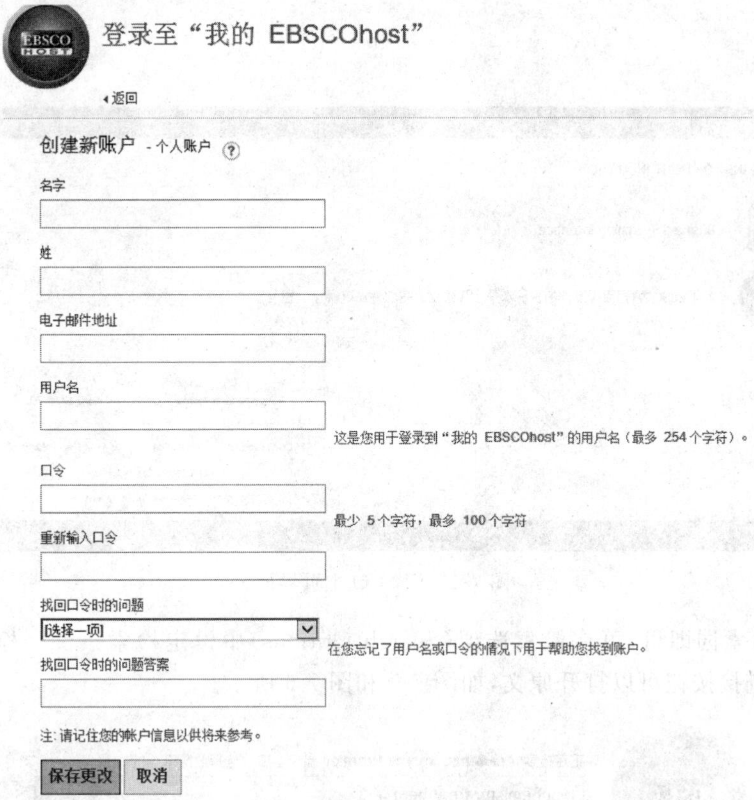

登录至"我的 EBSCOhost"

◀返回

创建新账户 - 个人账户 ❓

名字

姓

电子邮件地址

用户名

这是您用于登录到"我的 EBSCOhost"的用户名（最多 254 个字符）。

口令

最少 5 个字符，最多 100 个字符

重新输入口令

找回口令时的问题
选择一项 ▾   在您忘记了用户名或口令的情况下用于帮助您找到账户。

找回口令时的问题答案

注：请记住您的账户信息以供将来参考。

保存更改   取消

图 7-2   EBSCOhost 注册

图 7-3   图书馆主页面

208

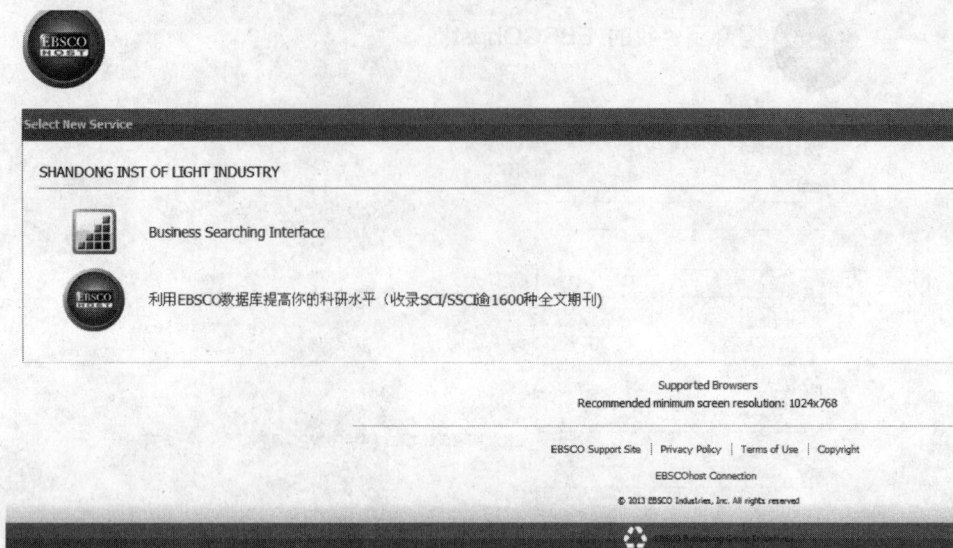

图 7-4　EBSCO 主页界面

中直接输入检索词即可,可在检索选项(Search Options)中设定检索条件。检索结果中有
"PDF 全文"链接按钮可以打开原文,如图 7-5 和图 7-6 所示。

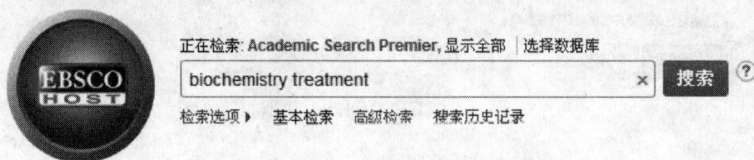

图 7-5　EBSCO 基本检索界面

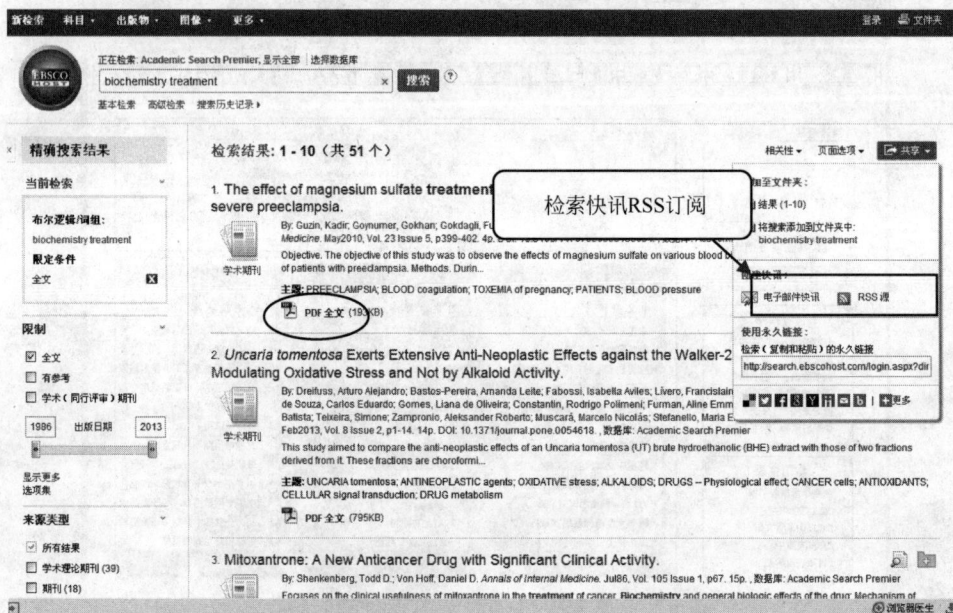

图 7-6　EBSCO 检索结果界面

4. 高级检索（Advanced Search）

即复杂化的简单检索，在基本检索界面，单击 Advanced Search 即可进入，如图 7-7 所示。在下拉式菜单中，可对检索字段和逻辑组配符进行选择。输入检索词，并在"选择字段"下拉列表中选择检索字段，如将文章、作者、主题、ISSN 等作为检索条件。同时，可在第二组、第三组字段中选择布尔运算符（AND、OR、NOT），并输入检索词和检索字段。如果需要使用更多行，单击 Add Row 即可。

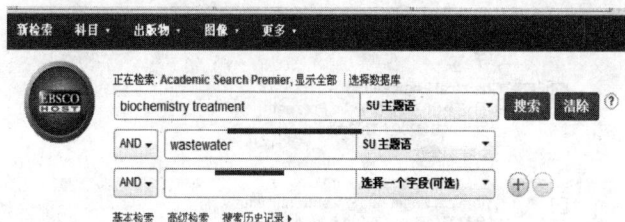

图 7-7　EBSCO 高级检索界面

5. 浏览式检索

单击首页上方的出版物等菜单，可以进行相应类别的内容浏览，如图 7-8 所示。

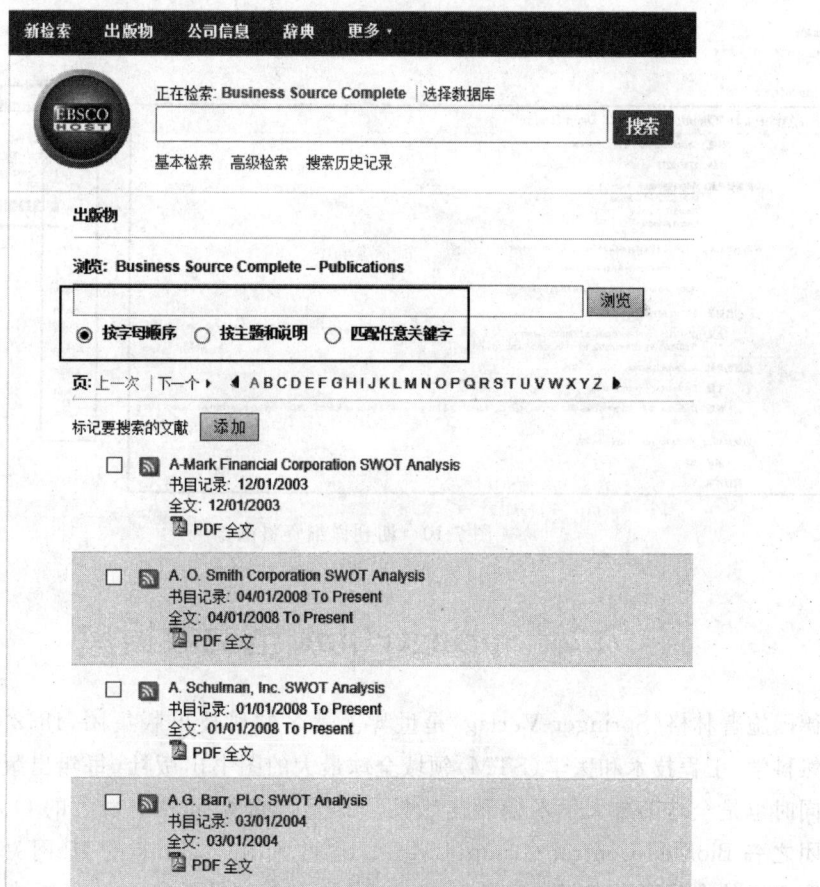

图 7-8　EBSCO 浏览式检索界面

期刊浏览和期刊详细资料浏览,如图 7-9 和图 7-10 所示。

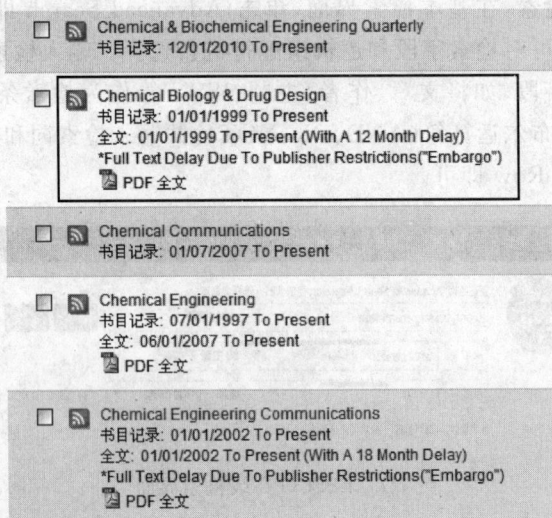

图 7-9　期刊浏览

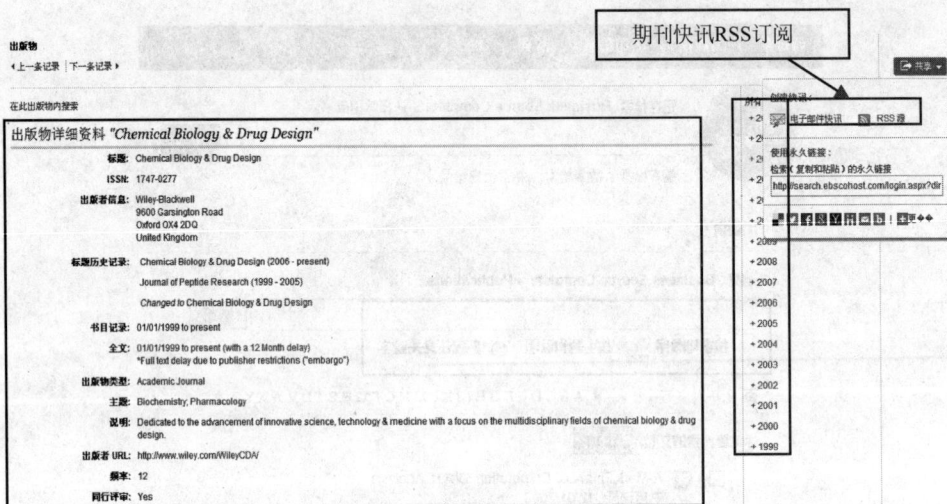

图 7-10　期刊详细资料浏览

7.2　SpringerLink 全文数据库

德国施普林格(Springer-Verlag)是世界上著名的科技出版集团,1842 年创建于柏林,是自然科学、工程技术和医学(STM)领域全球最大的图书出版社(每年出版超过 5500 种新书),同时也是全球第二大学术期刊出版社。2008 年收购世界上最大的 Open Access 出版商集团之一 BioMed Central Group(BMC)。通过 SpringerLink 的 IP 网关,读者可以快速地获取重要的在线研究资料。SpringerLink 的服务范围涵盖各个研究领域,提供超过 1900 种同行评议的学术期刊,以及不断扩展的电子参考工具书、电子图书、实验室指南、在线回溯数据库以及更多内容。SpringerLink 将所有资源划分为 12 个学科：建筑学、设计和艺术，行为科学，生物医学和生命科学，商业和经济，化学和材料科学，计算机科学，地球和环境科学，工程学，人文、社科和法律，数学和统计学，医学，物理和天文学。

检索方法如下。

1. 登录

选择本校图书馆主页→外文数据库→SpringerLink 电子期刊，进入数据库；或者登录全球网站 http://www.springerlink.com，如图 7-11 所示。

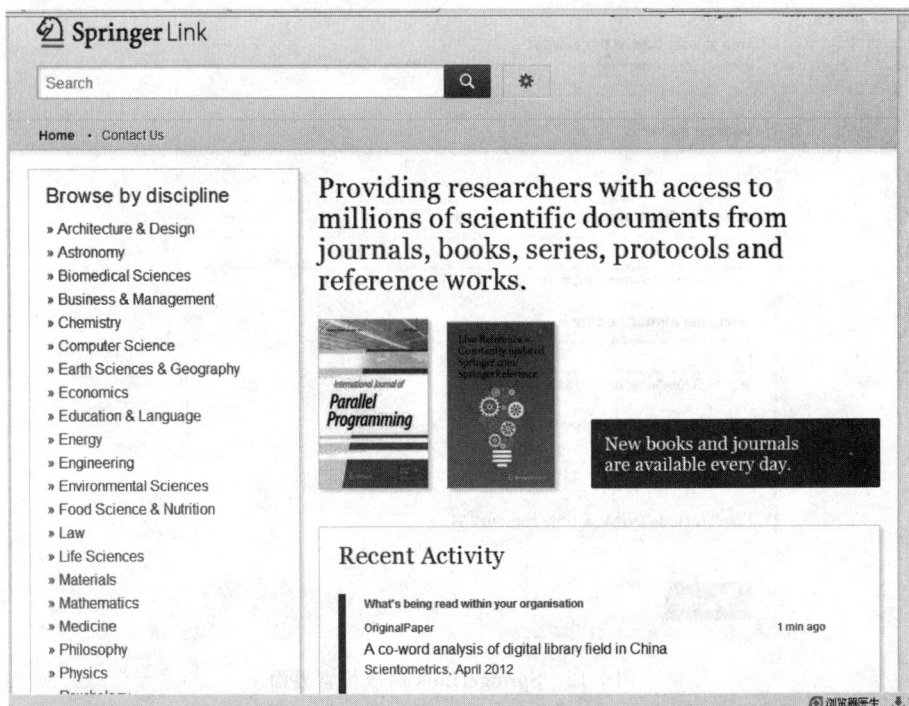

图 7-11　SpringerLink 检索界面

2. 检索

每个页面的上部都有一个检索框可以进行快速检索和高级检索。在主界面上，Springer 提供了分别按内容类型（期刊、图书、丛书、参考工具书等）、学科和特色图书馆进行浏览。每种分类后都有一个数字标记种类的个数。

快速检索可以直接在页面上的检索框中输入检索词，系统会自动在标题、摘要、全文等所有内容里进行查找。另外，在检索框下面有一系列小检索框还可以指定作者、出版社、年卷期等信息进行检索。

单击 Advanced Search 可以展开高级检索界面。高级检索可以限定在作者、DOI、全文、标题、摘要里检索，可以限定年卷期页码、具体出版日期年限范围、出版物类型等信息，可以对检索结果按相关度、出版日期或字母顺序来排序，如图 7-12 所示。

在浏览页面的中部，可以按出版物名称的起始字母检索或浏览。在页面左部可以按学科等分类浏览，单击 ▶ 可以打开学科的子分类。进入任一分类以后可以浏览。注意：刊名或书名前有 ■ 表示可阅读所有全文，◪ 表示可阅读部分全文，□ 表示不能阅读全文。如果

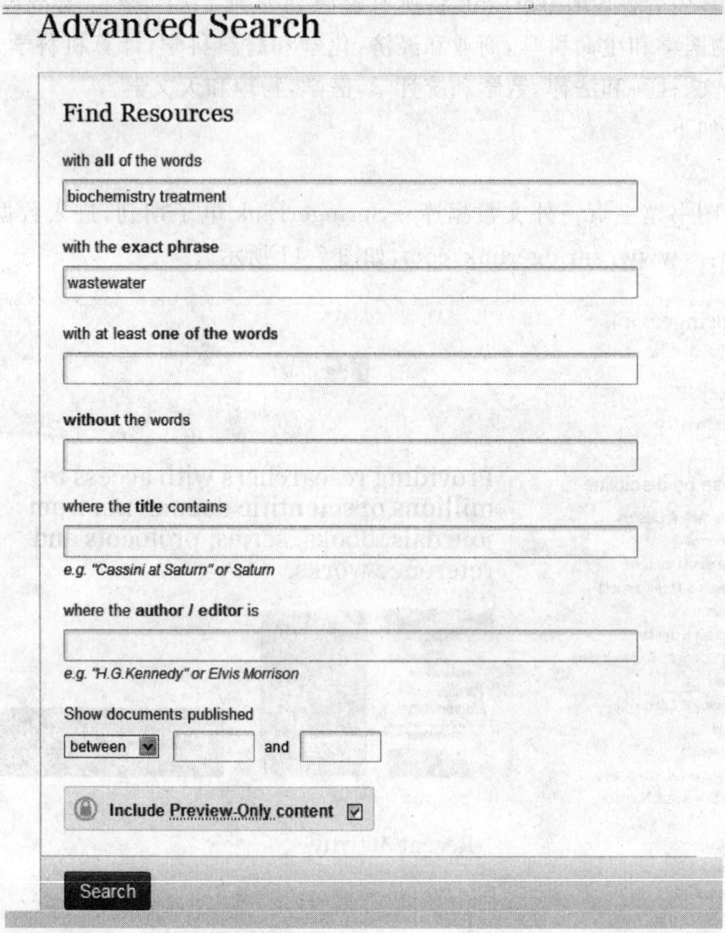

Advanced Search

Find Resources

with **all** of the words

```
biochemistry treatment
```

with the **exact phrase**

```
wastewater
```

with at least **one of the words**

```

```

without the words

```

```

where the **title** contains

```

```

e.g. "Cassini at Saturn" or Saturn

where the **author / editor** is

```

```

e.g. "H.G.Kennedy" or Elvis Morrison

Show documents published

between ▾ _____ and _____

🔒 **Include Preview-Only content** ☑

Search

图 7-12　SpringerLink 高级检索界面

没有出现这些图标,单击 Tools 工具栏中的 Show Access Indicators 可以显示。

3. 检索文章

检索文章可以按 Bool 运算符组配检索式。无须截词符,系统会自动根据词根扩展检索。单击检索结果的题名可以看到文章摘要,单击 PDF 图标可以下载全文。

单击检索结果页面的 🖫 ,可以保存检索式(此功能需要先注册)。

4. 结果处理

检索词在检索结果中默认会高亮显示,单击 Tools 工具栏中的 Show Highlighting 可以清除或加上高亮,单击 PDF 按钮可以下载全文。在检索结果界面左侧可以对检索结果按照学科分类、出版年、作者、文献类型等进行过滤。

单击文献名后,可以看到文献的摘要。单击 EXPORT CITATION 可以将此篇文献的题录按照不同格式导出。

5. 个性化服务

在每个页面的用户信息下有一个 log in 按钮,单击可以注册或登录为 Springer 的个人用户可以使用个性化服务。

登录后单击检索界面的 ![按钮]，可以选择检索历史保存、定制成 Alert，以便可以定时在 E-mail 中收到该检索的更新结果，并且可以用标签来组织管理收藏条目。

注：SpringerLink 数据库和 EBSCOhost 数据库在检索方式、浏览方式、注册登录等方面基本相似，具体可参考 EBSCOhost 数据库的介绍。

7.3　工程索引（EI）

7.3.1　《工程索引》（The Engineering Index，EI）

创刊于 1884 年，是美国工程信息公司（Engineering information Inc.）出版的著名工程技术类综合性检索工具。EI 每月出版 1 期，文摘 1.3 万至 1.4 万条；每期附有主题索引与作者索引；每年还另外出版年卷本和年度索引，年度索引还增加了作者单位索引。收录文献几乎涉及工程技术各个领域，例如动力、电工、电子、自动控制、矿冶、金属工艺、机械制造、土建、水利等。它具有综合性强、资料来源广、地理覆盖面广、报道量大、报道质量高、权威性强等特点。出版形式有印刷版（期刊形式）、电子版（磁带）及缩微胶片及网络数据库。EI 公司自 1992 年开始收录中国期刊。

2009 年以前，EI 把它收录的论文分为两个档次：（1）EI Compendex 标引文摘（也称核心数据）。它收录论文的题录、摘要，并以主题词、分类号进行标引深加工。有没有主题词和分类号是判断论文是否被 EI 正式收录的唯一标志。（2）EI Page One 题录（也称非核心数据）。主要以题录形式报到。有的也带有摘要，但未进行深加工，没有主题词和分类号。所以 Page One 带有文摘不一定算作正式进入 EI。Compendex 数据库中的核心和非核心数据的主要区别在于：数据中是否有分类码（EI Classification Codes）和主题词（EI Main Heading）。有这两项内容的数据是核心数据，反之是非核心数据。从 2009 年 1 月起，所收录的中国期刊数据不再分核心数据和非核心数据。

7.3.2　EI Engineering Village 2（EV2）

1. 数据库简介

EI Engineering Village 2 是由美国 Elsevier Engineering Information 公司出版的工程类数据库，包括 Compendex、CRC ENGnetBASE、IHS Standards、USPTO Patents、Esp@cenet 和 Scirus 等多个数据库。Compendex 是目前全球最全面的工程领域二次文献数据库，收录 5100 多种工程类期刊、会议论文集和技术报告 1969 年以来的参考文献和摘要。数据库涵盖了工程和应用科学领域的各学科，涉及核技术、生物工程、交通运输、化学和工艺工程、照明和光学技术、农业工程和食品技术、计算机和数据处理、应用物理、电子和通信、控制工程、土木工程、机械工程、材料工程、石油、宇航、汽车工程以及这些领域的子学科与其他主要的工程领域。Compendex 数据库每周更新数据，以确保用户可以跟踪其所在领域的最新进展。其中大约 22% 为会议文献，90% 的文献语种是英文。1998 年在清华大学图书馆建立了 EI 中国镜像站。为了让中国用户与全球用户同步使用 EV2 数据库，EI 公司于 2011 年 4 月 27 日实施 EV2 中国用户的平台转换工作。平台转换后的成员全部通过国际站点访问 EV2 数据库，清华镜像站点停止使用。

2. 检索方式

EI Engineering Village 2 提供了 Easy Search(简单检索)、Quick Search(快速检索)、Expert Search(专家检索)、Thesaurus(主题词表)、eBook Search(电子书检索)5 种检索方式。

(1) 简单查询

在右上角的标题栏中选择 Easy Search,即可进入简单检索界面。使用简单检索不需要设定任何检索条件,直接输入检索词,单击 Search 按钮即可进行检索。

(2) 快速检索

进入 Engineering Village 2 数据库后,系统会自动进入快速检索界面,如图 7-13 所示。

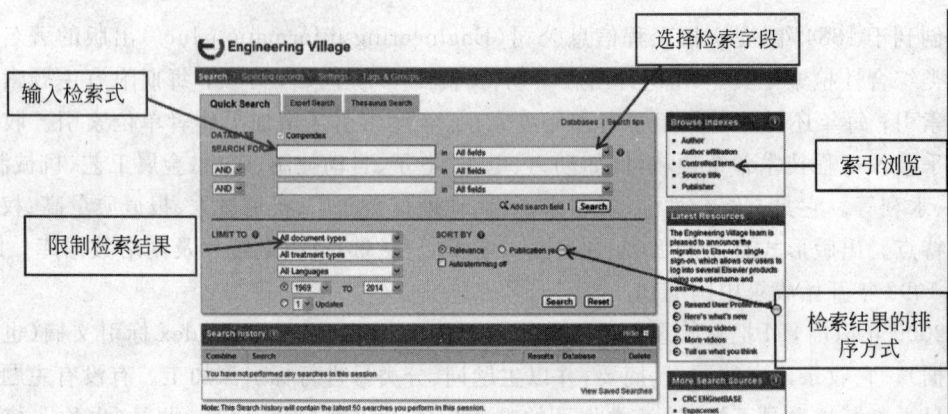

图 7-13　Engineering Village 2 快速检索界面

使用快速检索方式的检索步骤如下。

① 选择检索字段:从 Search in 下拉菜单中选择欲检索的字段,字段名及其意义见表 7-1。可以使用布尔算符 AND、OR、NOT 进行组配。

表 7-1　检索字段及意义

字　段　名	意　　义
All fields	Compendex 资料库中所有的字段
Subject/Title/Abstract/	主题、题名、摘要
Abstract	摘要
Author	作者,请输入姓氏,空一格,再输入名字或名字缩写
Author affiliation	作者服务机构
EI Classification Code	EI 分类号
CODEN	丛刊代码
Conference Information	会议信息
Conference Code	会议代码
ISSN	国际标准期刊号
EI Main heading	EI 主要标题
Publisher	出版者
Serial title	期刊名称,可检索期刊题名的全部或部分名称
Title	题名,可检索题名的全部或部分名称
EI controlled term	EI 控制词汇
Country of origin	来源国家

② 输入检索式：用户可以在检索栏中输入检索式，检索式可使用布尔逻辑、通配符、邻近算符等。

③ 限制条件：文件类型、特殊主题类型、语言、日期等。

④ Sort by（检索结果排序）：在快速检索方式下，用户可以选择 Relevance（相关性）和 Publication Year（出版年）两种方式对检索结果进行排序。

⑤ Browse Index（索引浏览）：选择不同字段浏览，打勾选中的检索词，系统将自动加入检索式中。

（3）专家检索（Expert Search）

进入 Engineering Village 2 数据库后，在上方标题栏中选择 Expert Search，即可进入专家检索界面，如图 7-14 所示。专家检索与快速检索的检索方式和检索策略基本相同，但在使用专家检索时，必须使用 wn。例如{test bed} wn ALL AND {atm networks} wn TI 或 (window wn TI AND sapphire wn TI) OR Sakamoto,Keishi wn AU。wn 后面的词表示检索字段的代码。

另外，在使用专家检索时，可使用 $ 符号寻找相同字根的字汇。如 $management 可以检索到 manage, managed, manager, managers, managing, management。

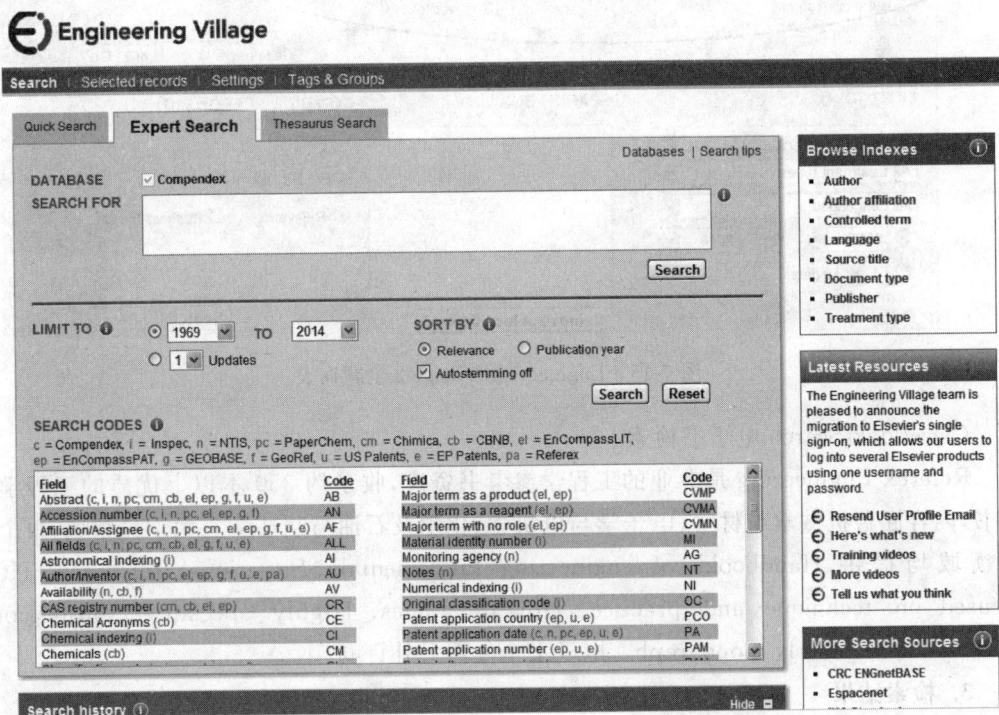

图 7-14　Engineering Village 2 专家检索界面

（4）Thesaurus（主题词表）

主题词表是控制词汇的指南，索引人员从控制词汇表中选择词汇来描述其索引的文章。主题词表一般采用层级结构，词汇由广义词、狭义词或相关词所组成。索引的文章使用特别指定的控制词汇。

215

第 7 章

在标题栏单击 Thesaurus 标签即可进入主题词表检索功能,如图 7-15 所示,在检索栏中输入想要查询的词,然后选择 Search(查询)、Exact Term(精确词汇)或 Browse(浏览),之后单击 Submit 按钮即可。

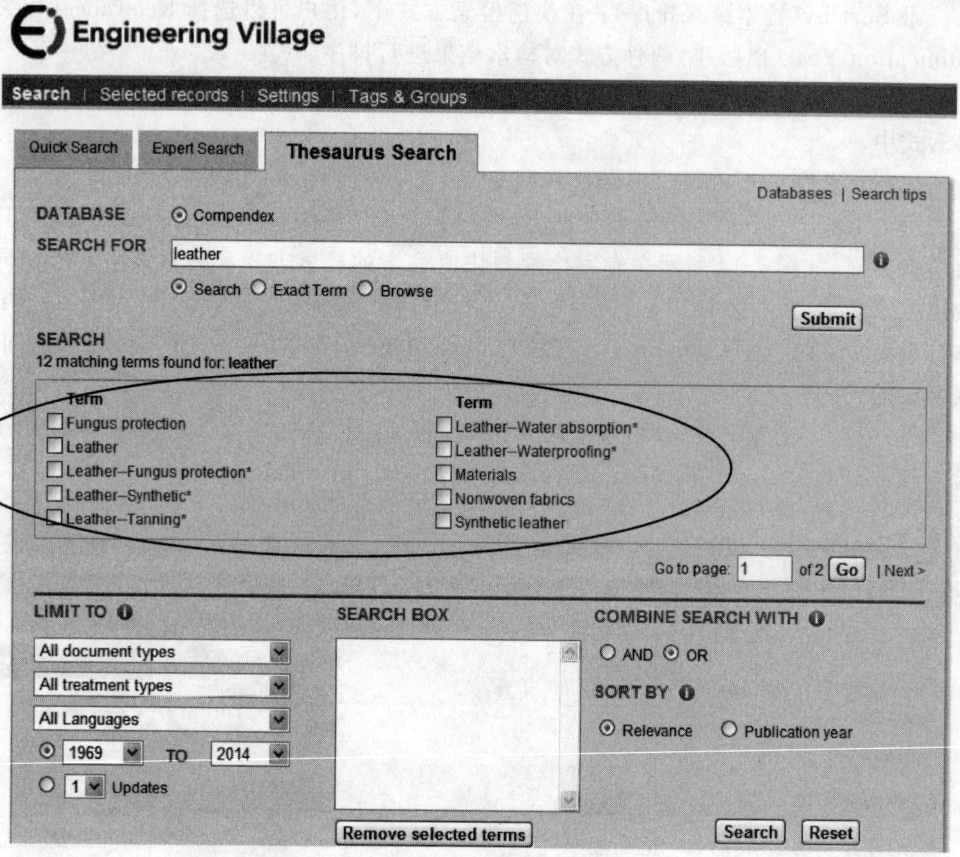

图 7-15 Engineering Village 2 主题词表

(5) eBook Search 电子书检索

Referex Engineering 是专业的工程学参考书资库,收录约 350 本以上优质的工程学电子书,内容涵盖机械学与材学、电子学与电机学、化学及石油与制造学三大学科领域,每个学科领域均提供 Handbooks of engineering fundamentals、Situational reference、Titles focused on technique and practice、How-to guides、Highly specialized professional information、Scholarly monograph。电子书全文需另外订购。

3. 检索结果

在快速检索、专家检索和主题词检索方式下,用户输入检索式后单击 Search,便进入了检索结果页。用户可以选择做进一步精简检索结果(Refining Results)。在检索结果页的左上角有一精简检索(Refine Results)栏,在此栏输入相应词汇,可通过单击 Limit to 或者 Exclude 对结果进行进一步限定,从而精确精简检索结果,达到用户的检索需求。

4. 检索历史

Engineering Village 2 会将用户先前使用的检索策略存储在检索历史中,用户可以重新执行先前的检索策略或结合先前的检索策略重新执行检索。

5. 个人账户

在 Engineering Village 2 中用户可以注册个人账户。使用个人账户的用户可以存储检索策略、建立个人资料夹、存储检索结果、建立 E-mail Alert。

【例】 利用 EI 查找齐鲁工业大学在工业废水方面的研究。

步骤 1：打开 EI 数据库主页面，如图 7-16 所示。

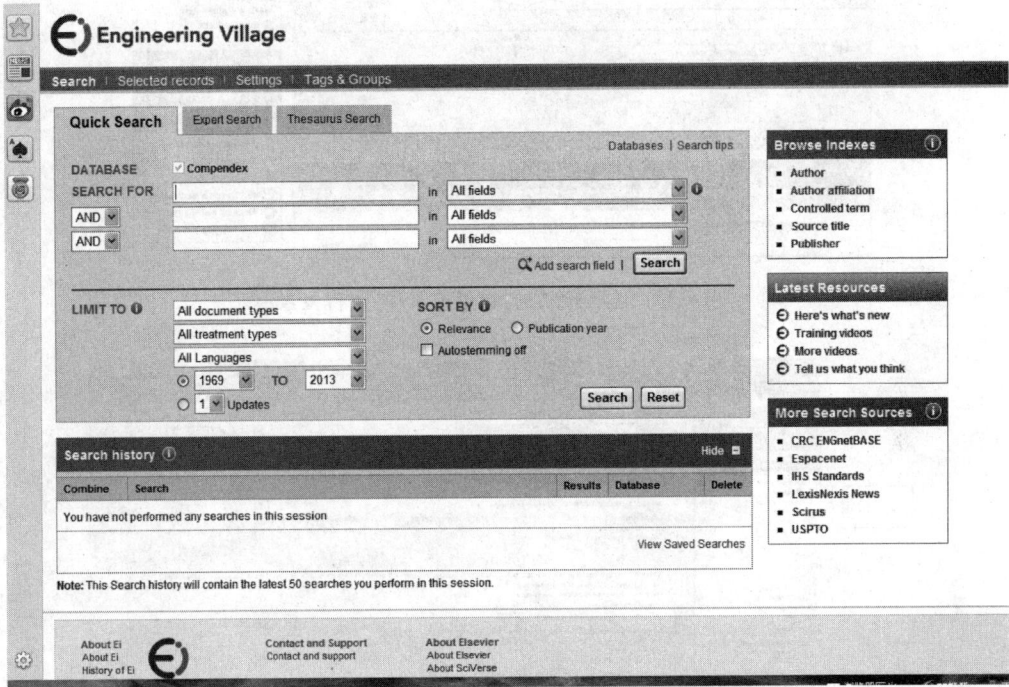

图 7-16 EI 数据库主页面

步骤 2：在检索词输入框中先进行机构检索，选择检索路径为 author affiliation，在检索输入框输入 Shandong institute light industry 等进行检索。

注意：此题的检索应该是在保证查准率的同时，考虑查全率的检索。此题应该分析检索条件中的机构检索，一般要考虑机构名称的缩写和全称两种情况，特殊情况下，还要考虑机构名称是否出现变更的情况。检索要求中的"齐鲁工业大学"就是出现更名的情况，故检索时应该针对机构英文名称出现 6 种检索表达式，分别是 shandong institute light industry、shandong inst. light ind.、shandong polytechnic university、shandong polytech. univ.、qilu university technology、qilu univ. tech，如图 7-17 所示。

步骤 3：查看检索结果，并进行二次限定检索，如图 7-18 所示。

步骤 4：查看最终检索结果，如图 7-19 所示。

步骤 5：选中其中一个结果，单击 Abstract，打开文章摘要显示页，如图 7-20 所示。

步骤 6：单击文章的 detailed，打开细节显示页面，其中包含文章被 EI 收录的收录号，显示较为详细，如图 7-21 所示。

218

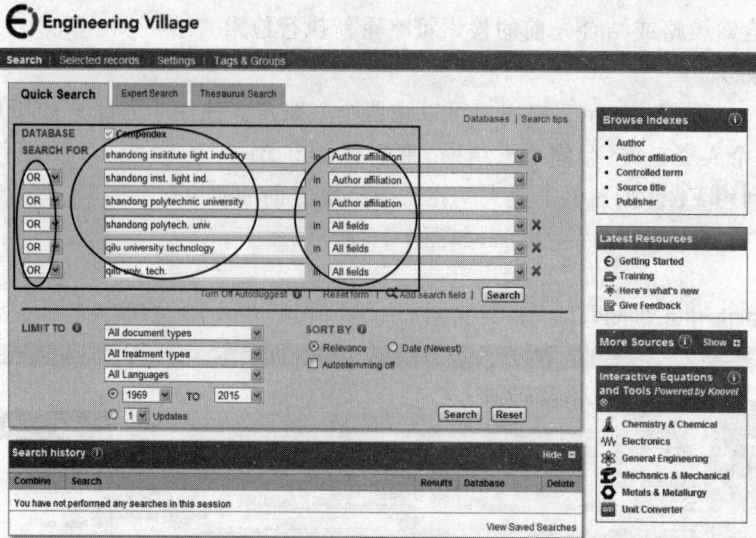

图 7-17　输入检索词,选择检索项,进行检索

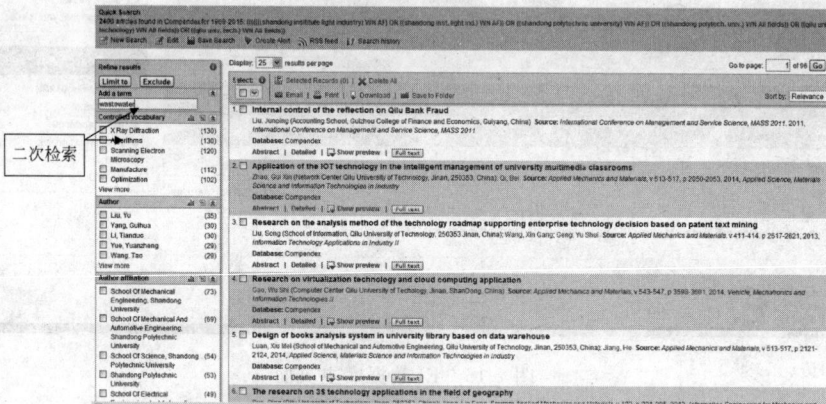

图 7-18　初次检索结果及二次限定页面

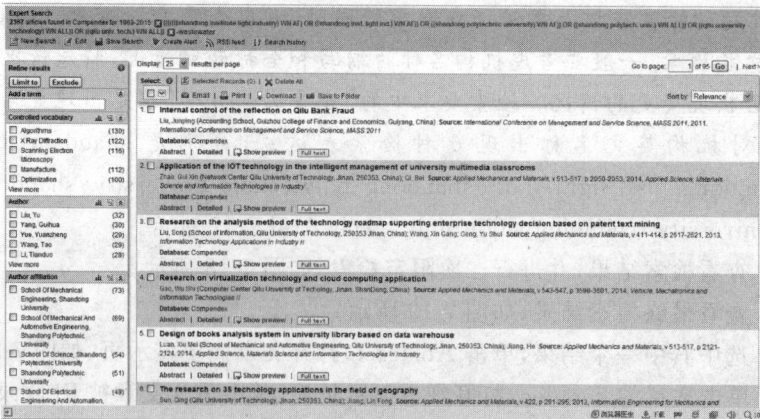

图 7-19　最终检索结果

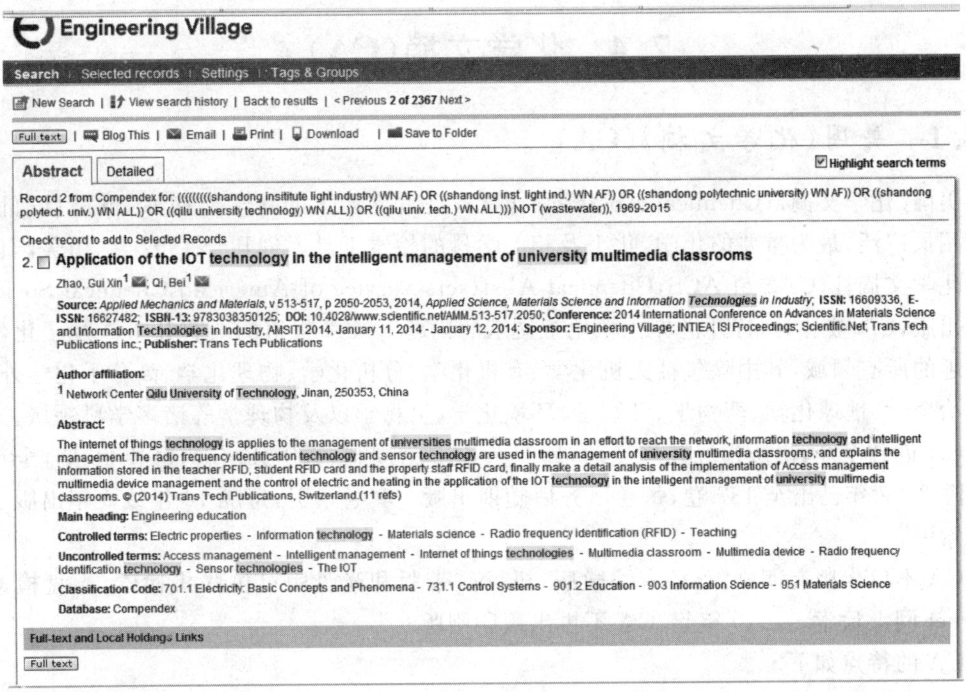

图 7-20 文摘页面显示

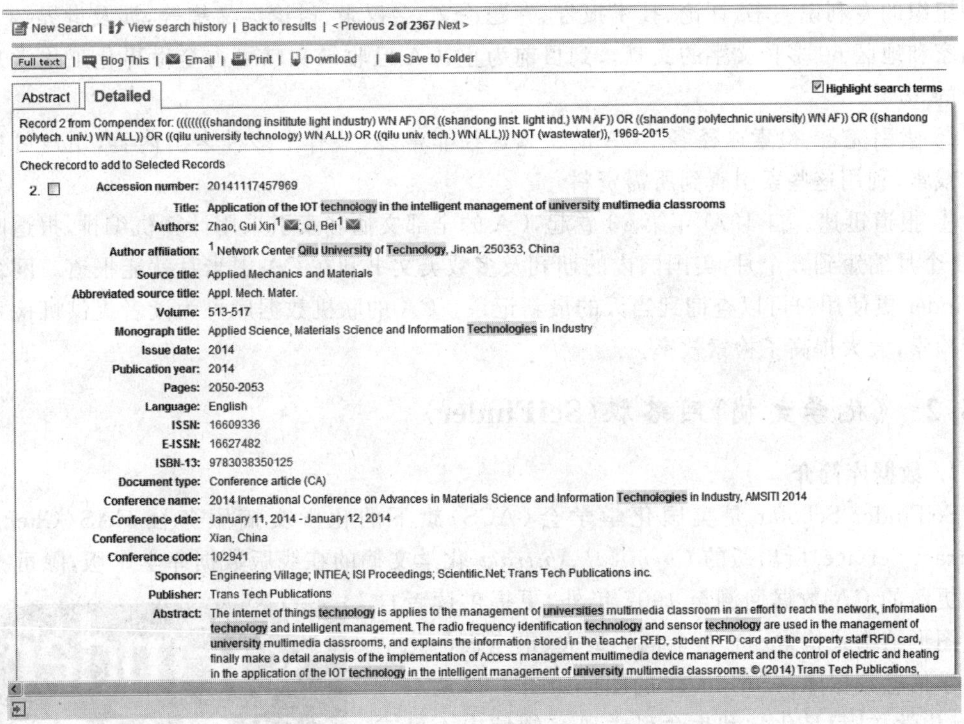

图 7-21 细节显示页面

7.4 化学文摘(CA)

7.4.1 美国《化学文摘》(CA)

美国《化学文摘》(Chemical Abstracts,CA),是世界最大的化学文摘库,也是目前世界上应用最广泛,最为重要的化学、化工及相关学科的检索工具。创刊于1907年,由美国化学协会化学文摘社(CAS of ACS,Chemical Abstracts Service of American Chemical Society)编辑出版,CA被誉为"打开世界化学化工文献的钥匙"。CA报道的内容几乎涉及了化学家感兴趣的所有领域,其中除包括无机化学、有机化学、分析化学、物理化学、高分子化学外,还包括冶金学、地球化学、药物学、毒物学、环境化学、生物学以及物理学等诸多学科领域。

CA创刊至今,出版情况几经变动,1967年至今为周刊,每年分两卷,每卷26期,全年共52期。2002年已出至137卷,每卷出齐后随即出版一套卷索引,每隔10年或5年出版一套累积索引。

CA不仅出版有印刷版,还有缩微版,机读磁带版和光盘版可供联机检索,光盘检索和Internet网上检索。2010年起,CA不再出版印刷版。

CA的特点如下。

① 收藏信息量大。CA年报道量最大,物质信息也最为丰富。

② 收录范围广。期刊收录多达15 000余种,另外还包括来自47个国家和3个国际性专利组织的专利说明书、评论、技术报告、专题论文、会议录、讨论会文集等,涉及世界200多个国家和地区60多种文字的文献。到目前为止,CA已收录文献量占全世界化工化学总文献量的98%。

③ 索引完备、检索途径多。CA的检索途径非常多,共有十多种索引内容,用户可根据手头线索,利用这些索引查到所需资料。

④ 报道迅速。自1975年第83卷起,CA的全部文摘和索引采用计算机编排,报道时差从11个月缩短到3个月,美国国内的期刊及多数英文书刊在CA中当月就能报道。网络版SciFinder更使用户可以查询到当天的最新记录。CA的联机数据库可为读者提供机检手段进行检索,大大提高了检索效率。

7.4.2 《化学文摘》网络版(SciFinder)

1. 数据库简介

SciFinder Scholar是美国化学学会(ACS)旗下的化学文摘服务社CAS(Chemical Abstract Service)所出版的 *Chemical Abstract* 化学文摘的在线版数据库学术版,除可查询每日更新的CA数据回溯至1907年外,更提供读者自行以图形结构式检索。它是全世界最大、最全面的化学和科学信息数据库。SciFinder的图标如图7-22所示。

《化学文摘》是化学和生命科学研究领域中不可或缺的参考和研究工具,也是资料量最大、最具权威的出版物。网络版化学文摘SciFinder Scholar,更整合了

图7-22 SciFinder图标

Medline 医学数据库、欧洲和美国等近 50 家专利机构的全文专利资料以及化学文摘 1907 年至今的所有内容。它涵盖的学科包括应用化学、化学工程、普通化学、物理、生物学、生命科学、医学、聚合体学、材料学、地质学、食品科学和农学等诸多领域。它可以透过网络直接查看《化学文摘》1907 年以来的所有期刊文献和专利摘要，以及四千多万的化学物质记录和 CAS 注册号。

SciFinder 各数据库简介如下。

（1）CAplus

目前有化学及相关学科的文献记录 2700 多万条，包括 1907 年以来的源自 1 万多种期刊论文（以及 4 万多篇 1907 年之前的回溯论文）、50 个现行专利授权机构的专利文献、会议录、技术报告、图书、学位论文、评论、会议摘要、e-only 期刊、网络预印本。内容基本同印刷版 CA 和光盘 CA on CD 相同。

数据每日更新，每日约增加 3000 条记录。对于 9 个主要专利机构发行的专利说明书，保证在两天之内收入数据库。

可以用研究主题、著者姓名、机构名称、文献标识号进行检索。

（2）CAS REGISTRY

化合物信息数据库，是查找结构图示、CAS 化学物质登记号和特定化学物质名称的工具。数据库中包含 3 千 3 百多万个化合物，包括合金、络合物、矿物、混合物、聚合物、盐，以及 5 千 9 百多万个序列，此外还有相关的计算性质和实验数据。

数据每日更新，每日约新增 1 万 2 千个新物质记录。

可以用化学名称、CAS 化学物质登记号或结构式检索。

（3）CHEMLIST

关于管控化学品信息的数据库，是查询全球重要市场被管控化学品信息（化学名称、别名、库存状态等）的工具。数据库目前收录近 25 万种备案/被管控物质，每周新增约 50 条记录。

可以用结构式、CAS 化学物质登记号、化学名称（包括商品名、俗名等同义词）和分子式进行检索。

（4）CCASREACT

化学反应数据库。目前收录了 1840 年以来的 1 千 3 百多万多个单步或多步反应。记录内容包括反应物和产物的结构图，反应物、产物、试剂、溶剂、催化剂的化学物质登记号，反应产率，反应说明。每周新增 600~1300 个新反应。

可以用结构式、CAS 化学物质登记号、化学名称（包括商品名、俗名等同义词）和分子式进行检索。

（5）CHEMCATS

化学品商业信息数据库，目前有 1 千 9 百多万个化学品商业信息，用于查询化学品提供商的联系信息、价格情况、运送方式，或了解物质的安全和操作注意事项等信息，记录内容还包括目录名称、定购号、化学名称和商品名、化学物质登记号、结构式、质量等级等。

用户可以用结构式、CAS 化学物质登记号、化学名称（包括商品名、俗名等同义词）和分子式进行检索。

（6）MEDLINE

MEDLINE 是美国国家医学图书馆（NLM）建立的书目型数据库，主要收录 1950 年以来与生物医学相关的 3900 种期刊文献,目前共有记录 16 000 000 条。

免费数据库,每周更新 4 次。

2. 数据库登录和注册

(1) SciFinder Web 的系统要求

Windows 用户支持 IE 9. x 或者 FireFox 2. x。

Mac 用户支持 Firefox 和 Safari。

Java 安装(初次使用结构时自动安装,建议安装 Java 7)。

(2) 注册

在图书馆相关页面上找到 SciFinder Web 注册用的网址。注册步骤如下。

① 登录图书馆主页,如图 7-23 所示。

图 7-23 图书馆 SFS 登录界面

② 单击进入说明页面,如图 7-24 所示。

③ 开始创建 SciFinder Web 账号,如图 7-25 所示。

④ 请用邮箱注册,一人只能注册一个账号,注册界面如图 7-26 所示。

a) 设置用户名及密码注意事项

- 用户名必须是唯一的,且包含 5~15 个字符。它可以只包含字母或字母组合、数字和/或以下特殊字符:-(破折号)_(下划线).(句点)@(表示"at"的符号)。

- 密码必须包含 7~15 个字符,并且至少包含以下四类字符中的三类字符:字母;混合的大小写字母;数字;非字母数字的字符(例如@、♯、%、&、*)。

SFS(Scifinder Scholar)

发布部门：[本站编辑]　浏览次数：[

SciFinder Scholar是美国化学学会（ACS）旗下的化学文摘服务社CAS（Chemical Abstract Service）所出版的化学资料电子数据库学术版。它是全世界最大、最全面的化学和科学信息数据库。CAS的网络版数据库SciFinder Scholar特别为学术研究单位所推出。它含括了化学文摘1907年创刊以来的所有内容，更整合了Medline医学数据库、欧洲和美国等近50几家专利机构的全文专利资料等。它涵盖的学科包括应用化学、化学工程、普通化学、物理、生物学、生命科学、医学、聚合体学、材料学、地质学、食品科学和农学等诸多领域。

本数据库可以浏览器方式访问，原客户端方式关闭。

并发用户数：浏览器版 2用户

如出现不能进库情况，一般为并发用户数满，请稍后再试。

浏览器方式请登录下列网址注册：（附注册指南）

https://scifinder.cas.org/registration/index.html?
corpKey=CBAA5822X86F35055X3A573869486686451D

访问地址：
　　　https://scifinder.cas.org
　　　https://origin-scifinder.cas.org（教育网）

使用演示文件　浏览器版注册指南

图 7-24　SFS 注册说明

图 7-25　SFS 账号创建

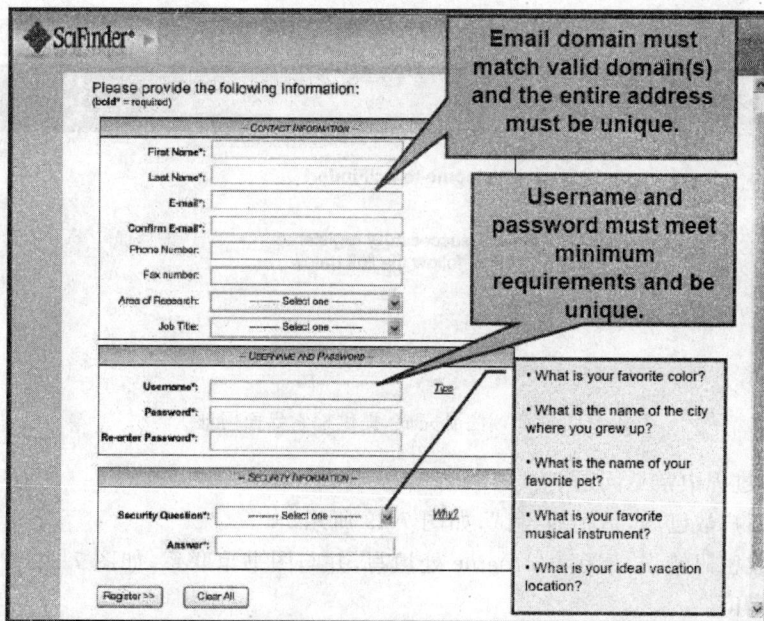

图 7-26　SFS 注册界面

b) 密码设置小技巧

- 不要和账号中有重复的字符;
- 密码格式最好是 abc@123。

⑤ 对新 ID 的 E-mail 确认,如图 7-27 所示。

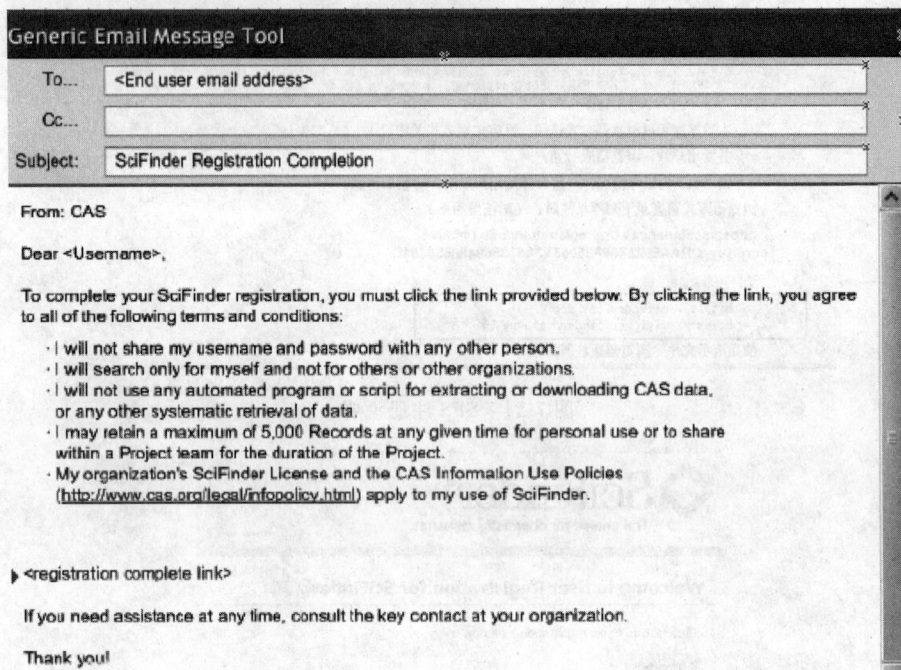

图 7-27　E-mail 确认

注册完成,提供检索界面网址,如图 7-28 所示。

图 7-28　注册完成,提供检索界面网址

(3) 登录过程中常见问题

① 并发用户数已满,请稍后再试,如图 7-29 所示。

② 账号或密码错误,请在 username 处填写,并与图书馆联系,如图 7-30 所示。

3. 检索指南

SciFinder 有多种先进的检索方式,例如化学结构式(其中的亚结构模组对研发工作极具帮助)和化学反应式检索等,这些功能是 CA 光盘中所没有的。它还可以通过 Chemport

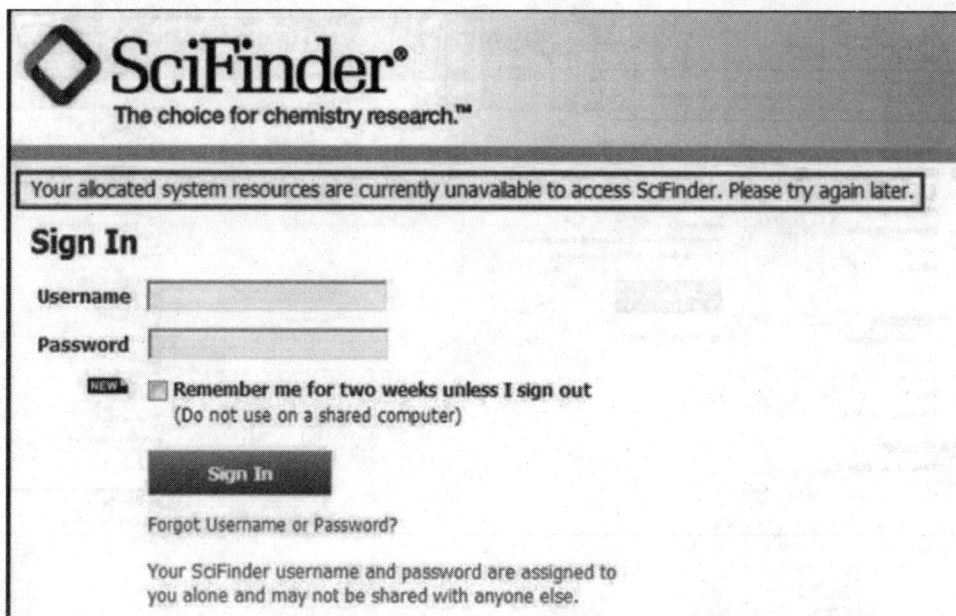

图 7-29 并发用户数已满

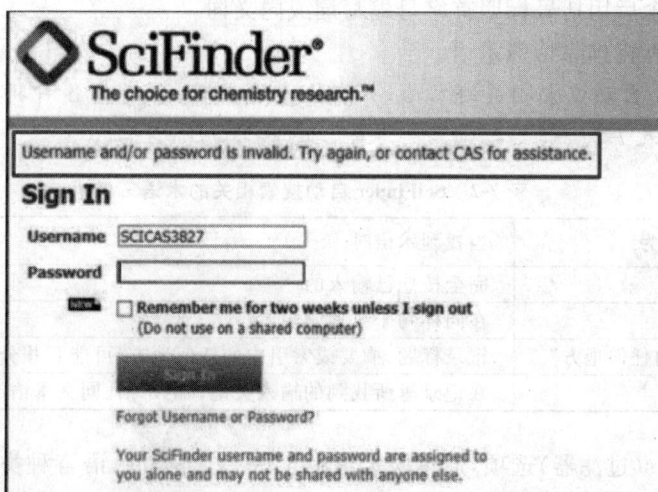

图 7-30 账号或密码错误

链接到全文资料库以及进行引文链接(从 1997 年开始)。其强大的检索和服务功能,可以让你了解最新的科研动态,帮助你确认最佳的资源投入和研究方向。根据统计,全球 95％以上的科学家们对 SciFinder 给予了高度评价,认为它加快了他们的研究进程,并在使用过程中得到了很多启示和创意。SciFinder 检索界面如图 7-31 所示。

(1) 检索文献(Explore literature)

A：Research Topic(按研究主题搜索)

在 Describe your topic using a phrase 检索框中输入关键词、短语或句子搜索研究领域。运用关键词之间的关系迅速检索相关的结果。

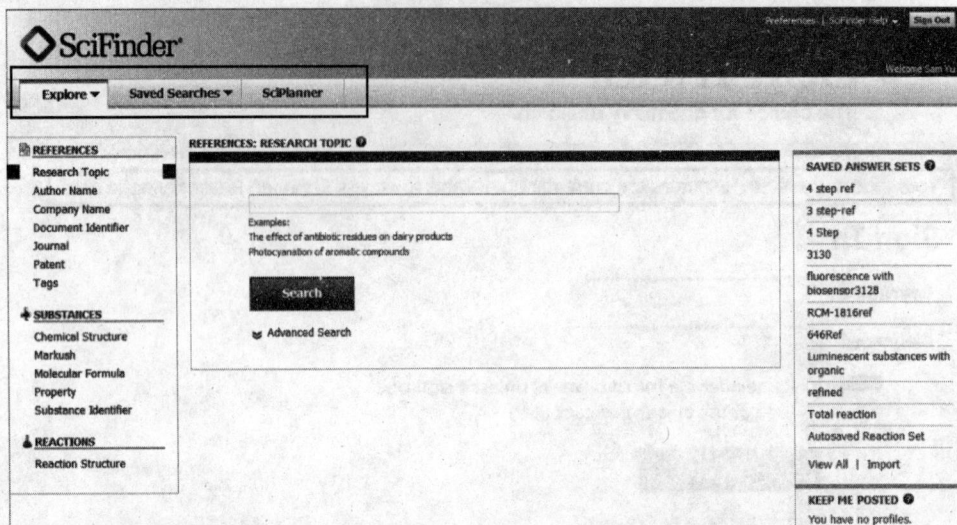

图 7-31　SciFinder 检索界面

- 使用简易英语指定 2～3 个概念。
- 包括连接概念所需的介词和冠词。
- 在同义概念后用括号标明首字母缩写词或同义词。
- 使用逻辑算符排除特殊术语。

注：SciFinder 自动搜索相关的术语，并在检索结果时，会考虑各种拼写方式、简写、缩写及相关短语，见表 7-2。

表 7-2　SciFinder 自动搜索相关的术语

SciFinder 把术语视为...	当找到术语时...
"如同所输入的"	完全按您已输入的
"彼此密切相关"	在同样句子或标题内
"出现于参考资料内任何地方"	记录标题、摘要或索引内的任何地方(可能互相分得很开)
"包含概念"	在记录里所找到的输入关键词的术语、同义术语或相似术语

可通过 Filters(过滤器)选项，通过限定出版年份、文档类型、语言种类、作者姓名、公司名称等筛选检索结果数量。单击 Get References，可以根据记录内术语的关系选择相关候选参考资料。单击 Back 以返回至原始答案集。以下是几个常用按钮。

- 🔖：请参阅文档详情。
- 📄：查看全文选项。
- Analyze/Refine：分析或精化答案。
- Get Related...：检索引文、物质或反应。

B：根据科学家或研究员姓名来查找科技信息(Author Name)

- 输入有关此姓名尽可能多的信息，如姓、名(或缩写)、中间名等。
- 根据需要输入空格、连字符和省略符。
- 使用相当的字符来代替特殊字符，如使用 a 或 ae 来替代?。

- 选择"查找"以了解姓氏的其他拼写方式,从而应对姓名的变更及印刷上的区别。
- 对于复杂的姓名,使用多种搜寻方法并选择可提供最佳结果的方法。

SciFinder 会检索以下相关信息:

- 姓氏的其他拼写方式及语音上的变动。
- 名字和中间名的普通变动及昵称。
- 姓名的国际变更。
- 有和无中间名或姓氏的候选者。
- 名字/姓氏的所有可能组合。

要筛选特定合著者参考文献的答案集时:

单击"分析/精化"→"精化"→"作者姓名"→输入合著者姓名。

C:按公司名称/组织搜索(Company Name/Organization)

查找与特定公司、学术机构或政府组织相关的信息。

① 一次仅输入一个组织。

② 通常情况下,要扩大答案集,请使用较少的短语;要缩小答案集,请使用较多的短语。输入的短语越多,查询越详细。

③ SciFinder 在检索结果时,会考虑各种拼写方式、简写、缩写及相关短语,但不会涉及合并与收购。

④ SciFinder 自动搜索相关短语组。例如,输入"company"和"co."将返回相同的结果。

要查看 SciFinder 所考虑的所有名称变体:

单击"分析/精化"→"分析"→选择公司/组织→"确定"。然后可选择相关的变体。单击 Get References(获取参考文献)仅检索那些参考文献。

D:文献标识符(Document Identifier)检索

E:期刊检索

F:专利检索

(2) 检索物质(Explore Substances)

A:化学结构检索(Chemical Structure)

通过 SciFinder 的结构绘图工具,可以绘制化学结构,然后找出与此结构相匹配的特殊物质或物质组。

实际搜索结果可能包括的内容见表 7-3。

表 7-3　根据绘制的化学结构实际搜索的结果

您已绘制的结构	带电荷化合物
立体异构术	自由基或基离子
互变体(包括酮烯醇)	同位素
配位化合物	聚合体、混合物和盐

在"结构绘图"窗口中,使用工具从左下边至底部绘制结构。单击 Get Substances(获取物质)。

① 将鼠标移至工具按钮上方,查看工具的名称或描述。

② 选择工具后,信息会显示于绘图区的上方。

③ 参阅 SciFinder"帮助"文件可以了解有关结构绘图和每一工具使用的详情。

④ 工具栏中显示的一些工具仅用于亚结构或反应搜索。

要进行结果筛选时选择精确搜索,指定想要应用于搜索中的任何 Filter(过滤器),单击"确定"按钮。查看答案集时,可使用下列按钮。

▣:参阅有关物质详情。

▤ ▦ ▧ ▨ ▩:检索特定物质的参考文献、3D 模型、化学物质供应商、管制化学物质列表或反应。

Get References :检索所选答案或整个答案集的参考文献。

Get Reactions :检索所选答案或整个答案集的反应。

Analyze/Refine :分析或精化答案。

B:分子式检索(Molecular Formular)

输入分子式检索相匹配的文献和物质信息。

C:markush 检索

D:性能(Property)检索

E:物质标识符(Substance Identifier)检索

(3) 反应检索(Explore Reactions)

通过 SciFinder 的结构绘图工具绘制化学反应式,然后找出与此反应相关的文献和物质信息。

4. 查找(Locate)

(1) 查找特定参考文献(Locate Literature)

① 根据书目信息查找文献(Bibliographic Information):通过输入所需的书目信息,SciFinder 可帮助用户查找特定的期刊或专利参考文献。

② 查找期刊文献时,选择 Journal Reference,输入相关的期刊参考文献信息。单击"确定"按钮。

注:首字母缩写词适用于大多数但不是全部期刊。

③ 查找专利参考文献时,选择 Patent Reference,输入相关的专利参考文献信息如专利号、专利应用号、优先顺序应用号等,还可选择高级选项 More ▶ 输入发明家或专利权人,单击"确定"按钮。

④ 根据文献标识符查找文献(Document Identifier)。输入专利号或 CAS 物质登记号进行查找。每行输入一个标识符,一次可搜索 25 个标识符。或者单击"从文件中读取"可以导入标识符列表。

(2) 查找物质(Locate Substances)

使用"物质标识符"及化学名称或 CAS 登记号查找特定物质或物质组。

① 查找和验证化学名称、CAS 登记号、分子式和其他物质信息。

② 获取计算和实验属性数据。

③ 识别商业来源。

④ 检索法规遵循信息。

⑤ 获取讨论物质的文章和专利。

输入化学名称、商标名称或 CAS 登记号进行查找。每行输入一个标识符，一次可搜索25 个标识符。或者单击从文件中"读取"可以导入标识符列表。单击"确定"按钮。要查看答案中的属性数据，单击"显微镜"图标以显示物质详情。如果属性信息可用，则提供链接。属性值来源显示在右侧列和脚注区域中。

5. 打印和保存结果

SciFinder Scholar 允许打印参考文献、物质和反应的结果，以及把结果保存至计算机上的文件中。

（1）打印

选择想要打印的结果，选中对应条目前的方框。然后选择文件（File）→打印（Print）。如未选择特定的答案，SciFinder 将打印所有的答案。选择打印格式，指明是否包含任务历史。还可以输入打印标题。然后单击"确定"按钮进行打印。

（2）保存答案

选择想要保存的答案，然后选择"文件"（File）→"另存为"（Save As）。如未选择特定的答案，SciFinder 将保存所有的答案。选择或创建一个文件夹，并输入文件名。单击"选项"按钮，能够访问可选择的文件类型的所有选项。用 rtf 或 .txt 格式至多可保存 500 个答案。单击"保存"按钮，把结果保存至计算机上的文件中。

7.5　ISI 多学科文献资料数据库

1958 年，Dr. Eugene Garfield 创办了 Institute for Scientific Information（ISI，科学信息研究所）。40 多年来，ISI 致力于科技文献信息领域，将最准确、最可靠的信息带给全球的研究人员。

Web of Science 是全球获取学术信息的重要数据库，通过 Web of Science，研究人员能够找到当前自然科学、社会科学、艺术与人文领域的信息，包括来自全世界近 9000 多种最负盛名的高影响力研究期刊及 12 000 多种学术会议一个多世纪以来的多学科内容。

在中国，ISI 的 Science Citation Index（科学引文索引，SCI）、Conference Proceedings Citation Index-Science（国际科技会议录索引，CPCI）、Engineering Index（工程索引，EI）和 Index to Scientific Reviews（科技综述索引，ISR）被列入四大文献索引，早已为众多研究人员广泛了解和使用。

ISI（Institute for Scientific Information）于 1997 年底推出了以知识为基础的学术信息资源整合平台——ISI web of Knowledge。该平台以三大引文索引数据库作为核心，利用信息资源之间的内在联系，把各种相关资源提供给研究人员，兼具知识的检索、提取、管理、分析与评价等多项功能。在 ISI Web of Knowledge 平台上，还可以跨库检索 ISI Proceedings、Derwent、Innovations Index、BIOSIS Previews、CAB Abstracts、INSPEC 以及外部信息资源。ISI Web of Knowledge 还建立了与其他出版公司的数据库、原始文献、图书馆 OPAC 以及日益增多的网页等信息资源之间的相互连接，实现了信息内容、分析工具和文献信息资源管理软件的无缝连接。

7.5.1 数据库简介

Web of Science 是美国 Thomson Scientific 公司 ISI Web of Knowledge 检索平台上的数据库,由以下几个重要部分组成:

Science Citation Index Expanded(SCIE);

Social Sciences Citation Index(SSCI);

Arts & Humanities Citation Index(A&HCI)。

1. Science Citation Index Expanded(SCIE)

Web of Science 当中的一个子库,全球最权威的自然科学引文数据库,目前收录自然科学 8200+种国际性、高影响力的学术期刊,数据最早可以回溯到 1900 年。其内容涵盖了农业、天文学与天体物理、生物化学与分子生物学、生物学、生物技术与应用微生物学、化学、计算机科学、生态学、工程、环境科学、食品科学与技术、基因与遗传、地球科学、免疫学、材料科学、数学、医学、微生物学、矿物学、神经科学、海洋学、肿瘤学、儿科学、药理学与制药、物理学、植物科学、精神病学、心理学、外科学、通信科学、热带医学、兽医学、动物学等 150 多个学科领域。

2. Social Sciences Citation Index(SSCI)

Web of Science 当中一个子库,全球最权威的社会科学引文数据库,内容涉及社会科学的各个领域,目前收录社会科学 2800+种国际性、高影响力的学术期刊,数据最早可以回溯到 1900 年。其内容涵盖了人类学、商业、沟通、犯罪学和刑罚学、经济学、教育、环境研究、家庭研究、地理学、老年医学和老年病学、卫生政策和服务、计划与发展、历史、工业关系与劳工问题、图书馆学和信息科学、语言与语言学、法律、政治科学、心理学、精神病学、公共卫生、社会问题、社会工作、社会学、药物滥用、城市研究、妇女问题、社会科学等学科领域。

3. Arts & Humanities Citation Index(A&HCI)

Web of Science 当中的一个子库,全球最权威的人文艺术引文数据库,内容涉及人文艺术的各个领域,目前收录人文艺术领域 1300+种国际性、高影响力的学术期刊,数据最早可以回溯到 1975 年。其内容涵盖哲学、语言、语言学、文学评论、文学、音乐、哲学、诗歌、宗教、戏剧、考古学、建筑、艺术、亚洲研究、古典、舞蹈、电影/广播/电视、民俗、历史等学科领域。

4. ISI Essential Science Indicators(ESI)

ISI Essential Science Indicators 是 Thomson Reuters 科技集团在汇集和分析 ISI Web of Science (SCI/SSCI)所收录的学术文献及其所引用的参考文献的基础上建立起来的分析型数据库。通过 ISI Essential Science Indicators,研究人员可以系统地、有针对性地分析国际科技文献,从而了解一些著名的科学家、研究机构(或大学)、国家(或区域)和学术期刊在某一学科领域的发展和影响;同时科研管理人员也可以利用该资源找到影响决策分析的基础数据,利用 ESI 分析近十年来国际科学研究的主要领域、研究热点及发展态势,了解中国科学研究的主要领域及与国际主要领域的异同。利用 ESI 能够检索某研究领域中各国家的排名情况,并了解在该领域中最具影响力的国家。ESI 亦能使用户轻而易举地得到某研究领域中的研究机构排名,了解该领域中某机构的论文统计结果概要。ESI 还通过共引分析的方法,揭示生物学和生物化学、临床医学、计算机科学、数学、物理学、材料科学、社会科学等 22 个学科当前的研究前沿。

访问地址：登录图书馆 Web of Knowledge 后，单击"其他资源"选项，在页面中即可看到 Essential Science Indicators 数据库。

5. Journal Citation Reports

期刊评价工具提供了一套客观、系统的方法，对全球顶尖的学术期刊进行严格评价。

提供基于引文数据的量化统计信息，提供各种影响指标，包括 Journal Impact Factor 和 EigenfactorTM，包括显示类别中排名的表、期刊自引数据和 Impact Factor 盒状图。

6. BIOSIS Preview（生物学文献数据库）

BIOSIS Preview 数据库（BP）是由美国生物科学信息服务社（BIOSIS）生产的世界上最大的有关生命科学的文摘和索引数据库。该数据库对应的出版物是《生物学文摘》（Biological Abstracts，1969 年至今），《生物学文摘-综述、报告、会议》（Biological Abstracts/RRM，1980 年至今）和《生物研究索引》（BioResearch Index，1969—1979）。内容覆盖了所有生命科学的相关学科领域，包括生物学、生物化学、生物技术、植物学、临床医学、药理学、动物学、农业科学、兽医学等。内容来自 5000 多种期刊以及国际会议、综述性文章、书籍和专利；其中近 2100 种生物学和生命科学的出版物是完全索引的，而其他的 3000 种则由学科专家根据内容精选而收录。数据库中包括的文献类型包括期刊论文、会议文献、专利文献、图书、报告等。收录的文献来自 90 个国家和地区。数据还包括来自于美国专利商标局的 21 000 条专利信息，这些专利的年代为（1986—1989，1995—目前），内容最早可回溯至 1926 年。

7. Inspec 数据库简介

Inspec 是目前全球在物理和工程领域中最全面的二次文献数据库之一，它的前身是"科学文摘"（Science Abstract or SA，始于 1898 年）。它提供涵盖理论及应用物理、电气和电子工程、计算机科学、控制技术、通信与信息技术、生产和制造工程等专业的科学技术文献检索，并且对涉及光学技术、材料科学、海洋学、核能工程、交通运输、地理、生物医学工程、生物物理学和航天航空等领域也有很广泛的覆盖，是理工科学校最受欢迎的文献数据库之一。其数据来源于全世界上 80 多个国家的 3400 多种科学与技术期刊、2000 种会议录以及大量的著作、报告和论文。Inspec 的所有文献都含有目录和摘要，数据并以每周的速度更新。从 1969 年至今，Inspec 数据库含有近 800 万条文献，并且以每年 40 万条新文献的速度增加。

Inspec 除了以它广而深的学科覆盖，准确的目录标引广受使用者欢迎外，还以它专业而完善的主题索引机制而著称。其中包括自由词/重要概念索引、Inspec 叙词表中的控制词索引、Inspec 分类系统的分类编码索引、处理代码索引、化学物质控制词索引、航空航天对象索引。

8. CPCI-S 会议文献

Conference Proceedings Citation Indexes 是文摘索引型数据库，提供 1990 年以后出版的会议文献，同时还收录 1999 年至今的文后参考文献。目前收录来自于 11 万多个会议录的 690 多万条记录。每年增加 12 000 个会议的近 40 万条记录。涵盖了所有科学与技术领域，包括农业与环境科学、生物化学与分子生物学、生物技术、医学、工程、计算机科学、化学与物理等。

7.5.2　检索方法

Web of Science 分一般检索（Search）、被引参考文献检索（CITED REFERENCE

SEARCH)、高级检索(Advanced Search)、化学结构检索(Structure Search)四种检索方式。
检索界面如图 7-32 所示。

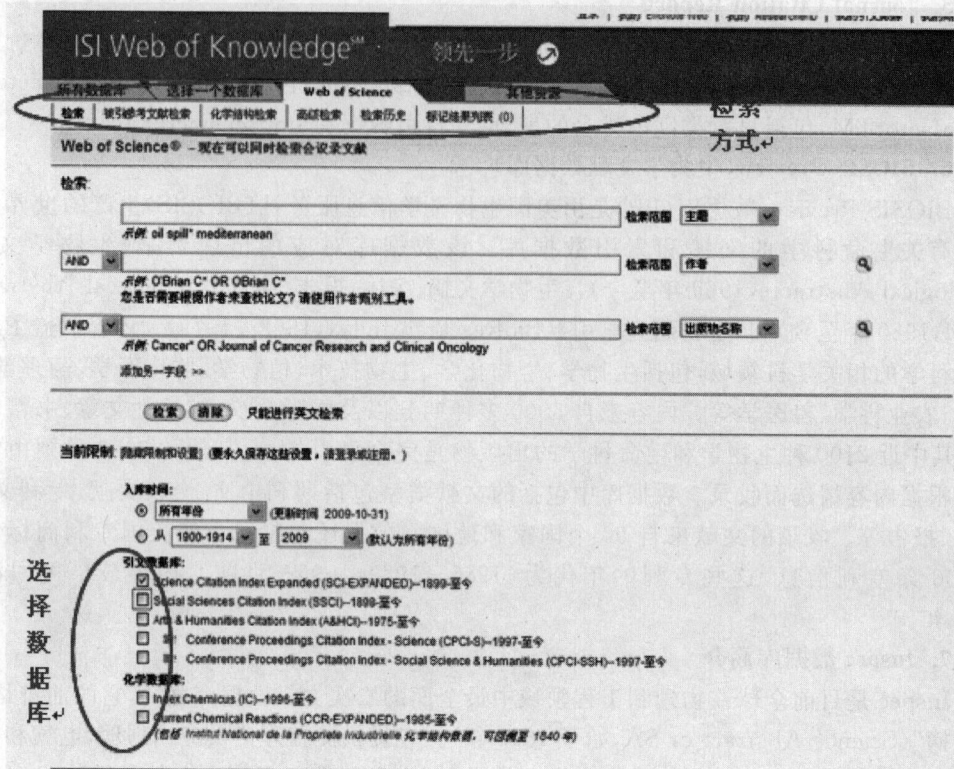

图 7-32　ISI Web of Knowledge 检索界面

1. 个性化服务(Personalization)

服务带来的好处很多,能够帮助用户管理并节省很多时间。可以建立和保存邮件跟踪
服务,例如,定题跟踪服务、引文跟踪服务。

2. 跨库检索(Cross Search)

通过跨库检索功能,不仅可以同时检索所有订购的数据库,还可以同时检索互联网上的
免费学术资源。这些免费数据库包括:

生物医学与农业科学领域-Agricola,PubMed,arXiv. org Quantitative Biology archive;

工程计算与物理科学领域-AIAA Meeting Papers, arXiv. org e-print archives
(Computer Science, Mathematics, Nonlinear Sciences, Physics) ASCE Civil Engineering
Database,NASA Astrophysics Data System (ADS) and NTIS Library;

社会与行为科学领域-Popline,The Educator's Reference Desk (Ask Eric)。

网站题录快讯获取 5000 多个由汤姆森科技信息集团编辑评估的网站,包括图书、手册、
会议日程信息、数据库以及其他。

3. 快速检索(Quick Search)

快速检索可以检索文章标题、作者摘要和关键词。可以使用 AND、OR、NOT 等逻辑
算符连接词或者词组。一次性可检索最多达 50 个词或词组。

4. 一般检索（Search）

在执行检索前，还可以通过选择数据库、指定时间段、语种、文献类型等来限制检索结果，查准率和查全率高，利用价值大。

在一般检索中，既可以执行单字段检索，也可以结合主题、作者、刊名和地址进行多字段组合检索。在同一检索字段内，各检索词之间可使用逻辑算符、通配符。

（1）主题字段（Topic）

通过主题来查找文献。它是在论文的题名、文摘或关键词中检索。在该字段中输入的检索词可以使用通配符、逻辑算符组配。

注意：如要进行精确的词组检索，须用引号限定，例如输入 global warming，则可找到准确的 global warming；如输入 global warming，则可找到 global warming 同时也可找到…global climate change and ocean warming…。

（2）标题字段（Title）

通过标题来查找文献。它仅在论文的题名中检索。

（3）作者字段（Author）

通过输入来源文献的作者姓名，来检索该作者的论文被 Web of Science 数据库收录的情况，进而了解该作者在一段时间内的科研动态。在输入姓名时，先输入"姓"，空一格，然后输入"名"的首字母缩写。如 ZHANG XW。如果不知道作者名的全部首字母，可以在输入的首字母后用星号（*）代替。如在作者字段里输入 ZHANG x*，检索 ZHANG x 或 ZHANG XW 的记录。人名前的头衔、学位、排行不算作姓名。

（4）团体作者字段（Group Author）

输入团体作者的姓名，应考虑其各种写法，包括全称和缩写形式。也可利用 group author index 选择并添加到检索框中。

（5）编者字段（Editor）

通过输入来源文献的编者姓名来查找文献。在输入姓名时，先输入"姓"，空一格，然后输入"名"的首字母缩写。

（6）出版物名称字段（Publication Name）

在这个字段中应输入刊名的全称。如果记不全刊名的名称，可以输入刊名的前几个单词和通配符来检索，或者单击该字段右面的 🔍 按钮，进入 Publication Name Index 查阅准确名称，选择并添加到检索输入框中。

（7）出版年字段（Year Published）

应输入论文出版的准确年份，或发表论文的时间段。

（8）地址字段（Address）

在该字段中可以输入一个机构、一个城市、一个国家或一个邮编等以及它们的组合。该字段所有地址都可以检索。机构名和通用地址通常采用缩写。可以单击该字段右面的 Abbreviations Help 链接查找缩写列表。各检索词之间可以使用 SAME、AND、OR、NOT 算符组配。一条地址相当于一句，若一条地址中包含两个或多个词汇，检索时用 SAME 运算符。例如，检索复旦大学化学系发表论文被 Web of Science 数据库收录情况，可以输入 FUDAN UNIV SAME CHEM。要注意复旦大学物理系和物理所的区别：FUDAN UNIV SAME PHYS SAME INST\ FUDAN UNIV SAME PHYS SAME DEPT。

（9）Web of Science 提供检索的其他字段

包括会议(conference)、语种(Language)、文献类型(Document Type)、基金资助机构(Funding Agency)、授权号(Grant Number)。根据已知条件多少或根据检索者的某种需要，在以上 13 个字段中输入检索词，单击 Search 按钮，即出现满足检索条件的结果列表。

5. 被引参考文献检索(Cited Reference Search)

被引参考文献索引是将文章中的参考文献作为检索词，它揭示的是一种作者自己建立起来的文献之间的关系链接。引文检索具有独一无二的功能，即从旧的、已知的信息中发现新的、未知的信息。该方式通过被引作者、被引文献所在期刊的刊名、被引文献发表的年份三种途径检索论文被引用情况。注意：单一字段内各检索词之间只能用逻辑算符 OR 进行组配。

（1）被引作者字段(Cited Author)

在该字段中输入某篇论文的第一作者的姓名。如果该论文是被 Web of Science 数据库收录成为一条源记录，则可以输入该论文中的任何一位作者姓名。输入检索词时，作者的"姓"放在最前，空一格，输入"名"的首字母。注意：由于有时数据库录入错误或作者提供的姓名写法不同，可能会检索不到结果。因此在输入名时应考虑采用通配符 ∗，避免造成漏检。

（2）被引著作字段(Cited Work)

在该字段中，可输入被引用的刊名、书名和专利号。输入被引论文的刊名时采用缩略式，为了提高查全率，要考虑被引刊名的不同写法，如果不知道准确的缩写，可以单击该字段下方的◆链接，查看期刊缩略表；输入被引书名时，应考虑词的不同拼法采用通配；如果要查专利，可以直接输入专利号。

（3）被引文献发表的年份字段(Cited Year)

如果要检索某人在某个特定年份发表论文的被引情况，可以在该字段输入文献发表的年份(4 位数字表示)，如果要检索几年，可以用 OR 组配，如"1998 OR 1999 OR 2000"，或输入时间段。

检索词输入完后，单击 Search 按钮，出现满足检索条件的引文文献列表。

在每条记录最前面的数字就是该作者发表在某一刊物上一篇论文的被引次数，单击每条记录后的 View Record 链接，便可以看到该被引用文献的详细题录信息(即全记录)。那些不带 View Record 链接的黑色记录，则表示该期刊未被 Web of Science 收录，无法查看它的全记录信息。

6. 高级检索(Advanced Search)

单击 Web of Science 页面上的 Advanced Search 按钮进入高级检索页面，如图 7-33 所示。该方式可将多个字段或历次检索序号组配检索。熟练掌握检索字段代码和检索技术的用户，可直接在检索输入框中构造检索式；不熟悉的用户也可参照页面右上方显示的可采用的字段标识符和布尔逻辑算符构造检索式。需要注意的是：输入带有字段的检索词，应先输入检索字段代码，然后在其后的等号后输入检索词。也可在 Search History 显示框中选择不同的检索步号，选择上方的 AND、OR 组配检索。单击 Results 栏中的命中结果数，即显示检索结果列表。

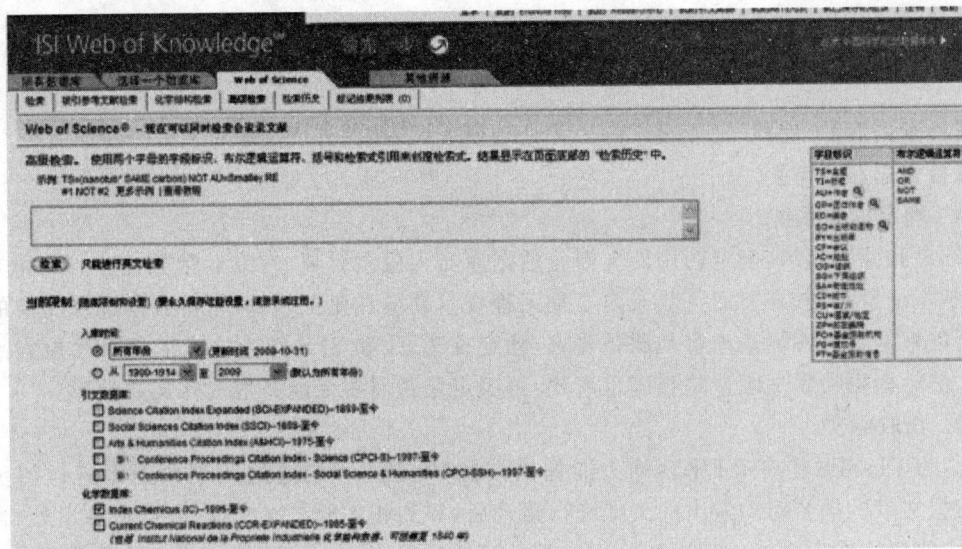

图 7-33　ISI Web of Knowledge 高级检索页面

7. 检索结果处理

标记记录的两种方法。在浏览了检索结果的简要题录信息或摘要之后,可以对所需记录进行标记。

(1) 标记检索结果列表

在检索结果列表右侧的标记菜单中,提供了三种标记方式。选择标记方式后,单击 ADD TO MARKED LIST 按钮递交标记的记录。

(2) 标记全记录

浏览了全记录后,想对该记录作标记,只需单击菜单栏上的 ADD TO MARKED LIST 按钮,就可把当前显示详细题录信息的记录添加到标记表中。

在标记了所需记录后,单击菜单栏中的 MARKED LIST 按钮,就可对这些标记记录集中进行打印、存盘、输出或发电子邮件等处理。输出的结果除包含默认的作者、题名、来源期字段外,还可以添加其他字段,并选择记录的排序方式。

(3) 保存、打印、E-mail 记录

单击页面上相关的“保存”、“打印”、E-mail 按钮对所选择的记录进行保存、打印、E-mail 操作。如果想一次同时打印所有标记记录,则可以在标记表的状态下,单击 FORMAT FOR PRINT 按钮,显示所有标记的记录之后,再单击页面上的“打印”按钮打印记录。

(4) 保存检索策略和创建定题跟踪服务

利用 Web of Science 数据库进行常规检索或引文检索时,如果某个检索策略(即检索式)要被经常使用,可以将此检索策略保存起来。

方法:单击检索界面上方工具栏中的 SEARCH HISTORY 按钮,打开“检索历史”显示框,可以将用户的检索历史和策略保存在本地计算机或服务器上,并可创建定题跟踪服务。

外文常用数字资源

7.6 应用案例

【检索内容】 查找"工业废水的生化处理研究"的相关外文文献资料。

【检索思路参考】

1. 确定检索系统

针对此课题要求,确定选用外文专业数据库作为检索对象,在专业数据库中,EI 和 SFS 的文献收录量是最多的,而且收录内容是工程技术领域和化工领域,正符合本课题需要的范畴,所以根据数据库涵盖内容和课题要求,确定首选 EI 和 SFS 作为检索工具,ISI 检索平台次之,然后根据检索文献量是否满足需要,再决定是否需要借助其他的外文数据库。

2. 获取原文

因为 EI、SFS 还有 ISI 平台均只能提供文摘,所以可以通过这几个数据库进行初步检索,依据文献的摘要对检索出的文献进行筛选后,得到相关的二次文献,依据来源出处,再通过相应的全文检索系统(如 Springer Link、EBSCO、CNKI 外文库等)来进一步得到全文。

特别说明的是,百链外文检索平台是以邮箱的形式提供全文的,其涵盖文献量非常丰富,基本上能满足外文文献的需要,时效性也不错,所以可以利用百链检索平台查询外文文摘或者原文。之后还可以通过搜索引擎(如 Google)来对最新科研信息动态拾遗补漏。

习　题

一、单项选择题

1. 常用布尔算符有 AND、OR、NOT 等,当采用同义词进行检索时应当选用的算符是(　　)。

　　A. AND　　　　　　　　　　　　　　B. OR

　　C. NOT　　　　　　　　　　　　　　D. 以上几个都可以

2. 检索表达式 computer/so 指的是在(　　)字段中检索含有 computer 的文献记录。

　　A. 来源出版物　　　B. 标题　　　　　C. 作者　　　　　　D. 单位

3. 利用 EBSCO 的 ASP 数据库检索文献篇名中含有 CD-ROM 或 DVD 技术方面的文献,其他项默认,下面正确的表达是(　　)。

　　A. TI cd rom or dvd and technolog *

　　B. TI (cd rom or dvd) and technolog *

　　C. TI (cd rom or dvd) and TI technolog *

　　D. TI (cd rom or dvd and technolog *)

4. 在 EBSCO 数据库检索时,输入"comput?",表示? 处允许有多少个字母?(　　)

　　A. 1~2 个字母　　　B. 0~1 个字母　　　C. 0~N 个字母　　　D. 1 个字母

5. EBSCO 数据库中,检索字段代码为 TI、SO、AU 分别表示的是(　　)。

　　A. 关键词、刊名、作者　　　　　　　　B. 题名、作者、刊名

　　C. 题名、刊名、作者　　　　　　　　　D. 关键词、作者、刊名

6. 在 EI 数据库中检索时,检索字段代码 TI、SO、AU、TX 依次表示的是(　　)。

A. 全文 来源出版物 标题 作者

B. 来源出版物 全文 作者 标题

C. 标题 来源出版物 作者 全文

D. 全文 来源出版物 作者 标题

7. 在 EI 数据库中查看某一篇文章被 EI 收录的收录号,可以通过下列哪个途径查看?( )。

  A. title   B. abstract   C. detailed   D. keyword

8. 在 EI 数据库的初次检索结果页面,再次进行文章作者机构的限定检索,相当于两个检索词之间的哪种组合关系?( )

  A. AND   B. OR   C. NOT   D. nW

二、多项选择题

1. 在 EBSCO 数据库检索时,输入"ne? t"可以检出下面哪个结果?( )

  A. neat   B. nest   C. next   D. net

2. SpringerLink 将收录的所有文献类型按下述哪些方面进行划分?( )

  A. 期刊   B. 图书   C. 丛书   D. 参考工具书

  E. 实验室指南

3. 在题名字段检索输入 Comput * 可以检出题名中包含下列哪些词汇?( )

  A. Computing B. Computed C. Computer D. computerize

4. 下列哪个数据库能检索到外文期刊论文全文?( )

  A. Springer Link B. EBSCO C. EI D. SFS

5. 在 EBSCO 数据库检索时,输入 comput * ,表示 * 处允许有多少个字母?( )

  A. 1~2 个字母 B. 0~1 个字母 C. 0~N 个字母 D. 1 个字母

6. 利用 Springer 检索有关"计算机数据通信网络研究"方面的期刊论文,可用到的检索词有( )。

  A. computer B. data C. communication D. network

7. 用 EBSCO 数据库检索时,如果想扩大检索结果的数量,可以采用下列哪些措施?( )

  A. 限制检索时间   B. 增加同义词或上位词

  C. 使用截词检索   D. 将检索字段 Title 改为 ALL Text

8. 从概念之间的关系,判断下列检索策略,哪些是符合逻辑的?( )

  A. cycle AND bicycle   B. cycle OR bicycle

  C. bank OR management   D. bank AND management

9. 在 EBSCO 数据库检索时,检索式"TI online N2 searching"的含义是( )。

  A. 标题中含有 ONLINE 和 SEARCHING,顺序不可以颠倒

  B. 标题中含有 ONLINE 和 SEARCHING,顺序可以颠倒

  C. 标题中含有 ONLINE 和 SEARCHING,中间可以插入其他词语

  D. 标题中含有 ONLINE 和 SEARCHING,中间不可以插入其他词语

10. 在外文数据库检索时,使用( )检索可以提高信息检索的查全率,但是可能会降低信息检索的查准率。

    A. 截词检索   B. 词位置检索   C. 加权检索   D. OR 的检索

11. 下列检索方法能提高查全率的是(　　)。

    A. and 检索   B. not 检索   C. or 检索   D. 截词检索

    E. 加权检索   F. 词位置检索

12. 下列检索方法能提高查准率的是(　　)。

    A. and 检索   B. not 检索   C. or 检索   D. 截词检索

    E. 加权检索   F. 词位置检索

13. 输入"公共(2w)卫生"检索,能检索到的结果有(　　)。

    A. 公共环境卫生   B. 公共卫生   C. 公共道路卫生   D. 公共食品卫生

14. 输入"＊污染",可以检索到的结果有(　　)。

    A. 大气污染   B. 水污染   C. 食品污染   D. 环境污染

    E. 零污染

15. 下列数据库中只能检索论文摘要,不能查看全文的有(　　)。

    A. EBSCO 数据库   B. EI 数据库

    C. SFS(化学文摘网络版)   D. Springer Link 数据库

16. 在 EI 数据库中检索作者是张国勇的文章,应该输入的作者名称是(　　)。

    A. zhang guoyong   B. zhang guo-yong

    C. zhang gy   D. zhang g-y

    E. zhangguoyong   F. zhanggy

三、判断题

1. 在外文数据库检索时,遇有 Fulltext 链接时,说明该库可提供原文。   (　　)

2. 从 EI 数据库中可以获取任意一篇论文的全文。   (　　)

3. 使用百链的原文传递服务,外文全文满足率可以达到 100%。   (　　)

4. 查询国外学位论文可以使用百链检索平台。   (　　)

5. SFS 除了可以查询一般文献外,还可以进行课题热点分析。   (　　)

四、简答题

1. 通过上机了解不同外文数据库的收录范围与检索方式。

2. 试运用本章介绍的检索工具,查找你所学专业的信息,并说说哪种工具更适合您,是否还有其他更好的检索方式?

五、检索练习题

1. 查询本校学者被 EI 收录的期刊论文,并选取与自己专业相关的两篇文章,查找并下载原文。

2. 利用 EI 查找本校老师在 2005—2015 年期间发表在《中国造纸》上的文章。

3. 利用学校电子资源做某学科的热点文献分析。

4. 利用学校电子资源查找某专业老师的全部研究成果。

5. 利用 SFS 进行皮革方面的研究热点、文献类型及学者、学术机构的分析。

6. 查询车床数控技术的有关外文文献。

7. 请检索出篇名为 *Seeing Sooner-Scan for weak signals from the periphery*,第一作者为 George S. Day(Day,George S)的文章。

8. 请在相关外文数据库中查找一篇本专业的外文论文并下载,如果没有全文,请尝试在读秀或百链云中查找到该外文论文,发到自己邮箱中。

六、论述题

查询有关造纸脱墨技术方面的外文文献资料,在保证查准率的同时尽可能保证较高的查全率,请写出英文检索词、检索字段,并论述分析你的查找思路。如果部分资料只查到文摘,请提供外文全文的查找思路。

第8章 特种文献的检索

引　子

在第 6 章中的研究课题"关于电磁污染及其防护措施的探讨",进行信息检索过程中,除了常见的图书、期刊论文资料的查找,还会涉及专利、标准、会议论文、学位论文、科技报告等。这些特种文献应该如何进行检索呢? 本章将对各种特种文献资源及其应用做出阐述。

8.1　专利文献信息检索

8.1.1　专利含义、类型及特点

1. 专利的含义

专利(Patent)是知识产权的一种。专利文献是一种重要的信息源,它是专利申请人向政府递交的说明新发明创造的书面文件。此文件经政府审查、试验、批准后,成为具有法律效力的文件,由政府印刷发行。专利文献不仅具有实用性,而且反映了世界技术与发展动向。

在我国,直到 19 世纪末 20 世纪初才开始有涉及专利的活动。1950 年颁布了《保障发明权与专利权暂行条例》。1979 年成立了中华人民共和国专利局,着手拟定我国的专利法和专利制度。1983 年 3 月,我国正式加入了世界知识产权组织(WIPO)。1984 年 3 月 12 日,正式通过了《中华人民共和国专利法》,并于 1985 年 4 月 1 日起实施,2009 年重新修订施行。我国专利制度的实行,有利于新技术的普及和推广应用,有利于国际技术交流和新技术的引进。

专利一词包含三层含义:一指专利法保护的发明;二指专利权,三指专利说明书等文献。其核心是受专利法保护的发明,而专利权和专利文献是专利的具体体现。从广义上讲,专利文献包括专利说明书、专利公报、专利检索工具、专利分类表、与专利有关的法律文件及诉讼资料等。从狭义上说,专利文献就是专利说明书,它是专利申请人向专利局递交的说明发明创造内容及指明专利权利要求的书面文件,既是技术文献,也是法律性文件。

2. 专利的类型

由于各国的专利法不同,专利种类的划分也不尽相同。例如,美国分为发明专利、外观设计专利和植物专利;我国、日本和德国等国分为发明专利、实用新型和外观设计专利。

① 发明专利:国际上公认的应具有新颖性、先进性和实用性的新产品或新方法的

发明。

② 实用新型专利：对机器、设备、装置、器具等产品的形状构造或其结合所提出的实用技术方案。其审查手续简单,保护期限较短。

③ 外观设计专利：指产品的外形、图案、色彩或其结合做出的富有美感而又适用于工业应用的新设计。

实用新型专利和外观设计专利都涉及产品的形状,两者的区别是：实用新型专利主要涉及产品的功能,外观设计专利只涉及产品的外表。如果一件产品的新形状与功能和外表均有关系,申请人可以申请其中一个,也可分别申请。

3. 专利的特点

① 独占性。专利为专利所有人独自占有,任何个人和单位未经许可,不得私自使用专利所有人的技术发明,否则为侵权行为。

② 区域性。专利权具有严格的区域范围,它只在取得专利权的国家(地区)受到保护,而在其他国家没有任何约束力。人们欲使其一项新发明技术获得多国专利保护,就必须将其发明创造向多个国家申请专利。同一项发明创造在多个国家申请专利而产生的一组内容相同或基本相同之处的文件出版物,称为一个专利族。

③ 时效性。任何专利都有保护期,也就是说专利权人对其发明创造所拥有的专利权只在各国法律规定的时间内有效,保护期满后,该项发明创造就成为社会的共同财富,任何单位和个人都可无偿使用。我国专利法规定专利权期限为自申请日起,发明专利为 20 年,实用新型专利和外观设计专利各为 10 年。

8.1.2 专利文献的含义、类型及特点

1. 专利文献的含义

狭义上讲,专利文献就是专利说明书。该说明书的内容包括发明人对发明内容的详细说明和对要求保护的范围的详细描述。广义上讲,专利文献就是指记载和说明专利内容的文件资料及相关出版物的总称。它包括专利说明书、专利分类表及专门用于检索专利文献的各种检索工具书,如专利公报、专利索引、专利文摘、专利题录等。

2. 专利文献的类型

根据专利文献的不同功能,可以将专利文献分为三大类型。

(1) 一次专利文献

一次专利文献是指详细描述发明创造内容和权利保护范围的各种类型的专利说明书,它是专利文献的主体。专利说明书详细地公布专利技术内容,并且它严格地限定专利权的保护范围,是最重要的专利文献形式。

(2) 二次专利文献

二次专利文献主要指各种专利文献的专用检索工具,如各种专利文摘、专利索引、专利公报等。我国的专利公报主要有三种：《发明专利公报》、《实用新型专利公报》和《外观设计专利公报》。它们是查找中国专利文献、检索中国最新专利信息和了解中国专利局专利审查活动的主要工具。

(3) 三次专利文献

三次专利文献是指按发明创造的技术主题编辑出版的专利文献工具书,主要包括专利

分类表、分类定义、分类表索引等。

3. 专利文献的持点

专利文献在内容上和形式上都有明显的特点。

(1) 内容详尽,技术高、精、尖。

国际专利合作条约(PCT)对撰写专利说明书有明确的规定:专利申请说明书所公开的发明内容应当完全清楚,以内行人能实施为标准。我国专利法也规定:说明书必须对发明或实用新型做出清楚、完整的说明,以所属技术领域的技术人员能实现为准,必要的时候,应当有附图。

与其他科技文献相比,专利文献在技术内容的表述上更为详细、具体。又由于申请专利要花费大量的精力和财力,所以,大多数申请人都会选取自己最有价值的发明创造成果去申请专利,使得专利文献的技术含量较高。

(2) 数量庞大、内容广泛。

全世界每年公布的专利说明书约150万件,占每年科技出版物数量的1/4,专利说明书内容极为广泛,从简单的日常生活用品到世界尖端科技,几乎涉及了人类生产活动的所有技术领域。

(3) 出版报道速度快。

世界上大部分国家实行的都是先申请、早期公开和延迟审查制度。对于内容相同的发明、专利权授予最先提出申请的人,这使得发明人总是尽一切可能及早提出自己的专利申请,以取得主动权。另外,由于实行了早期公开和延迟审查制度,自专利申请日起的18个月内,专利局就公开出版专利申请说明书,使得专利文献成为报道新技术最快的一种信息源。

(4) 格式雷同。

各国对于专利说明书的著录格式的要求大体相同,著录项目统一使用国际标准识别代码,并采用统一的专利分类体系,即国际专利分类法;各国的专利申请说明书和权利要求书的撰写要求也大致相同。这些要求极大方便了人们对全球各国专利说明书的阅读和使用。

(5) 重复报道量大。

专利文献的重复报道量非常大,一是同族专利的存在,一件专利在多个国家申请,就会在多个国家重复进行出版、公布;二是在实行早期公开、延迟审查专利审批制度的国家,在一件专利的申请、审批过程中要公开内容相同的专利说明书2~3次。

8.1.3 国际专利分类法简介

1. 概述

国际专利分类法(International Patent Classification,IPC)是根据1971年签订的《关于国际专利分类的斯特拉斯堡协定》编制的,是一个在世界范围内由政府间组织执行的专利体系。该分类法自1968年第一版开始使用到现在,基本上是每5~6年修订一次,目前使用的是第10版。

IPC是使各国专利文献获得统一分类及提供检索的一种工具。它的基本目的是为各国专利局以及其他使用者围绕确定专利申请的新颖性、创造性或对有关专利做出评价工作而进行的专利文献检索,提供一种有效的检索工具。目前,世界上有50多个国家及两个国际组织采用IPC对专利文献进行分类。

2. 国际专利分类表

IPC 号按顺序由以下 5 级组成：部（Section）、大类（Class）、小类（Subclass）、大组（Group）、小组（Subgroup）。其中，部由大写字母表示（共有 A～H 8 个部）；大类由数字表示；小类由字母表示（大小写均可）；大组、小组均由数字表示，两者之间用斜线/隔开。

国际专利分类表（印刷型）共分 8 个部，每个部是一个分册，加上使用指南分册，IPC 共有 9 个分册。

A 分册：A 部——人类生活必须（农、轻、医）；

B 分册：B 部——作业、运输；

C 分册：C 部——化学、冶金；

D 分册：D 部——纺织、造纸；

E 分册：E 部——固定建筑物（建筑、采矿）；

F 分册：F 部——机械工程；

G 分册：G 部——物理；

H 分册：H 部——电学；

第九分册：使用指南（包括大类、小类及大组的索引）。

《使用指南》是利用国际专利分类表的指导性文件，它对国际专利分类表的编排、分类原则、分类方法和分类规则等作了详细的解释和说明，可帮助使用者正确使用《国际专利分类表》。

在前 8 个大部下分为 118 个大类（Class）、620 个小类（Subclass）、5000 多个大组（Group）和小组（Subgroup），任何一个完整的国际专利分类号都是由部、大类、小类、大组、小组 5 级组成的，各级有不同的编号方式。

【例】 水果蔬菜保鲜剂的国际专利分类号为 A23B7/153。第一位的 A 指的是部（生活必需品）；"23"表示是大类；B 表示小类；"7"表示大组，"153"表示是小组。

8.1.4 专利文献检索的类型及途径

1. 专利文献检索的类型

（1）新颖性检索：通过检索专利文献，可判断发明创造是否具有专利法规定的新颖性，对于专利审查人员，可以判断专利申请是否合格；对于科研人员，技术创造、发明人而言，则可判断专利申请的成功率，了解相关课题的研究状况，减少不必要的损失。

（2）侵权检索：通过检索专利文献，可判断侵权行为或避免侵权行为。

（3）专利有效性检索：通过检索专利文献，可以判断相关专利的时效性。

（4）同族专利检索：通过检索专利文献，可以了解同一项发明创造在多个国家申请专利的情况。

（5）信息性检索：通过检索专利文献，可获取一定量的科技情报信息。

2. 专利文献的检索途径

（1）分类途径

分类途径是根据专利所属主题范围，利用特定的专利分类体系进行查找的一种途径。通过分类途径检索的一般步骤是：首先依检索目的确定合适的主题范围，根据工具书的特点找出合适的分类号；然后利用工具书的分类索引查找相关的信息；最后利用专利公报中的摘要和附图等信息进行鉴别,找到合适的结果并索取专利说明书。

各国专利文献一般都提供分类检索途径,绝大多数国家使用的分类体系都是国际专利分类表。

(2) 名称途径

这里的名称主要是指专利发明人、专利申请人、专利权人或者专利受让人的名称。按照名称途径检索的前提条件是要有相关专利所属的自然人和法人的名称,然后根据专利工具书提供情报的名称索引进行查找。

《中国专利索引》提供了申请人、专利权人索引途径,用户可以以申请人、专利权人作为检索入口进行查找。

(3) 号码途径

号码途径是指通过专利申请号、专利号、公开号等相关的专利号码,利用相应的索引进行检索。利用号码检索还可以根据获得的其他信息进行扩检。

申请号是申请人提交专利申请时专利行政部门给予的编号。我国的专利申请号一般由 8 位或 12 位(不包括计算机校验码)数字符和倒数第一位前的一个圆点符组成。其中,前两位(或前 4 位)表示专利申请的年份。第 3 位(或第 5 位)表示专利申请的类别,第 4 位(或第 6 位)后、小圆点前的数字表示专利申请的顺序号,每年从 00001 开始,按文件收到的顺序排列。小圆点后的数字是计算机的校验位。

专利号,即在授予专利权时给予专利的号码,与申请号一致。

公开号是申请专利的发明在公开时给予的号码,即为《发明专利申请公开说明书》的编号。

授权公告号是申请专利的发明在授予专利权并公告时给予的号码,即对《发明专利说明书》、《实用新型专利说明书》的编号以及对公告的外观设计专利的编号。

(4) 优先项途径

优先项是指同族专利中基本专利的申请日期、申请号和申请国别。由于同族专利中的所有专利都具有相同的优先申请日期、优先申请号和优先国别,所以只要专利说明书上的优先项相同,就可以确定相关专利为同族专利。优先项检索的主要工具是德温特公司的《世界专利索引优先项对照表》。

(5) 其他途径

除了以上检索途径,还可以通过其他途径获得相关的专利线索,包括从商品或产品样本上寻找线索,从报刊中获取专利信息,或者从其他科技文献检索工具中查找专利文献等。

8.1.5 国内外专利文献检索工具

1. 国内专利文献检索工具

(1)《中国专利索引》

中国专利索引是年度索引,它对每年公开、公告、授权的三种专利以著录数据的形式进行报道,是检索中国专利文献,尤其是通过专利公报检索专利十分有效的工具。

中国专利索引目前共有三种:《分类号索引》、《申请人、专利权人索引》和《申请号、专利号索引》。1997 年以前《中国专利索引》只有《分类年度索引》和《申请人、专利权人年度索引》两种。《分类年度索引》是按照国际专利分类或国际外观设计分类的顺序进行编排的;

《申请人、专利权人年度索引》是按申请人或专利权人姓名或译名的汉语拼音字母顺序进行编排的。两种索引都按发明专利、实用新型专利和外观设计专利分编成三个部分。《申请号、专利号索引》则以流水号顺序编排，其中发明专利分为发明专利申请公开和发明专利权授予两部分，分别用以检索专利申请和专利权授予。

以上三种专利索引无论查阅哪一种，都可以得到分类号、发明创造名称、公开号（或授权公告号）、申请人（或专利权人）、申请号以及卷期号（专利公报卷、期号）这6项数据。

（2）专利公报

专利公报是查找专利文献，检索中国最新专利信息，了解中国专利行政机关业务活动的主要工具书。

① 中国专利公报的种类及出版状况。

中国专利公报根据专利的类型共分《发明专利公报》、《实用新型专利公报》和《外观设计专利公报》三种，其出版周期也随着我国专利事业的发展经历了一个从无到有、由慢到快的过程。从1990年开始，三种公报都改为周刊，每年分别出版52期。

② 中国专利公报的编排体例。

中国专利公报大体可以分为三部分：第一部分公布专利文献和授权决定；第二部公布专利事物；第三部分是索引。

第一部分以摘要形式对发明专利公开公告和对实用新型专利申请进行公布。自1993年以后，《实用新型专利公报》的第一部分改为以摘要的形式公布授权的实用新型专利使用授权公告号；《外观设计专利公报》第一部分公布的是公告授权的外观设计专利的全文；《发明专利公报》第一部分除了以摘要的形式公布专利申请公开，还以著录项目的形式公布发明专利权的授予。

第二部分是专利事务部分，记载专利申请的审查以及专利的法律状态等有关事项，包括专利申请的驳回、专利权的撤销及无效宣告、强制许可、专利权的恢复等内容。

第三部分是索引。这一部分对当期公报所公布的申请和授权的专利做出索引，以便检索。随着专利法的修改而产生的专利审查、授权程序的变化，使专利公报的索引也有所变化：发明专利公报索引从1993年起，取消了审定公告索引，目前还有申请公开索引和授权公告两种。这两种索引分别按照IPC（国际专利分类表）分类号、申请号和申请人的顺序编排了三个子索引。每部分索引还列有公开号/申请号对照表和授权公告号/专利号对照表。

实用新型和外观设计专利公报的索引部分，取消了1993年以前的申请公告索引，保留了授权公告索引；从1993年起以授权公告号/专利号对照表取代了原来的公告号/申请号对照表。

（3）缩微型专利文献和 CD-ROM 光盘版专利文献

我国缩微型专利文献的出版开始于1987年，分胶卷和平片两种。从1993年开始出版中国专利文献 CD-ROM 出版物，并且从1996年起，我国不再出版印刷型专利说明书，专利说明书全部以 CD-ROM 光盘的形式出版。

（4）专利文献通报

专利文献通报是一种中文专利检索工具，它以文摘和题录的形式报道中国、美国、英国、日本、德国等国家以及欧洲专利公约和国际专利合作条约的专利文献。该刊根据国际专利分类表中的118个大类，分编成45个分册，按照国际专利分类号编排，并有年度分类索引。

2. 国外专利文献检索工具——德温特专利工具简介

英国德温特出版公司(Derwent Publication Ltd.)成立于1951年,专门从事世界专利文摘和索引工作,刚开始主要出版药物方面的专利文献,1970年开始扩大到全部化学化工及材料专业,共出版12种文摘,称为《中心专利索引》(Central Patents Index,CPI)。1974年进一步把报道范围扩大到整个工业技术领域,从而成为完整报道世界性专利文献的检索刊物,《世界专利索引》(World Patents Index,WPI)。德温特专利文献的特点是全面、快速和方便,是查找国际专利文献的重要工具。

(1) 德温特检索工具体系

德温特检索工具是一个非常复杂的体系,主要有三大部分。

① 题录周报:又称为《世界专利索引快报》,是报道各国专利说明书的题录周报,共有4个分册,每个分册后附有专利权人索引、国际专利分类号索引、德温特入藏号索引和专利号索引。

② 文摘周报:有分类文摘周报和分国文摘周报两套编排方法。其中分类文摘周报主要有三个系列,即《世界专利文摘》、《电气专利索引》、《中心专利索引》。

③ 累积索引:《世界专利索引》共有4种累积索引,即专利所有权人索引、分类号索引、相同专利对照表、专利号索引。

(2) 德温特专利工具的检索

通过《世界专利索引快报》(WPIG)可以查找专利的题录;《世界专利文摘》(WPAJ)、《电气专利索引》(EPI)和《中心专利索引》(CPI)可以用来查找专利的文摘。也可以由WPIG查到题录的专利号,再到WPAJ、EPI、CPI中查看文摘。

8.1.6 国内外检索专利文献的相关网站

1. 国内检索专利文献的相关网站

(1) 中华人民共和国国家知识产权局网站(http://www.sipo.gov.cn/)

该网站是由国家知识产权局和中国专利信息中心主办,可获得中国专利说明书全文。它提供主题词和分类号两种检索方式。

(2) 中国知识产权网(http://www.cnipr.com/)

该网站由中华人民共和国国家知识产权局知识产权出版社主办,其中"中国专利文献网上检索系统"收录了1985年至今在中国公开的全部专利,并提供全文说明书。

(3) 中国专利信息网(http://www.patent.com.cn/)

该网站是1998年由中国专利局检索咨询中心与长通飞华信息技术有限公司共同开发的。其提供的"中国专利数据库"收集了我国自1985年实施专利制度以来的全部发明专利和实用新型专利信息,有完整的题录和文摘。该网站具有专利检索、专利知识、专利法律法规介绍、项目推广、高技术传播等功能。

(4) 中国知网和万方数据亦有专门的专利全文数据库。

2. 国外检索专利文献的相关网站

(1) 美国专利商标局(USPTO)专利数据库(http://www.uspto.gov/)

美国专利商标局成立已有200多年的历史,收录了1790年至1975年颁布的专利说明书,以及1976年后授权的专利文摘及说明书。2001年3月开始增加了美国申请专利说明书的文本及映像文件。该数据库有快速检索、高级布尔逻辑检索及专利号检索三种检索方式。

（2）欧洲专利局专利数据库（http://worldwide.espacenet.com/）

由欧洲专利组织（EPO）及其成员国的专利局提供，可用于检索欧洲及欧洲各国的专利，包括欧洲专利（EP）、英国、德国、法国、意大利、芬兰、丹麦、西班牙、瑞士、瑞典等15个欧洲国家的专利。

（3）PCT国际专利数据库（http://ipdl.wipo.int/）

知识产权数字图书馆（Intellectual Property Digital Library）提供检索国际专利的数据库PCTEG和检索非专利文献的数据库JOPAL。这些数据库对公众免费开放使用，数据由世界知识产权组织（WIPO）提供，收录了1997年1月1日至今的PCT国际专利（仅提供专利扉页、题录、文摘和图形）。

（4）日本工业产权数字图书馆（http://www.jpo.go.jp/）

日本专利局的工业产权数字图书馆是一个专利信息数据库检索系统。该系统可以供公众免费检索日本专利局数据库中的专利信息，并提供日、英两种文字的检索页面。

（5）其他国家和地区专利信息网网址

澳大利亚专利数据库（http://www.IPAustralia.gov.au/）；

韩国专利数据库（http://www.kipo.go.kr/kpo/user.tdf?a=user.main.MainApp）；

中国台湾地区APIPA专利数据库（http://www.apipa.org.tw/）；

NCBI基因序列数据库（http://www.ncbi.nlm.nih.gov）；

巴西专利数据库（http://www.inpi.gov.br/pesq_patentes/patentes.htm）；

德国专利数据库（http://www.dpma.de/）；

法国专利数据库（http://www.inpi.fr/fr/accueil.html）；

英国专利数据库（https://www.gov.uk/topic/intellectual-property/patents）；

俄罗斯联邦专利数据库（http://www1.fips.ru/wps/wcm/connect/content_ru/ru）。

8.2　会议文献信息检索

8.2.1　会议文献的含义及类型

所谓会议文献，主要是指会议会前、会中、会后围绕该会议出现的文献。严格地从文献类型来说，它包括征文启事、会议通告、会议日程、论文会前摘要、开幕词、会上讲话、报告、讨论记录、会议决议、闭幕词、会议录、汇编、论文集、讨论会报告、会议专刊、会议纪要等。这些都是科技信息的重要来源。

检索会议文献应了解几个关于会议的常用术语，包括Conference（会议）、Congress（代表大会）、Convention（大会）、Symposium（专业讨论会）、Colloquium（学术讨论会）、Seminar（研究讨论会）、Workshop（专题讨论会）等。一般按会议的规模可分为国际性会议、全国性会议和地区性会议。

8.2.2　会议文献的检索工具

《世界会议》、《会议论文索引》和《科技会议录索引》是著名的国际会议文献的报道工具。

我国国内会议文献重要检索刊物有《中国学术会议文献通报》,此外还有多种相关的会议文献网络数据库。

1.《世界会议》

《世界会议》(World Meeting),由美国 Macmillan Publishing Company 编辑出版,季刊。它的特点是预报两年内即将召开的重要国际性会议,每期预报会议数以千计。它只报道会议有关信息而不包括会议论文。每期有 4 个分册,分别是《世界会议:美国和加拿大》(World Meeting:United States and Canada),创刊于 1963 年;《世界会议:美国和加拿大以外地区》(World Meeting:Outside United States and Canada),创刊于 1968 年;《世界会议:医学》(World Meeting:Medicine),创刊于 1978 年;《世界会议:社会与行为科学,人类服务与管理》(World Meeting:Social & Behavioral Science,Human Services & Management),创刊于 1971 年。

2.《会议论文索引》

《会议论文索引》(Conference Paper Index,CPI)由英国剑桥文摘社编辑出版,创刊于1933 年,从 1978 年起使用现刊名,双月刊,也出版年度累积索引。它是一种常用的检索工具,报道世界科技、工程和医学、生物学科等方面的会议文献,年收录文献量约 80 000 篇。除印刷型版本外,也有电子版本,在 DIALOG 联机检索系统中为 77 号文档。

3.《科技会议录索引》

《科技会议录索引》(Index to Scientific & Technical Proceedings,ISTP),由美国科学情报研究所(ISI)编辑出版,创刊于 1978 年,月刊,也出版年度索引。ISTP 是当前报道国际重要会议论文的权威性刊物,它不仅是一种经典的检索工具,也是当前世界上衡量、鉴定科学技术人员学术成果的重要评价工具。

ISTP 报告的学科包括生命科学、物理、化学、农业、生物和环境科学、临床医学、工程技术和应用科学等各个领域。它每年报道的内容,囊括了世界出版的重要会议录中的大部分文献。

ISI 出版《科技会议录索引》(ISTP)的光盘版和网络版。光盘版的检索方法与 SCI 光盘版相同。网络版 Web of Science Proceeding(CPCI)的检索方法与 SCI 网络版相同。

4.《中国学术会议文献通报》

它由中国科技信息研究所主编,科学技术文献出版社出版,创刊于 1982 年,起初为季刊,后改为双月刊,1986 年起改为月刊。该刊是检索我国召开的学术会议及其论文的主要工具。现已出版《中国学术会议论文库》(CACP),可以在网上检索,其网址为 http://www.chinainfo.gov.cn。它收录全国 100 多个国家级学会、协会及研究机构召开的学术会议论文。

8.2.3　网上会议文献信息资源

根据台湾淡江大学教育资料科学系宋雪芳女士在《网络化会议资讯形态探析》一文中记述的内容,摘录美国几个著名的学会的网上会议文献数据库。

1. 美国航天学会会议论文数据库(AIAA Meeting Papers Searchable Citation Database)

网址:http://arc.aiaa.org/。

收录时间:从 1992 年至今。

内容发表在 AIAA 会议上,且尚未为 AIAA 的出版品所收录。可依作者(Author)、篇名(Title)或篇名关键词(Title Keywords)、论文编码(ALAA Paper Number)及会议名称或日期(Conference Name/Date)等信息查询,并通过 AIAA Dispatch 在线文件传递服务订购论文。需加收文献传递费。其更新速度是每季更新。

2. 美国微生物学会的会后信息(American Society for Microbiology,Post-Meeting and Post-Conference Information)

网址:http://www.asm.org/。

内容:提供生物等相关会议会后问卷调查表(Overall Conference Evaluation)、会议摘要(Abstracts)、会议摘要及会议程序(Abstracts and Program Books)等数据。

3. 美国化学工程学会的会议档案(Aiche,Meeting Archive Calendar)

网址:http://www.aiche.org/resources/conferences。

收录时间:提供 1995 年到现在的会议数据。

内容:每个会议下有文献浏览,依会议时间(by day and time)、学科领域或主题(by group/area)、研讨会编号(by session number)检索。可查到会议编号、所属主题、类别、召开时间地点、研讨主题、讨论论文及主讲者、主办单位负责人及服务处联系方式。还有公告栏(Bulletin Board),提供与会人士抒发感想、意见,并作为未参与会议者上网检索后提交建议的互动渠道。

4. 美国机械工程师学会(American Society of Mechanical Engineers,ASME)

网址:https://www.asme.org/。

内容:除了提供一般会议信息检索外,有专为会员服务的会议计划指南(the Update Guideline Manual)、笔记(Congress Planning Notebook)、会议指南(Meeting Guidelines),并可阅读完整的会议程序(Final Program)或部分技术程序(Technical Program)等。

5. 美国电气电子工程师学会的会议数据库(IEEE Conference Database)

网址:http://www.ieee.org/conferences_events/index.html。

内容:提供完整的会议信息,分为即将召开的会议、已召开的会议及主题检索(Section 1—Future or Upcoming,Section 2—Past Year,Section 3—Topical Interest)。TAG 也可以用 IEEE 的 38 个分会作为检索点(TAG by Society),并有分区检索功能(TAG Conferences by Region)。

6. 美国计算机协会(Association for Computing Machinery)

网址:http://dl.acm.org/events.cfm? CFID=713531369&CFTOKEN=44109318。

8.2.4 我国国内相关会议文献数据库

1. 万方数据资源系统中的《中国学术会议论文全文数据库》(CACP)

该库是国内学术会议文献全文数据库,主要收录 1998 年以来国家一级学会、协会、研究会组织召开的全国性学术会议论文,数据范围涵盖自然科学、工程技术、农林、医学等领域,是了解国内学术动态必不可少的帮手。《中国学术会议论文全文数据库》分为两个版本:中文版、英文版,其中中文版所收会议论文内容是中文,英文版主要收录在中国召开的国际会议的论文,论文内容多为西文。

2.《中国医学学术会议论文数据库》

《中国医学学术会议论文数据库》(China Medical Academic Conference, CMAC)，是解放军医学图书馆研制开发的中文医学会议论文文献书目数据库。CMAC 光盘数据库主要面向医院、医学院校、医学研究所、医药工业、医药信息机构、医学出版和编辑部等单位。收录了 1994 年以来中华医学会所属专业学会、各地区分会等单位组织召开的医学学术会议700 余本会议论文集中的文献题录和文摘，累计收录文献 15 万余篇。涉及的主要学科领域有基础医学、临床医学、预防医学、药学、医学生物学、中医学、医院管理及医学情报等。收录文献可检索项目包括会议名称、主办单位、会议日期、题名、全部作者、第一作者地址、摘要、关键词、文献类型、参考文献数、资助项目等 16 项内容。

3.《中国重要会议论文全文数据库》(CPCD)

《中国重要会议论文全文数据库》(CPCD)是中国知识基础设施工程(CNKI)创建并通过网络发布的会议论文全文数据库，收录我国 2000 年以来国家二级以上学会、协会、高等院校、科研院所、学术机构等单位的论文集，年更新约 10 万篇论文。产品分为十大专辑，理工A、理工 B、理工 C、农业、医药卫生、文史哲、政治军事与法律、教育与社会科学综合、电子技术与信息科学、经济与管理。十大专辑下又分为 168 个专题和近 3600 个子栏目。

国家科技图书文献中心(NSTL,http://www.nstl.gov.cn/)是根据国务院领导的批示于 2000 年 6 月 12 日组建的一个虚拟的科技文献信息服务机构，负责各成员单位网上共建共享工作的组织、协调与管理。NSTL 可提供以下检索服务：西文期刊、中文期刊、日文期刊、俄文期刊、外文学位论文、中文学位论文、国外科技报告、外文会议、中文会议、国外专利、中国专利、国外标准、中国标准、计量检定规程等。

8.3　学位论文的检索

8.3.1　学位论文的含义及种类

学位论文是高等院校和科研机构的本科生、研究生为获得学位而撰写的学术性较强的研究论文，是在学习和研究过程中参考大量文献资料，进行科学探索和分析研究的基础上完成的。学位论文的特点是理论性、系统性较强，内容专一，阐述详细，具有很强的独创性，是一种重要的文献信息源。

根据学生学历层次，学位论文可分为学士论文、硕士论文和博士论文；根据学生所学的学科和专业，可分为人文社会科学学位论文、自然科学学位论文及工科学位论文等，并可层层往下展开，分为政治学、经济学、文学、史学、数学、化学、工程学、计算机科学等；按国别或语种分，又有国内的和国外的学位论文或中文学位论文、日语学位论文、英语学位论文等。

学位论文除在本单位被收藏外，一般还在国家指定单位专门进行收藏。如国内收藏硕士、博士学位论文的指定单位是中国科学技术信息研究所和国家图书馆。检索国内学位论文可以利用《中国学位论文数据库》，检索国外学位论文可利用 DIALOG 国际联机系统或国际大学缩微胶卷公司(University International)编辑出版的《国际学位论文文摘》、《美国博士学位论文》以及《学位论文综合索引》等检索工具。

8.3.2 国内学位论文的重要检索工具

学位论文作为一种重要信息资源逐渐被认识,并出现了一些学位论文检索工具,但总体上还不完善,有待于提高。

1.《中国博士学位论文提要》

由北京图书馆(现为国家图书馆)学位学术论文收藏中心编写,书目文献出版社 1992 年开始出版。它是目前检索中国博士学位论文的最全面的工具书。

2.《中国学位论文通报》

《中国学位论文通报》于 1984 年创刊,双月刊。该刊以题录形式报道全国理工科博士和硕士学位论文,曾是国内检索我国学位论文的重要检索工具,但由于种种原因,该刊于 1993 年停刊。它与"中国学位论文数据库"在内容方面是一致的,是一种继承关系。

8.3.3 学位论文数据库

1.《中国知识资源总库》(CNKI)

《中国知识资源总库》(CNKI)包括《中国优秀硕士学位论文全文数据库》和《中国优秀博士学位论文全文数据库》,是目前国内相关资源最完备、高质量、连续动态更新的学位论文全文数据库。

2.《中国学位论文数据库》(CDDB)

中国科技信息研究所是国家法定的学位论文收藏机构,万方数据以其为数据来源,建成了《中国学位论文数据库》。《中国学位论文数据库》设有多个检索入口,用户可通过论文题名、论文作者、分类号、导师姓名、关键词、作者专业、授予学位、授予学位单位、完成时间等进行检索。

从该数据库中可检索到各高等院校、研究生院及研究所向中国科技信息研究所送交的我国自然科学领域的硕士、博士和博士后的论文。

3.《美国硕博士论文库》(PQDT)

PQDT(ProQuest Dissertations & Theses)是美国 UMI 公司创建的博士、硕士论文数据库,是 DAO(Dissertation Abstracts Ondisc)的网络版,它收录了欧美 1000 余所大学的学位论文的引文和摘要,是目前世界上最大和最广泛使用的学位论文数据库。数据库内容涵盖理工和人文社科等各个领域。PQDT 具有收录年代长(从 1861 年开始)、更新快、内容详尽(1997 年以来的部分论文不但能看到文摘索引信息,还可以看到 24 页的论文原文)等特点。

该数据库具有检索和浏览两种查询功能:单击 Search 进行检索;单击 Browse 可按学科浏览论文。

8.4 标准文献信息检索

8.4.1 标准文献的含义及其类型

标准文献是一种特殊的文献,它以科学、技术和实践经验的综合成果为基础,为在一定范围内获得最佳秩序,对活动或其结果规定共同的和重复使用的规则、导则或特性的文件,由主管部门批准,以特殊形式发布,并作为共同遵守的准则和依据,是标准化工作的产物。广义的标准文献是指由技术标准、生产组织标准、管理标准及其他标准性质的类似文件所组成的文献体系,含标准化的书刊、目录和手册以及与标准化工作有关的文献等。狭义的标准文献是指"标准"、"规范"、"技术要求"等。

标准文献的类型因分类方法的不同而不同,通常有以下几种。

1. 按标准文献使用范围分

层次分类法是标准文献按其发生作用的有效范围,是划分不同的层次的一种分类方法。这种层次关系,通常又称为标准的级别。从世界范围来看,标准分为 6 大类。

(1) 国际标准:如国际标准化组织(ISO)标准等。

(2) 区域性标准:如欧洲(EN)标准等。

(3) 国家标准:如中国国家标准(GB),美国国家标准(ANSL)等。

(4) 行业标准:如我国轻工业部的部颁标准(QB),美国石油学会标准(API)等。

(5) 地方标准:如上海市的标准,沪 Q/SG4-25-82 等。

(6) 企业标准:如美国波音飞机公司标准(BAC),营口市电火花机床厂标准 Q/YD1001 等。

《中华人民共和国标准化法》将我国国家标准分为国家标准、行业标准、地方标准和企业标准 4 级。我国的国家标准由国务院标准化行政主管部门制定;行业标准由国务院有关行政主管部门制定;地方标准由省、自治区和直辖市标准化行政主管部门制定;企业标准由企业自行制定。

2. 按标准文献内容划分

按内容划分,通常可把标准分为以下几种类型。

(1) 基础标准:指在一定范围内作为其他标准的基础并普遍使用,具有广泛指导意义的标准,如有关名词、术语、符号、代码、标志等方面的标准。

(2) 制品标准:为确保制品实用、安全,对制品必须达到的某些或全部要求所制定的标准,如品种、技术要求、试验方法、检验规则、包装、存储等。

(3) 方法标准:对检查、分析、抽样、统计等做统一要求所制定的标准。

(4) 安全标准:以保护人和物的安全为目的而制定的标准。

(5) 卫生标准:为保证人的健康,对食品、医药及其他方面的卫生要求而制定的标准。

(6) 环境保护标准:为保护环境和有利于生态平衡而制定的标准等。

3. 按标准的约束性划分

(1) 强制性标准:指具有法律属性,在一定范围内通过法律、行政法规等手段强制执行的标准是强制性标准。如我国国家标准(GB)为强制性国家标准。根据我国《国家标准管理办法》和《行业标准管理办法》,下列标准属于强制性标准:药品、食品卫生、兽药、农药和劳动卫生标准;产品生产、储运和使用中的安全及劳动安全标准;工程建设的质量、安全、卫生等标准;环境保护和环境质量方面的标准;有关国计民生方面的重要产品的标准等。

(2) 推荐性标准:又称为非强制性标准或自愿性标准,指生产、交换、使用等方面,通过经济手段或市场调节而自愿采用的一种标准,如我国国家标准 GB/T。这类标准不具有强制性,任何单位均有权决定是否采用,违反这类标准,不构成经济或法律方面的责任。但推荐性标准一经采用,或各方面商定同意纳入经济合同中,就成为各方面必须共同遵守的技术依据,具有法律约束性。

此外,还可以按标准化对象等其他方法来划分标准文献的类型。

8.4.2　标准的分类体系和代号

1. 分类体系

各国都编有适合国情的标准分类体系,概括起来有以下三种形式。

(1) 字母分类法:即以字母为标记的分类法。这种方法将标准分成若干类,每类用一个字母表示。采用这种分类法的有澳大利亚、加拿大、墨西哥等国。

(2) 数字分类法:即以数字作为标记的分类法。这种方法将标准分成若干类,有的还分为几级类目,每类用一组数字表示。采用这种分类法的有丹麦、印度、葡萄牙、意大利、西班牙、比利时、阿根廷、德国、荷兰、瑞士等国。

(3) 字母数字混合分类法:即采用字母和数字相结合,这种方法把标准分类后,每一类用字母加数字表示。采用这种分类法的有中国、美国、日本、芬兰、法国、前苏联、罗马尼亚、波兰等国。

2. 标准代号

各国的标准都有各自的代号,了解这些代号,对查找各国标准很有用处。一些主要国家的标准代号如表 8-1 所示。

表 8-1　一些主要国家的标准代号

国 家 名 称	标 准 代 号	国 家 名 称	标 准 代 号
美国	NASI	俄罗斯	OCT
英国	BS	日本	JIS
法国	PN	瑞典	SIS
意大利	UNI	荷兰	NEN
德国	NIN	挪威	NS
加拿大	CSA	比利时	NBN
澳大利亚	AS	丹麦	DS
瑞士	VSM	罗马尼亚	STAS

无论是国际标准还是各国标准,在编号方式上均遵循各自规定的一种固定格式,通常为"标准代号+流水号+年代号"。这种编号方式上的固定化使得标准编号成为检索标准文献的主要途径之一。

8.4.3　国际标准化组织及其网站

1. 国际标准化组织（http://www.iso.ch）

国际标准化组织正式成立于 1947 年 2 月 23 日,是世界上最主要的非政府间国际标准化机构。它的宗旨是:在世界范围内促进标准化及有关工作的开展,以利于国际物资交流和服务,并促进在知识、科学、技术和经济活动中的合作。

ISO 的主要活动有:制定和出版 ISO 国际标准,并采取措施在世界范围内实施;协调世界范围内的标准化工作;组织各成员和各技术委员会进行信息交流;与其他国际组织进行合作,共同研究有关标准化问题。

随着国际贸易的发展,对国际标准的要求日益提高,而且许多国家对 ISO 也越加重视。

2. 国际电工委员会(http://www.iec.ch)

国际电工委员会是世界上成立最早的非政府间国际标准化机构。目前 IEC 成员国包括绝大多数的工业发达国家及一部分发展中国家。这些国家拥有世界人口的 80%,其生产和消耗的电能占全世界的 95%,制造和使用的电气、电子产品占全世界产量的 90%。

国际电工委员会(IEC)的宗旨是:在电学和电子学领域中的标准化及有关事务方面(如认证)促进国际合作,增进国际的相互了解,并且通过出版国际标准等出版物来实现这一宗旨。

3. 国际电信联盟(http://www.itu.int/)

国际电信联盟是联合国的一个专门机构,也是联合国机构中历史最长的一个国际组织,简称"国际电联"或"电联"。这个国际组织成立于 1865 年 5 月 17 日,是由法国、德国等 20 个国家在巴黎会议上,为了顺利实现国际电报通信而成立的国际组织,定名为"国际电报联盟"。1932 年,70 个国家代表在西班牙马德里召开会议,决议把"国际电报联盟"改为"国际电信联盟",这个名称一直沿用至今。1947 年经联合国同意,国际电信联盟成为联合国的一个专门机构。总部由瑞士伯尔尼迁至日内瓦。另外,还成立了国际频率登记委员会(IFRB)。

国际电信联盟的实质性工作由三大部门承担,它们是:国际电信联盟标准化部门(ITU)、国际电信联盟无线电通信部门和国际电信联盟电信发展部门。其中电信标准化部门由原来的国际电报电话咨询委员会(CCITT)和国际无线电咨询委员会(CCIR)的标准化工作部门合并而成,主要职责是完成国际电信联盟有关电信标准化的目标,使全世界的电信标准化。ITU 目前已制定了 2024 项国际标准。

国际电信联盟现有来自 150 多个国家和地区的会员、准会员。ITU 使用中、法、英、西、俄 5 种语言出版电联正式文件,工作语言为英、法、西三种。

ITU 的目的和任务是:维持和发展国际合作,以改进和合理利用电信,促进技术设施的发展及其有效运用,以提高电信业务的效率,扩大技术设施的用途,并尽可能使之得到广泛应用,协调各国的活动。

4. 美国国家标准学会(http://web.ansi.org/)

美国国家标准学会(American National Standards Institute,ANSI),是非赢利性质的民间标准化团体。1918 年 10 月 19 日,美国材料试验协会、美国机械工程师协会、美国矿业与冶金工程师协会、美国土木工程师协会、美国电气工程师协会 5 个民间组织,在美国商务部、陆军部和海军部三个政府机构改革的参与下,共同发起成立了美国工程标准委员会(AESC)。1928 年 AESC 改组为美国标准协会(ASA),1966 年 8 月又改组为美利坚合众国标准学会(USASI),1969 年 10 月 6 日始改为现用名。

ANSI 经联邦政府授权,作为自愿性标准体系中的协调中心,其主要职能是:协调国内各机构、团体的标准化活动;审核批准美国国家标准;代表美国参加国际标准化活动;提供标准信息咨询服务;与政府机构进行合作。

5. 英国标准学会(http://www.bsi.org.uk)

英国标准学会(British Standards Institution,BSI),是世界上最早的全国性标准化机构,它不受政府控制但得到了政府的大力支持。BSI 制定和修订英国标准,并促进其贯彻执行。

英国标准学会（BSI）的宗旨是：促进生产，努力协调生产者与用户之间的关系，达到标准化（包括简化）；制定和修订英国标准，并促进其贯彻执行；以学会名义，对各种标准进行登记，并颁发许可证；必要时采取各种行动，保护学会利益。

6. 德国标准化学会（http：//www2. din. de）

德国标准化学会（Deutsches Institute fur Normung，DLN），是德国的标准化主管机关，作为全国性标准化机构参加国际和区域的非政府性标准化机构。

DLN 是一个经注册的私立协会，大约有 6000 个工业公司和组织为其会员。目前设有123 个标准委员会和 3655 个工作委员会。

DLN 于 1951 年参加国际标准化组织。由 DLN 和德国电气工程师协会（VDE）联合组成的德国电气电工委员会（DKE）代表德国参加国际电工委员会。DLN 还是欧洲标准化委员会、欧洲电工标准化委员会（CENELEC）和国际标准实践联合会（IFAN）的积极参加者。

7. 法国标准化协会（http：//www. afnor. fr/）

法国标准化协会（Association Francaise de Normalisation，AFNOR），成立于 1926 年，总部设在巴黎，是一个公益性的民间团体，也是一个由政府承认和资助的全国性标准化机构。1941 年 5 月 24 日，法国政府颁布的一项法令确认 AFNOR 为全国标准化主管机构，并在政府标准化管理机构——标准化专署领导下，按政府批示组织和协调全国标准化工作，代表法国参加国际和区域性标准化机构的活动。

根据标准化法，AFNOR 的主要任务有如下几项：在标准化专员的指导监督下，集中和协调全国性的标准化活动；向全国各专业标准化局传达、落实政府指令，协助他们制订标准草案，审查草案，承担标准的审批工作；协调各标准组织的活动并担任他们与政府间的联络人，代表法国参加国际标准化组织和出席会议；在没有标准化管辖的领域，组织技术委员会进行标准草案的制订工作。

目前，法国共有 31 个标准化局（最多时达 39 个），承担了 AFNOR 50％的标准制订修订工作。其余 50％则由 AFNOR 直接管理的技术委员会来完成。AFNOR 现有 1300 多个技术委员会，近 35 000 名专家参与工作。法国每三年编制一次标准修订计划，每年进行一次调整。

8. 日本工业标准调查会（http：//www. jisc. go. jp/）

日本工业标准调查会（Japanese Industrial Standards Committee，JISC），成立于 1946 年2 月，隶属于通产省工业技术院。它由总会、标准会议、部会和专门委员会组成。

标准会议下设 29 个部会，负责审查部会的设置与废除，协调部会间的工作，负责管理调查部会的全部业务和制订综合计划。各部会负责最后审查在专门委员会会议上通过的 JIS标准草案。专门委员会负责审查 JIS 标准的实质内容。

9. 美国机械工程师协会（http：//www. asme. org）

美国机械工程师协会（American Society of Mechanical Engineers，ASME），成立于1881 年 12 月 24 日，会员约 693 000 人。ASME 主要从事发展机械工程及其有关领域的科学技术，鼓励基础研究，促进学术交流，发展与其他工程学、协会的合作，开展标准化活动，制订机械规范和标准。

ASME 是 ANSI 5 个发起单位之一。ANSI 的机械类标准主要由它协助提出，并代表美国国家标准委员会技术顾问小组参加 ISO 的活动。

10. 美国电气电子工程师学会(http://www.ieee.org/)

美国电气电子工程师学会(Institute of Electrical and electronics Engineers,IEEE),1963 年由美国电气工程师学会(AIEE)和美国无线电工程师学会(IRE)合并而成,是美国规模最大的专业学会。它由大约 17 万名从事电气工程、电子和有关领域的专业人员组成,分设 10 个地区和 206 个地方分会,设有 31 个技术委员会。

IEEE 的标准制订内容有电报与电子设备、试验方法、元器件、符号、定义及测试方法等。

8.4.4 中国标准组织及其文献检索

1. 概况

1978 年 5 月,国家标准总局的成立和 1975 年 7 月《中华人民共和国标准管理条例》的颁布,标志着我国标准化工作进入了一个新的发展时期。1979 年以来,我国已成立了 200 个专业标准技术委员会、327 个分标准化技术委员会,1978 年 9 月又以中国标准化协会(CAS)的名义,加入了国际标准化组织(ISO),并参加了其中 103 个技术委员会。

我国标准的分类是采用字母数字混合分类法。字母标志大类,数字代表小类,由 A～Z 共分 24 个大类。我国标准号结构形式为:标准代号＋标准编号＋发布年份,如 GB13668—92。

2. 中国标准化组织与网址

(1) 中国国家标准化管理委员会(http://www.sac.gov.cn/)

它是国务院授权履行行政管理职能,统一管理全国标准化工作的主管机构。在其网上可查看国家标准化管理委员会的最新国家标准公告、中国行业标准公告,还可用"中国国家标准目录"栏提供的检索工具对标准进行检索。

(2) 中国标准服务网(http://www.cssn.net.cn/)

它由中国标准研究中心标准馆主办,是世界标准服务网在中国的网站,有着丰富的信息资源。开放的数据库有中国国家标准、国际标准、发达国家的标准数据库等 15 种。

(3) 中国标准化信息网(http://www.china-cas.com/)

它由中国标准协会主办,该协会是主要从事标准化学术研究、标准修订、培训、技术交流、编辑出版、咨询服务、国际交流与合作的综合性社会团体。

(4) 中国质量信息网(http://www.cqi.gov.cn/)

它在 1997 年由原国家质量技术监督局,现在的国家质量监督检验检疫总局批准正式成立,是质检总局覆盖全国的质量技术监督信息系统和管理系统,也是向社会开放的质量服务平台。

(5) 中国电力标准网(http://www.dls.org.cn/)

它由中国电力企业联合会标准化中心主办。该中心的主要职能有:组织编制电力国家标准计划项目建议,组织起草电力行业标准的制订修订计划;审核全国标准化技术委员会和电力行业标准化技术委员会拟订的电力国家标准及行业标准;负责国际电工委员会相关技术委员会中国业务的联系与接洽工作,组织参加国际标准化活动,推动电力行业采用国际标准和国外先进标准等。

(6) 中国通信标准与质量信息网(http://www.ptsn.net.cn/)

它由中国通信标准化协会主办的。其目的是为了更好地开展通信标准的普及推广工作,对企业标准化工作进行指导和管理。其质量网是为广大通信企、事业单位提供多方位通信标准信息服务的专业网站。

(7) 中国标准出版社网(http://www.bzcbs.com.cn/)

中国标准出版社是我国法定的以出版国家标准、行业标准、标准类图书和相关科技图书为主的中央级出版社。通过该社网址,可查阅相关标准信息。

3. 我国标准文献的检索工具

查找我国各类标准的检索工具有以下几种。

(1)《中国标准化年鉴》:由国家标准局编辑,1985年创刊,以后逐年出版一本。内容包括我国标准化事业的现状、国家标准分类目录和标准序号索引三部分。

(2)《中华人民共和国国家标准目录》:由中国标准化协会编辑,不定期出版,内容除包括现行国家标准外,还列出了行业标准。该目录分标准序号索引和分类目录两部分编排。

(3)《中国国家标准汇编》:它是一部大型、综合的国家标准全集。自1983年起,由中国标准出版社以精装本、平装本两种形式陆续分册汇编出版,收集了我国正式发布的全部现行国家标准,依标准顺序号编排,凡顺序号空缺,除特殊注明处,均为作废标准号或空号。该汇编是查阅国家标准(原件)的重要检索工具,它在一定程度上反映了新中国成立以来标准化事业发展的基本情况和主要成就。

(4)《台湾标准目录》:由厦门市标准化质量管理协会翻印,1983年出版。该目录收录中国台湾1983年前批准的共10 136个标准。

(5)《世界标准信息》:由中国标准信息中心编辑出版,月刊。该刊以题录形式介绍最新国家标准、行业标准、中国台湾标准、国际和国外先进标准,以及国内外标准化动态。

除上述印刷型检索工具外,中国标准情报中心已建立了中西混合检索标准数据库。该库除国家标准(GB)外,还包含中国台湾标准,以及 ISO、IEC、日本、美国等国际标准组织和西方各国的标准。该库提供了以30天为周期的标准发布、修改、作废信息。数据库数据可以软盘或光盘形式向广大用户提供。

如需了解我国标准化动态和掌握某学科范围内新制订和修改的标准,可借助《世界标准信息》等刊物浏览查找。如需要系统查找某特定内容方面的标准,可通过《中国标准年鉴》和《中华人民共和国标准目录》等刊物中提供的分类途径查找。分类途径查找时应注意我国标准的分类体系。

8.5 科技报告的检索

8.5.1 科技报告的含义及类型

科技报告最早出现在20世纪初,是各国政府部门或科研、生产机构关于某个研究项目和开发调整工作的成果总结报告,或者是研究过程中每个阶段的进展报告,其中绝大多数涉及国家扶持的南新技术项目,内容丰富、信息量大,它对问题研究的论述系统完整,是科研活动中的第一手资料。

科技报告是有关科研工作记录或成果的报告。它有以下几种类型。

- 按研究进展分为初步报告、进展报告、中间报告和终结报告;

- 按密级分为绝密、秘密、非密级限制发行、解密、非密级公开等各种密级的科技报告;
- 按技术角度分为技术报告、技术札记、技术备忘录、技术论文、技术译文、合同户报告、特殊出版物、中间报告、最后报告、年度报告、进展报告等。

8.5.2 中国科技报告及其检索工具

我国科研成果的统一登记和报道工作是从 1963 年正式开始的。凡是有科研成果的单位都要按照规定程序上报、登记。国家科委根据调查情况发表科技成果公报和出版《科学技术研究成果报告》。我国出版的这套研究成果报告内容相当广泛,实际上是一种较为正规的、代表我国科技水平的科技报告。它分为"内部"、"秘密"和"绝密"三个级别。检索我国科技报告的检索工具是《科学技术研究成果公报》(简称《公报》)。

《科学技术研究成果公报》,1963 年创刊,1966 年停刊,1981 年 5 月复刊。由国家科委科学技术研究成果管理办公室编辑,科学技术文献出版社出版,双月刊,并有年度分类索引,是检索中国科技报告的主要检索工具。我国较大的科研成果,由国务院有关部门推荐,经国家科委科学技术研究成果办公室正式登记,以摘要形式在《公报》上公布。每期文摘款目按分类编排,共分以下 4 大类:农业、林业,工业、交通及环境科学,医药、卫生,基础科学。每大类按《中国图书资料分类法》的分类号顺序排列,每期最后有"科技成果授奖项目通报",每年第 12 期有全年"分类索引"。由于相应的数据库已投入使用,《公报》于 1999 年停止出印刷版。

8.5.3 国外科技报告及其检索工具

科技报告主要是第二次世界大战期间和战后迅速发展起来的,大多数发达国家都有自己的科技报告,如英国航空航天委员会的 ARC 报告、法国原子能委员会的 CEA 报告、德国航空研究 DVR 报告、瑞典国家航空研究 FFA 报告、日本原子能研究 JAERI 报告等。美国的四大报告(PB、AD、NASA、DOE)一直居世界前列,是世界上科技人员注目的重心。

1. 美国政府四大报告

(1) PB 报告

第二次世界大战结束时,美国派遣了许多科技人员去当时的战败国德国、日本、意大利等国进行所谓"调查",掠夺了数 4 吨计的秘密科技资料,其中有工厂实验室的战时技术档案、战败国的专利文献、标准与技术刊物、科技报告、期刊论文、工程图纸等。为了系统整理并利用这些资料,1945 年 6 月,美国成立商务部出版局(U. S. Department of Commerce Office of Publication Board,PB)来负责收集、整理、报道和提供使用这批资料。每件资料都依次编上顺序号,在号码前统一冠以 PB 字样,故称之为 PB 报告。后来,PB 报告出版单位几经变化,从 1970 年 9 月起,才由 NTIS 负责,并继续使用 PB 报告号。

PB 报告的编号原采用 PB 编码加上流水号,1980 年开始使用新的编号系统,即"PB—年代—报告顺序号",而且报告的体系有新的变化。例如,PB10 万号系统为一般能够收藏的单篇报告;PB80 万号系统为专题检索目录;PB90 万号系统为连续出版物和刊物。

PB 报告收录范围也几经变化:20 世纪 40 年代的 PB 报告(10 万号以前)主要是来自战败国的科技资料,内容包括科技报告、专利、标准技术刊物、图纸以及对这些战败国科技专家的审讯记录等;20 世纪 50 年代(10 万号以后)主要报道美国政府系统的解密、公开的科技报告及有关单位发表的科技文献；20 世纪 60 年代后内容逐步从军事科学转向民用工程技术，并侧重于土建、城市规划、环境污染等方面，而电子技术、航空、原子能方面的资料较少，只占百分之几。

就文献类型而言，PB 报告包括专题研究报告、学术论文、会议文献、专利说明书、标准资料、手册、专题文献目录等。PB 报告均为公开资料，无密级。

(2) AD 报告

AD 报告原是美国军事技术情报处（Armed Services Technical Information Agency，ASTIA）收集、整理、出版的科技报告，产生于 1951 年，由 ASTIA 统一编号，称为 ASTIA Documents，简称 AD 报告。凡美国国防部所属研究所及其合同户的技术报告均编入 AD 报告，在国防部规定的范围内发行。当时有一部分不保密的报告，又交给有关部门再编一个 PB 报告号公布，因此，这部分 PB 报告与 AD 报告的内容是重复的。1961 年 7 月起这部分报告直接编 AD 号公布，不再加编 PB 号。1963 年 3 月，ASTIA 改组为国防科学技术情报文献中心（Defense Documentation Center for Scientific and Technical Information，DDC）；1979 年又更名为国防技术情报中心（DTIC），AD 报告名称仍继续使用，但其含义可理解为"入藏文献"（Accessions Document）。

AD 报告主要来源于美国防海空三军的科研单位、公司、企业、大专院校、外国研究机构及国际组织等 1 万多个单位，其中主要的有 2000 多个；另外还有一些美国军事部门译自前苏联、东欧和中国的译文。AD 报告的内容不仅包括军事方面，也涉及许多民用技术领域。AD 报告的文献类型有科技报告（占 68%）、期刊文献（占 29%）、会议录（占 3%）。

DTIC（或 DDC）收藏和公布的 AD 报告，密级分为机密（Secret）、秘密（Confidential）、非密限制发行（Restricted or Limited）、非密公开发行（Unclassified）4 种。公开报告约占其总数的 45%，由 NTIS 公开发行，每年约公开发行 18 000 件、每年编目公布的有 40 000 余件。由于密级不同，其编号较为繁杂，1975 年以来 AD 报告编号可归纳为"AD-密级-流水号"。AD 报告的密级与编号如表 8-2 所示。

表 8-2 AD 报告的密级与编号表

AD 编号范围	报 告 密 级
AD-A00001-	A 表示公开报告
AD-B00001-	B 表示非密限制报告
AD-C00001-	C 表示秘密报告
AD-D00001-	D 表示美军专利文献
AD-E00001-	E 表示临时实验号
AD-L00001-	L 表示内部限制使用

AD 报告均比 PB、DOE 和 NASA 报告重要，控制得更严格。

(3) NASA 报告

NASA 报告是美国航空与宇航局（National Aeronautics and Space Administration，NASA）收集、整理、报道和提供使用的一种公开的科技报告。NASA 的前身是成立于 1915 年的美国国家航空咨询委员会（National Advisory Committee for Aeronautics，NACA），它

是美国最主要的航空科学研究机构。1958年10月,NACA改组为NASA,负责协调和指导美国航空和空间的科学研究。在工作过程中,它的所属机构或合同户产生了大量的科技报告,都冠以NASA(NACA)字样,故称NASA(或NACA)报告。NASA专设科技技术处从事科技报告的收集、出版工作。

该报告内容侧重在航空、空间科学技术领域,同时广泛涉及许多基础学科,主要报道空气动力学、发动机及飞行器结构材料、实验设备、飞行器的制导及测量仪器等,是航空及航天科研工作的重要参考文献。由于航空本身就是一门综合性的科学,与机械、化工、冶金、电子、气象、天体物理、生物等学科都有密切的联系,该报告含NASA的专利文献、学位论文和专著,也有外国的文献、译文,因此,NASA报告实际上也是一种综合性的科技报告。

该报告采用"NASA-报告出版类型-顺序号"编号,报告出版类型多数用简称、少数用全称。

(4) DOE报告

DOE报告名称来源于美国能源部(Department of Energy,DOE)的首字母缩写。这套报告在较长时间内一直使用AEC报告名称,它原是美国原子能委员会(Atomic Energy Commission,AEC)出版的科技报告,累积数量较大。AEC成立于1946年8月,1974年10月撤销,建立能源研究与发展署(Energy Research and Development Administration,ERDA)。该署除继续执行前原子能委员会有关职能外,还广泛开展能源的开发研究活动,这样AEC报告的报道工作也于1976年6月宣告结束,被ERDA所取代。1977年10月,ERDA又改组扩大为美国能源部,但原有能源研究报告编码体系保持不变,仍称ERDA报告。直到1978年7月才较多地出现具有DOE字码编号的能源研究报告。其文献主要来自能源部所属的技术中心、实验室、管理处及信息中心,其中主要是能源部所属的8大管理所、5大能源技术中心和18个大型实验室所产生的科技报告,另外也有一些国外能源部门资料。AEC报告的内容虽然主要是原子能及其开发应用方面,但也涉及其他各门学科,其范围已由核能扩大到整个能源方面。

DOE报告没有统一编号,比较混乱,不像AD、PB、NASA报告那样,全部冠以报告名统一编号。除能源部及其出版的合同报告冠以DOE字样,如DOE/TIC表示能源部技术信息中心。其他DOE的报告号一般采用来源单位名称的首字母缩写加顺序号形式,有的还表示编写报告的年份或报告的类型简称等。

2. 美国四大报告的主要检索工具

(1) 美国《政府报告通报及索引》

美国《政府报告通报及索引》(Governments Reports Announcements & Index,GRA&I),是美国商务部国家技术情报服务局(National Technical Information Services,NTIS)主办的系统报道美国政府科技报告的主要出版物,是检索四大报告的主要检索工具。

GRA&I创刊于1946年,主要以摘要形式报道美国政府机构及其合同户提供的研究报告,同时还报道美国政府主管机构出版的科技译文和一些其他国家的科技文献。它报道全部PB报告,所有公开或解密的AD报告,部分的NASA报告、DOE报告及其他类型的报告,还有部分会议文献和美国专利申请说明书摘要。目前该刊的年报道量约7.8万件,其中5.5万件为技术报告,其余为会议录、专利、学位论文、指南、手册、机读数据文档、数据库、软件及技术资料。国外报告来自加拿大、英国、德国、日本和东欧各国,约占2%。

（2）《宇宙航行科技报告》

《宇宙航行科技报告》(Scientific and Technical Aerospace Report, STAR)，是航空和航天方面的综合性文摘刊物，是查找 NASA 报告的主要检索工具。该刊于 1963 年创刊，月刊，由美国国家航空和宇航局科技情报处出版。它收录了 NASA 及其合同户编写的科技报告，美国及其他政府机构、美国及外国的研究机构、大学及私营公司发表的科技报告，报告形式的译文，NASA 所拥有的专利、学位论文和专著等，还转载 PB、AD、DOE 报告中有关航空和宇航方面的文献，是检索美国政府四大报告的辅助工具。该刊采用"N-年份-顺序号"编号，年报道量 24 000 多条。

（3）《能源研究文摘》

该文摘简称 ERA，是目前检索 DOE 报告的主要检索工具，由美国能源技术情报中心(TIC)编辑出版，半月刊。1976 年创刊时的刊名为《美国能源研究与发展署能源研究文摘》(Energy Research Abstracts, ERA)，从 1979 年第 4 卷开始改用现名。

ERA 收录的文献以美国能源部及其所属单位编写的科技报告、期刊论文、会议论文、会议录、图书、专利、学位论文及专著为主，也有其他单位（包括美国以外的单位）编写的与能源有关的文献，年报道量 55 000 条。

3. 美国科技报告的其他检索工具

（1）《美国政府出版物目录》

《美国政府出版物目录》(Monthly Catalog of US Government Publications)，创刊于 1895 年，由美国政府出版局出版，其内容重点为社会科学，如政府法令、国会记录、方针政策、政府决策及调查资料等。

（2）《核子科学文摘》

《核子科学文摘》(Nuclear Science Abstracts, NSA)，是美国能源委员会(AEC)技术信息中心于 1948 年创办的刊物，它是检索非保密的或公开解密的 AEC 报告的主要检索工具。

4. 美国四大报告的网上查询

美国商务部国家技术情报服务局近年推出网站(http://www.ntis.org)，提供按学科分类（农业、商业、能源、卫生、军事等）的综合导航服务。NTIS 数据库有 200 万篇全文供检索，内容为 1964 年至今的美国政府机构所资助的研究报告，数据每半月更新一次，检索结果可以从网上直接向 NTIS 服务处订购，需支付美金，具体价格因文献而异，我国用户也可直接从北京文献信息服务处获取。

5. 科技报告的其他网上查询

（1）NASA Scientific and Technical Information Program

这里有 NASA 提供的有关航空、航天方面的丰富的科技报告全文。系统提供以下服务。

- Scientific and Technical Aerospace Reports(STAR)：免费检索下载；
- Aerospace Medicine and Biology：仅通过订购才能提供服务；
- Aeronautical Engineering：仅通过订购才能提供服务。

进入检索主页后，单击 Scientific and Technical Aerospace 按钮，可进入报告的目录页，可以免费下载《航天科技报告文摘》期刊的全部内容，并提供检索功能。

262

(2) Networked Computer Science Technical Reports Library (NCSTRL)

该网站收集了世界上许多大学及研究实验室有关计算机学科的科技报告,允许浏览或检索,可以免费得到全文。

(3) The Congressional Research Service Report

这是 Committee for the National Institute for the Environment 的站点,提供了许多环境方面的报告全文。

(4) DOE Information Bridge

这里能够检索并获得美国能源部提供的研究与发展报告全文,内容涉及物理、化学、材料、生物、环境和能源等领域。

(5) NBER Working Paper

这里可获得美国国家经济研究局(National Bureau of Economic Research)的研究报告文摘。进入主页后,单击最下方 Search 按钮后进入检索界面。NBER 有 4 个检索数据库,其中之一是科技报告(working Paper)。检索时只要输入检索词即可,最终得到的是文摘。

8.6 应 用 案 例

【检索内容】 关于电磁污染及其防护措施的探讨。

【检索思路参考】

① 分析研究课题:该课题属自然科学领域一般层次的应用型研究,通常情况下需要首先检索时间跨度为 5 年左右的文献,再视具体情况回溯 5～10 年。信息类型涉及图书、期刊论文、学位论文、会议文献,中外文专利、标准等多种文献类型。

② 检索工具的选择:根据检索课题的学科范围和研究的方向性质,确定可以利用的特种文献数据库:万方数据知识服务平台中的中外文会议论文库、学位论文库、专利及科技成果库等;CNKI 中国知网资源总库中的中外文会议论文库、优秀硕博论文库、标准馆等;ProQuest 的 PQDT 学位论文库、超星中文发现系统(原文传递)等。

③ 检索词的选取:根据课题内容,可提取的关键词有电磁波、电磁污染电磁辐射、防护对策等。

④ 利用上述各类数据库实施检索,并对检索结果进行评价反馈调整。

习 题

一、选择题

1. 学位论文分为三个层次,高等学校本科应届毕业生撰写的大学毕业论文称为(　　)。

    A. 硕士学位论文 　　B. 学士学位论文 　　C. 博士学位论文

2. 国际著名的三大引文索引数据库中,检索会议文献的为(　　)。

    A. SCI 　　　　　　B. EI 　　　　　　C. CPCI

3. 授予专利时给出的编号是(　　)。

    A. 公告号 　　　　B. 发明号 　　　　C. 专利号 　　　　D. 公开号

二、判断题

1. 博士论文一般含有综合性的理论综述和很高的独创性,具有更大的参考价值。
（　　）
2. 科技报告系统性强,对理论的论述比较深入透彻。
（　　）
3. 在国家图书馆的馆藏目录中检索不到学位论文。
（　　）
4. 查找专利可以利用重庆维普数据库。
（　　）
5. Proceedings 是指会前出版物。
（　　）

三、简答题

1. 如何获取各类特种文献的原文?
2. 我们所学过的哪些综合性数字资源服务平台中包含特种文献的检索?

四、检索练习题

1. 利用所学数据库,查找近三年来有关本学科方面的会议文献。
2. 利用万方数据,查找有关"太阳能污泥干化设备"的专利文献。
3. 利用 CNKI 标准馆,查找"芝麻香型白酒"的国家标准。
4. 利用所学数据库,查找齐鲁工业大学近两年的硕士论文。

第9章 | 信息资源的综合利用

引 子

通过前面各个章节的学习,我们明确了信息检索的基本概念、原理、方法与步骤,掌握了各种检索工具及检索技术的使用方法。利用这些检索方法及技术,可以根据自己的实际信息需求,从 Web 网络、各类数据库等获取自己感兴趣的知识及文献。

获取文献及知识只是信息资源利用过程中的一个初步阶段。接下来更重要的是根据实际问题,对获取的各类信息资源进行分类整理、分析评价;并根据评价的结果,选择合适的信息资源加以利用。

对大学生而言,利用信息资源的最终目的是专业研究。大学教育是专业研究的开始。在科学研究活动中,无论是研究课题的选择、科研成果的查新还是学术论文的撰写,都离不开信息资源的综合利用。一个合格的大学生,必须在熟练运用信息检索的方法与工具的基础上,培养自己对信息资源的综合利用能力。

为此,本章以毕业设计为主线,介绍了信息资源的综合利用过程,并围绕着科研活动过程中的信息资源利用过程,给出了资料收集与组织、文献综述论文、学位论文、及科技查新的范例。

9.1 信息资源的综合利用过程

网络信息资源的综合利用过程包括信息的搜集、整理、分析几个步骤。

9.1.1 信息资源的搜集

1. 信息资源的搜集途径

可以通过以下途径进行网络信息资源的搜集。

(1) 利用网上搜索引擎;

(2) 利用权威机构的网站;

(3) 利用网络专业信息资源导航库;

(4) 利用各高校图书馆的网络资源。

2. 网络信息资源的一般搜集方法

信息搜集的一般方法包括系统检索和访问考察两种方式。

(1) 系统检索就是利用手工检索工具和计算机检索系统,查找已公开发布的信息。

（2）访问考察就是有目标地进行专访、座谈、实地参观或参加有关的国内外学术会议进行交流等检索未公开发布的信息，以弥补系统检索的不足。

3. 课题相关的针对性信息搜集

课题相关的科研信息资源的搜集，应依据研究课题的学科专业性质、与其他相邻学科的关系、信息需求的目的来确定检索的深度与广度。除常规的检索方法以外，还可以根据课题的性质和要求，采用更有针对性的检索。

科研信息搜集的资源类型主要依据研究课题的特征来确定。一般而言，基础研究侧重于利用各种著作、学术论文、技术报告中提供的信息，应用研究侧重于利用各种学术论文、专利说明书、技术报告、技术标准、参考工具书中提供的信息资源。

1）综述性质的课题

信息资源检索的重点通常是近期发表的各种信息资源，包括以期刊论文、会议文献、专著丛书、年鉴手册和科技报告等形式出版的综述、述评、进展报告、现状动态、专题论文等。检索的方法以使用检索刊物或数据库为主，辅以直接查阅有关期刊、图书和手册等工具书。另外还要注意最新发表的相关一次文献。

2）技术攻关性质的课题

信息资源检索的重点通常是科技报告、专利、会议文献和期刊论文。检索步骤一般分成两步，一是使用相应的专门检索刊物或数据库查找一批相关信息资源；二是根据这批信息资源，找出核心的分类号、主题词、作者姓名以及主要相关期刊或会议等，利用这些线索再使用检索刊物、数据库或专业期刊、会议录等信息源进行复查，以找全主要的参考文献。

3）成果水平鉴定性质的课题

信息资源检索的重点通常是专利文献，也包括相关的科技成果公报类期刊、专业期刊和专业会议文献。检索的步骤一般分手工检索和计算机检索两部分。手工检索部分用以摸清基本情况，计算机检索部分利用手工检索所得线索予以扩展和完善，以增加可靠性。这类课题对相关信息的查全率和查准率都有较高的要求，检索时应特别注意检索策略的优化和原文的获取和分析比较。

4）仿制性质的课题

信息资源检索的重点通常是同类的产品说明书、专利说明书和标准资料。有时科技报告和期刊等也有参考价值。检索的步骤一般也分两步：一是通过各种手册、指南了解有关公司的名称和情况，进而利用检索刊物或数据库普查相关的专利和标准，掌握专利占有和标准公布情况，摸清主要的公司厂商有哪些；二是通过各种途径向这些公司、厂商索取产品样本和产品说明书等。

9.1.2 信息资源的整理

搜集到信息资源后，需要对信息资源进行形式整理和内容整理。通过整理，完成信息资源的分类和汇编。在整理过程中需要不断做出鉴别选择。

1. 形式整理和内容整理

信息资源的整理，包括形式整理和内容整理。

（1）形式整理

首先将检索的信息资源按题名、编著者、信息资源来源出处、内容摘要顺序进行著录；

其次按各条信息资源涉及的学科或主题进行归类,并著录分类号和主题词;然后将著录和归类后的信息资源,按分类或主题进行编号、排序,使之系统化、有序化。

（2）内容整理

通读经形式整理后的信息资源,从信息资源来源、发表时间、理论技术水平及适用价值等方面进行评价鉴别,剔除实际意义不高和参考价值不大的部分。对经通读选择出的各条信息资源中涉及与研究课题有关的观点(论点、论据、结论等)和图表数据提取出来,对相同的观点进行合并、相近的观点进行归纳、各种图表数据进行汇总,编号排序供下一步分析、利用。

2. 整理过程中的鉴别选择

在分类的基础上,通过正确的方法阅读粗选后的信息资源,针对本课题的需要,对材料进行认真的比较鉴别、科学分析和审定,去粗存精、去伪存真,优选出最有价值、最适用的信息资源。应根据以下原则进行信息资源的鉴别选择。

（1）可靠性

审定信息资源所提供的假定的依据、观点是否明确,论据是否充分并具有说服力和可信程度,结论是否合理,实验数据和调查数据是否真实可靠。

（2）新颖性

研究信息资源发表的历史情况和社会背景,对照所研究课题的历史、学科发展趋势以及有关信息资源的相互比较,从而审定信息资源的新颖性。

（3）适用性

审定信息资源对本课题的适用程度。

9.1.3　信息资源的分析

可采取综合法和分析法对信息资源进行分析。分析法又分为对比分析法和相关分析法。

1. 综合法

综合法是把与研究对象有关的情况、数据、素材进行归纳与综合,把事物的各个部分、各个方面和各种因素联系起来考虑,从错综复杂的现象中,探索它们之间的相互联系,以达到从整体的角度通观事物发展的全貌和全过程,获得新认识、新结论的目的。例如,把某一个课题当前的发展情况包括各种理论、方法、技术及其优缺点集中起来,加以归纳整理,就构成了一份不同学派、不同技术的综合材料。

综合法包括简单综合、分析综合和系统综合。

（1）简单综合:把原理、观点、论点、方法、数据、结论等有关信息资源一一列举,进行综合归纳而成。

（2）分析综合:把有关的信息资源,在进行对比、分析、推理的基础上归纳综合,并可得出一些新的认识或结论。

（3）系统综合:一种范围广、纵横交错的综合方式,包括纵向和横向两方面。纵向综合是对获得的信息从历史沿革、现状和发展预测进行综合,以从中得到启迪,为有关决策提供借鉴。横向综合是从相关学科领域、相关技术方面进行综合,以从中找出规律,博采众长,为技术创新的起点或技术革新的方案提供相关依据。

【例】 采用综合法分析电子商务的应用现状。

电子商务（Electronic Commerce）是利用计算机技术、网络技术和远程通信技术，实现整个商务（买卖）过程中的电子化、数字化和网络化。人们不再是面对面的、看着实实在在的货物、靠纸介质单据（包括现金）进行买卖交易。而是通过网络，通过网上琳琅满目的商品信息、完善的物流配送系统和方便安全的资金结算系统进行交易（买卖）。全面检索电子商务在各个领域的应用现状、特点、前景、有待改进的问题，并加以归纳整理，就形成了一份关于电子商务应用的全面、完整的综合情报。

2. 分析法

分析法是将复杂的事物分解为若干简单事物或要素，根据事物之间或事物内部的特定关系进行分析，从已知的事实中分析得到新的认识与理解，产生新的知识或结论。分析法按分析的角度不同，常用的有对比分析法和相关分析法。

（1）对比分析法

对比分析法是常用的一种信息资源定性分析方法。对比分析法又可以分为纵向和横向两种方法。

纵向对比法是通过对同一事物在不同时期的状况，如数量、质量、性能、参数、速度、效益等特征，进行对比，认识事物的过去和现在，从而分析其发展趋势。由于这是同一事物在时间上的对比，所以又称为动态对比。

横向对比法是对不同区域，如国家、地区或部门的同类事物进行对比，又称静态对比，属于同类事物在空间上的对比，横向对比可以提出区域间、部门间或同类事物间的差距，判明优劣。通过对比分析法获得的信息资源分析结果可以使用数字、表格、图形或者文字予以表述。

对比目的有以下几种：

- 通过对同类事物的不同方案、技术、用途进行对比，以找出最佳方案、技术、用途。
- 通过对同类事物不同时期技术特征进行对比，以了解事物发展动向和趋势。
- 通过对不同事物进行类比，以从中找出差距，取长补短。对比的方式有文字分析对比，数据分析对比，图、表分析对比等。

【例】 采用对比分析法分析电子商务较之传统商务具有的优势。

经检索和整理有关资料并归纳后认为，电子商务与传统商务相比有以下的优势。

① 电子商务将传统的商务流程数字化、电子化，让传统的商务流程转化为电子流、信息流，突破了时间和空间的局限，大大提高了商业运作的效率，并有效地降低了成本。

② 电子商务是基于互联网的一种商务活动，互联网本身具有开放性、全球性的特点，电子商务可为企业个人提供丰富的信息资源，为企业创造更多的商业机会。

③ 电子商务简化了企业与企业、企业与个人之间的流通环节，最大限度地降低了流通成本，能有效地提高企业在现代商业活动中的竞争力。

④ 电子商务对大中型企业有利，因为大中型的企业需要买卖交易活动多，实现电子商务能有效地进行管理和提高效率，对小企业同样有利，因为电子商务可以使企业以相近的成本进行网上交易，这样使中小型企业能拥有和大企业一样的流通渠道和信息资源，极大提高了中小型企业的竞争力。

⑤ 电子商务将大部分商务活动搬到网上进行，企业可以实行无纸化办公，节省了开支。

（2）相关分析法

一种常用的信息资源定性分析方法。事物之间或者事物内部各个组成部分之间经常存在着某种关系,例如现象与本质、原因与结果、目标与途径、事物与条件等关系,这些关系可以统称为相关关系。

通过分析这些关系,我们可以从一种或几种已知的事物特定的相关关系顺次地、逐步地预测或推知未知事物,或获得新的结论,这就是相关分析法。

【例】 相关分析法分析实例。

可以利用万方数据库的知识脉络分析功能对不同的知识点随时间的演变情况进行比较分析。图 9-1 即为支持向量机和神经网络两个知识点的比较分析结果。从中可以明显看出二者不同的发展趋势(检索于 2015 年 8 月)。

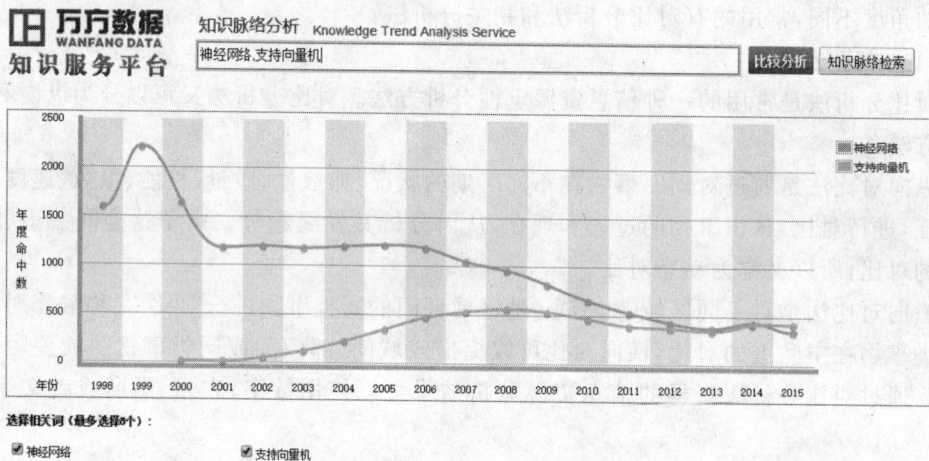

图 9-1　知识比较分析实例图

可以利用相关分析法,对专利文献发表数量进行分析,预测技术的发展阶段。在各类信息资源中,专利文献是显示科学技术发展的最敏感的指标。如果对有关某项技术的专利文献进行全面的调查统计,并按照时间顺序画出专利文献量的变化曲线,这条曲线一般能够相当准确地反映出该项技术的兴起、发展、兴盛和衰落,而且曲线的变化比实际的变化在时间上要早 8～10 年。

9.2　科研选题及课题资料的收集实例

9.2.1　科研选题概述

科研选题就是从战略上选择科学研究的主攻方向、确定研究课题的过程和方法。科研选题一般包括确定研究方向和选择研究课题两个方面。确定研究方向决定研究集体和研究者个人在较长时间进行科学探索的主要方向,而选择研究课题则是在这个主要方向下选择和确定具体课题任务,制定实施的计划和步骤内以及采取的方法和途径。实际上,科研选题就是圈定研究领域,确定最终课题的过程。科研选题作为科研的起点,关系到科研人员学术生涯的成败,决定了科研成果的大小,如果能够顺利提出问题,只要保证战略方向正确,一定会获得科研成功。

科研选题过程中,涉及课题的查询、论文资料的搜集,在此过程中需要对课题相关资料进行分析。查询与搜集资料一定要有必要的知识和技能上的储备,其中包括学科专业知识,也包括对图书馆资源的认知及用现代化的检索手段搜集资料的技能。在做课题查询的时候,要注意对同一个检索课题的查询可以有不同的途径,要多做尝试。有的时候可能不能直接达到检索目标,要采用迂回的方式,逐渐逼近答案。

科研选题应遵循以下原则。

1. 需要性原则

需要性原则是指选题要面向实际,着眼于社会的需要,讲求社会效益,这是选题的首要和基本原则,体现了科学研究的目的性,即目的原则。这里所谓需要,包括两个方面:一是根据社会实践的需要,尤其是工农业生产的需要,这是它的社会意义;二是根据科学本身发展的需要,这是它的学术意义;或者二者兼有。

2. 可行性原则

可行性原则是指在选题时要考虑现实可能性。可行性原则体现了科学研究的"条件原则"。一个课题的选择,必须从研究者的主、客观条件出发,选择有利于展开的题目。如果一个课题不具备必要的条件,无论社会如何需要、如何先进、如何科学,没有实现的可能,课题也是徒劳,选题等于零。

3. 合理性原则

合理性原则是指选题不但要考虑是否满足社会和科学发展的需要、具有实用价值、确实可行,而且还要看课题本身是否合理。所谓合理性原则,也称科学原则。如永动机、水变油的研究永远都是徒劳。

4. 创新性原则

创新性原则,即价值原则。就是指选题要有新颖性、先进性,有所发明、有所发现,其学术水平应有所提高,以推动某一学科向前发展。

9.2.2 课题检索步骤

课题检索是课题研究及论文写作的第一步。为获得满足研究需要的结果,检索一般要按以下步骤进行。

① 课题分析:明确待查课题的学科专业、主题内容及检索目标所需文献的类型、年限、语种、查准查全的指标要求、输出方式、检索费用等内容。

② 确定检索策略:主要包括选择检索工具或数据库、确定检索词、编制检索式、检索方法和步骤的确定等。选择数据库时,既要考虑文献的学科专业,又要考虑文献的资源类型。确定检索词时,要注意利用已有文献和主题词表选取检索词的规范词、同义词,同时注意利用工具书、中文文献、英文数据库等途径获取对应的英文检索词。制定检索式时,注意灵活运用逻辑算符、位置算符、通配符等连接组配符号。

③ 初步检索:根据检索策略的计划,在对应的检索系统或数据库中,按照特定的检索点,写出对应的检索式,进行初步检索。

④ 检索策略的调整:根据初步的检索结果过多或过少的不同情况,利用对应的检索技巧进行调整,以满足查全率、查准率等检索指标要求。

⑤ 原文获取：根据查找到的文献线索,通过各种方式,获取文献原文。

课题有大有小、有深有浅,因此检索的难度和耗费的精力和时间也不一样,以上步骤是系统地进行课题查询的过程。不同的课题需要获得的信息类型和信息量都不一样,运用的研究策略也不同,我们可以在实践中灵活运用,其中的步骤也可以根据具体需要适当裁剪,或者循环重复、不断调整,直至满足课题检索要求。

9.2.3 课题资料的搜集

搜集积累资料是论文写作的基础。资料的类型包括两大类:一类是直接、原始的,是有关研究对象的数据、事实甚至是活材料。另一类是间接的,前人或同行对研究对象的论述,是第二手资料。原始的资料是研究的主要来源和依据,如科学实验数据、经济商业指数等,这些资料在搜集过程中最应该注意的就是客观性。借助于间接的资料,我们可以从他人的研究中受到启发,还可以引用一些经过考证的事实资料作为旁证,或者从他人的论点中找出漏洞加以批驳,树立自己的观点。在搜集旁人的论述时,要充分利用发表的图书、论文、报告。

1. 获取资料的网络查询工具

(1) 搜索引擎类工具。如 Baidu、Google 等。

(2) 期刊数据库类工具。如 CNKI、VIP、万方、Springer、EI 等。

2. 资料收集的查询方式

(1) 以分类搜索为主的查询方式

分类搜索查询是一种浏览式的查询方式,其优势在于对某个学科领域的知识与信息能全面把握。主要有如下几种查询方法:(1)横向查询法。(2)报纸、期刊专题专栏查询法。

(2) 以主题为主的查询方式

以主题为主的查询方式是通过输入主题语言来直接获取课题需要的专指信息的查询方式。它与学科分类查询方式相辅相成,相互补充。以主题为主的查询方式主要有主题词查询法、关键词查询法、作者查询法等几种查询方法。

3. 分析研究资料

当利用数据库、数字化期刊和其他资源找到一些信息之后,必须对所找寻的资料加以科学的分析、比较、归纳和综合研究,进行去粗取精、去伪存真的工作,以决定是否符合用户的研究需要,从中筛选出可供学术论文做依据的材料。

(1) 资料分析的目的

① 鉴别资料的真伪。并非所有找寻的资料都是可信的。

② 鉴别资料程度的深浅。并非所有资料都适合用户的研究课题使用。同是真实材料,必定有深浅程度的区别,常用的鉴别方法是比较法和专注法。

(2) 资料分析的原则

资料的分析评估是持续的过程,也是一个复杂的思考过程,可能需要在检索和资料运用的过程中进行再认识、再评估、再调整。在选择适合的资料时,可以考虑的问题如下。

① 资料的主题相关性。大部分的索引都附有摘要,可以帮助我们了解文章的内容。大部分的索引和目录也有标题或关键词,是了解图书和论文的重要线索。此外,文章长度也是判断的依据。

② 资料的学术水平。参考文献的学术质量和深度,是必须考虑的因素之一,高水平的资料可以大大提高我们对事物认识的深度,拓展视野,成为支持课题研究成果的有利论据;而水平一般或较差的文章则会折损课题成果的说服力和撰写论文的品质。在这方面,刊载文献的原始出版物的质量也很重要,例如是否是核心期刊等。

③ 资料的新颖性。要注意文献的出版时间,引文数据库里可以浏览文章的参考书目,确定作者是不是参考引用了最新的信息。对于生物科技等发展迅速的领域,相应研究的参考资料最好是2~3年内出版的资料。而对于数学等基础理论学科,参考资料的时间要求就比较宽松。所研究课题的发展速度,决定着所需要的信息的新颖程度。以此为依据,对所检索到的资料进行新颖性检查,决定资料的取舍。

④ 资料的权威性与可信性。这通常需要利用文献中作者的联系地址,考察作者的所属机构和学术经历。

4. 获取资料原文

在对检索的资料进行分析筛选之后,下一步需要考虑如何设法获得原始文献。为此需要对可以利用的资料有全面的了解:有哪些电子文献可以直接利用? 有哪些文献可以在图书馆找到? 图书馆有哪些服务可以帮助用户获取全文? 可以按照以下的基本步骤试着获取文献原文。

① 先电子后印刷。数字化出版物一般更新快、出版快,查询输出非常方便。

② 先近后远。可以先查所在图书馆的馆藏,如果没有,之后可以利用联合目录数据库,查找附近的图书馆或其他信息机构是否有收藏。

③ 利用馆际互借及原文传递服务。许多图书馆设立有此项服务,难以获取的外文文献可以向国外的图书馆和文献提供机构求助。

9.2.4 不同课题检索实例

1. 查找具体问题的答案

【例】 在下列一段英文文章中,出现了一个缩略语FTE,请查出其含义。

Official staff numbers in headcount and FTE for 1999;FTE decreased to 2,122 in 1997;Employment of casual staff has decreased by 7% since 1997;FTE of Faculty of Business was largest,closely followed by science……

分析:查找词语的意义,应当借助字典词典,我们可以应用的字典很多,但因为是查缩略语的含义,对于该题目最好参考专业的缩略语字典。

如选择网上免费词典(http://www.acronymfinder.com),查到FTE可能是以下短语的缩写:

FTE→Full – Time Equivalent
FTE→Foundation for Thought and Ethics
FTE→Flight Test Engineer
FTE→Florida's Turnpike Enterprise
FTE→Flow – Through Entity
FTE→Full – Time Employee
FTE→Full – Time Equivalency
FTE→Full Time Employment

FTE→Full Time Enrollment

FTE→For the Enterprise (SQL)

FTE→Foundation for Teaching Economics

FTE→Failure to Extract (firearms)

FTE→Failure to Enroll

FTE→Fund for Theological Education

FTE→Factory Test Equipment

…… ……

根据上下文的意思,可确定文中的 FTE 对应的意思应该是 Full-Time Employee 即全日制工作或学习的人。

【例】 请把论文题目"智能手机技术在图书馆中的应用展望"翻译成英文形式。

分析:翻译专业文章应选择专业的字典和词典,对于该题目的重点就是翻译"智能手机"这个关键词语。

可以使用 CNKI 的翻译助手(dict. cnki. net)来完成此任务。通过检索发现,智能手机这个术语用 smart phone 的人比较多,可见 smart phone 作为智能手机的翻译比较通用,因此可采用 smart phone 这种翻译形式。整个题目的翻译应该为 Application and Outlook of Smart Phone Technology in the Field of Library。

另外,查定义、查出处、查天气、查邮编、查名人、查地点等都属于这一类型的检索应用,进行检索时应根据各自的具体情况进行分析,采用比较合理的查询方法和工具。

2. 小型课题查询

【例】 了解一些西方媒体关于恐怖主义与阿富汗战争的有关论点和报道。

分析:该课题是对某一问题做大致的了解,不求查全,最好是能够比较快速准确地获取有代表性的文章,并且可以直接获取全文。因此可以使用 ProQuest 的"学术期刊图书馆"(Academic Research Library)全文库,该库收录有西方许多重要媒体报章,如《纽约时报》(NewsYork Times)等。另外,该系统的检索功能与主题查询方式可以满足准确查询的要求。

检索时间:2002 年 10 月。

步骤:

① 用 Proquest 的 Academic Research Library 全文库。

② 使用基本检索式,输入检索式"terro? and Afghan? War;",结果限定为全文(注:? 在 ProQuest 检索系统里表示后截断,如 terro? 将找出 terrorism\terrorist\terroristic 等检索词的文章,Afghan? 将查出 Afghan\Afghanistan\Afghanistani)。

③ 查出 65 篇全文,浏览结果,显示一篇相关文献,查看文献中的主题词,选择合适的主题词进行下一步的主题词检索(注:使用主题词检索,是一种比较全面准确的检索策略)。

④ 使用 Guided Search 检索方式,设定检索字段和检索式:

Subject(主题):terrorism;

Subject;:war of attack;

Grographic Name(地名):Afghanistan。

结果限定为全文;时间为 2001 年~2002 年。

⑤ 共查出 542 篇全文。其中一篇是从国际法的角度来研究阿富汗战争。文中文摘提到：对于在阿富汗采取军事行动是否是正义的这一问题，可能永远没有使人满意的答案。因为一个人对这个问题的态度在于其背景、个人经历、宗教信仰及动机。甚至在国际法领域，目前仍存在着引起争议的空间。

⑥ 文章里有几幅照片，其中一幅拍的是阿富汗人民的困境，图片标题是《恐怖主义和战争，对于阿富汗受害民众来说，正如贫困与饥饿一样并不是抽象的问题》。

3. 综合性课题查询的检索报告实例

(1) 课题名称：汽车尾气排放对环境影响的研究。

(2) 课题分析：【包含课题背景、研究现状的分析以及选题的理论意义及经济价值】。

随着世界各国汽车保有量的增加，汽车已成为城市大气质量恶化的主要污染源，其排放的 CO、NO_x、HC、SO_2、Pb 等污染物不仅危害人体健康，还是造成酸雨和光化学烟雾的主要成分，汽车尾气污染已受到全球广泛的注视。截止到 2006 年底，我国民用汽车保有量已接近 3700 万辆，并仍保持着快速增长的趋势。虽与发达国家相比，其总量不多，但由于主要集中在大城市，而且车况差、燃油质量低，单车的排污量往往高出国外同类车的几倍，汽车尾气对我国城市空气质量造成巨大的威胁。因此，研究汽车尾气的排放控制的新技术，减少有害气体的排放量，对提高城市空气的质量、保障人类生存环境，具有重大意义。

(3) 检索策略【主要包含检索词的选择、检索工具的选择】。

① 检索工具如表 9-1 所示。

表 9-1 检索工具

检索工具名称	访问方式	检索年代	文献类型
谷歌搜索引擎	www.google.com.hk	—2013	网页
超星电子图书	121.250.34.14	—2013	图书
中国期刊全文数据库(CNKI)	121.250.34.14	2008—2013	期刊论文
中文科技期刊数据库(VIP)	121.250.34.14	2008—2013	期刊论文
万方数字化期刊全文数据库	121.250.34.14	2008—2013	期刊论文
国家知识产权局专利数据库	www.sipo.gov.cn	1985—2013	专利文献

② 选择检索词，如表 9-2 所示。

表 9-2 检索词

从课题字面选	从课题内涵选(同义词、近义词、上下位词)
汽车	机动车(上位词)
尾气	废气(同义词)
排放、控制	治理、污染、净化(近义词)
技术	装置
	标准、对策、措施(限定词)

③ 拟定检索式

由于不同检索工具的字段不同，因此将检索式(亦称提问式)在"检索步骤及检索结果"的各个具体检索工具中给出。

(4) 检索步骤、检索结果及其评价【包含对所选每一数据库的检索的演变过程，选择相关性较好的检索结果作为本报告的参考文献,并列出其篇名、著者、文献出处、出版时间、摘要、从何处获取原文等,并给出对其结果的评价】。

① 谷歌搜索引擎

检索式 A:汽车 and 尾气 and 排放 and 控制。

检索步骤与结果:打开谷歌高级搜索,在第一行检索框内输入检索式 A,And 用空格形式表示。限定在"简体中文"和"网页标题"内检索,得到 898 条检索结果。经过筛选,选择其中两条。

[1]【篇名】张全代表:控制重型汽车尾气排放

【摘要】(略)

【出处】新华社稿件 2008 年 3 月 13 日

[2]【篇名】三招控制汽车尾气排放

【摘要】(略)

【出处】重庆日报 2013 年 9 月 10 日

② 超星电子图书

检索式 B:书名=汽车 * 主题词=污染。

检索步骤与结果:用检索式 B 进行检索,命中 10 条结果,选择其中两条。

[3]【书名】现代汽车排放控制技术

【作者】周庆辉 主编

【摘要】(略)

【出版】北京大学出版社 2010 年 6 月第 1 版 16 开 pp266 32.00 元

[4]【书名】汽车排放与环境保护

【作者】葛蕴珊主编

【摘要】(略)

【出版】中国劳动社会保障出版社 2006 年 9 月第 1 版 16 开 pp152 21.00 元

③ 中国期刊全文数据库(CNKI)

检索式 C:篇名=(汽车+机动车)*(尾气+废气)*(排放+控制+净化+污染)*(标准+技术+对策+措施)。

检索式 D:篇名=(汽车+机动车)*(尾气+废气)*主题=(排放+控制)*(技术+装置)。

检索步骤与结果:(1)用检索式 C 进行检索,命中 93 条结果,经过筛选,选择其中 10 条([5]~[14]);又用检索式 D 进行检索,命中 91 条结果,经过筛选,选择其中 10 条([15]~[24])。篇幅所限,以下仅列出[5]、[15]号文献,并省略摘要。

[5]【篇名】机动车尾气污染及其减排措施

【作者】赵靓

【摘要】机动车的尾气排放已经对城市环境空气质量造成严重影响,成为城市大气主要污染源。中国城镇人口每年不断增加,直接导致中国机动车保有量的迅速加大,造成了机动车尾气污染的日益加剧,机动车尾气的治理已迫在眉睫。尾气成分复杂,污染物有百种以上,排放后再治理很困难,并直接伤害人体健康,因而,发展城市公共交通,减少小汽车的使用率,提高机动车尾气的排放标准,借鉴发达国家管理制度等管理措施;加强机动车能源的清洁化,使用氢燃料、乙醇汽油等燃料结构的改变;提高人们环保意识和养成良好的驾驶习惯等公众素质的提高,都是治理机动车尾气污染和改善城市环境质量的有效捷径。

【出处】环境科学与管理. 2008(5):87-88+107

【原文】该数据库提供了全文。

[15]【篇名】汽车尾气污染及其控制技术

【作者】耿永生

【摘要】概述了汽车尾气的危害和污染现状,综述了汽车尾气的控制技术及处理新技术,介绍了汽车将适应的排放标准要求。

【出处】环境科学导刊. 2010(06):62-69

【原文】该数据库提供了全文。

④ 中文科技期刊数据库(VIP)

检索式 E:T=(汽车+机动车)* M=(尾气+废气)*(控制+治理)。

检索式 F:T=汽车*尾气*K=(控制+净化+处理)。

检索步骤与结果:用检索式 E 进行检索,命中 175 条结果,经过筛选,选择其中 5 条([24]~[29]);用检索式 F 进行检索,命中 104 条结果,经过筛选,选择其中三条([30]~[32])。篇幅所限,以下仅列出[24]与[30]号文献。

[24]【篇名】机动车尾气污染现状与防治对策

【作者】王科

【文摘】机动车尾气不仅会对空气造成污染,同时人体的健康也会带来较大的威胁,本文结合笔者所在城市对尾气污染现状及防治对策进行了探讨。

【出处】北方环境. 2013(4):129-130

【原文】该数据库提供了全文。

[30]【篇名】汽车尾气危害及净化处理技术

【作者】王科

【文摘】汽车改变了人们的生活方式,给人们的生活出行带来了方便,但同时也带来了尾气污染问题。本文主要分析了汽车尾气的主要有害成分和危害,从改进汽车燃油减少尾气污染、对汽车发动机内部进行调试、发动机外部尾气净化措施、发动机内部净化处理措施、加强行政管理 5 个方面对汽车尾气化处理进行了阐述。

【出处】资源节约与环保. 2013 (1):33-34

【原文】该数据库提供了全文。

⑤ 万方数字化期刊全文数据库

检索式 G:题名=(汽车+机动车)*尾气*摘要=治理。

检索步骤与结果:用检索式 G 进行检索,命中 79 条结果,经过筛选,选择其中三条([35]~[37])。篇幅所限,以下仅列出[35]号文献。

[35]【篇名】探讨汽车尾气污染危害与对策

【作者】李滨丹;吴宁

276

【文摘】（略）

【出处】环境科学与管理. 2009(7)：174-177

【原文】该数据库提供了全文。

⑥ 国家知识产权局专利数据库(www.sipo.gov.cn)

检索式 H：(名称＝汽车 and 尾气)and (摘要＝(控制 or 净化) and(技术 or 装置))。

检索步骤与结果：用检索式 H 进行检索，命中发明专利 76 条，实用新型专利 130 条，经过筛选，选择两条发明专利([38]～[39])和两条实用新型专利([40]～[41])。下面列出其中的[38]号发明专利。

[38]【发明名称】一种汽车尾气电子净化装置

【发明人】陶显芳

【专利号】CN201010261026.3

【摘　　要】一种汽车尾气电子净化装置，这种装置主要由一个条栅或网格结构带高压正电的阳极极板、一组相互绝缘并分别带高压正电和负电的烟尘收集板，以及高压电源等三部分组成。这种汽车尾气电子净化装置安装在汽车废气排放管的末端，当废气微粒经过电子净化装置时，废气微粒首先经过带高压正电的阳极极板，并被极化带电或电离带电；在排气流的推动下，带电废气微粒从分别带高压正电和负电的烟尘收集板之间经过，由于烟尘收集板之间存在很强的电场，在强电场力的作用下，带正电的废气微粒会被带负电的收集板收集，而带负电的废气微粒会被带正电的收集板收集，使带电废气微粒分别被吸附、固化在烟尘收集板上，最后通过打火脱落被排出，从而减少废气污染。

【原文】该数据库提供了专利说明书全文。

(5) 检索效果评价。

① 检索词的选择。

a) 从课题字面选择

从课题字面选择的检索词，其相互间的关系多为限定关系，即利用布尔逻辑与进行组配，可提高查准率。例如，本课题从字面选出：汽车、尾气、排放、控制、技术。至于"新技术"的"新"不能做检索词，而是应当体现在检索年代上，本报告选择 2008—2013 年(近 5 年)。

b) 从课题内涵选择

一个课题如果仅从字面选择检索词，则会影响查全率。还应当从课题的内在含义中选择，多为同义词、近义词、上下位词，当然，也有限定词(用于进一步提高查准率)。例如，本报告选出下列同义词：机动车、废气、治理、污染、净化、装置。并补充了限定词：标准、对策、措施。例如，"废气"与"尾气"互为同义词，在检索式中用布尔逻辑或进行组配。

② 检索技术。

a) 布尔检索

所选择的检索工具都具有布尔逻辑与、逻辑或检索技术，只是具体算符的表示方法略有不同，使用"布尔逻辑与"组配技术，缩小了检索范围，增强了检索的专指性，可提高检索信息的查准率；使用"布尔逻辑或"检索技术，扩大了检索范围，能提高检索信息的查全率。

b）限制检索

A. 字段限制：在现代检索工具中，为了确定检索词在文献记录中出现的位置，采用字段（或叫检索项、检索入口）来限制查找的范围，从而提高查全率或查准率。表 9-3 给出在所选检索工具中拟定检索式时采用的字段。

表 9-3　检索字段

字段名称 检索工具	篇名	关键词	摘要	主题词	篇名/关键词
谷歌搜索引擎	网页标题				
超星电子图书	书名			主题词	
中国期刊全文数据库	篇名			主题	
中文科技期刊数据库	T	K			M
万方期刊全文数据库	题名		摘要		
国家知识产权局专利库	名称		摘要		

B. 年代限制：2008—2013 年。

C. 匹配限制：为提高查全率，均选用了模糊匹配检索。

③ 数据库的选择。

本报告限定在中文检索工具，均选择了综合型的检索工具，因为所选的检索工具几乎能囊括国内的文献资料。

从上述检索工具的检索情况看出，"中国期刊全文数据库"的查全率是最好的。但从检索的查准率来看，"中文科技期刊数据库"是最好的。"谷歌搜索引擎"、"超星电子图书"、"国家知识产权局专利库"的检索途径较少、灵活性差，而且不能限定检索时间。"万方期刊全文数据库"的文献量较少。

（6）文献综述【从所选的、所读的文献中总结出该课题的前世今生，预测其未来发展的趋势】（略）。

9.3　综述写作及范例

9.3.1　综述概述

1. 什么是综述

综述，又称文献综述，英文为 review。它是利用已发表的文献资料为原始素材撰写的论文。综述包括"综"与"述"两个方面。所谓综就是指作者必须对占有的大量素材进行归纳整理、综合分析，而使材料更加精炼、更加明确、更加层次分明、更有逻辑性。所谓述就是评述，是对所写专题的比较全面、深入、系统的论述。因而，综述是对某一专题、某一领域的历史背景、前人工作、争论焦点、研究现状与发展前景等方面，以作者自己的观点写成的严谨而系统的评论性、资料性科技论文。综述反映出某一专题、某一领域在一定时期内的研究工作进展情况。可以把该专题、该领域及其分支学科的最新进展、新发现、新趋势、新水平、新原理和新技术比较全面地介绍给读者，使读者，尤其是从事该专题、该领域研究工作的读者获益匪浅。因此，综述是教学、科研以及生产的重要参考资料。

2. 综述的类型

根据搜集的原始文献资料数量、提炼加工程度、组织写作形式以及学术水平的高低,综述可分为归纳性、普通性和评论性三类。

(1) 归纳性综述:归纳性综述是作者将搜集到的文献资料进行整理归纳,并按一定顺序进行分类排列,使它们互相关联,前后连贯而撰写的具有条理性、系统性和逻辑性的学术论文。它能在一定程度上反映出某一专题、某一领域的当前研究进展,但很少有作者自己的见解和观点。

(2) 普通性综述:普通性综述是具有一定学术水平的作者,在搜集较多资料的基础上撰写的系统性和逻辑性都较强的学术论文,文中能表达出作者的观点或倾向性。因而论文对从事该专题、该领域工作的读者有一定的指导意义和参考价值。

(3) 评论性综述:评述性综述是有较高学术水平、在该领域有较高造诣的作者在搜集大量资料的基础上,对原始素材归纳整理、综合分析后所撰写的反映当前该领域研究进展和发展前景的评论性学术论文。因论文的逻辑性强,有较多作者的见解和评论。故对读者有普遍的指导意义,并对读者的研究工作具有导向意义。

9.3.2 综述的书写格式

综述与一般科技论文不同。一般科技论文注重研究方法的科学性和结果的可信性,特别强调阳性结果。而综述要写出主题(某一专题、某一领域)的详细情报资料,不仅要指出发展背景和工作意义,而且还应有作者的评论性意见,指出研究成败的原因;不仅要指出目前研究的热点和争论焦点,而且还应指出有待于进一步探索和研究的领域;不仅要介绍主题的研究动态与最新进展,而且还应在评述的基础上,预测发展趋势和应用前景。因此,综述的书写格式比较多样化,除了题目、署名、摘要、关键词(这四部分与一般科技论文相同)以外,一般还包括前言、主体、总结和参考文献 4 部分,其中前三部分系综述的正文,后一部分是撰写综述的基础。

1. 前言

与一般科技论文一样,前言又称引言,是将读者导入论文主题的部分,主要叙述综述的目的和作用,概述主题的有关概念和定义,简述所选择主题的历史背景、发展过程、现状、争论焦点、应用价值和实践意义,同时还可限定综述的范围,使读者对综述的主题有一个初步的印象。这部分约 200~300 字。

2. 主体部分

综述主体部分的篇幅范围特别大,短者 5000 字左右,长者可达几万字,其叙述方式灵活多样,没有必须遵循的固定模式,常由作者根据综述的内容,自行设计创造。一般可根据主体部分的内容多寡分成几个大部分,每部分标上简短而醒目的小标题。部分的区分标准也多种多样,有的按年代,有的按问题,有的按不同论点,有的按发展阶段。然而,不管采用何种方式,都应该包括历史发展、现状评述和发展前景预测三方面的内容。

(1) 历史发展:按时间顺序,简述该主题的来龙去脉,发展概况及各阶段的研究水平。

(2) 现状评述:重点是论述当前国内外的研究现状,着重评述哪些问题已经解决、哪些问题还没有解决,提出可能的解决途径;目前存在的争论焦点,比较各种观点的异同并作出理论解释,亮明作者的观点;详细介绍有创造性和发展前途的理论和假说,并引出论据,指出可能的发展趋势。

（3）发展前景预测：通过纵横对比，肯定该主题的研究水平，指出存在的问题，提出可能的发展趋势，指明研究方向，提示研究的捷径。

3. 总结部分

总结部分又称为结论、小结或结语。书写总结时，可以根据主体部分的论述，提出几条语言简明、含义确切的意见和建议；也可以对主体部分的主要内容作出扼要的概括，并提出作者自己的见解，表明作者赞成什么、反对什么；对于篇幅较小的综述，可以不单独列出总结，仅在主体各部分内容论述完后，用几句话对全文进行高度概括。

4. 参考文献

参考文献是综述的原始素材，也是综述的基础，因此，拥有并列出足够的参考文献显得格外重要。它除了表示尊重被引证作者的劳动及表明引用的资料有其科学依据以外，更重要的是为读者深入探讨该主题提供查找有关文献的线索。

9.3.3 综述的写作步骤和注意事项

1. 综述的写作步骤

（1）选题：综述的选题应遵循以下几个原则。

① 选择的专题或领域：应是近年来进展甚快、内容新颖、知识尚未普及而研究报告积累甚多的主题；或研究结论不一致有争论的主题或是新发现和新技术在我国有应用价值的主题。

② 选题与作者的关系：应选择与作者从事的专业密切相关的主题；或是与作者从事专业交叉的边缘学科的主题；或是作者即将进行探索与研究的主题；或是与作者从事专业关系不大，但乐于探索的主题；或是科学情报工作者作为研究成果的主题。

③ 题目要具体、明确，范围不宜过大。切忌无的放矢、泛泛而谈。

④ 选题必须有所创新，具有实用价值。

（2）搜集文献：题目确定后，需要查阅和积累有关文献资料，这是写好综述的基础。因而，要求搜集的文献越多、越全越好。常用的方法是通过文摘、索引期刊等检索工具书查阅文献。也可以采用微机联网检索等先进的查阅文献方法。

（3）阅读和整理文献：阅读文献是写好综述的重要步骤。因此，在阅读文献时，必须领会文献的主要论点和论据，做好"读书笔记"，并制作文献摘录卡片，用自己的语言写下阅读时所得到的启示、体会和想法，摘录文献精髓，为撰写综述积累最佳的原始素材。阅读文献、制作卡片的过程，实际上是消化和吸收文献精髓的过程。制作的卡片和笔记便于加工处理，可以按综述的主题要求进行整理、分类编排，使之系列化和条理化。最终对分类整理好的资料进行科学分析，结合作者的实践经验，写出体会，提出自己的观点。

（4）撰写成文：撰写综述之前，应先拟定写作大纲，然后写出初稿，待"创作热"冷却后进行修改。

2. 撰写综述的注意事项

（1）综述内容应是前人未曾写过的。如已有人发表过类似综述，一般不宜重复，更不能以他人综述之内容作为自己综述的素材。

（2）对于某些新知识领域、新技术，写作时可以追溯该主题的发展过程，适当增加一些基础知识内容,以便读者理解。对于人所共知或知之甚多的主题,应只写其新进展、新动向、新发展,不重复别人已综述过的前一阶段的研究状况。

(3)综述的素材来自前人的研究报告,必须忠实原文,不可断章取义,阉割或歪曲前人的观点。

(4)综述的撰写者必须对所写主题的基础知识、历史与发展过程、最新进展全面了解,或者作者本身也从事该主题的研究工作,是该主题的"专家",否则容易出大错、闹笑话。

(5)撰写综述时,搜集的文献资料尽可能齐全,切忌随便收集一些文献就动手撰写,更忌讳阅读了几篇中文资料,便拼凑成一篇所谓的综述。

(6)综述的原始素材应体现出一个"新"字,亦即必须有最近最新发表的文献,一般不将教科书、专著列为参考文献。

9.3.4　文献综述正文范例

【例】　税收 CGE 模型研究的发展动向述评。

【1. 首先进行课题概述】

可计算一般均衡模型(CGE 模型)的理论基础与框架是 Walras 一般均衡理论。由于 CGE 模型具有清晰的微观经济结构和宏观与微观变量之间的连接关系,所以,它能描述多个市场和结构的相互作用,可以估计某一特殊政策变化所带来的直接和间接的影响,以及对经济整体的全局性影响;并通过对宏观经济结构和微观经济主体进行细致描述,对政策变动的效应进行细致评价。

国际上研究税收管理问题更多地倾向定量分析,直接为税收管理决策提供数量结果。由于税收属于国民经济再分配范畴,不仅仅是简单税款征纳关系,更包括整个经济系统对税收反应的联立体系。所以,CGE 模型在税收管理研究领域得到了广泛应用。一般将研究税收管理与政策的 CGE 模型称为税收 CGE 模型。

【2. 国外研究现状及存在的问题】

一、国外税收 CGE 模型的发展

20 世纪 50 年代初期,Musgrave 将一般均衡理论引入了税收研究领域,形成了现代税收一般均衡分析的基本模式。此后,国外学者建立了许多著名的理论和应用税收 CGE 模型,为各国税制改革提供了重要的支持。这些模型从 CGE 模型的发展过程中,可以划分为三个阶段。

第一阶段:应用一般均衡(AGE)模型阶段。(略)

第二阶段:可计算一般均衡(CGE)模型阶段。(略)

第三阶段:大规模、超大规模可计算一般均衡(CGE)模型阶段。(略)

各国学者不仅建立了大量的应用型税收 CGE 模型,而且还建立了不计其数的人工税收 CGE 模型来进行理论分析和模型检验的研究。

二、国际税收 CGE 模型研究面临的主要问题?

实践证明,静态税收 CGE 模型是分析税收政策和税制改革等税收管理问题短期经济效应的有力工具。但是,对于分析税收的长期效应、税收对经济发展的影响等更加深广的问题而言,就需要借助于动态税收 CGE 模型。遗憾的是,各国迄今建立的应用税收 CGE 模型多为静态模型,动态模型极其少见。(略)

【3. 国内研究现状分析】

三、国内税收 CGE 模型研究现状分析

(略)

在以上 CGE 模型中,由于要描述经济的整体情况,考虑了一些必要的税收因素,但是,这些模型一般都是在发达国家相关模型的基础上经过修订而建立的,在税收处理方面不仅简单,而且不能反映作为发展中国家的中国的税制的特殊情况。所以,专门针对税收领域的CGE 模型的研究工作在国内几乎是一个空白。这种情况直到王韬等人开展国家自然科学基金项目"中国税负经济分布的 CGE 模型研究"(No. 79770037)的研究工作后才得到改观。

该自然科学基金项目建立了符合我国社会主义市场经济实际的税收负担经济分布的CGE 模型,并利用该模型对我国主要税种的税负经济分布进行分析。

该项目……(略)

在此基础上,分两个阶段建立了面向三次产业划分的中国税收 CGE 模型(王韬等,2000b,2000c,2000d,2001)。该模型(略)采取综合利用现有的各种商业软件的办法基本解决了模型求解问题。(略)

【4. 主体部分】

四、中国税收 CGE 模型研究的方向

选择中国税收 CGE 模型的研究方向首先要把握中国的特殊环境,然后确定所要研究的主要内容以及所要解决的关键问题。

(一)中国税收 CGE 模型处理的特殊之处(略)
(二)建立中国税收 CGE 模型的研究内容(略)
(三)中国税收 CGE 模型建模的关键问题(略)

9.4 学位论文及范例

9.4.1 学位论文的开题及写作的特点和要求

学位论文是学位申请者为获得学位而提交的学术论文,它集中反映了学位申请者的学识、能力和所作的学术贡献,是考核其能否毕业和授予相应学位的基本依据。学位论文有学士学位论文、硕士学位论文、博士学位论文。

学位论文开题及写作是本科生和研究生从事科学研究活动的主要内容,也是检验其学习效果、考查其学习能力、科学研究能力及学术论文写作能力的重要参照。学位论文开题及写作对于接受高等教育的大学生,尤其是硕士以上的研究生具有极其重要的意义,而信息资源的检索与利用的知识和技能最终是要为该类科研活动服务的。

1. 学位论文开题与写作的特点

(1)立论客观,具有创新点;

(2) 论据翔实可证,具有科学性;

(3) 具有学术性和逻辑性;

(4) 体式明确,语言规范。

2. 学位论文开题与写作的要求

学士学位论文侧重于科学研究规范的基本训练,综合考查学生运用所学本专业的理论、知识、技能分析和解决实际问题的能力。学士学位论文写作的目的和要求是通过论文的写作,反映出作者运用所学的基本理论与知识,分析本学科某一问题的水平和能力,并通过论文的开题与写作,进一步培养学生独立分析问题和解决问题的方法和能力,学习学术研究的方法,为将来从事实际工作或学术研究打下基础。

硕士学位论文要求对研究课题有新的见解。硕士学位论文的写作是培养学生独立科研能力和实际工作能力的有效手段,论文应该反映出作者较高的分析能力和解决本学科基本理论及专业问题的水平和能力,同时,也应体现出一定的科研成果。

博士学位论文要求有更高的学术水平,必须在某一学科领域或专门性技术上取得创造性的研究成果。

9.4.2 学位论文的开题及写作的步骤、方法和格式

1. 开题与写作的步骤与方法

(1) 初步选题

选题是学位论文写作的起点,选题是否适当,从一定意义上说,决定了论文质量的高低,甚至关系到论文的成败。选题工作是论文写作关键性的第一步。

选题的主要方法有如下几种。

① 积累精选法。是指学生在平时学习中就要注重所学专业相关学术问题的积累,最终精选出一个最合适的作为毕业论文题目。挑选论题时,应尽量选择适合小题大做、学术和实用价值较高、在限定时间内有把握高质量完成的论题。实践证明积累精选法是一种最好的毕业论文选题方法。

② 追踪研选法。所谓追踪研选法就是指把前人争论不休的问题选作自己的毕业论文题。要求对此问题是否确实有与众不同、超越前人的独到见解。追踪研选法比较适合那些科研能力较强、常能独抒新见的学生。

③ 实践调研法。指把从实践中发现急需研究和解决的问题作为毕业论文题。对于长期处于特定实践领域的成人学生,用这种方法选定毕业论文题目比较方便。

④ 浏览捕捉法。所谓浏览捕捉法,就是根据自己对所学专业知识或实践领域的熟悉和兴趣程度划定一个或若干毕业论文的选题范围,然后寻找相关的报纸、杂志浏览上面刊登的属于自己选题范围内的文章,边读边思,从中捕捉适合自己的毕业论文题目。

⑤ 筛选变造法。指对于被动地依赖学校提供的毕业论文选题范围的学生,首先要从学校提供的毕业论文题库中初选出二三个作为自己论文的备用题目,从中选出比较适合自己的论文题来。

选题应注意的原则如下。

① 摸清自我基础的底。应选择那些自我基础好、掌握的资料较多,在理论与实践中有

现实意义并有一定的研究价值,自己对之兴趣大的论题。例如研究生学习的第一年都会有一项专业调研的任务,一般是由导师根据学生的专业情况和基础指定一个大概的范围,然后由学生针对该范围进行全面的资料搜集,并对搜集到的资料进行整理和分析,最后形成一份对该课题的综述性文章。

② 摸清本学科已有成就的底。主要是指摸清所要确定的论题的研究历史和研究现状。前人在研究这一论题时都采取了哪些方法、哪些问题已有定论、哪些问题需要进一步研究、现在有无人研究、若有人研究进展如何、有无什么新的发展或结论、通过写论文能否取得新的理论突破等,都要做到心中有数。

③ 摸清所要确定题目现有资料的底。这就要求学生在学习过程中应做个有心人。对资料的来源和渠道应有鉴别,对文章、书籍、网上资料信息和实际材料的占有量应有所分析,对能否得到外文资料并加以合理运用等情况应有所掌握。

④ 对论文题目范围大小的选择,应根据实际情况而定。一般来说,本科生的论文题目应当小些,具体些。硕士生的论文题目应当大一些,但也不应太大,如果范围太大,论文写起来就不容易深入,还可造成泛泛而论。

(2) 分析选题与资料收集

初步选题后,需要进行题目分析,进一步确定该选题是否适合作为学位论文题目,以及是否适合进行研究。一般来说,学生自主选题的情况比较多,选题存在较大的盲目性,而且学生对学科发展前沿不熟悉,选题缺乏创新性。运用现代信息化手段,搜集大量与选题有关的科技情报资料,找到该课题已经研究到什么程度、是否有继续研究的价值。寻找创新点,是解决这一问题的最好途径,这样才能使论文的选题站在前人的工作基础之上,才容易产生新论点,确保学位论文选题的创新性。

搜集资料要始终围绕选定的论文题目进行,因为比较丰富的资料是写好论文的必要条件和源泉。资料搜集一定要有目的性,要有所针对并有所取舍。

- 搜集资料要全面、有重点。
- 尽可能搜集第一手资料。
- 资料的收集、整理应规范化。
- 采用现代化的资料搜集方法和手段。

(3) 论文开题

学位论文和一般学术论文的重要差别之一是开题报告,它是对论文选题进行检验和评估认定的过程。学位论文的选题是否具有学术价值和新颖性、是否能够反映写作者的专业科研水平,以及论文的观点是否成熟等,均要通过开题报告来考察。开题报告经由审查小组审核确认后,才能正式开始论文的写作。

不同学校或专业对开题报告的内容和结构有不同的要求,一般包括以下几个内容:

- 论文题目、题目来源、论文属性、拟采取的研究方法。
- 选题动机和意义。
- 本课题国内外研究情况综述或主要支撑理论、发展趋势。
- 研究内容、结构框架、研究特色和创新点。
- 主要参考文献。

284

• 论文写作计划。

（4）编写提纲

开题之后,正式写作论文之前应先搭建论文提纲。提纲是对研究课题的总体构思,论文的指导思想、基本框架、整体结构、总的论点和各部分的布局及观点都应通过提纲反映出来。因此,要求作者在具体制定提纲时,首先应对论文的全部问题进行周密的思考,提出论点、论据,安排材料的取舍,力求使提纲在整体上体现论文题目的目的性。其次,要从各个方面围绕主题编写提纲,既突出重点和主要内容,又适当地照顾全面,明确各部分在整篇论文中所占的比重及相互关系,使论文内容和题目紧密衔接起来。

（5）撰写论文初稿与修改定稿

论文提纲完成后,经与指导教师共同就论文的结构、顺序及逻辑性等关键问题进行研究和推敲,即可着手写作论文初稿。写作阶段是作者对专题进行系统深入研究的阶段,是在原有的研究基础上升华的阶段。在撰写论文的过程中应该注意以下几点。

① 根据提纲要求,对搜集到的资料去伪存真、去粗取精。

② 独立思考,敢于提出新的见解。写作中通过分析和研究学术资料就会发现,往往就同一问题的研究,会产生几种不同甚至相反的学术观点。其结果通常会产生三种情况:一是同意别人的观点,自己又有新的观点、理由、证据或更好的论证方法,使原有学术观点更加丰富和完善;二是不同意别人的观点,提出自己的观点、论据,阐明自己观点的正确性;三是前人没有讲过,在研究他人学术成果的基础上讲清讲透自己的观点。必要时可在篇前加上提要,说明本篇论文的重点、特点和新观点的内容,以引起指导老师的注意。

③ 文章应始终以自己的论题为中心。对重点要深入研究,选择与课题有紧密联系的材料,突出重点,按照简要精炼的原则,决定资料和观点的取舍。对于那些可写可不写、可引可不引的观点和资料,即使观点正确、资料珍贵也应一律割爱。这是保证论文质量的有效办法之一。

论文的初稿形成以后,只能说是完成了 70% 的工作,其后的 30% 是修改、补充和润色。论文修改应尽量征求指导老师的意见,修改过程中要注意论文写作格式的规定,注意文字的精炼,避免大段的抄袭,引用他人文字一定要注明出处。定稿后的本科生学位论文字数一般不应少于 7~8 千字;硕士研究生学位论文字数应限定在 2.5~3 万字之间。

综上所述,学位论文从构思到完成一般都要经过选题、搜集资料、编写开题报告、制定提纲、撰写初稿和修改定稿等步骤。论文质量的高低与作者对每个阶段的把握程度有直接的关系。一篇好的学位论文应该做到观点正确、有独创性、结构严谨、逻辑性强、层次清楚、引文正确、语言流畅,并具有一定的深度和广度。

2. 学位论文的基本格式与规范

按国家标准 GB7713—87 的规定,学位学术论文由前置部分和主体部分两大部分构成。

前置部分组成如图 9-2 所示。

主体部分组成如图 9-3 所示。

其中,题目、序跋、摘、目录、正文和参考文献等是学位论文的主要组成部分。

① 题目。题目概括整个论文的核心内容,应简明扼要、准确明了、引人注目。中文题目一般不宜超过 20 字,英文题目不超过 10 个实词或 100 个书写符号(含间隔)。

主体部分

引言-1

正文-2
- 2.1
- 2.2
- 2.3
  - 2.3.1
  - 2.3.2
    - 2.3.2.1
    - 2.3.2.2
    - …
  - …
- …

图1(或图2-1)
图2(或图2-2)
…

表1(或表2-1)
表2(或表2-2)
…

结论
致谢
参考文献

前置部分
- 封面、封二
- 题名页
- 序或前言（必要时）
- 摘要
- 关键词
- 目次页
- 插图或附表清单
- 符号、缩略语等注释表（必要时）

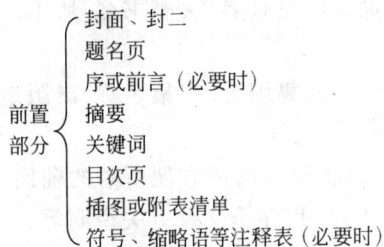

图 9-2　前置部分　　　　　图 9-3　主体部分

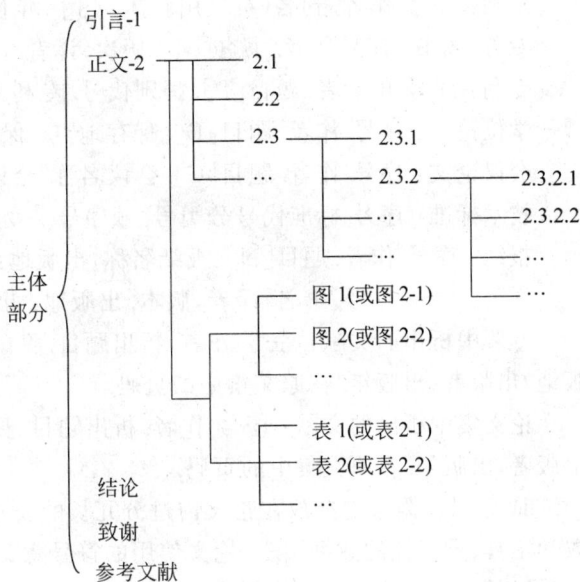

② 序跋。序跋指的是学位论文最前面和最后面的一些关于论文写作说明、鸣谢之类的文字。这一部分内容不是所有的学位论文都有的，视作者个人的意愿而设，有的只有序、有的只有跋。有些论文写作者愿意将整个论文的选题、资料积累等的过程形成文字放在论文之前，作为对论文的一个补充说明；大多数论文作者在序跋中表达谢意，对在论文资料搜集、写作等过程中所得到的帮助，尤其是对指导教师表达感激之情。

③ 文摘。也称摘要。一般在论文第一页，300～500 字，应简要说明本论文的目的、内容、方法、成果和结论。要突出本论文的创造性成果或新见解。语言力求精练、准确。在本页的最下方另一行，注明本文的关键词（3～5 个）。

④ 英文摘要。论文第二页为英文摘要，上方应有英文题目，内容与中文摘要相同。最下方一行为英文关键词（3～5 个）。中英文摘要均由著者提供。

⑤ 目录。目录既是论文的提纲，又是论文组成部分的小标题。目录页是整个论文的章节导航，在正文之前。目录一般提供到第三级，规定要标明章节的题目及页码。

⑥ 引言（或绪论、导论）。引言内容应包括本研究领域的国内外现状，本论文所要解决的问题，该研究工作在经济建设、科技进步和社会发展等方面的实用价值与理论意义，论文使用的理论工具和研究方法，论文的基本思路和逻辑结构等。

⑦ 正文。正文是学位论文的主体（学科专业不同、论文的选题不同，可以有不同的写作方式），一般按章节、条款、项等排列和组织，现在多采用阿拉伯数字分级系列编号法，例如：第 1 章→1.1→1.1.1→1.1.2……1.2→1.2.1→1.2.2……第二章→2.1→2.1.1→2.1.2……2.2→2.2.1→2.2.2……

⑧ 结论。论文结论要求明确、精炼、完整、准确，认真阐述自己创造性成果或新见解在本领域的意义（应严格区分本人研究成果与导师或其他人的科研成果的界限）。

⑨ 参考文献。学位论文对参考文献的格式有着严格的规定。文后参考文献有统一的著录格式。不同出版类型的文献对应的参考文献的著录格式如下。

期刊：序号 作者.刊名(英文用斜体)[J].年份,卷次(期次)：起止页码.

专著、图书：序号 作者.书名[M].版次.译者.出版地：出版者,出版年.页码.

专利：序号 申请者.题目[P].国别代号.专利文献种类,专利号,出版日期.

学位论文：序号 作者.题目[D].保存地点：保存单位,年份.

会议论文：序号 作者.题目[C].会议名称,会议地址,会议年份.

技术标准：序号 标准代号分类号.顺序号---发布年,标准名称[S].

报纸：序号 作者.题目[N].报纸名称,出版地：年-月-日(版次).

译著：序号 作者.书名.译者,版本.出版地：出版者,出版年.页码.

专著中析出的文献：序号 作者.析出题目.见(或 In)原文献责任者.文献书名.版本.出版地,出版者,出版年.在原文集中的页码.

论文集中析出的文献：序号 作者.析出题目.见(或 In)：文集编者.文集名称.出版地,出版者,出版年.在原文集中的页码.

⑩ 附录。附录包括放在正文内过分冗长的公式推导、以备他人阅读方便所需的辅助性数学工具、重复性的数据图表、论文使用的符号意义、单位缩写、程序全文及有关说明等。

【例】 论文参考文献的例子。

[1] 公磊,周聪.基于 Android 的移动终端应用程序开发与研究[J].计算机与现代化.2008(08),86-89.

[2] 姚昱旻,刘卫国.Android 的架构与应用开发研究[J]计算机系统应用.2008(11),110-113.

[3] 孟晓龙.Win7 系统下 Android 开发平台的搭建[J].科技论坛(下半月).2011(08),72-73.

[4] 王明超.基于 Android 游戏模式研究与设计[J].电脑知识与技术.2012(36),8776-8779.

[5] 唐朝舜,董玉德.八数码的启发式搜索算法及实现[J].安徽职业技术学院学报.2004(03),09-12.

[6] (美)rick rogers(著),爱飞翔(译).Android 游戏开发实践指南[M].北京：机械工业出版社,2012.

[7] 杨丰.Android 应用开发揭秘[M].北京：机械工业出版社,2011.

[8] 李宁.Android 应用开发实战(第 2 版).北京：机械工业出版社,2012.

[9] (美)Wei-Meng Lee ,何晨光李洪刚译.Android 4 编程入门经典：开发智能手机与平板电脑应用[M].北京：清华大学出版社,2012.

[10] 王家林.Android 开发三剑客——UML、模式与测试[M].北京：电子工业出版社,2012.

9.4.3 学位论文的开题及写作中的文献调研

文献调研是指对某学科领域相关的各类文献进行全面、系统搜索,以掌握该领域所有的相关文献。文献调研过程中,通过全面的文献检索和阅读,有助于发现新的研究视角,开阔研究思路,避免少走弯路,提高研究的有效性。利用信息检索的相关方法和技术,可以顺利而迅速地完成文献调研过程。

1. 文献调研过程

文献调研过程包括确定两个阶段，即确定主题后的文献调研，以及确定题目后的文献调研。

（1）确定主题后的文献调研。确定主题后，需要进行泛调研，以了解课题主题的概貌。具体包括：尽可能完整地收集该领域的所有文献，包括期刊论文、会议论文、学位论文、专利、研究报告等；对收集到的文献进行泛读，重点阅读文章的摘要、引言和结论，以了解热点、前沿、新颖点，并收集规范词、同义词；并结合实验室研究背景、当前研究热点以及自身兴趣点，确定研究题目。泛调研期间为对确定主题相关文献进行全面的把握，主要利用各种文摘索引、书目数据库，例如 Web of Science。

（2）确定题目后的文献调研。确定题目后，需要进行精调研，重点关注与题目相关的理论及研究方法。为此，要有针对性地查找，利用文摘索引数据库和全文文献，掌握"经典前沿"的文献，即针对确定的内容，收集经典前沿的期刊论文、会议论文、学位论文、专利、成果等。并采取泛读和精读相结合的文献阅读方式，提取有帮助的研究方法和研究观点。在此基础上，确定课题实施方案，以在技术或方法上进行创新。

文献调研过程中有以下注意事项。

（1）要查询学位论文库。这可以说是学位论文新颖性的要求。前面提到，学位论文不同于一般的学术论文，一般的学术论文只要在观点或阐述等方面有所创新或突破即可成文或发表，但学位论文要求学术性，如果一个学位论文的选题是他人已经作为学位论文写作过的，或他人已在学位论文写作中发挥得极为充分的，则极不利于后来者论文的学术性的体现。所以写作学位论文之前，一定要尽可能地查询相关的学位论文数据库，尤其是本校或本国其他设立该专业的院校的学位论文，尽量避免相同或相近的选题，保证论文的新颖性。因学位论文属于半公开的出版物，所以学位论文很难查全。目前世界上较为著名，收录各国学位论文较多的数据库是"ProQuest 博硕士论文数据库"（PQDD）。我国目前较大型的学位论文库是由 CALIS 牵头建设的"高校学位论文库"，其他还有中国学术期刊电子杂志社的"中国优秀博、硕士学位论文全文数据库"、万方的"中国学位论文数据库"等，以及各高校各自分布的学位论文数据库，均可作为查询工具。

（2）要选择学术性和专业性较好的数据库进行查询，并要尽量获取一次文献。学位论文写作的前提是占有充分的学术价值较高的参考文献，选择合适的、质量较高的数据库进行查询是非常必要的。同时，对一些参考文献，尤其是理工类的，实验性研究或应用研究方面的参考，一定要阅读原文才能真正了解其论点和借鉴其中的成果或数据库等，所以要尽可能地获取一次文献。

（3）应用研究或实验性、实践类的学位论文一定要查询事实型数据库。这一点是非常重要的，对某个学位论文选题，例如关于数字照相机的成像原理讨论的论文，在搜集资料时就一定要考虑到相关产品的查询，要确认没有相关的专利、成果、产品等。如果只是纸上谈兵地讨论原理、机制、前景，却忽略事实型资料的查找，那论文是不可能成功的。自然科学类的学位论文，除纯粹的基础研究或理论研究课题外，均有可能涉及事实型数据库的查询。

2. 文献调研的文献收集重点

（1）先综述性论文，再研究论文。这是因为综述性论文具有综合性、扼要性、评价性、参考文献多的特点，应作为"起步文献"加以参考利用。

（2）注重学位论文的检索和阅读。这是因为学位论文具有以下显著特点：数据图表充分详尽;参考文献丰富全面;可得到课题研究现状综述,从而可以获得课题研究的更多相关文献;可跟踪名校导师的科研进程;可以从中学习学位论文的写作方法。

(3) 跟踪最新的会议文献。在文献调研过程中,需要利用会议论文数据库、学会/协会网站和专业论坛查找最新会议文献,以了解课题最新的进展动向。

(4) 注重专利文献检索。这是因为专利文献出版迅速,传递信息快,能及时反映最新技术成果,而且专利文献中注重技术细节的描述。

(5) 注意网络资源检索。可以了解相关机构的基本信息和研究动态。对于一些产品类的项目,也可了解和掌握市场的发展情况。

(6) 通过期刊评价工具 Journal Citation Reports(JCR)数据库,检索期刊的影响因子,寻找高品质期刊。

3. 文献调研过程中的文献阅读方法

(1) 文献相关性判断。考察主要检索词是否出现在关键字段(题名、文摘、关键词),检索词是作为短语出现还是作为独立单词出现。若检索词作为单词被分别检索出来,则位置越接近越好,检索词出现的频率越高越好。摘要内容是否跟自己的研究课题方向相关。

(2) 文献的时效性、全面性判断。可以通过以下方式判断:查找课题的研究热点和最新研究成果,阅读综述性(Review)文献,通过阅读文后参考文献获得经典文献,注意引言中阐述的研究思路及得出研究想法的原因。

(3) 泛读与精读相结合的阅读方法,"略读"和"概读"多数文献,"详读"和"精读"少数文献。其中,略读是指仅阅读题名、摘要的阅读方式;概读是指看摘要、参考文献和引言的文献阅读方式;详读是指看全文并结合自己的研究思路进行分析的阅读方式;精读是指详读论文后根据自己在读文献时的问题和想法,展开查看其他的相关文献和书籍,以便弄懂相关概念和问题的阅读方式。

(4) 记笔记和总结评述。阅读过程中,找一条适合自己记笔记的方法,记录或批注重要的结论、经典的句子、精巧的试验方案。及时从以下几方面进行总结和评述:论文的主题、目的;论文的前期工作分析;论文采用的研究方法、结果以及创新之处;论文可能进行改进的地方,或对我们研究的启发;通过该论文,提出自己可能的新思路;最好对文献调研过程也进行记录,建立大事记。

9.4.4 利用信息资源进行学位论文开题及写作举例

1. 学位论文选题示例

前文提到过论文的选题有积累精选法、追踪研选法、实践调研法、浏览捕捉法、筛选变造法等方法,学生可以根据自己的兴趣、需求去选择和确定毕业论文题目的具体方法。

例如一个信息管理专业的学生,学习了 VB 这门编程语言,很喜欢进行系统开发,而在实习过程中,发现某大型集团公司车辆管理方面比较混乱,于是决定针对这一问题,开发一个关于车辆管理的小型系统,并且欲将其作为毕业论文的选题方向,初步确定选题题目为:

XXX 集团公司车辆管理系统的设计与实现

2. 分析选题与资料收集案例

(1) 应用价值分析

初步确定的选题"XXX 集团公司车辆管理系统的设计与实现",是基于作者在其实习过程中发现的问题,选题具有一定的现实意义和实际应用价值,对于企业今后的车辆管理工作和提高管理效率影响深远。

（2）学术价值和新颖性分析

初步查询 CALIS 高校学位论文数据库、PQDD 博硕士学位论文数据库、CNKI 中国期刊网全文数据库等中外重要的数据库,查询其中涉及计算机科学技术和车辆管理方面内容的文献,分析确定该选题具备一定的新颖性、不重复、具有一定学术研究价值。

（3）选择检索系统和确定检索途径

确定初步选题后,需要围绕选题进行资料收集,而资料的收集分为两个部分:

一是开题前的资料收集,以确定研究方向和论文题目。

二是围绕论文写作过程不同阶段所需的不同资料进行搜集。

本例可以利用各式网络文献资源,查找与车辆管理、系统开发相关的文献,了解车辆管理研究的方法、方向、成果,以及信息管理系统开发的过程与方法。

（4）选择检索系统和确定检索途径

① 查询数据库。查询的主要数据库包括 CNKI 期刊网全文数据库、CALIS 高校学位论文库、万方中国学位论文库、PQDD 博硕士学位论文库、ElsevierScience 电子期刊、EBSCOhost、Springer 电子期刊、重庆维普期刊全文数据库;参考数据库包括全国报刊索引-科技版、INSPEC、EiEngineeringVillage2、中国专利数据库、中国科技成果数据库。

② 查询学科。计算机科学学科和部分工业管理、企业管理学科的数据库。

③ 查询时间。由于信息管理系统的开发和应用是近年来兴起的,且 VB 开发工具的应用也主要在 2003 年以后,为了保证新颖性和先进性,确定查询的时间范围为 2003 年至今。

④ 检索关键词。管理信息系统、车辆管理、VB 开发工具、系统设计、系统实现。

（5）主要检索结果

① 陈明. 软件工程学教程[M],北京:科技出版社,2005.

② 萨师煊,王珊. 数据库系统概论第三版[M],北京:高等教育出版社,2004.

③ SteveTeixeira,XaviverPacheco 著,龙劲松,王瑜,谢尚书译. VisualBasic 6.0 开发人员指南[M],北京:机械工业出版社,2004.

④ 胡同森,赵剑锋等. VisualBasic 6.0 程序设计教程[M],浙江科学技术出版社,2006.

⑤ 赵娣. 车辆管理系统的设计与实现[D],山东大学,2007.

⑥ 孙朝霞,李春光,马莉. 基于 UML 的车辆管理系统需求分析[J],青岛建筑工程学院学报,2005.2.

资料收集到一定程度后,可以利用所得资料,以及实地调研的方法,了解信息系统用户的需求,抓住创新点,按照系统开发步骤,进行论文写作与系统开发设计工作。论文写作过程中,遇到疑难问题,仍然可以利用网络资源,选择优秀的检索工具和重新修正、确定检索策略,寻找相关的解答或者对检索结果进行修正。

3. 开题报告案例

（1）论文题目、题目来源、论文属性,拟采取的研究方法

① 论文题目:XXX 集团公司车辆管理系统设计与实现。

② 题目来源:学生自行确定的题目。

③ 论文属性：应用方案设计(科学研究、调查报告、学术思想综述、应用方案设计、其他)。

④ 拟采取的研究方法：规范研究(规范研究、实证研究、现场调查、其他)。

(2) 选题动机和意义

对于拥有大量车辆的运输企业或者企业的运输部门来说,车辆的管理成为日常事务中的一项重要工作。如何提高车辆的使用效率、减少费用支出、降低成本、简化人员的管理、提高管理的效率,科学信息化管理就成为各单位需要解决的一个难题。

本选题中确定开发的软件是为了规范企业内部管理、提高企业管理质量、更好地服务广大的客户而开发的一套专门用于车辆管理的软件,可以集中管理车辆的运营、维修、事故、违章等一系列信息,有效跟踪管理企业每台汽车的使用状况,带动企业进入车辆管理信息化、科学化,同时也可以节省人力、物力、财力,提高工作效率,使企业车辆管理更加科学、更加规范。

针对相关车辆企业的情况,车辆管理系统软件应达到以下目标：

• 由人工管理过渡到机械自动化、系统化、规范化管理。

• 违章车辆、事故车辆及车辆的维修费用一目了然。

• 及时掌握车辆的运营情况,提高车辆的利用率和企业的经济效益。

(3) 本论文选题的国内外研究情况综述或主要支撑理论、发展趋势

该部分是在浏览所搜集资料的基础上,重点描述国内外目前的车辆管理系统的结构、功能上存在的缺陷或者优势、主要开发技术的先进性和漏洞,了解开发过程中存在的问题、主要的技术难点和对车辆管理信息系统的功能需求等,进而提出对存在问题的解决方案和对某些独特的优势功能的设计和开发设想。

(4) 研究内容、结构框架、研究特色和创新点

① 理论基础。结合车辆管理的要求,对 MS Access 数据库管理系统、SQL 语言、Visual Basic 6.0 应用程序设计、Visual Basic 6.0 数据库技术进行深入的学习。

② 研究内容和论文结构。使用 Microsoft 公司的 Visual Basic 6.0 作为开发工具,结合 API 函数、ADO 技术,利用其提供的各种面向对象的开发工具,尤其是数据窗口这一能方便而简洁操纵数据库的智能化对象,首先在短时间内建立系统应用原型,然后对初始原型系统进行需求迭代,不断修正和改进,直到形成用户满意的可行系统。

本论文结构包括绪论(基础理论与开发工具描述)、用户需求分析、信息系统分析、系统设计、系统实施、系统运行与维护等部分构成。

③ 特色与创新。主要完成对车辆管理系统的需求分析、功能模块划分、数据库模式分析,并由此设计了数据库结构和应用程序。力求做到设计的车辆管理系统能够满足该集团公司工作人员和管理人员对车辆管理业务各方面的应用需要。

(5) 参考文献(参考"分析选题与资料收集示例"中的主要检索结果)

(6) 论文写作的时间计划

论文写作的时间安排：搜集资料,60 天左右；撰写大纲,30 天左右；撰写初稿,90 天左右；撰写二稿,30 天左右；修改并最终定稿,30 天左右。

9.5　科技查新及范例

科技查新(以下简称"查新")是科技部为了避免科研课题重复立项和客观正确地判别科技成果的新颖性、先进性而设立的一项工作。"查新"是针对某一特定的研究课题进行的,首先通过计算机检索和手工检索等手段查出国内外公开发表的与该课题相关的文献,再对查出的文献与被查课题进行对比分析,最后根据分析结果对被查课题的新颖性、先进性进行判定。"查新"的结果是为被查课题出具一份查新报告。

9.5.1　科技查新的概述

1. 科技查新的概念

《科技查新规范》对查新作出了规范的定义:"查新是科技查新的简称,是指查新机构根据查新委托人提供的需要查证其新颖性的科学技术内容,按照本规范操作,并做出结论。"

这里所说的查新机构是指具有查新业务资质,根据查新委托人提供需要查证其新颖性的科学技术内容,按照科技查新规范操作,有偿提供科技查新服务的信息咨询机构;查新委托人是指提出查新需求的自然人、法人或者其他组织;新颖性是指在查新委托日以前查新项目的科学技术内容部分或者全部没有在国内外出版物上公开发表过。

科技查新在概念上容易与文献检索及专家评审混淆。

文献检索是针对具体课题的需要,仅提供文献线索和原文,对课题不进行分析和评价。

专家评审主要是依据专家本人的专业知识、实践经验、对事物的综合分析能力以及所了解的专业信息,对被评对象的创造性、先进性、新颖性、实用性等做出评价。评审专家的作用是一般科技情报人员无法替代的,但具有一定程度的个人因素。

2. 科技查新的作用

查新工作在科技研究开发、科研管理和国民经济建设中发挥着十分重要的作用,具体表现在以下几个方面。

(1) 为科研立项提供客观依据

科研课题在论点研究开发目标、技术路线、技术内容、技术指标、技术水平等方面是否具有新颖性,在正式立项前,首要的工作是全面、准确地掌握国内外的有关情报,查清该课题在国内外是否已有人研究开发过。通过查新可以了解国内外有关科学技术的发展水平、研究开发方向,是否已研究开发或正在研究开发,研究开发的深度及广度,已解决和尚未解决的问题等,对所选课题是否具有新颖性的判断提供客观依据。这样可防止重复研究开发而造成人力、财力、物力的浪费和损失。

过去对新上项目、重点项目的选择不注意查新,会导致重复研究。据统计,我国科研项目重复率达 40%,而另外 60% 中部分重复又在 20% 以上,同时与国外重复也约占 30% 左右,其中大部分是国外已公开的技术,因而造成了人力、物力、财力的严重浪费。

(2) 为科技成果的鉴定、评估、验收、转化、奖励等提供客观依据

查新可以为科技成果的鉴定、评估、验收、转化、奖励等提供客观的文献依据。例如某企业为成果鉴定,要求通过查新确认他们的"轻烃燃气灶具"项目为国内首创,经查新证实,国内已有此灶具的报道,从而否定了"国内首创"的评价。该企业十分后悔在立项时未经项目

查新而造成的人力、物力和财力的损失。

查新还能保证科技成果鉴定、评估、验收、转化、奖励等的科学性和可靠性。在这些工作中,若无查新部门提供可靠的查新报告作为文献依据,只凭专家小组的专业知识和经验,难免会有不公正之处,可能会得不出确切的结论。这样既不利于调动科技人员的积极性,又妨碍成果的推广应用。高质量的查新,结合专家丰富的专业知识,便可防止上述现象的发生,从而保证鉴定、评估、验收、转化、奖励等的权威性和科学性。

（3）为科技人员进行研究开发提供可靠而丰富的信息

随着科学技术的不断发展,学科分类越来越细,信息源于不同的载体已成为普遍现象,这给获取信息带来了一定的难度。有关研究表明,技术人员查阅文献所花的时间,约占其工作量的 50%,若通过专业查新人员查新,则可以大量节省科研人员查阅文献的时间。查新机构一般具有丰富的信息资源和完善的计算机检索系统,能提供从一次文献到二次文献的全面服务,如通过国际联机情报检索系统提供世界著名的 SCI(科学引文索引)、CA(化学文摘)、EI(工程索引)、NTIS(美国政府报告)、WPI(世界专利索引)等近千个科技、经济、商业等资料的数据库,内容涉及各种学术会议和期刊的论文、技术报告、专利、标准和规范、报纸、通告等,收藏的数据最早可追溯到 19 世纪,最新可查到几分钟前公布的信息。据有关资料统计,这些系统包含了世界上 98%以上的机读文献,基本能满足科研工作的信息需求。

9.5.2 科技查新的要求

1. 科技查新的领域

科技查新涉及数学、物理、化学、海洋学、气象学、地球物理学、化工、材料、生物、医药卫生、农业、水利、林业、建筑、建材、食品、电子、计算机、冶金、机械、纺织、造纸、能源、石油、石化、环境、地质、交通运输、航空、航天,以及社会科学等领域。

2. 科技查新的对象

- 申报国家级或省(部)级科学技术奖励的人或机构;
- 申报各级各类科技计划、各种基金项目、新产品开发计划的人或机构;
- 各级成果的鉴定、验收、评估、转化;
- 科研项目开题立项;
- 技术引进;
- 国家及地方有关规定要求查新的项目。

3. 查新委托人需要提供的资料

查新委托人除了应该熟悉所委托的查新项目外,还需要据实、完整、准确地向查新机构提供查新所必需的资料,具体包括以下内容。

① 查新项目的科学技术资料及其技术性能指标数据。

具体包括:科技立项文件(如立项申请书、立项研究报告、项目申请表、可行性研究报告等),成果鉴定文件(如项目研制报告、技术报告、总结报告、实验报告、测试报告、产品样本、用户报告等),申报奖励文件(如奖励申报书及其他有关报奖材料等)。

② 课题组成员发表的论文/申请的专利。

③ 中英文对照的查新关键词。

④ 与查新项目密切相关的国内外参考文献。

9.5.3 科技查新的过程与查新报告

1. 科技查新过程

查新机构处理查新业务的程序一般包括查新委托、受理查新委托和订立合同、文献检索、完成和提交查新报告、文件归档等。

（1）查新委托

（2）受理查新委托与订立查新合同

（3）科技查新过程中的文献检索

检索系统选择得是否恰当会直接影响检索结果，选择数据库要本着能够全面覆盖查新课题范围为原则。从检索系统的类型上要兼顾目录型、题录型、文摘型、全文型；从检索手段上要以计算机检索为主，而手工检索作为机检的补充不能忽略。

检索词的选择是影响检索结果的查准率和查全率的关键。检索词一般由委托人先提供。查新中使用最多的是描述文献主题内容的词（如主题词、关键词或者分类号（词）等）；在特定情况下（如已知某人有与查新课题相同的研究），也会使用描述文献外部特征的词（如著者、出处、专利号等）进行专指性检索。互联网检索要注意选择适用的搜索引擎。

在实际工作中，很难做到一次检索成功，经常会遇到检索结果太多或为零、检索到的结果与查新课题不相关等情况，这样就要用增加、减少、调整、修改检索词的方法来优化检索策略，有时要反复多次，才能得到满意的结果。

（4）完成和提交查新报告

（5）文件归档

2. 查新报告的主要内容

查新服务的结果是为被查课题出具一份查新报告，称为"科技成果查新证明书"，该证明书包括封面、正文及签名盖章等内容，正文为证明书的核心，包括三项内容。

（1）课题的技术要点

根据用户提供的研究报告及其他技术资料写出的课题的概要，重点表述主要技术特征、参数、指标、发明点、创新点、技术进步点等。

（2）检索过程与检索结果

包括对应于查新课题选用的检索系统、数据库、检索年限、检索词、检索式及检索命中结果。

（3）查新结果

对查新课题与以上命中的结果进行新颖性及先进性对比分析，最后得出查新结论。

9.5.4 科技查新报告实例

查新机构完成报告后，按照新合同的约定向查新委托人提交查新报告和相应的附件。鉴于查新人员对各种科技领域的发展的了解有一定的局限，即使是专业非常对口的查新人员，对本专业研究情况及发展趋势也难做到了如指掌，在查新过程中很多时候需要找有关专家咨询，以便了解与课题相关的领域目前的研究与开发状况，委托人可以提出不适合本次查新咨询专家的名单作为查新人员的参考，而查新人员对查新咨询专家的意见及咨询结果也不予公开。

【例】 溶胶-凝胶法制备无机/有机复合多功能纤维素纤维集成技术研究。

项目名称	中文:溶胶-凝胶法制备无机/有机复合多功能纤维素纤维集成技术研究			
	英文:Technology Integration of Multifunctional Inorganic/organic cellulose composite fibers			
查新机构	名称		(略)	
	通信地址	(略)		
	负责人			
	联系人			
	电子信箱			

一、查新目的

科研立项

二、查新项目的科学技术要点

(略)

三、查新点与查新要求

查新点:

1. 采用无机高分子阻燃剂的阻燃纤维素纤维(粘胶纤维)及阻燃抗菌粘胶纤维、原液着色阻燃粘胶纤维

2. 溶胶-凝胶法制备阻燃纤维技术。

查新要求:

要求查新机构通过查新,证明在国内外范围内有无相同或类似的文献报道,对本项目的新颖性做出判断。

四、文献检索范围及检索策略

国内数据库

1. 中文科技期刊全文数据库(维普)	1989—2010 年
2. 中国学位论文数据库	1984—2010 年
3. 中国学术会议论文数据库	1984—2010 年
4. 中国科技成果数据库	1983—2010 年
5. 中国期刊全文数据库(CNKI)	1994—2010 年
6. 中国博士学位论文全文数据库	1984—2010 年
7. 中国优秀硕士学位论文全文数据库	1984—2010 年
8. 中国重要报纸全文数据库	2000—2010 年
9. 中国科技论文在线	2003—2010 年
10. 国家科技成果网	1978—2010 年
11. 中国专利数据库	1985—2010 年

国外数据库:

1. SciFinder Scholar(CA 网络版)	1907—2010 年
2. EI Compendex	1969—2010 年
3. Elsevier online	1823—2010 年
4. ProQuest Digital Dissertations	1998—2010 年
5. NTIS-National Technical Information Service	1964—2010 年
6. Conference Papers Index	1982—2010 年
7. Environmental Engineering Abstracts	1990—2010 年
8. Environmental Sciences and Pollution Mgmt	1967—2010 年
9. Risk Abstracts	1990—2010 年
10. Pollution Abstracts	1981—2010 年
11. Health and Safety Science Abstracts	1981—2010 年

294

12. 欧洲专利局(esp@cenet)(http://ep.espacenet.com/)

13. 美国专利局 USPTO(http://patft.uspto.gov/)

14. 日本特许厅(http://www.jpo.go.jp/)

15. PCT 国际专利(http://www.wipo.int/patentscope/)

检索词及检索策略：

中文文检索策略：

1. (阻燃粘胶纤维＋阻燃纤维素纤维)＊无机阻燃剂

2. (阻燃粘胶纤维＋阻燃纤维素纤维)＊溶胶-凝胶法

外文检索策略：

1. (Flame-Retardant Cellulose Fiber ＋ Flame-Retardant viscose Fiber)＊Inorganic Flame Retardant

2. (Flame-Retardant Cellulos eFiber ＋ Flame-Retardant viscose Fiber)＊Sol-gelmethod

四、检索结果

根据用户提供的查新点和检索词,制定了上述中外文检索策略,查找了上述中外文数据库,筛选出密切相关文献 8 篇、一般相关文献 6 篇,节选部分摘录如下。

密切相关文献：

1. 一种纳米 SiO_2 阻燃粘胶纤维及膜的制备方法

【申请号】CN200610043542.2【申请日】2006—04—09

【公开号】CN101050559【公开日】2007—10—10

【申请人】青岛大学【地址】266071 山东省青岛市宁夏路 308 号

【发明人】纪全;夏延致;曾静;逢奉建;孔庆山

【国际申请】【国际公布】

【摘要】(略)

2. 无机阻燃粘胶纤维制备及结构性能研究

全凤玉纪全孔庆山夏延致青岛大学学报(工程技术版)2008 年第 03 期

【摘要】(略)

3. 基于互穿网络的有机/无机高分子复合材料的制备及结构、性能研究

[学位论文]全凤玉,2009—青岛大学：材料学

[摘要](略)

一般相关文献(节选)：

1. 基于新型阻燃粘胶纤维的混纺面料、制备方法及其用途

【申请号】CN200910049848.2【申请日】2009—04—23

【公开号】CN101538764【公开日】2009—09—23

【申请人】上海神九纺织科技有限公司

【地址】201700 上海市青浦区华纺路 99 弄 99 号 5 幢 2008 室

【发明人】王华;刘金辉;李发学

【摘要】(略)

【主权项】1. 一种基于新型阻燃粘胶纤维的混纺面料,其特征在于,所述的阻燃粘胶纤维是采用纳米 SiO2 与纤维素溶液共混纺丝制备而成,所述的阻燃粘胶纤维与天然纤维混纺比为 20：80～80：20。

五、查新结论

本课题查新点：1. 采用无机高分子阻燃剂的阻燃纤维素纤维(粘胶纤维)及阻燃抗菌粘胶纤维、原液着色阻燃粘胶纤维。2. 溶胶-凝胶法制备阻燃纤维技术。

根据以上查新点,制定以上检索策略,查找以上数据库,筛选密切相关文献 8 篇,一般相关文献 6 篇,分析如下。

1. 密切相关文献…(略)

2. 一般文献…(略)

综上所述,以上检索出的中外文文献中均未见与本课题查新点相同的研究文献。

查新员(签字): 职称:

审核员(签字): 职称:

(科技查新专用章)

年 月 日

六、查新员、审核员声明

(1) 报告中陈述的事实是真实和准确的。

(2) 我们按照科技查新规范进行查新、文献分析和审核,并做出上述查新结论。

(3) 我们获取的报酬与报告中的分析意见和结论无关,也与本报告的使用无关。

查新员(签字): 审核员(签字):

年 月 日 年 月 日

七、附件清单

无

八、备注

习　题

一、简答题

1. 信息资源的利用过程包括哪些步骤?

2. 信息资源的分析有哪些方法?

3. 文献调研过程包括哪几个阶段?各阶段文献调研的特点是什么?

4. 文献调研过程中文献收集的重点是什么?

5. 文献调研过程中文献的阅读方法有哪些?

6. 论文参考文献应如何标注?

二、应用题

结合本身专业,自拟感兴趣的课题题目,利用各种可能的网络资源,完成课题资料的收集,给出相应的检索报告,并给出相应课题的文献综述论文。

附录 A 《中国图书馆分类法》简表

类号	类　　名
A	**马克思主义、列宁主义、毛泽东思想、邓小平理论**
A1	马克思、恩格斯著作
A2	列宁著作
A3	斯大林著作
A4	毛泽东著作
A5	马克思、恩格斯、列宁、斯大林、毛泽东、邓小平著作汇编
A7	马克思、恩格斯、列宁、斯大林、毛泽东、邓小平生平和传记
A8	马克思主义、列宁主义、毛泽东思想、邓小平理论的学习和研究
B	**哲学、宗教**
B0	哲学理论
B1	世界哲学
B2	中国哲学
B3	亚洲哲学
B4	非洲哲学
B5	欧洲哲学
B7	美洲哲学
B80	思维科学
B81	逻辑学（论理学）
B82	伦理学（道德学）
B83	美学
B84	心理学
B9	无神论、宗教
C	**社会科学总论**
C0	社会科学理论与方法论
C1	社会科学现状、概况、进展
C2	社会科学机构、团体、会议
C3	社会科学研究方法
C4	社会科学教育与普及

F6	邮电经济
F7	贸易经济
F8	财政、金融
G	**文化、科学、教育、体育**
G0	文化理论
G1	世界各国文化与文化事业
G2	信息与知识传播
G3	科学、科学研究
G4	教育
G5	世界各国教育事业
G8	体育
H	**语言、文字**
H0	语音学
H1	汉语
H2	中国少数民族语言
H3	常用外国语
H4	汉藏语系
H5	阿尔泰语系
H61	南亚语系（澳斯特罗-亚细亚语系）
H62	南印语系（达罗毗荼语系、德拉维达语系）
H63	南岛语系（马来亚-玻里尼西亚语系）
H64	东北亚诸语言
H65	高加索语系（伊比利亚-高加索语系）
H66	乌拉尔语系（芬兰-乌戈尔语系）
H67	闪-含语系（阿非罗-亚细亚语系）
H7	印欧语系
H81	非洲诸语言
H83	美洲诸语言
H84	大洋洲诸语言
H9	国际辅助语
I	**文学**
I0	文学理论
I1	世界文学
I2	中国文学
I3/7	各国文学
J	**艺术**
J0	艺术理论
J1	世界各国艺术概况

J2	绘画
J29	书法、篆刻
J3	雕塑
J4	摄影艺术
J5	工艺美术
［J59］	建筑艺术
J6	音乐
J7	舞蹈
J8	戏剧、曲艺、杂技艺术
J9	电影、电视艺术
K	**历史、地理**
K0	史学理论
K1	世界史
K2	中国史
K3	亚洲史
K4	非洲史
K5	欧洲史
K6	大洋洲史
K7	美洲史
K81	传记
K85	文物考古
K89	风俗习惯
K9	地理
N	**自然科学总论**
N0	自然科学理论与方法论
N1	自然科学现状及发展
N2	自然科学机构、团体、会议
N3	自然科学研究方法
N4	自然科学教育与普及
N5	自然科学丛书、文集、连续性出版物
N6	自然科学参考工具书
［N7］	自然科学文献检索工具
N8	自然科学调查、考察
N91	自然研究、自然历史
N93	非线性科学
N94	系统科学
［N99］	情报学、情报工作

O	**数理科学和化学**
O1	数学
O3	力学
O4	物理学
O6	化学
O7	晶体学
P	**天文学、地球科学**
P1	天文学
P2	测绘学
P3	地球物理学
P4	大气科学(气象学)
P7	海洋学
P9	自然地理学
Q	**生物科学**
Q-0	生物科学的理论与方法
Q-1	生物科学现状与发展
Q-3	生物科学的研究方法与技术
Q-4	生物科学教育与普及
Q-9	生物资源调查
Q1	普通生物学
Q2	细胞生物学
Q3	遗传学
Q4	生理学
Q5	生物化学
Q6	生物物理学
Q7	分子生物学
Q81	生物工程学(生物技术)
[Q89]	环境生物学
Q91	古生物学
Q93	微生物学
Q94	植物学
Q95	动物学
Q96	昆虫学
Q98	人类学
R	**医药、卫生**
R-0	一般理论
R-1	现状与发展
R-3	医学研究方法

R1	预防医学、卫生学
R2	中国医学
R3	基础医学
R4	临床医学
R5	内科学
R6	外科学
R71	妇产科学
R72	儿科学
R73	肿瘤学
R74	神经病学与精神病学
R75	皮肤病学与性病学
R76	耳鼻咽喉科学
R77	眼科学
R78	口腔科学
R79	外国民族医学
R8	特种医学
R9	药学
S	**农业科学**
S-0	一般性理论
S-1	农业科学技术现状与发展
S-3	农业科学研究、试验
[S-9]	农业经济
S1	农业基础科学
S2	农业工程
S3	农学（农艺学）
S4	植物保护
S5	农作物
S6	园艺
S7	林业
S8	畜牧、动物医学、狩猎、蚕、蜂
S9	水产、渔业
T	**工业技术**
T-0	工业技术理论
T-1	工业技术现状与发展
T-2	机构、团体、会议
T-6	参考工具书
[T-9]	工业经济
TB	一般工业技术

TD	矿业工程
TE	石油、天然气工业
TF	冶金工业
TG	金属学与金属工艺
TH	机械、仪表工业
TJ	武器工业
TK	能源与动力工程
TL	原子能技术
TM	电工技术
TN	电子技术、通信技术
TP	自动化技术、计算机技术
TQ	化学工业
TS	轻工业、手工业、生活服务业
TU	建筑科学
TV	水利工程
U	**交通运输**
U1	综合运输
U2	铁路运输
U4	公路运输
U6	水路运输
[U8]	航空运输
[U-9]	交通运输经济
V	**航空、航天**
V1	航空、航天技术的研究与探索
V2	航空
V35	航空港、机场及技术管理
V37	航空系统
V4	航天（宇宙航行）
V52	航天飞行术
V55	地面设备、试验场、发射场、航天基地
V57	航天系统工程
[V7]	航空、航天医学
X	**环境科学、安全科学**
X1	环境科学基础理论
X2	社会与环境
X3	环境保护管理
X4	灾害及防治
X5	环境污染及其防治

附录 B 美国《化学文摘》(印刷版)编排格式

B.1 著录格式

CA 的著录内容主要包括文摘和索引两大部分。

B.1.1 文摘正文部分

文摘部分主要是报道性文摘,其著录格式根据文献类型的不同而有所区别。

1.1.1 期刊论文

130:16957f ① Reprocessing and reuse of waste materials to solve air quality related problems. ②Lehmann,christ-opher M. B. ;Rostam-Abadi,Massoud; Rood,Mark J. ;Sun, jian③ (Environmental Engineering and Science,Dept. of Civil Engineering, University of Illinois at Urbana-champaign,Urbana, IL 61801 USA) ④. proc. ,Annu. Meet.-Air Waste Manage. Assoc. ⑤[computer optical disk] ⑥ 1998,91st, ⑦ TA4C07/14 ⑧ (Eng) ⑨, Air&Waste Management Association. ……⑩

说明:①卷号及文摘号(黑体);②论文题目(黑体);③著者姓名,以姓前名后的顺序排列,多位作者之间用分号隔开;④首位著者的单位及地址;⑤刊物名称(斜体缩写);⑥论文收入光盘;⑦论文的年、卷(有的注明期号及起止页码);⑧光盘号;⑨原始文种;⑩文章摘要部分。

备注:文献资料如在网上发行,从 130 卷起,在摘要前语种后注明其发行的网址。

1.1.2 新书及视听资料

130:16973h① Biological treatment of Residual Waste:Methods, Installations, and prospects. (Biologische Restabfallbehandlung:Methoden, Anlagen and Perspektiven)② Beudt,jurgen;Gessenich,Stefan;Editors③ (springer:Berlin,Germany). ④1998. ⑤239pp. ⑥(Ger). ⑦

说明:①卷号及文摘号(黑体);②图书名称(黑体);③著者姓名,以姓前名后的顺序排列,多位作者之间用分号隔开;④著者的单位及地址;⑤发行年代;⑥图书总页码;⑦原始文种。

1.1.3 专利

130:16899s ① Treatment of excess muddy wastewaters in construction of underground gas pipelines. ② Katsuta, Chikara; Kosuga, Uichiro ③ (Kanpai Co. , Ltd,

Japan)④Jpn. Kokai Tokkyo Koho JP10 296,232[98 296,232]⑤(CL. C02F1/00)⑥,10 Nov 1998，⑦ Appl. 97108,956 ⑧,25Apr 1997；⑨ 5pp. ⑩（Japan）⑪ Excess muddy wastewaters in construction of gas pipelines are treated by pumping it from underground sites into a mixing tank,……⑫

说明：①卷号及文摘号(黑体)；②专利题目(黑体)；③专利发明人；④专利权人；⑤专利号；⑥国际专利分类号；⑦专利的公布日期；⑧专利申请号；⑨专利申请日期；⑩说明书总页码；⑪原始语种；⑫专利摘要。

1.1.4 交叉参考

For papers of related interest see also section：

57 ①16571a② Recycling of some Egyptian industrial solid wastes in clay bricks. ③

说明：①小类的类号；②文摘号；③文章题目。

B.1.2 索 引 系 统

CA 的索引种类较多。据出版时间的不同,分为期索引、卷索引和累积索引,不同的索引体系其著录格式又有所不同。

1.2.1 期索引

CA 每周出版一期,期索引附在每期文摘之后,不单独出版,供检查该期的文摘。用期索引查资料,时效性强。

期索引包括：a. keyword index(关键词索引)

b. patent index(专利索引)

c. author index(著者索引)

1. 关键词索引(keyword index)

编排顺序：按关键词的英文字顺排列。

著录格式：

Wastewater①

treatment toxic air pollutant emission②
16812e③

备注：①关键词(黑体,首字母大写)；

② 说明语；

③ 文摘号。

2. 专利索引(Patent Index)

CA 最初出版专利号索引和专利对照索引,从 1981 年 94 卷起,开始由专利索引代替这两种索引。该三种索引均按国名字顺排列,同一国名下按专利号大小的顺序由小到大排列。

CA 专利：文摘专利、相同专利、相关专利。

著录格式：

DE (Germany)①

4318369 C1,see WO 94/27977 A1②
4319951 A1③,122:117476p④

```
BR 94/02435 A
CA 2125829 AA
EP 635587 A1(B1)
        (Designated States:BE,CH,DE,ES , FR,GB, IT,LI,NL)
ES 2121120 T3
JP 07/305189 A2 ⑤
US 5593557 A(Continuation;Related) ⑥
```

备注：①专利国别；②相同专利；③文摘专利；④卷号及文摘号；⑤相同专利；⑥相关专利。

```
BR – Brazil;CA – Canada;EP – European patent Organization;BE – Begium;
CH – Switzerland;ES – Spain;FR – France;GB – United Kingdom;IT – ;LI – ;NL – Netherlands;JP –
Japan;US – United States of America.
```

3. 著者索引(author index)

编排顺序：按姓名(全称)的英文字顺排列。

著录格式：

```
Howley,p.s. 14876e
Howmedica International Inc. P17264q P17265r
Hu,Guobin 16592h
Hu,G.B. 19079g
```

1.2.2 卷索引

CA 每半年出版一卷,卷索引随卷单独出版,供查检该卷的文摘。

卷索引包括：

a. chemical substance index (CS)。

b. general subject index (GS)。

c. author index。

d. patent index。

e. 辅助索引,包括：① formula index;

② HAIC index;

③ index of ring systems;

④ register number index。

1. CS 与 GS

CA 创刊时就编排主题索引。随着化学学科的发展,新的化合物品种剧增。促使 CA 主题索引相应的发生变化。为了避免主题索引过于庞大以减少检索麻烦,从 1972 年 76 卷开始,将主题索引分为 CS 和 GS 两部分,单独出版。

主题词要求：主题索引中的标题必须是切合文献内容的、经过规范化的主题词。检索前首先查阅索引指南。

(1) CS(化学物质索引)

概况：CS 中的标题要求是主题索引中组成、原子数、价键、立体化学结构都明确的物质,是具体的特定性的物质。CAS 给这些特定的物质不同的登记号,叫 CAS 登记号。

编排顺序：以规范化的化学物质名称作为主标题,按其英文字顺排列。

著录格式：

Carbon dioxide①[124 - 38 - 9]②,**reactions**③
for prepn. Of clathrate hydrate of carbon dioxide④, **rct** 331762n⑤

备注：①主标题词（黑体，首字母大写）；②CAS登记号；③副标题词（黑体）；④说明语；⑤文摘号（rct-reaction；pr-preparative；cat-catalytic；p-patent；b-book；r-review；rct，pr，cat只在CS中出现. pr从121卷开始出现，rct，cat从130卷开始出现）。

（2）GS（普通主题索引）

概况：凡是不涉及具体化学物质的主题都编入GS。这些主题包括概念性名称和广泛性非专指非特定性的物质。

编排顺序：

按标题词的英文字顺排列。

著录格式：

Biochemical analysis①
  making app. for conducting biochem. Analyses,②
    P 49482a③

备注：①标题词（黑体，首字母大写）；②说明语；③文摘号。

2. 专利索引

期索引与卷索引中的专利索引在排序及著录格式上完全相同。

3. 著者索引

编排顺序：按姓名的英文字顺排列。

著录格式：

Dai,Fengying①
      Separation and determination of barium oxide in barium chloride,②60340y③
Dai,Fuguan See Rong,huachun   ④

4. 辅助索引

辅助索引是卷索引的辅助形式，一般用辅助索引查找不能直接找到需要的课题，需借助其他索引才能完成。

（1）分子式索引

不易掌握命名和复杂化合物无法检索化学物质索引时，查分子式索引很方便。

编排顺序：

按物质分子式的英文字顺排列，有机物先排CH两种元素，其余的再按字顺排序。

著录格式：

C2H4①
      Ethene[74 - 85 - 1].See Chemical Subtance *Index*②
        compd. with borane(1:1)[220035 - 49 - 4],139377z③
        compd. with hydrochloric acid(1:1)[54419 - 95 - 3], 109812v

说明：①化学物质的分子式；②引见到CS；③与C2H4有关的其他物质的文献。

（2）其他辅助索引

杂原子索引、环系索引及登记号索引，因为其用途不大，没有伴随《化学文摘》的出版而连续出版，现在已经停刊，故在此不作讲述。

1.2.3　累积索引

累积索引把卷索引集中分类编排，每十卷出版一期（5 年出版一次）。用累积索引便于大规模查阅资料，时间跨度大，适用于回溯检索。

累积索引在卷索引的基础上，增加了两种索引：

a. index guide(IG)
b. Chemical Abstracts Service Source Index (CASSI)

1. 索引指南

（1）主要作用

① 通过 see 查出规范化的主题词。

② 通过 see also 扩大检索范围。

③ 及时掌握 CS 和 GS 的变化和新增内容，以及删减或修订过的索引名称。

（2）著录格式：

Extraction①

    See also narrower②：

       Cementation(displacement reaction)

       Electrowinning

       Microextraction

       *Solvent extraction*③

    See also related:④

       Centrifugation

       Concentration(process)

       Extractants

       Extraction apparatus

       *Extraction enthalpy*⑤

    agents—see *Extractants*⑥

    micro-　—see *Microextraction*

    solvent—see *Solvent extraction*

备注：①规范化主题词；②引见该词的规范化的下位词；③规范化的下位词；④引见该词的规范化相关词；⑤规范化相关词；⑥将不规范词引见到规范词。

2. 化学文摘资料来源索引

（1）概况

化学文摘资料来源索引（Chemical Abstracts Service Source Index，CASSI），是利用 CA 所摘文献出处来检索刊物详细地址及概况，便于读者查阅资料原文的工具。CASSI 现一年出版四期，及时对新增加及变动的刊物作介绍，在一年的最后一期对前三期进行覆盖，集中介绍一年来的变化情况。

编排顺序：

按所收刊物名称的英文字顺排列。

（2）著录格式

例：（Journal）

Xiandai Huagong. ①HTKUDJ②. ISSN 0253 - 4320. ③（Modern Chemical Industry）④ In Chinese⑤; Chinese,english sum⑥; english tc. ⑦ History: n1 1980 + . ⑧ *m* **20 2002**. ⑨ *XiandaiHuagong Bianjibu, 53,Xiaoguanjie, Anwai,Beijing 100029,China*. ⑩

    HSIEN TAI HUA KUNG - PEI - CHING. ⑪

    Doc. Supplier: CAS.⑫

PPiU;JTJ 1981 + ⑬

备注：①期刊名称；②美国材料学会定的刊物代号；③国际标准连续出版号；④美国译名；⑤文种；⑥摘要；⑦目录；⑧创刊时间；⑨刊物发行类别及当前年代和卷号（期号）；⑩出版社及地址；⑪美国图书协会编目的刊名；⑫文献提供者；⑬该刊物的收藏单位。

B.2　检索途径与实例

B.2.1　《化学文摘》的检索途径

（1）分类途径：美国化学文摘社对 CA 所收录内容按学科进行分类，并且按类别排序编辑。

（2）主题途径：a. keyword index；

              b. CS；

              c. GS。

（3）分子式途径。

（4）著者途径。

（5）序号途径：包括专利索引和登记号索引。

B.2.2　实例：新型鞣制剂（以卷索引主题途径为例）

步骤一，分析研究课题，译成英文，选主题词（tanning agent）。

步骤二，使用 IG 规范主题词（确定规范词为 tanning materials）。

步骤三，查主题索引（根据主题词确定用 CS 或 GS，此处为 GS），结果如下：

    (1992,V.117)

Tanning materials

    aluminum - chrome contg. Syntans,with low pollution;p92617s

    chrome - syntan, prepn. Of, 51218u

步骤四，到与索引同卷的文摘正文部分查文摘（V.117）。

117:92617s Tanning agents for decreased pollution. ……

      JP 04 88.100 [92,88,100] (cl. C14C3/06) ……

117: 51218u Use of chromium - containing shaving for retainning - filling agents Bor - cipotech 1991,41 (9),410 - 13(hung) ……

步骤五，根据文摘中提供的信息查原文。

参 考 文 献

[1] 周舸.计算机网络技术基础(第 3 版)[M].北京：人民邮电出版社,2012.

[2] 谢希仁.计算机网络(第 6 版)[M].北京：电子工业出版社,2013.

[3] 别文群,李山伟.计算机网络技术[M].北京：高等教育出版社,2012.

[4] 匡松,王鹏.Internet 应用案例教程编辑[M].北京：清华大学出版社,2011.

[5] 李岩.计算机网络技术基础[M].北京：清华大学出版社,2011.

[6] 佚名.Internet 技术与应用[M].北京：清华大学出版社,2010.

[7] 百度百科.http://baike.baidu.com/.

[8] 搜狗百科.http://baike.sogou.com.

[9] 李晓明、闫宏飞、王继民.搜索引擎——原理、技术与系统(第二版)[M].北京：科学出版社,2012.

[10] 肖冬梅.垂直搜索引擎研究[J].图书馆学研究,2003(2)：87-89.

[11] 彭波,闫宏飞.搜索引擎检索系统质量评估[J].计算机研究与发展,2015,42(10)：1706-1711.

[12] 陈臣.大数据时代基于个性化服务的数字图书馆数据搜索引擎设计[J].图书馆理论与实践,2015,
4：027.

[13] 孙晓宁,朱庆华,赵宇翔.国外社会化搜索引擎比较研究[J].情报理论与实践,2015,38(7)：
127-133.

[14] 李晨,邹小筑.Web 2.0 环境下搜索引擎的个性化服务及其模式研究[J].情报科学,2015,3：015.

[15] 王鹏.基于 Web 2.0 的公共图书馆虚拟学习社区构建探讨[J].图书馆研究,2015,45(3)：95-98.

[16] 赵冬梅.学科信息门户信息组织进展研究[J].晋图学刊,2015,4：020.

[17] 王兰成,黄永勤.大数据背景下 Web 新型学科资源共享与开发研究[J].情报资料工作,2015,36(1)：
76-80.

[18] Nadeem F,Qaiser R.三个私有云计算软件平台的早期评估与比较[J].Journal of Computer Science
and Technology,2015,30：639-654.

[19] 王聪,王翠荣,王兴伟,等.面向云计算的数据中心网络体系结构设计[J].计算机研究与发展,2015,
49(2)：286-293.

[20] 陈文竹,王婷,郑旭东.MOOC 运营模式创新成功之道：以 Coursera 为例[J].现代远程教育研究,
2015(3)：65-71.

[21] 王佑镁,叶爱敏,赖文华.MOOC 何去何从：基于知识图谱的国内研究热点分析[J].中国电化教育,
2015(7)：12-18.

[22] 谢德体,陈蔚杰,徐晓琳主编.信息检索与分析利用[M].北京：清华大学出版社.2007.

[23] 黄如花.信息检索[M].武汉：武汉大学出版社,2012.

[24] 凤元杰.文献信息检索[M].北京：科学出版社.2010.

[25] 肖珑.数字信息资源的检索与利用[M].北京：北京大学出版社.2013.

[26] 段玉斌,毕辉,韩雪峰.文献综述的写作方法[J].西北医学教育,2008,16(1)：163-165.

[27] 金文正.做好学位论文开题报告与文献综述的步骤与方法[J].中国科教创新导刊.2014(13).

[28] 韦爱芬.论科技查新人员的信息素质[J].创新科技.2014(4).

[29] 胡明一,邹中华.化工科技查新信息检索策略[J].中国高新技术企业.2014(7).

[30] 张永东.科技立项查新案例分析及其启示[J].江苏科技信息.2013(21).

[31] 秦潇.科技查新预检索的重要性及方法研究[J].科技创新导报.2013(20).

[32] 胡友良.学术论文格式规范举要[J].中国内部审计.2011(3).

[33]　曹敏. 学位论文写作指南[J]. 中国标准导报. 2008(7).

[34]　沈固朝. 信息检索(多媒体)教程[M]. 北京：高等教育出版社, 2009.

[35]　EBSCOhost 数据库. http://search.ebscohost.com/.

[36]　Springer 数据库. http://link.springer.com/.

[37]　EI 数据库. http://www.engineeringvillage.com/.

[38]　SFS 数据库. https://scifinder.cas.org.

图书资源支持

感谢您一直以来对清华版图书的支持和爱护。为了配合本书的使用，本书提供配套的素材，有需求的用户请到清华大学出版社主页（http://www.tup.com.cn）上查询和下载，也可以拨打电话或发送电子邮件咨询。

如果您在使用本书的过程中遇到了什么问题，或者有相关图书出版计划，也请您发邮件告诉我们，以便我们更好地为您服务。

我们的联系方式：

地　　　址：北京海淀区双清路学研大厦 A 座 707

邮　　　编：100084

电　　　话：010－62770175－4604

资源下载：http://www.tup.com.cn

电子邮件：weijj@tup.tsinghua.edu.cn

QQ：883604（请写明您的单位和姓名）

扫一扫
资源下载、样书申请
新书推荐、技术交流

用微信扫一扫右边的二维码，即可关注清华大学出版社公众号"书圈"。